科学出版社“十四五”普通高等教育本科规划教材

医学伦理学

主　编　邓　蕊

副主编　杨　阳　马　兰

编　委（按姓氏汉语拼音排序）

蔡　昱	云南财经大学	陈　化	南方医科大学
陈　旻	福建医科大学	邓　蕊	山西医科大学
金琳雅	哈尔滨医科大学	李　超	南京中医药大学
李　越	山西医药学院	梁立智	首都医科大学
柳　云	河北医科大学	吕雪梅	山西医科大学
马　兰	山西省儿童医院（山西省妇幼保健院）	双卫兵	山西医科大学第一医院
		燕　娟	
杨　昆	山西医科大学	杨　阳	
杨同卫	山东大学		

科学出版社

北　京

内 容 简 介

本书的特色在于吸纳融入了最新的国内外重要伦理规范的内容和要求。本书体例成熟，内容紧跟时代、由浅入深、可读性强。本书从医学生自身发展和社会发展实际出发，以培养医学生伦理分析、伦理决策和伦理评价能力为目标，内容涵盖医学伦理基本理论、具体原则、国内外规范体系、医学人际关系伦理及临床诊疗伦理等内容，还包括公共卫生伦理、生育伦理、死亡伦理、人体器官捐献和移植伦理、前沿医学技术伦理、智能医学伦理、医学科学研究伦理及医院管理伦理等内容。在广泛吸收国内外最新研究成果的基础上，紧密结合临床实际工作，对上述内容进行了规范的阐述，是医德教育的必备工具。同时，对很多具体伦理问题也有深入的辩护过程，具有一定的哲学思辨性，也是医学人文启迪的具体体现。

本书可供全国高等医药院校医药学各专业各层次学生使用，也可作为医药工作者、应用伦理专业工作者的参阅读本。

图书在版编目（CIP）数据

医学伦理学 / 邓蕊主编. -- 北京 : 科学出版社, 2025. 6. --（科学出版社“十四五”普通高等教育本科规划教材）. — ISBN 978-7-03-081912-3

Ⅰ. R-052

中国国家版本馆 CIP 数据核字第 20257MF339 号

责任编辑：王 颖/责任校对：宁辉彩
责任印制：张 伟/封面设计：陈 敬

科学出版社 出版
北京东黄城根北街 16 号
邮政编码：100717
http://www.sciencep.com
涿州市般润文化传播有限公司印刷
科学出版社发行 各地新华书店经销
*
2025 年 6 月第 一 版 开本：787×1092 1/16
2025 年 6 月第一次印刷 印张：14 1/2
字数：429 000

定价：59.80 元

（如有印装质量问题，我社负责调换）

前　言

在当今时代，科学技术的迅猛发展叠加经济全球化、文化多元化及社会人口结构的急剧变化，给生命科学与医学的诸多领域带来了全新的伦理纷争和提出了尖锐的伦理挑战。医学生作为中国未来医学领域的骨干和主体，必须拥有应对这些纷争和挑战的道德判断力和社会责任感，还要有担当意识、职业素养以及解决医学伦理难题的卓越能力。因此，医学生的医学伦理学教育日益重要，其使命任重道远。

为此，我们结合临床医学专业培养目标，坚持在凝练“三基”、拓展“五性”的基础上，使本书的内容达到“更新”“更深”“更精”的目标。

在总体设计上，力争实现既符合教学目标要求，又具有自己的鲜明特色。遵循“在理论上要善于发声、在实践上要精于指导、在政策上要科学把握、在内容上要更加创新、在应用中要更加贴近”的基本原则，在内容上适当提高了临床诊疗伦理的比重，删减了护理伦理、康复伦理等的内容，增加了智能医学伦理的新章节，更新了医学科研伦理、人体器官移植伦理等领域的新政策，坚持了“保留特色，遵循规范，与时俱进”的宗旨。

在编写形式上，本书为增加可读性、指导性和启发性，将“导入案例”置于章前从而引出章节内容，结合复习思考题和数字资源（PPT、微课讲解重点难点）等，力求激发学生的学习兴趣。鼓励学生结合案例深入思考并检验自己的伦理观，训练学生发现、分析和解决医学伦理问题的能力。

本书编者理论基础扎实，实践经验丰富，均是长期从事医学伦理学教学和科研工作的教师，临床诊疗伦理相关章节更是邀请到有丰富临床工作经历且有深厚人文情怀的医生参与编写。感谢全体编者为本书出版付出的时间、智慧与心血。

编写过程中，我们参阅或引用了大量的文献和资料，在此谨向原作者表示真诚的感谢。由于涉及面广、种类较多，在所列参考文献中恐有个别遗漏，恳请作者原谅。由于编者编写时间所限，书中难免存在不足之处，恳请使用本书的广大师生和读者及各位同道提出宝贵意见，以便修正。

本书在编写出版过程中，得到了科学出版社的大力支持，在此深表感谢！

邓　蕊

2024年6月30日

目　录

第一章 绪　论

【导入案例 1-1】生命的抉择

患者，女，90 岁，十二指肠恶性肿瘤晚期，长期卧床，近来进食明显减少，体重 40kg，精神萎靡。入院后给予静脉营养支持，但因十二指肠已经完全梗阻，现有治疗效果欠佳。家属迫切希望对患者进行积极治疗，尽快手术，解决梗阻问题。医疗团队经会诊认为患者肿瘤已有转移，加之高龄体弱，术后会有低蛋白血症致伤口愈合不良等多种风险，在尽量缓解患者不适的情况下，建议采取保守的姑息性治疗手段。但患者家属比较坚持，要求进行手术。

讨论与思考：如果你是案例中这名患者的主治医生，你会做出怎样的医疗决策？哪些因素可能会影响医生的决策？

医学伦理学在系统考察医学道德现象的基础上，应用伦理、道德理论，形成基本的伦理原则和职业道德规范，约束医务人员的职业行为，解决医疗卫生领域包括预防医学、临床医学、康复医学、护理、医学科研、卫生事业管理等活动中的伦理问题，处理医疗实践与医学科学发展中的人与人之间、医学与社会之间的关系。医学伦理学是应用伦理学的一门分支学科，也是医学人文学科的重要组成部分。全面理解并掌握医学伦理学的内涵与学科属性，了解医学伦理学与相关学科的关系，不仅有助于医生、护士、医疗管理人员、卫生政策制定者、医学科研工作者和医学生更好地树立伦理意识、掌握伦理知识、培养伦理决策能力，而且有助于更好地提升个人的道德境界和美德修养，自觉履行医学职业道德责任与义务。

第一节　医学伦理学概述

医学伦理学是在人们长期的医学实践活动中，随着医学道德问题和医学道德现象研究的不断深入而逐渐发展成熟的一门学科。医学伦理学既关注医者的美德、强调医者的职业行为规范，也注重培养医者的伦理意识和伦理决策能力、探究医学道德规律。医学伦理学有明确的研究对象和内容，形成了相对完备的学科体系，能够为复杂的医学实践活动提供有效伦理指引。

一、道德与伦理学

（一）道德的定义

道德（morality），指人们共同生活、工作的行为准则和规范，及其在人们内心形成的品德。它通过人们的自律和他律对社会生活起约束作用。从词源学上看，“道德”一词源于罗马词“moralis”，用来指人从行为活动中养成的习惯品质。一方面，这种品质不是自然发生的，而是出于习惯；另一方面，道德通常情况下被用来描述好的品质或品性。例如，古希腊先哲亚里士多德曾说，“我们通过做正义的事成为正义的人，通过节制成为节制的人，通过做事勇敢成为勇敢的人”。在中国，“德”被包含在“道德”一词中，“德”通“得”，道德的本义指遵循着“道”（原则和规律）而获得的优良品质或品性。道德与德性（virtue）常常作为同义词使用。一方面，道德是属于一个人自身的好东西，不是外加于其身的东西。另一方面，道德也是一个人从内心要求于自己的东西，即内心的准则，而不是外在的要求。

道德是以善恶作为评价标准，借助自律和他律来调整人与人、人与社会、人与自然之间相互关系的行为准则和行为规范的总和。道德既包括个人的道德信念、道德情感、道德品格、道德理想和道德实践，也包括社会公德、家庭美德和职业道德等。

（二）道德与伦理

伦理（ethics），指人与人相处的各种道德准则及规范的理论或道理。“伦理”一词源于希腊文“ethos”，意指习惯或风俗，强调了行为习惯或传统风俗在人类社会生活中的重要性。尽管道德与伦理都是伦理学的研究对象，但二者还存在一些差异。

首先，“伦理”一词强调个人与他人的关系规范。“伦理”一词在中国始见于《礼记·乐记》，“乐者，通伦理者也”。所谓伦理，即人伦之理，是人与人关系的道理或准则，这些准则和规范发生于人们的相互交往中，是倾向于个人同他人的关系而言的。道德侧重于一个人内在的道德品质或修养，伦理侧重于社会的秩序规范。

其次，伦理的重要性体现在人与人的交往关系中，是一种相互性的要求。例如，中国传统思想提出的父慈、子孝、夫和、妻顺、兄友、弟恭、朋信、友义、君敬、臣忠，是人人都应遵守的人伦纲常。相比之下，道德约束的有效性是更具有内在个体性的，强调做人做事稳定的态度，是一个人的内心要求，不完全取决于同他人关系的外在要求。

最后，伦理的尺度是正当，伦理要求具有一定程度的强制性。所谓强制性，是指在人的生活、人与人之间、人与社会之间人人都必须遵守和实行的，只有这样才能保持社会的秩序与运行。道德的尺度是善恶，侧重于个人的态度和价值，是个体主观的、主体性的东西，表现为人的目的性。道德是伦理的目的，伦理是道德人格生成的路径。

（三）伦理学的概念与分类

伦理学又称道德哲学，是对道德现象的系统研究。探讨道德的本质、起源和发展，道德原则和道德评价的标准，道德规范体系，道德的教育和修养，以及人生的意义、价值、生活态度等问题。作为一门古老久远的学问，伦理学始终着眼于人自身的善和行为的正当。关切什么可能是对人的善？怎样做或通过怎样的活动才能获得这些善？这样的活动使我们成为怎样的人？因此，伦理学还是一门以实践为目的，运用人的实践理性力量来研究善与行为正当的科学。古希腊哲学家亚里士多德所著的《尼各马可伦理学》是西方最早，也是人类思想史上的伦理学奠基之作。书中系统阐述了道德行为发展的各个环节和道德关系的各种规定等问题，阐述了“德性是合乎理性的活动”“至善就是幸福”等观点。

伦理学是研究人与人、人与社会之间行为规范和原则的一门学科，由元伦理学、规范伦理学和美德伦理学三大部分构成。

元伦理学（meta-ethics），主要通过研究“是与应该”的关系提出确立道德价值判断的真理和制定优良道德规范的方法。元伦理学一方面对伦理学的基本范畴，如对“应该”“正当”“善”“价值”“事实”进行分析，另一方面对元伦理命题进行证明。元伦理学是关于优良道德规范制定方法的伦理学。

规范伦理学（normative ethics），主要通过社会确立道德的目的即道德终极标准，研究人应该的、正确的道德行为规范的理性反思活动。例如，人的自我道德规则包括“诚实”“贵生”“自尊”“谦虚”“节制”“勇敢”“智慧”“中庸”等，社会治理道德原则包括“公正”“平等”“人道”“自由”等。规范伦理学是关于优良道德规范制定过程的伦理学。

美德伦理学（virtue ethics），主要研究优良道德如何由社会外在规范转化为个人内在美德，从而使优良道德得以实现。美德伦理学主要研究“良心”“名誉”“品德”。良心与名誉是优良道德之实现途径；美德则是优良道德之实现。美德伦理学是关于优良道德实现途径的伦理学。

二、医学伦理学的内涵

（一）医学伦理学的概念

医学伦理学（medical ethics），主要研究临床医学、公共卫生、医学科研实践中的伦理规范，是调节医务人员与患者关系应遵循的伦理规范的学科。医学伦理学是应用伦理学的一个分支，属于规范伦理学范畴，是医学学科体系的重要组成部分。

“医学伦理学”一词最早出现在英国医生托马斯·帕茨瓦尔（Thomas Percival）在1803年出版的《医学伦理学》一书中，用来约束医学职业者相互交往中的成规和礼节。帕茨瓦尔提出，理想的医生形象包括亲切而坚定、谦和而权威、沉着而机智……对患者仁慈，对同事友好，像绅士一样行事。尽管医学伦理学作为专业术语始见于19世纪初，但是医学伦理学思想古已有之。在西方最早可追溯到公元5世纪古希腊的《希波克拉底誓言》，其奠定了以医生个人品德为核心的医德学基础。神农尝百草、《黄帝内经》、张仲景的《伤寒杂病论》和孙思邈的《备急千金要方·大医精诚》等传说和典籍也都蕴含了丰富的中国传统医德思想。在近代科学的推动下，医疗服务由以医生的个人技艺为主转向以医学技术手段为主并依托医疗机构开展，医学伦理学关注重点由医生个人品德转向医生应如何遵守医学职业规范，不但关注医患关系，而且考虑到了同行关系的调节。随着现代生物医学的发展，生命维持装置、人工辅助生殖、器官移植等医学新技术的应用，大大提升了人类干预生命和与死亡抗争的能力，第二次世界大战（简称“二战”）期间非人道的人体试验丑闻，为医学实践提出了新的伦理挑战，医学伦理学在新的历史条件下为适应医学发展的新形势，逐渐发展到生命伦理学阶段。

医学伦理学以回应医疗实践和医学研究中的现实伦理问题为出发点，以解决这些伦理问题为归宿点；始终以患者为中心，维护患者生命和健康，以为患者提供高质量的医疗服务为根本价值；其交叉性和应用性的学科定位、学科体系也随着医学活动的日渐丰富而不断发展和完善。

（二）医学伦理学的研究内容

1. 医学伦理学基本理论 医学伦理学的基本理论贯穿整个医学伦理学体系，为医学伦理学的研究奠定了理论基础。主要涵盖生命神圣论、生命价值论、生命质量论、医学人道论、医学功利论、医学美德论、患者权利论等支撑性基础理论，以及医德的产生和发展，医德的本质、特点和社会作用，医德与医学科学、医学模式、卫生事业发展的相互关系等关于医德客观规律的基本理论。

2. 医德规范 医学伦理学指导医学活动的行为主体履行道德责任，使其做出道德决策和道德选择，因此还应关注医德规范。医德规范体系主要有医德原则、医德准则和医德范畴三个层次的内容。

医德原则居于整个医德规范体系的统帅和主导地位，是最高、最普遍的医德规范，是某一医学发展阶段及特定社会背景之中医德精神的集中反映，也是医德规范体系的构建基础和根本依据。例如，尊重原则、不伤害原则、有利原则和公正原则是被普遍接受的医学伦理学基本原则。

医德准则是医德规范体系的主要构成部分，是指构成医德规范体系主体部分的具体医德规范，依据一定的医德理论和原则制定，是医德原则的具体化，具有情境性特点，一般作为医务人员在具体、典型的医学情境中应遵循的职业行为准则。例如，《国际医学伦理学准则》《中国医学生誓言》《中国医师道德准则》等，在医师与患者、同行、社会交往等方面规范了医务人员的道德标准，促使医务人员把职业谋生手段升华为职业信仰，遵从行业自律要求，笃行医德准则，赢得社会的尊重，让医学文化得以传承和发扬。

医德范畴是最具主体性、自律性的医德规范，与医师的个人品行和修养的关系最为密切，主要有医德权利与义务、医德情感与理智、医德良心与荣誉、医德审慎与胆识等。广义的医德范畴包括医学伦理学所使用的全部基本概念，如医德行为等；狭义的医德范畴则指医德规范体系中全部的医德基本概念，如医德权利、医德义务等。

3. 医德实践 医德实践研究如何通过医德教育、医德培养、医德修养、医德评价等方式使社会已确定的医德在医务人员身上得以实现，现有的医德规范是外在的客观要求，如何通过伦理实践活动转化成为医务人员内在的、主观的道德观念和信仰，内化为医学美德，是医德实践研究的主要内容。

4. 医学伦理难题 随着现代医学技术不断发展，医学伦理难题已由单纯的善恶选择转变为考虑更复杂情境的价值选择，这些难题可能涉及患者知情同意、人体试验的伦理正当性、生命延续的道德问题等多个方面，面对诸如此类的医学伦理难题时，医务人员应仔细权衡各种利弊，保障患者最大利益。具体可将医学伦理难题总结为两点：其一为医学新技术研究应用与医德观念间的伦理冲突，如人类辅助生殖技术、干细胞技术、器官移植技术、基因编辑技术等研究与应用中的伦理难题；其二为医药卫生体制改革及其道德嬗变与传统职业行为模式间的冲突，如医疗市场化与医疗服务公益性冲突等问题。

（三）医学伦理学的研究方法

1. 判例法（casuistry） 是基于案例的一种推理方法，也是应用伦理学普遍使用的方法之一。该方法以某一明确的范式案例为前提，考察当前案例与范式案例的匹配情况，如果该案例与范式案例相似，则可参照范式案例的处理方法，通过类比推理和启示，提出、分析、形成同样的道德判断，解决其中的伦理问题。例如，美国的“罗诉韦德案”是确立女性堕胎权的标志性案例。如果一名妇女要求人工流产，其情况与“罗诉韦德案”的范式案例极为相似，那么维护该妇女的堕胎权就是合理的。如果与范式案例不太相似，那么将该妇女的情况看作与范式案例一样处理就得不到伦理辩护。

在医学伦理学发展史上，有许多具有里程碑意义的典型案例，如美国塔斯基吉梅毒实验案例、西雅图肾病患者血液透析机分配案例、中国汉中安乐死案例、中国丈夫拒绝签字剖宫产手术致母子双亡案例等，这些经典案例的深度剖析，形成了广泛的医学伦理共识，成为医学伦理学的重要判例。

2. 伦理论证法（ethical justification） 是一种为已经做出的道德判断（包括伦理行为决策和道德行为评价）以及已经形成的道德规范（包括原则或准则）进行辩护，用伦理理由来证明道德判断的正确和道德规范的优良方法。伦理论证判定某一道德行为是否正当，为道德行为提供伦理辩护。伦理论证与非伦理论证的区别在于其依据或理由是否来自伦理学的理论、原则或规则。例如，为什么要抢救某个患者？理由可以是，为了挽救患者的生命；抢救患者是医务人员的职业义务；抢救该患者可以获得经济报酬；遵照上级命令实施抢救，不抢救会受到法律惩处等。其中前两个理由才是伦理理由，因为它们遵循了医学伦理学的有利原则、尊重原则。

在医学伦理学领域，人们常常运用道义论、后果论、美德论、关怀伦理学、女性主义伦理学、儒家伦理学等伦理学理论；运用有利原则、不伤害原则、尊重原则、公正原则、共济原则、允许原则等伦理原则；遵循《日内瓦宣言》《赫尔辛基宣言》《涉及人的生命科学和医学研究伦理审查办法》等国内外医学伦理学法规与伦理规范文件，并依照其对具体道德行为进行伦理论证，判断其是否符合相关伦理要求。

3. 反思平衡法（reflective equilibrium） 指基于对多个伦理原则的比较与反思，在道德判断、伦理原则和背景理论三者之间进行平衡。反思是一种双向而非单向、动态而非静态的多方面思考过程。平衡是反思的取向，是诸要素之间的相互适应、协调一致，最终的判断是诸要素平衡的产物。反思平衡既是一种思维过程，也是形成判断的方法，还是伦理判断与其他要素之间关系的状态。例如，运用反思平衡法解决“是否应该按年龄来分配稀缺医疗资源”的伦理问题。有人按种族分配医疗资源有失公平，同时反对按照年龄分配稀缺医疗资源。然而与种族不会改变不同，我们每个人的年龄都会随着岁月而增长。这使得按不同年龄来区别对待，并不会产生按种族不同区别对待的不公平。因此，按年龄不同分配稀缺医疗资源，在某些条件下是可以被接受的，而按种族不同进行分配，则是绝对不可接受的。这一举例说明，对于某些具体情形，按年龄分配稀缺医疗资源的伦理要求可能是正当的，必须调整这一要求，医疗资源分配才能平衡。

反思平衡法可在某些情况下对伦理辩护或论证起到调节作用，但它是道德辩护的必要条件，而不是充分条件。反思平衡法可以使人们在进行道德判断时考虑得更周全，但有时也会引发更多的问题。

4. 思想实验法（thought experiment） 又称理想实验法或假想实验法，指为了解决伦理理论中的某些难题，以原有的伦理学理论知识作为思想实验的“材料”，提出解决这些难题的设想，并在想象中给出这些实验“材料”产生“相互作用”所需要的条件，然后按照严格的逻辑思维操作方法去“处理”这些思想实验的“材料”，从而得出一系列反映道德现象本质或规律的理念、原则或规范，使伦理难题得到解决，推动伦理学的发展。

在医学伦理学领域，可以运用思想实验法检验某个伦理原则或某些伦理理论。例如，还是在稀缺医疗资源分配上，可以设计两个思想实验。一种情况是，医生在使用稀缺医疗资源挽救 1 名重症患者还是救治其他 5 名普通患者上做出选择。医生可能选择为救活 5 人而牺牲 1 人，验证了维护“最大多数人的最大利益”的伦理原则和功利主义伦理学理论。另一种情况是，分别有 5 个心脏病、肾病、肺病、肝病、圆锥角膜病的患者和 1 个健康人，是否可以为了给 5 个患者进行器官移植而杀死那个健康人。显然答案是否定的，即证伪了第一种情况中的伦理原则和伦理学理论。由此，稀缺医疗资源分配的思想实验提示我们，“最大多数人的最大利益”原则的适用要以“人们的利益发生冲突不可两全”为前提条件。在第二种情况中，5 个患者与 1 个健康人的利益并非冲突不可两全，因此只有做出既救治 5 个患者，又不伤害那 1 个健康人的道德选择，才是符合伦理的。

第二节 医学伦理学学科属性

医学伦理学是医学与伦理学之间的交叉学科。它根植于医学实践，用伦理学的立场和方法研究医学活动中的各种关系，探索以历史必然性为基础的道德必然性，并根据这种道德必然性总结出医学活动主体的行为准则和行为规范，调节医患关系，维护医学活动的目的和良好秩序，促进人类健康。

一、医学伦理学的学科特征

医学伦理学是应用伦理学的分支学科，也是医学人文学科的重要组成部分。医学伦理学不但要研究医学活动中的道德现象、调节医学活动主体的道德关系，而且越来越关注现代医学技术应用的伦理限度和伦理规则。医学伦理学根植于医学实践，以医学活动为起点和终点。

医学伦理学具有鲜明的实践性。无论是临床实践的伦理难题，还是生物医学技术发展引发的伦理挑战，医学伦理学绝不是简单地套用伦理学原理和伦理原则，而是通过深入实践，从问题出发，以一般性的伦理原则为伦理思考的逻辑起点，借助具体情境中的信息、经验和理性，创造性地分析论证，从而得出恰当的伦理判断，做出符合患者利益和人类生命健康福祉的具体伦理决策。

医学伦理学以医生、护士等医务人员为道德实践主体。现代医学的发展，使得医学成为一个包含预防、临床、康复、科研、管理等活动在内的庞大体系，其方方面面无不涉及伦理问题，医务人员始终是庞大医学体系的活动主体，也是医德的实践主体。

医学伦理思想历史久远，与医学活动相伴而生，反映了医学目的是维护人的生命与健康的道德必然性。医学伦理学既重视医务人员的个人品格与美德塑造，也强调医学职业行为的道德规范性，是美德伦理与规范伦理的统一。

医学伦理学既关注伦理原则和伦理规范的制定，也强调伦理责任和伦理效应。尽管经过论证的伦理原则、伦理规范和准则是合理的，但在实践过程中及某些复杂的情况中，伦理原则或准则彼此会产生冲突，其产生的伦理效应并非都是正面的。例如，尊重原则和自主原则提出知情同意的伦理要求，实践中不仅要关注落实知情同意书的签署，还要注重知情同意的过程及其有效性，探究相关主体的责任伦理，这些都是影响知情同意伦理效应的重要因素。

医学伦理学的分支学科：

1. 临床伦理（clinical ethics） 是研究医学伦理学的基本理论、原则和规范，在临床医学和临床实践中具体运用的伦理学理论。重点研究医患之间、医务人员之间及医务人员与社会之间的伦理关系，涉及临床诊疗、检查、康复及新技术的临床应用等伦理问题。由于临床实践活动的复杂性，许多特殊的诊疗现象成为临床伦理关注的重点问题，如过度医疗、无效治疗、放弃治疗、防御性医疗和医学技术滥用等。

2. 公共卫生伦理（public health ethics） 是由政府、社会或社群通过有组织的努力以改善社会条件、促进人群健康的公共卫生事业全过程应遵循的伦理理论、伦理原则及伦理规范总和。与临床伦理关注患者个体健康、维护患者最佳利益的主要目标不同，公共卫生伦理旨在依据公共卫生专业和公共卫生实践的性质与特点，基于公共卫生机构及其从业人员的责任和义务以及公共卫生方案和政策的核心价值理念，制定公共卫生机构及其从业人员的伦理指南。公共卫生伦理原则包括全社会参与原则、社会公益原则、社会公正原则、共济互助原则和公开透明原则等。

3. 医学研究伦理（medical research ethics） 是为规范涉及人的生命科学与医学研究，保护研究参与者的生命和健康，维护人的尊严，尊重和保护研究参与者的合法权益以及规范涉及实验动物的医学科学研究，保护实验动物权利和福利，合理开展人体试验和动物实验应遵循的伦理规范和要求总和。涉及人的生命科学与医学研究应当具有科学价值和社会价值，遵循国际公认的伦理准则，并符合控制风险、知情同意、公平公正、免费和补偿、损害赔偿、保护隐私和个人信息、保护特殊脆弱人群等基本要求。医学动物实验要求遵循替代（replacement）、减少（reduction）、优化（refinement）、责任（responsibility）的“4R”伦理原则。

4. 卫生保健政策伦理（ethics of health care policy） 指卫生保健政策制定和实施过程中应遵循的伦理规范和要求总和，反映一个国家或政府卫生保健事业的基本信念和价值取向，是卫生保健政策制定的重要依据，也是卫生保健政策制定和实施过程中各种价值观念冲突评判和取舍的标准。卫生保健政策伦理主要研究的问题包括：卫生保健政策的根本目标是什么？如何从各国国情或地区实际情况出发，选择适当的卫生保健政策，保证人人享有卫生保健服务？如何公正地分配卫生保健资源？依据什么价值标准确定卫生保健资源使用的优先次序？如何处理卫生保健资源利用中的公平与效益的关系？如何实现卫生保健资源的可及性与可获得性的统一？

5. 卫生经济伦理（ethics of health care economics） 是研究卫生经济活动中的道德现象和道德规范问题的伦理学理论。涉及的主要伦理问题包括：健康权与医疗卫生权的关系、公平和效率的关系与价值取向、卫生资源的优化配置、政府与市场在卫生经济活动中的作用和协调机制等。

6. 医院管理伦理（ethics of hospital management） 是以防病治病为目的，通过全体从业人员的集体协作，对患者及其他有医疗卫生服务需求的人提供医疗服务与疾病预防服务的机构在经营管理和组织管理中，在维持自身生存和发展的基础上，履行维护公共健康、提高医疗服务的可及性、完成政府指令性任务等社会责任应遵循的伦理规范和要求总和。医院管理伦理包括医疗机构的服务宗旨、价值理念、道德规范、伦理规章和伦理环境等内容。

7. 医学新兴技术伦理（ethics of emerging technology for health and medicine） 以新生物医学、生物工程、数字技术、人工智能技术与医学诊断、治疗、修复、增强等技术相结合，在应对新兴技术应用中的不确定性、安全与伦理风险、应用的复杂性以及与社会更广阔的相关性等挑战中，需要遵循的伦理规范和要求的总和。医学新兴技术的应用必须坚持“科技向善”的价值导向，必须符合实际医疗需求，坚持质量标准、保证安全、确保服务的可持续性及建立有效监管机制。

二、医学伦理学与相关学科的关系

（一）医学伦理学与医学

医学伦理学是医学与伦理学的交叉学科。医学伦理学的产生与发展根植于医学，临床诊疗实践、医学研究、医学教育等各种医学活动为医学伦理学提供了丰富的应用场景和研究对象。同时，医学伦理学也为医学实践提供了价值导向和伦理指引，引导医学实践主体的道德价值旨趣和道德行为选择，确保从根本上实现维护生命、促进健康的医学目的。

医学伦理学与医学相辅相成、相互促进。医学的发展与技术革新不断涌现新的道德现象，为医学伦理学提出新的伦理问题和伦理挑战，间接或直接影响医德观念的变化发展，推动医学伦理学的理论体系日趋丰富和完善。医学伦理学通过提高医务人员的伦理意识和道德素养，调节并构建和谐的医学关系，提升医疗服务质量，促进医学健康发展。

（二）医学伦理学与卫生法学

医学伦理学与卫生法学目的一致，均以保护人民群众的健康为根本目的，是协调医患关系、维护医患双方合法权益的重要力量，两者共同调节医学活动主体的行为，共同维护医学活动正常秩序，促进医学科学和医疗卫生事业的进步。

医学伦理学与卫生法学相互渗透、互为补充。法律是道德的底线，道德是法律的价值基础。卫生立法规定了一系列医学行为规范和义务，强制医务人员遵守医学伦理学要求，使医学伦理规范和道德规则成为一种强制性行为。通过卫生法的制定和执行，医务人员的医学伦理意识和伦理义务得到了进一步强化，有利于维护良好医疗秩序，促进良好医德实践。医学伦理学是卫生立法的基础。医学伦理学从根本上反映了人们对于公平、正义和道德的追求。卫生法不能脱离医学伦理学的框架，否则将失去其合法性和公信力。医学伦理与医德为卫生法规的制定提供了依据和方向，保障了卫生法规的合法性和正当性。

（三）医学伦理学与医学心理学

医学伦理学与医学心理学之间存在紧密的关系和互动。医德主体做出道德决策和道德行为选择的过程离不开其心理活动，医学心理学研究医学的道德感如何产生、道德行为选择的心理因素，以及为解释道德行为和道德判断的心理机制提供科学依据。医学心理学的研究有助于我们了解医患个体和社会形成和维持现有医学价值观念和道德标准的过程。例如，医学心理学对患者求医行为和尊医行为的研究，有助于我们全面了解影响患者心理和行为的因素，更好地满足其合理需求，对其进行更有效的引导和行为干预。医学伦理学强调医务人员道德情感的培育、良好的态度及行为的养成，这也为医学心理学的研究与发展提供道德前提和基础。

（四）医学伦理学与医学社会学

医学社会学是运用社会学的理论和方法，研究医疗领域中的社会角色、角色关系、角色行为、角色流动、医疗社会组织的交互作用以及医疗领域与整个社会生活的互动及其变化规律的一门学科。医学社会学将医学问题作为社会学的基本问题加以研究，是社会学体系中重要而崭新的分支。

医学社会学可以丰富医学伦理学的研究方法，拓宽医学伦理的专业研究视角。医学社会学采用社会调查法、深度访谈法等多种实证研究方法，揭示医务人员、患者、医疗机构之间，以及他们与其他社会现象之间关系的特点和规律，从而为医学伦理学协调医患关系提供实证证据，保证医学伦理学研究的客观性、有效性、科学性。

通过医学社会学的研究，可以更深入地理解医学伦理问题的社会根源和社会背景，理解医疗实践的复杂性，考量多重社会因素，从而更完善、合理、可行地指导医疗伦理决策，推动医学伦理理论的落地，促进医学与社会的共同进步。

第三节 学习医学伦理学的意义和方法

医学伦理学具有实践性、时代性、继承性，全面掌握医学伦理学的知识，自觉践行医学伦理学要求与规范，有赖于正确认识这一学科的特性及其内在使命。因此，需要明确学习医学伦理学的意义，掌握学习医学伦理学的方法。

一、学习医学伦理学的意义

（一）有利于培育伦理意识与伦理决策能力兼备的医务人员

学习医学伦理学是培养德才兼备的新型医学人才的重要组成部分，是增强医务人员伦理意识和伦理素养并提升其伦理决策能力的必然要求。医学发展史表明，随着社会的进步和医学科学的发展，人们对医学使命与责任的理性认识日益深化，逐渐正视医学的人文属性，明确医学人文属性对医学技术应用和人类健康的促进作用。作为医学与伦理学之间的交叉学科，医学伦理学不仅是医学生走向临床、走向医学科研等医学实践的“思政课”，还是广大医务人员提升伦理意识、培育伦理能力的继续教育土壤。

医学伦理学根植于医学，用伦理学的立场和方法研究医学活动中的各种关系，解决医学实践中的伦理难题。在临床实际工作中，经常需要应用伦理学理论和原则，对医疗的行为、规则或准则进行分析，以解决在新的境遇中不同价值冲突引起的道德难题。但是受到技术主义、利益冲突等的影响，人们的认知与实践存在矛盾，致使医学伦理学学科在自身发展过程中总要面对诸多具体的实践难题。随着医学模式的不断发展，医务人员在医疗实践中面临的伦理问题也日益增多，在医疗实践中，医务人员能否从医学伦理角度出发，思考分析临床伦理难题，做出恰当的、符合伦理要求的决定，日益成为广受关注的话题。因此，在掌握专业知识的基础上，通过学习医学伦理学，使医务人员不断掌握其中所包含的伦理学知识内涵，树立伦理意识，培养伦理分析能力，从伦理学角度出发识别临床实践中的复杂伦理难题，前瞻性地、动态地、负责任地及时做出调整与优化，使医务人员有思路可循、有规范可依，有助于培养医德高尚、医术精湛的人民健康守护者。

（二）有益于树立良好医德医风，提升医疗服务质量

学习医学伦理学可以增强医务人员的社会责任感和使命感，形成新时代医德医风的良好氛围，坚持患者利益至上，合理使用医疗资源，提高医疗服务质量，推动良好医学实践。

学习医学伦理学相关理论、原则等知识有利于医务人员明晰医学职业定位与医学职业精神，明确自身的职业角色与职业责任；有利于促进其树立正确的道德观念，养成良好品行；有利于其提升道德情感和社会责任感，在医德文化的熏陶中增强使命担当，主动肩负服务人类健康的神圣职责。在医学教育进程中，要重视医学伦理学教育教学，切实发挥医学伦理学教育的引领力，为医疗服务沿着正确方向发展保驾护航。

（三）有助于解决医学伦理难题，促进医疗卫生事业健康发展

学习医学伦理学是技术时代医学科技创新的必然要求，是应对医学技术发展引发的“多难”决策的重要路径，为医务人员在医学科研和临床实践中应对伦理难题提供方向和指引，更好地促进医学科学的发展和医疗卫生事业的进步。

随着生命科学和生物医学等领域新兴技术的发展，医学关系逐步复杂化、情境化、多元化，人们的生命观、健康观、疾病观、死亡观也逐渐发生转变，在应对和处理这些变化带来的理论和现实难题方面，从根本上取决于医务人员怎样认识和思考医学的终极价值追求，如何理解医学的

根本目的，怎样践行医学美德，是否以维护患者健康、促进医疗卫生事业可持续发展为己任，这些都离不开医学伦理学的理论指导和实际应用。

加强医学伦理学的教育，可强化医务人员职业素养，培养医务人员职业精神。通过学习医学伦理学知识，引导医务人员遵守医学伦理道德准则，树立高尚的医德品格，尊重生命、尊重患者，维护患者合法正当权益，合理使用医学技术，把人民健康始终放在首位，积极投身医疗卫生事业。

二、学习医学伦理学的方法

（一）分析方法

分析方法是学习医学伦理学最常用的方法之一。它通过对伦理问题的识别、分析和讨论，辨析各种伦理观点的合理性和局限性，致力于寻求解决伦理问题的最佳实践路径。这种方法强调反思和思辨，要求逻辑的严密性，注重医学伦理学概念和原则的推导和定义。例如，对于手术前是否需要患者签字的伦理问题，通过对尊重、自主、权利、责任、公正等伦理概念进行分析，通过对具体情境的综合评估与判断，得出一个符合理性的合理结论。医学道德现象和医学道德关系是一定历史条件下的产物，它同当时的社会文化情况、医学发展水平有着密切的联系，并受到所处社会的政治、经济、法律、宗教等因素影响。学习医学伦理学还要做到历史地、辩证地分析医学伦理问题，解释研究对象的发展规律，以及在不同阶段、不同历史条件下的特殊规律。

分析方法的优点在于它能够准确把握医学伦理问题中细微的差别，帮助医务人员更好地理解医学伦理理念与医学伦理观点的内涵和外延。但其有时也可能显得过于理论化和抽象化，难以用于直接处理和应对具体的实际问题。

（二）实证方法

实证方法是指运用观察、访谈、实验、个案研究等方法对医德现象和医德关系进行静态研究、数量分析、客观解释和定性分析的方法。其本质在于强调知识必须建立在观察和实验的经验事实上，通过经验观察的数据和实验研究的手段来揭示一般规律，并且要求研究结论在同一条件下具有可证性。运用实证方法学习医学伦理学可以通过对研究对象进行大量的观察、实验和调查，获取客观资料，从个别到一般，归纳出医德现象和医德关系的本质属性和发展规律，从而更好地指导医学伦理实践。

（三）比较方法

比较方法是指探寻和论证不同事物之间异同点的方法。它不是单纯地将两个或两个以上的事物进行比较，而是根据一定的标准，对事物之间的内在联系进行考察，寻找异同，探求普遍规律与特殊规律。

学习医学伦理学常采用纵比的方法从时间上比较古今医德观念的变迁，以批判和借鉴传统的医德观念及其与现今医德观念的渊源，以更好地认识本质，把握普遍规律；采用横比的方法从空间上比较不同地域、不同风俗、不同文化背景下的医德思想和观念、医学伦理规范和要求的异同，并分析其深层原因，更好地认识和把握医德发展规律；采用同比的方法对同一类医德观念相同程度和性质进行比较，以揭示相同背后的不同，不断丰富医学伦理学理论知识；采用异比的方法对两类截然不同的医德观念进行比较，以分析其差异并揭示其根源，通过对不同观念的辨析挖掘理论依据。

（四）实践方法

实践方法，是结合医学科学发展和临床医学实践对医学伦理学进行研究和学习的方法。医学伦理学不仅具有伦理学的理论性，还具有较强的应用性，学习过程中，除了掌握运用医学伦理学基本理论知识分析医学伦理问题外，还必须在实践中身体力行。

学习医学伦理学不能满足于抽象的理论知识，还要深入医学实践，从临床诊疗实际出发，着眼于广大患者需求和社会整体需求，着眼于对医疗卫生事业发展的实际关切，密切关注医学技术和社会发展新态势与新动向，学会运用正确的观点及立场去分析和解决医学实践问题。

【复习思考题】

1. 谈谈“伦理”与“道德”的联系和区别。
2. 如何理解医学伦理学的学科属性与特征?
3. 医学伦理学有哪些主要的研究方法?
4. 为什么要学习医学伦理学?

（杨　阳）

第二章　医学伦理学的产生与发展

【导入案例 2-1】希波克拉底誓言

医神阿波罗，阿斯克勒庇俄斯及天地诸神为证，鄙人敬谨宣誓，愿以自身能力与判断力所及，遵守此约。凡授我艺者敬之如父母，作为终身同世伴侣，彼有急需我接济之。视彼儿女，犹我弟兄，如欲受业，当免费并无条件传授之。凡我所知无论口授书传俱传之吾子、吾师之子及发誓遵守此约之生徒，此外不传与他。

我愿尽余之能力与判断力所及，遵守为病家谋利益之信条，并检束一切堕落及害人行为，我不得将危害药品给与他人，并不作此项之指导，虽然人请求亦必不与之。尤不为妇人施堕胎手术。我愿以此纯洁与神圣之精神终身执行我职务。凡患结石者，我不施手术，此则有待于专家为之。

无论至于何处，遇男或女，贵人及奴婢，我之唯一目的，为病家谋幸福，并检点吾身，不做各种害人及恶劣行为，尤不做诱奸之事。凡我所见所闻，无论有无业务关系，我认为应守秘密者，我愿保守秘密。倘使我严守上述誓言时，请求神祇让我生命与医术能得无上光荣，我苟违誓，天地鬼神共殛之。

讨论与思考：精炼的誓言，向医者公示了行医戒律与伦理操守是什么？

医学伦理学的产生和发展可以追溯到古代文明时期，但其现代形式的发展主要始于 20 世纪中期。随着医疗技术的进步和医学实践复杂性的增加，医学伦理学的研究也日益深入，成为当代医学不可或缺的一部分。本章将对医学伦理学的产生与发展进行论述，以期更好地理解和应对当代医学伦理学面临的挑战。

第一节　古代医学伦理思想

人类社会早期，人们对生老病死等现象无法解释更无法掌控，常感到恐惧和疑惑，但解除病痛、恢复健康的人本精神与执着追求却是根深蒂固的，在这种关爱患者、消灭病痛的人文情怀孕育下催生了医学。从医学的特征和发展史看，医学是仁术，具备科学和人文的显著特征，其中医学伦理思想也伴随医学的出现而不断演化。

一、古代医学伦理思想概况

远古时期的医学是神灵医学。人们通过祈求上天或者拜物，以期盼在神灵的庇佑下战胜病魔。之后随着社会与文明的进步，逐渐出现经验医学、哲学医学、生物医学、生物 - 心理 - 社会医学等不同模式，医学伦理学的不同阶段也伴随着医学伦理思想的变化而跌宕发展。

（一）中国古代医学伦理思想概况

中华文明历史悠久，中国传统医学源远流长、博大精深。在中国医学发展史中，医学伦理思想极为丰富，并占有十分重要的地位。回顾我国医学伦理思想遗产，既是学习、研究中国医学伦理思想发展史的需要，也是以史为鉴、弘扬优良医学伦理道德传统、精诚行医、构建和谐医患关系、树立优良医德医风的需要。

1. 中国古代医学伦理思想的萌发期——远古至夏商西周时期　中国古代医德思想在远古时代已经萌生，这从流传至今的古代传说和历史记载中可以得到印证。《帝王世纪》中记载：“伏羲画八卦……乃尝味百药而制九针，以拯夭枉焉。”《淮南子·修务训》记载：“神农……尝百草之滋味，水泉之甘苦，令民知所避就。当此之时，一日而遇七十毒。”传说中的伏羲是中华民族的人文始祖，神农是农业始祖，据说他们也是中医学的最早发明者。这些美好的传说，反映了古代先祖为了“拯夭枉”“令民知所避就”，不惜拿自己的生命做试验，以寻求治疗疾病的方法。这蕴含着朴素的“仁爱救人”的医学伦理思想。

夏商西周时期产生了专门从事医疗工作的医生——巫医。现今发现的夏商时期的甲骨文中就有巫医及医疗活动的记载。西周时期建立了一套医政组织和医疗考核制度。对医生的考核不但是技术的考核，而且还包括思想道德、作风、态度等方面的考核，这对医学科学的发展和医学伦理道德水平的提高起到了促进作用。西周已提出了“敬神修德”的伦理道德思想，开始用血缘关系确定家庭、家庭成员的权利和义务，伦理道德开始有了行为规范的实际意义。

2. 中国古代医学伦理思想的形成期——春秋战国至秦汉三国时期 春秋战国时期，我国思想领域出现百家争鸣的局面，诸子百家代表不同阶层利益提出了各种观点学说，这些观点学说为古代医德思想体系的形成提供了理论支撑。这一时期医学人道主义成为医学伦理思想发展的主流。儒家以“仁”为核心，提出“医乃仁术”，提倡“济世救人”“爱人、行善、慎独”；墨家提倡“兼爱互利”，医学体现出“济群生”的思想；杨朱提出的“贵生”思想成为医学人道主义的核心内容，这些都为“济群生”的医学伦理道德原则提供了理论依据和思想基础。成书于战国时期的《黄帝内经》，不但是我国现存最完整的第一部经典医书，而且是我国第一部有专门论述医学伦理道德内容的医书，它标志着我国传统医学伦理思想初步形成。

《黄帝内经》不仅构建了中医的医学理论体系，还对中国古代医学道德进行了诸多论述。在《灵枢·师传》中专门讲了医生的责任和良心，要获得患者的配合，达到治病救人的目的。《素问·徵四失论》中专门讲述医生在临床诊疗中容易出现的四种失误，明确提出医家失误的原因，除了与技术水平的高低有关，还取决于工作态度，并把“精神不专，志意不理”作为失误的首要原因，强调医德的重要性。

秦汉三国时期不仅进一步积累了许多优秀的传统医学伦理思想和医学伦理道德观念，还出现许多美好的医学道德形象，如“建安三神医”张仲景、华佗、董奉等，这些医学伦理道德形象的产生也标志着我国传统医学伦理思想的正式形成。

3. 中国古代医学伦理思想的发展期——魏晋南北朝至隋唐五代时期 魏晋南北朝时期，医家们在继承前人朴素人道主义思想的基础上，进一步提出崇尚医学人道主义的医学理论和早期的医德准则、医德规范及医疗道德，出现一批像王叔和、皇甫谧、葛洪、陶弘景等崇尚医德、严谨治学、精心诊治、济世救人的医家。

隋唐五代时期名医辈出，突出的代表有巢元方、孙思邈、鉴真等医家。以孙思邈为代表的隋唐医家，融儒、释、道三种文化于一炉，继承发展了医学人道主义的医学伦理道德传统，以尊重和爱护人的生命为崇高的医学伦理目标，构建起中国传统医学伦理思想体系。孙思邈著有《备急千金要方》和《千金翼方》，其中的“大医精诚”和“大医习业”等篇章是医学伦理道德的专论。孙思邈认为，“人命至重，贵于千金，一方济之，德逾于此”，明确指出医者要有仁爱的“大慈恻隐之心”和“好生之德”，对患者要“普同一等”“一心赴救”。孙思邈不仅继承我国古代医学伦理思想，并精心地加工构思，使之形成一个较为完整的理论体系，还在实践中身体力行，成为被历代医家所推崇的“精诚大医”。

4. 中国古代医学伦理思想的完善期——两宋、金元、明代至清朝早中期 宋明时期的程朱理学和陆王心学发展了中国的儒、释、道文化。在这种文化指引下，中国传统医学进一步发展，并涌现了一大批医学大家，如金元四大家、李时珍等。明朝时期，我国传统的医德规范、医德教育、医德理论发展日趋完善。明代著名医家陈实功，在《外科正宗》中对我国古代医学道德思想做了系统总结，归纳出“医家五戒十要”。明朝另外一位著名医家龚廷贤，在著作《万病回春》中还开创性地提出了“病家十要”，对患者也提出了道德要求，具有较高的伦理价值和实际意义，进一步丰富发展了医德思想。

清代医家喻昌在《医门法律》中，用临床四诊、八纲辨证论治的法则，作为医门的“法”，以临床治病时易犯的错误作为医门的“律”，两者结合称为“医门法律”。《医门法律》提出了对临床医生的医疗行为进行评价的客观标准，开创了临床医德评价的先河，被后人称为“临床伦理学”，是对传统医德理论的突破，在中国医学道德发展史上具有重要意义。

（二）国外古代医学伦理思想概况

西医教育起源于古希腊。那时的医学教育注重医者文化素养和探索欲望的培养，有序合理地安排了德育、智能、体能、美育的不同课程。但因对自然的认知水平低下，医学伦理思想的探究更多是天、神、人、巫相互呼应的原始状态。公元前 6 世纪后，希波克拉底的“四体液说”破除了“巫医同源”的思想，开始形成具有科学雏形的整体医学观。此时，西医鼻祖希波克拉底在总结医学技术发展和某些病症发病过程的同时，也在实践中身体力行其行医格言与人文智慧，以道德准则教导后世医者规范行医。

1. 古希腊医学伦理思想　公元前 6 世纪至公元前 4 世纪，古希腊医学形成，成为以后欧洲医学的基础。西方医德思想最早、最著名的代表人物是被称为西医之父的希波克拉底（Hippocrates）。他提出的“体液学说”和机能整体的观点，初步奠定了西方医学的科学基础。希波克拉底提出了医者应当具备的美德和优良品质，建立了医者行医的行为伦理准则。

著名的《希波克拉底誓言》成为西方医学道德的典范，对后世产生极为深远的影响。《希波克拉底誓言》的主要内容有：第一，阐明为患者谋利益的医学宗旨，“我愿尽余之能力与判断力所及，遵守为病家谋利益之信条”；第二，强调尊师重教，“凡授我艺者敬之如父母，作为终身同世伴侣，彼有急需我接济之。视彼儿女，犹我弟兄，如欲受业，当免费并无条件传授之”；第三，强调医生的品行修养，“无论至于何处，遇男或女，贵人及奴婢，我之唯一目的，为病家谋幸福，并检点吾身，不做各种害人及恶劣行为，尤不做诱奸之事”；第四，强调保守医学秘密，“凡我所见所闻，无论有无业务关系，我认为应守秘密者，我愿保守秘密”。

《希波克拉底誓言》是希波克拉底学派在长期医学实践中总结出来的道德行为准则，是历史上倡导医学道德最早、最系统、最重要的文献之一，为后来医学道德的发展产生不可磨灭的奠基作用。1948 年，世界医师协会在《希波克拉底誓言》基础上加以修改，编写了《日内瓦宣言》并将其作为国际医德规范。

2. 古罗马医学伦理思想　古罗马医学是在继承古希腊医学的基础上发展起来的，在医学伦理思想方面，也继承和发展了古希腊的思想。这一阶段最著名的医学家及医学伦理思想家是盖仑（Galen），他继承了希波克拉底的“体液学说”，发展了机体的解剖结构和器官生理概念，创立了医学和生物学的知识体系。

古罗马的医学伦理思想除了体现在医学家盖仑的思想外，还体现在古罗马的法律中。那时候医学受宗教神学的影响很大，盖仑的医德思想也带有浓厚的宗教色彩，后被宗教神学采用，在西方的影响达一千多年，一直到中世纪结束。

3. 古印度医学伦理思想　古印度是人类文明的发源地之一，其医学伦理思想是世界东方伦理思想的重要组成部分。其古代医学经典《阿育吠陀经》（又译《寿命吠陀经》《生命吠陀经》）就包含着不少医学伦理思想。例如，阿育吠陀医学的代表人物阇罗迦反对医学商品化，他曾说：“医者治病既不为己，亦不为任何利欲，纯为谋人类幸福，所以医业高于一切；凡以治病谋利者，有如专注于沙砾，而忽视金子之人。”这些论述都体现了医学的人道主义精神。

4. 阿拉伯医学伦理思想　阿拉伯医学产生和发展于公元 6～13 世纪，主要继承了西方古希腊以来的医学，同时吸收了中国、波斯和古印度的医学，是世界医学发展史上的一个重要阶段。阿拉伯医德思想主要体现在充满宗教色彩的《迈蒙尼提斯祷文》中，其强调医生应该以患者为中心，不计较金钱和地位，全心全意地为患者服务，医生应该尊重患者的权利和隐私，不泄露患者的隐私。同时，医生还应该尽力挽救患者的生命，即使失败了也要勇于承认错误。这些医德思想在《迈蒙尼提斯祷文》中得到充分体现，对于现代医学的发展和医学伦理的研究具有一定的指导意义。

二、古代医学伦理思想特征

古代医学伦理思想强调医生应以患者为中心，注重医患关系的和谐，尊重患者的权利和隐私。同时，医生应该具备高尚的道德品质，如诚实、守信、慈悲等，承担起医德责任和社会责任，不以谋取个人利益为目的。这些特征贯穿于古代不同文化和国家的医学实践和思想中，反映人们对于医学伦理的普遍关注和重视，对于现代医学伦理的研究和实践也有重要的启示作用。

（一）中国古代医学伦理思想特征

我国古代医学伦理思想在历史发展过程中汲取了中国传统文化的精髓，形成以“医乃仁术”为核心特征的优良传统，值得我们永远传承并发扬光大，具体可以概括为如下五个方面。

1. 仁爱救人，普同一等 “仁”是儒家思想的基本概念。“仁”是指在别人有危难和不幸时，每个人内在的“不忍之心”“恻隐之心”的流露。以儒家文化为主导，我国历代医家把“仁爱救人”作为行医的基本准则，强调医学是“以人为本”“济世活人”的“仁术”。晋代名医杨泉在《物理论》中提出：“夫医者，非仁爱之士不可托也。”唐代名医孙思邈强调，医者首先应“先发大慈恻隐之心，誓愿普救含灵之苦”，不计得失，无畏艰险，全力救死扶伤。宋代林逋《省心录·论医》中指出：“无恒德者，不可以作医，人命死生之系。”这些医家无不强调仁爱精神的重要性，只有具备济世救人的仁爱精神才能从事医疗工作。

从“医乃仁术”“仁爱救人”的观念出发，我国传统医学伦理还强调医者必须遵循“普同一等”的行医原则，对待患者一视同仁，自觉做到“贫富虽殊，药施无二”以及“一心赴救”。孙思邈认为：“若有疾厄来求救者，不得问其贵贱贫富，长幼妍媸，怨亲善友，华夷愚智，普同一等。”龚廷贤指出，“医生当存仁义，贫富虽殊，药施无二”。只有如此，方可谓苍生大医。古代医家从朴素的医学人道主义出发，将“普同一等”当作行医的道德信条，这需要相当大的道德勇气，也是难能可贵的医德医风品质。

2. 博极医源，精勤不倦 《清代名医医案精华》序文中有句至理名言“医非学养深者不足以鸣世”。医学的根本任务在于以术济人，良好的医学伦理道德必须以精湛的医术为载体。因此，我国历代医家都强调精术显德，十分重视把“精术”作为行医者“立德”的根本和基础。孙思邈在《备急千金要方·大医精诚》中指出：“学者必须博极医源，精勤不倦，不得道听途说，而言医道已了，深自误哉。”古医书《医学集成》指出：医之为道，非精不能明其理，非博不能致其约，并应做到无一病不穷究其因，无一方不洞悉其理，无一药不精通其性。要掌握如此精湛的医学技术，绝非一朝一夕之事，必须刻苦钻研，涉猎群书。《黄帝内经》指出，医者必须“上知天文，下知地理，中知人事”。就是说，医者不但要精通医术，还要了解天文地理和人情世故，做到无不通晓。只有知识广博，并与医学理论融会贯通者，才能达到更高的医学境界。

3. 重义轻利，廉洁正直 重义贱利是孟子性善论所倡导的一种价值观，是儒家的经典思想之一，对中国传统医学伦理思想的形成与完善具有深刻的影响。要求医者必须具备和保持廉洁正直的品行，不可借医技而贪图名利。孙思邈在《备急千金要方·大医精诚》中指出：“医人不得恃己所长，专心经略财物，但作救苦之心。”龚信在《古今医鉴》“明医箴”中提出：“今之明医，心存仁义……不计其功，不谋其利；不论贫富，药施一例。”清代名医费伯雄指出：“欲救人而学医则可，欲谋利而学医则不可。”我国古代践行重义轻利、扶贫济困等高尚品德的良医事例不胜枚举。被誉为“建安三神医”之一的董奉，长期隐居庐山，专为贫民治病，不取报酬，并尽力赈济贫困者，留下“杏林春暖”的佳话。明代潘文元医术高明，行医乐善好施，虽行医三十年，但仍贫得几乎没有土地。他死后，当地百姓万人空巷为他送葬，以表示哀悼和永远怀念之情。

4. 小心谨慎，尽职尽责　医界历来就有“临病胜临敌”“用药如用兵”“用药如用刑”之说，医学是至精至微之事，攸关患者健康和生命安全。历代医家在医疗实践中都十分重视严谨的工作作风，强调诊治患者必须要尽职尽责，一丝不苟，切忌粗枝大叶、敷衍塞责。古代医书《本草类方》中提出“盖人命一死不可复生，故须如此详谨”。张仲景在《伤寒论·自序》中严厉批评那些不负责任、粗心大意庸医的草率医疗作风，批评他们“省病问疾，务在口给”“相对斯须，便处汤药”“按寸不及尺，握手不及足”，指出他们花言巧语地口头应付看病，装样子望诊，胡乱地开处方。脉诊更不全面，不细致，连寸、关、尺三部的脉象也未摸清。孙思邈指出，一个好的医者应该“省病诊疾，至意深心。详察形候，纤毫勿失。处判针药，无得参差”。医者必须保持严谨细致的作风，在患者病情危重时，要不畏困难，勇于承担风险，救人于危急之中。在临诊时，应充分考虑疾病的复杂性，谨慎地选择治疗方案和治疗药物。

5. 尊重同道，行为端庄　尊重同道、谦虚谨慎，相互学习、取长补短自古就是医者的优良传统。孙思邈在《备急千金要方·大医精诚》指出不得“自逞俊快，邀射名誉”，不可“訾毁诸医，自矜己德”。陈实功在《外科正宗·医家五戒十要》中倡导医家要互敬互让，尊重同道，凡乡井同道之士，不可生轻侮傲慢之心，切要谦和谨慎。年尊者恭敬之，有学者师事之，骄傲者逊让之，不及者荐拔之。龚廷贤在《万病回春》中的“医家十要”专列“莫嫉妒”一条作为处理同行关系的准则。历代医者还十分重视自身的仪表和言谈举止，医者的言行举止也直接影响到其能否获得患者的信任。我国古代医学伦理强调，医者应言谈文雅，仪态端庄，在诊治中尊重乡土风俗和病家，做到举止有度，彬彬有礼。早在《黄帝内经》中就提出医家不可“谬言为道，更名自功”，要“入国问俗、入家问讳、上堂问礼”。后来孙思邈在《备急千金要方·大医精诚》对医者应有的形象和行为举止做了更全面、更详尽的规定，“夫大医之体，欲得澄神内视，望之俨然，宽裕汪汪，不皎不昧……又到病家，纵绮罗满目，勿左右顾眄，丝竹凑耳，无得似有所娱，珍馐迭荐，食如无味，醽醁兼陈，看有若无”。

综上，我国古代医学伦理思想的精神内涵有如下五个特征：第一，医儒同道，中国传统医学伦理思想深受传统文化，特别是儒家文化的影响。第二，强调天人合一，提倡人际关系和谐，要求医者考察人体生命运动变化的规律，认识健康与疾病，要与自然和社会环境相联系。第三，强调医学服务于人民大众，倡导医者不畏权势、不图名利，甘当人民医家，献身于医学事业和人民大众。第四，注重医德与医术相统一、医德规范与医德实践相结合，强调医者既要有精湛的医术，又要有高尚的医德。第五，注重医学伦理教育和道德修养，强调医学主体的道德自律。

（二）国外古代医学伦理思想特征

国外古代医学伦理思想以古希腊、古罗马、古印度和阿拉伯的医学伦理思想最有代表性。

1. 古希腊医学伦理思想特征　古希腊最杰出的医学家希波克拉底非常重视医生的品行和道德水平，他在《希波克拉底誓言》中全面而生动地论述了医生与患者、医生与患者家属、师徒之间应有的准则规范，并成为后世医学家所遵循的基本规范。《希波克拉底誓言》提倡的不伤害原则、为患者利益着想原则、保密原则、尊重同道原则，成为西方医学伦理的核心思想。此外，以希波克拉底为代表的古希腊医学伦理思想特征主要表现为：①尊师如父母；②接济患者急需犹如兄弟；③行医目的是为病患谋幸福；④平等对待患者；⑤敬重医学同道；⑥作风正派；⑦保守职业秘密；⑧举止高雅，给患者以信心。

2. 古罗马医学伦理思想特征　古罗马时期，最著名的医学家及医学伦理思想家盖仑认为，从理想上讲医生从事医疗实践的目的是爱人类而不是爱利益，因为科学探索与金钱追求是相互排斥的。在“最好的医生也是哲学家”一文中，盖仑提出：“作为医生不可能一方面赚钱，一方面从事伟大的艺术——医学；我研究医学，抛弃了娱乐，不求身外之物。”此外，盖仑对医学中的医患关系十分重视。他提出医生应具备合理的知识结构，精通哲学的三个分支：逻辑学，即如何思维的科学；物理学，即自然的科学；伦理学，即为什么的科学。医生具备了这些知识就能获得患者的信赖和钦佩。他认为获得患者的合作和信任是十分重要的，这种合作与信任能通过实践交往以适当方式建立。例如，通过谨慎的、患者所能接受的语言进行沟通以及通过预后判断，使患者对其产生信任。尽管理解患者、了解疾病是不容易的，但盖仑称，只要医生通过严密的观察和认真的思考，就能将不确定性减到最小。最后，盖仑强调医生的行为在治疗中的价值，认为适当的治疗行为包括道德上的“善”和医疗上的“有效”。

3. 古印度医学伦理思想特征 古印度时期的医学伦理学思想特征，主要体现在外科著作《妙闻集》和内科著作《阇罗迦集》这两部具有世界级影响力的印度古典医学巨著的核心思想。《妙闻集》的核心思想可归纳为：①针对医疗工作，总体上对医生提出“四德”要求，即医生要拥有正确的知识、广博的经验、聪敏的知觉和对患者的同情；②在医患关系上强调，医生要有必要的知识，要洁身自持，使患者信赖，并尽一切力量为患者服务甚至牺牲自己的生命也在所不惜；③强调医生要有一个良好的仪表、习惯和作风；④强调医生要全面掌握医学知识和医学技术，只通晓手术技巧而忽略医学知识贯通的医生，不值得尊敬，因为它危害生命；⑤在外科治疗中，特别强调医生和助手的密切配合；⑥对军医专门提出要求，凡遇君王征战的时候，应该有军医随行，强调军医的职责和任务。

《阇罗迦集》提出为人类谋幸福的行医目的和一系列医德标准：医师治病既不为己，亦不为任何利欲，纯为谋人类幸福，所以医业高于一切。医生在开始接受行医培养的时候就要学习这些准则。阇罗迦指出，在白天和夜晚，无论你给谁看病，你应全身心地为患者的利益而努力，不应因自己的生活或生命的缘故而舍弃或伤害你的患者。古印度的医德思想，表现出高尚的医学人道主义精神，对后来印度及阿拉伯地区的医德发展产生很大的影响。

4. 阿拉伯医学伦理思想特征 阿拉伯医学伦理思想中有突出建树的代表人物是名医迈蒙尼提斯（Maimonides），犹太人，他所著《迈蒙尼提斯祷文》是医德史上重要医学道德文献。《迈蒙尼提斯祷文》列出一系列医德规范，“启我爱医术，复爱世间人”“愿绝名利心，尽力为病人”“无分爱与憎，不问富与贫”“凡诸疾病者，一视如同仁”。《迈蒙尼提斯祷文》的主要思想是为了人类生命与健康，医生要时刻有医德之心，不应为贪欲、虚荣、名利所干扰，而忘却为人类谋幸福的崇高目标。

综上，以古希腊、古罗马、古印度和阿拉伯为代表的国外古代医学伦理思想，具有如下特点：第一，突出道德及精神生活的价值。古代思想家们对功利主义、个人利益并没有表现出特别的兴趣，却普遍表现出崇尚精神生活、贬斥物质生活的思想倾向。第二，强调群体利益高于个体利益。在群体利益与个体利益的关系问题上，古代医学伦理思想要求医者忠于民众的群体利益，而不应追逐自身的个体利益。

三、古代医学伦理思想的局限性

古代医学伦理思想是人类文明发展过程中的重要组成部分，它们反映古代医学实践与道德观念的交融。然而，随着时间的推移和社会的进步，我们也逐渐认识到古代医学伦理思想存在的局限性。古代医学伦理思想往往基于当时的宗教、哲学、文化和经验知识，对医生和患者的权利、义务与责任进行规范。然而，这些规范在现代社会中可能不再适用或有较大的局限性，因为它们往往缺乏科学依据、人性化关怀和公正性。因此，需要在现代医学伦理思想的指导下，持续探索和发展新的医学伦理规范，以更好地维护医生和患者的权益、尊重人的尊严和价值，实现人类的全面发展。

（一）中国古代医学伦理思想的局限性

我国古代医学伦理思想的内容极为丰富，很多优秀的内容值得我们继承并结合时代的特点不断发展。需要指出的是，我国古代医学伦理思想也有其历史和阶级的局限性，主要表现在部分内容受封建宗法思想、等级观念及某些封建迷信思想的影响。例如，“三纲五常”“三从四德”等封建道德观念，使妇女看病受到“男女授受不亲”等清规戒律的限制。明代李梴在《医学入门》中说：“如诊妇女，须托其至亲先问证色与舌，及所饮食，然后随其所便，或证重而就床隔帐诊之，或证轻而就门隔帏诊之，亦必以薄纱罩手。贫家不便，医者自袖薄纱。”另外，传统儒家文化中的“忠”“孝”“仁”“义”“礼”等伦理观念，在某种层面对医学伦理思想可能带来消极影响。例如，“身体发肤，受之父母，不敢毁伤”的观念下尸体解剖被视为不孝、不仁、不义行为而被禁止，严重阻碍我国尸体解剖学研究的进展，进而制约医学的发展。我国古代医德规范要求还有不少是封建宗法等级的表现。例如，《礼记·曲礼》中记载：“君有疾饮药，臣先尝之；亲有疾饮药，子先尝之。”这是封建的“君臣”“父子”的宗法等级观念的表现。

（二）国外古代医学伦理思想的局限性

国外古代医学伦理思想也有其局限性。一是将当时无法解释的现象归因于神灵。例如，古罗马时期，盖仑医学体系的一个基本特征是将自然看作有目的的，认为自然的行为具有完美的智慧，自然不做无用功。盖仑认为，造物主创造的每个结构都是为了满足一定的功能需要，通过解剖学研究可以发现和证实造物主的智慧、力量和完美。盖仑虽然注重逻辑思维，试图建立一个可证明的科学，但他同时也意识到逻辑证据的局限性，因此他承认造物主的存在。二是将宗教教义融入医学伦理思想中。例如，古印度的医学伦理思想就有明显的宗教伦理成分。佛教在印度发展史上扮演着十分重要的角色，它影响印度人生活的各个方面，古印度的医学甚至被称为“佛教医学”。印度人认为“佛”是世界的最高主宰，最关系到人类生存与发展的医学也是佛赐予人的最大恩惠。僧侣是佛与人的中介，僧侣与神最接近，可以直接传达神的旨意，所以当时的行医者是由僧侣来兼职的。这些观念便是宗教思想在古印度医学伦理思想中的体现，与现代科学主义发展的理念是全然不同的。

第二节　近代医学伦理思想

随着近代医学的快速发展和技术的进步，医学伦理问题逐渐成为人们关注的焦点。近代医学伦理思想强调医生应以患者为中心，注重医疗过程中的道德、法律、人权等方面的问题，涉及医学实践的方方面面。同时，医学伦理问题的出现和日益突出，也反映了社会对于医学道德和伦理规范的需求和呼唤。在这样的背景下，近代医学伦理思想逐渐成熟，为医学实践和医学教育提供了重要的参考和借鉴。

一、近代医学伦理思想概况

近代医学伦理思想是在科技与医疗制度不断发展的背景下逐步形成的，反映近代医学实践与道德观念的交融，旨在规范医疗实践、保障患者权益等方面发挥作用。近代医学伦理思想强调人性化关怀、知情同意、隐私保护、公正分配等原则，重视医生和患者之间的互动与合作，同时也注重医学伦理教育与法律规范等方面的推进。在近代医学伦理思想的指导下，医疗实践和医学研究逐渐向着更加公正、科学、人性化的方向发展。

（一）中国近代医学伦理思想概况

1. 旧民主主义革命阶段医学伦理思想　1840年鸦片战争后，中国封闭的国门被打开，中国步入近代社会，中国的传统医学也进入一个大变革时代，包括医学在内的西方先进科学技术大规模传入中国，对中国传统医学产生了巨大影响。深受西学东渐的影响，近代中国社会文化先后出现过海防思潮、洋务思潮、维新变法思潮和民主革命思潮等带有资本主义倾向或性质的西化思潮的变迁。在西学东渐大环境下，西方近代医学的大规模传入，也引起中国近代医学领域呈现出中西医参合、中西医汇通、改良中国医学、废止中医和中医科学化等医学西化思潮的依次更替。西方近代医学作为一种新的医学知识体系传入并植根于中国，对中国传统医学体系带来空前的冲击。中医的生存和发展空间一步步被挤占，逐渐失去其原有的主体地位，甚至关乎存废。到民国初期，西医取代中医的地位成为中国医学的主体。民国时期，随着西方医学在我国的传播和发展，在如何对待中西医学问题上产生了三种态度和主张：全盘西化、完全尊古、中西医汇通。中西医汇通获得最后胜利，中国古代医学伦理思想也得到了延续、传承和发展。最终，我国逐步形成了中医、西医、中西医结合并存，共同造福人类健康的新局面，中国近代医德思想也步入新阶段。

2. 新民主主义革命阶段医学伦理思想 1921 年 7 月，中国共产党诞生，自此，中国革命翻开了新的一页。新民主主义革命时期，在马克思主义及其中国化理论的指导下，在中国共产党的领导下，我国人民医师继承我国古代医家优良道德传统，发扬救死扶伤的革命人道主义精神，建立了民主革命的新型医患关系，使中国医学道德步入一个新的历史阶段，中国医学伦理思想发生了革命性的新变化。1926 年，《中国医学》刊载中华医学会制定的《医学伦理学法典》，表明中国近代医学伦理学开始与国际接轨。1933 年，我国知名医学教育家和医学伦理学奠基人宋国宾鉴于当时世风日下、医德不兴、同道之争论、医病之纠纷、日充而不休的情况，深感为名医易，为良医难，为使医者自尊其业，撰写了我国第一部医学伦理学专著《医业伦理学》。1941 年，毛泽东同志给当时在延安办学的中国医科大学题词“救死扶伤，实行革命的人道主义”，是对这个时期医学道德思想的集中概括。

在这些思想指导下，生活在红色革命根据地的医务人员和患者共同参与医疗活动，建立了平等的同志式新型医患关系。当时，红军医院的民主主义制度，不仅使人与人之间形成了互相关心、互相爱护、互相帮助的关系，而且使广大医务人员精神上得到解放，世界观、人生观和价值观发生了变化。为了人民的健康利益，为了医治战斗伤员的疾病，为了战争的胜利，医疗、护理工作虽有分工，但为了共同的革命目标，医务人员形成了一个有机的整体。这也为深入开展医护道德教育营造了有利的环境。同时，国际医学家来到中国帮助革命，也带来了医学的国际主义伦理精神，极大地促进了我国医学伦理思想的传播和发展。

抗日战争时期的革命军队里有许多外籍医生和护士，他们的事迹闪耀着革命人道主义精神和国际主义精神。他们的医德思想也是这一时期中国医学伦理思想的重要组成部分。加拿大医学家亨利·诺尔曼·白求恩（Henry Norman Bethune）1938 年辗转来到延安，他以对人民极端负责的精神开展医疗救治工作。1939 年他在一次手术中感染并发展成败血症，因公殉职。1939 年，毛泽东发表文章《纪念白求恩》倡导“毫不利己专门利人”“对工作的极端的负责任”“对同志对人民的极端的热忱”的白求恩精神。

解放战争时期，解放区医务人员以革命人道主义精神和革命英雄主义精神参加整个解放战争，对被俘国民党官兵的伤者，都给予尽力救护，贯彻落实了党的优待俘虏政策，体现了医学人道主义精神。

（二）国外近代医学伦理思想概况

1. 文艺复兴时期的医学伦理思想 西方近代医学伦理学发端于文艺复兴时期。公元 476 年罗马帝国灭亡，欧洲奴隶制瓦解。此后的一千多年里，欧洲处于中世纪黑暗时代，科学、文化和艺术都被宗教迷信所控制而停滞不前。经院哲学思想渗透到医学领域，医学的发展被引向引证、注释权威著作的道路，变成了经院式的医学。作为与医学密切相关的医学伦理思想和观念也同样受到宗教的影响，严重阻碍了医学伦理道德的向前发展。14～16 世纪是欧洲文艺复兴时期，文艺复兴运动冲破中世纪封建宗教统治的黑暗，代表新兴资产阶级生产力和生产关系的思想家提出人道主义的口号，批判以神道为中心的传统观念，倡导以人文主义为中心的新思想，赞颂人的智慧和才能，提倡人性、个性解放和个性自由，肯定人是现实生活的创造者。文艺复兴运动打破了宗教神学对人们的思想束缚，培育了自由研究的精神，引导人们去观察和研究自然和现实社会，为近代自然科学的产生特别是为医学摆脱宗教的束缚，创造了良好的思想文化条件。资产阶级人道主义思想唤起了良知、自由、平等、博爱的思想潮流，它们不断渗透到医学领域，也使人类伦理思想包括医学伦理思想发展到一个重要时期。人道主义思想促进了以实验医学为基础的医学科学的迅速发展，从而也大大促进了人类医学伦理思想的向前发展。

随着文艺复兴运动的兴起，近代实验科学得到迅速发展，医学也逐渐开始从传统医学向实验医学转变。近代医学科学的发展推动医疗卫生事业的社会化，像医院这种专门的医疗机构开始陆续出现，医疗活动的形式也从个人行医发展到以集体行医为主，医学道德由对医生个人规范发展到对集体行医中的道德要求，为近代医学伦理学的产生创造了物质条件。

2. 文艺复兴之后的医学伦理思想　文艺复兴之后，西方医学道德发展迅速，一方面突出表现在医学人道主义影响的扩大，从尊重人的生命权利出发，以人道反对神道，冲破了封建神学的束缚；另一方面，还表现在医学道德的规范化、系统化上。

医学伦理学作为一门独立学科诞生于18世纪的英国。1772年，英国学者约翰·格里高利（John Gregory）出版的《关于医生的职责和资格的演讲》指出，过于烦琐的成规可能导致浮夸和不真诚，对于医生的美德是有害的，医生的仁慈应来自其道德感。在疾病的治疗过程中，医生理解患者的情感与医学科学的作用同样重要。因此，格里高利被认为是近代西方医学伦理学的奠基人，是现代生命伦理学的先驱。18世纪，德国著名医学家胡佛兰德（Hufeland）发表《医德十二箴》，提出救死扶伤、治病救人等具有人道主义思想的医德要求，《医德十二箴》是对《希波克拉底誓言》的发展，它使医德规范更加条理化。

英国医学家、医学伦理学家托马斯·帕茨瓦尔于1791年为英国曼彻斯特医院起草《医院及医务人员行动守则》，并在此基础上于1803年出版世界上第一部《医学伦理学》著作。帕茨瓦尔的著作首次提出“医学伦理学”的概念，虽然没有正面给医学伦理学下定义，但从有关的材料可以分析出他对医学伦理学概念的理解。帕茨瓦尔在书中提出应基于古典医德学重视行医者个人德性，医生与患者关系转换为强调医生群体执业行为的标准化和医方内部关系的和谐；应该由古典医德学过分强调医生的道德义务与责任转换为法律对医疗活动的调节作用。他认为职业伦理学是“人性的知识”与“广泛的道德责任”之间的综合，医学伦理学的一般体系是使无论是官方正式的行为还是医学领域之间相互的交往都受文雅原则和正直原则指导。这种观点在19世纪被广泛接受。从此，医学伦理学作为一门学科走上广泛研究、影响日益深入的发展道路。1847年成立的美国医学会（American Medical Association，AMA）制定的伦理准则的主要内容也直接引自帕茨瓦尔的《医学伦理学》，从中可见其广泛影响。帕茨瓦尔的《医学伦理学》的出版，标志着医学伦理学学科的诞生。随后的几个事件，如1864年在日内瓦签署《万国红十字公约》等，使医学伦理学这一学科走向成熟，趋向系统化、规范化、理论化。

二、近代医学伦理思想特征

近代医学伦理思想具有多重特征。这些特征在近代医学伦理思想中得到体现，并为医学实践与医学伦理的发展提供指导和借鉴。

（一）中国近代医学伦理思想特征

中医是中国传统文化的构成部分，数千年在医疗卫生模式中占据主导地位，形成从理论到临床的独特格局。近代以来，西医的传入彻底打破了这种格局，构成了多方面的挑战，中国社会医疗卫生结构也因此而发生本质改变。近代西医传入后，中医在与西医的碰撞中，加速了从个体行医模式向行业化建制和社会化发展的进程，中医药学会、协会等各级各类社会团体不断建立和增多，个体诊所向中医医院扩展，社会相关管理政策持续跟进，改变“一对多”医患关系形态，形成与西医临床“多对多”和“多对一”同样的形态。

1. 旧民主主义革命阶段医学伦理思想特征 鸦片战争以后，在中国沦为半殖民地半封建社会的过程中，西方医学知识连同西方文化开始连续、广泛地传入中国。从1569年澳门建立第一所教会医院开始，到1937年全国已有教会医院300所，病床21 000张，诊所600个。中国近代医学伦理学思想是伴随着反帝、反封建的革命斗争形成与发展的，是以民族主义、爱国主义和人道主义为特征，孕育形成民族主义和人道主义相结合的旧民主主义医德，更孕育了革命人道主义的新民主主义医德。许多具有爱国情怀和民族主义思想的医生，开始探索救国救民的道路，此时最杰出的代表人物有孙中山和鲁迅。孙中山，名文，号逸仙，早年学医，1892年毕业于香港西医书院，后投身于民主革命。他早年行医时，曾以科学方法为难产孕妇接生，拯救了许多母婴的生命。行医时他不仅对生活困难的患者免收诊金，还赠送药品，因此，行医两三个月后就声名鹊起。孙中山当时面对国家民族这个“垂危病人”，逐步认识到“医术救人，所济有限”，因而弃医，投身“医国”的民主革命活动。从医人到医国，其伦理思想和奋斗目标是一脉相承的，其医德和政德是相互联系的。鲁迅也是怀着“医学不仅可以给苦难的同胞解除病痛，但愿还可以成为我们民族进行社会改革的杠杆”的希望而学医的，后来留学日本的经历才使他走上弃医从文的道路。近代医学伦理思想表现出救国救民的特点，从关注医学临床伦理转变为关注救亡图存，从医人转为医国，从重医德进而转为重政德。

2. 新民主主义革命阶段医学伦理思想特征 新民主主义革命时期，在中国共产党的领导下，以马克思主义世界观和历史观为基础，在清除封建主义腐朽的道德观念和批判资产阶级人道主义的基础上，继承中外历史上优良的医德传统，把爱国主义和国际主义结合起来，大力倡导救死扶伤的革命人道主义精神，建立同志式的新型医患关系，使我国医学道德跨入了一个新的历史阶段。革命根据地的医务人员发扬自力更生、艰苦奋斗的精神，在医药物品严重缺乏的情况下，自己上山采集中草药，就地取材，自制药品，用鸡蛋壳代替乳酸钙，烧酒加工代替酒精，猪油代替凡士林，缝衣针代替缝合针，剃头刀做手术刀，筷子当镊子。中国人民革命军事博物馆陈列过的“革命绷带”“红军纱布”两件革命文物，记载着红军医务人员在艰苦岁月里，用树皮、树叶当绷带、纱布的感人事迹。同时，根据各地对敌斗争的经验，先后建立了“地下医院”“山地医院”“流动医院”“竹子医院”，使数十万伤病员得到抢救与医治，恢复健康。这充分体现了医务人员艰苦奋斗，忠诚于革命卫生事业的高尚品德。毛泽东曾说“伤病员都是有功之臣”“医务人员要好好爱护伤病员，诚心诚意为伤病员服务”。1945年在日军一次“扫荡”中，新四军模范医疗队队长李兰丁和卫生所的同志们在突围中被阻在包围圈里，与部队失去联系，在地方党组织的配合下，他们把伤病员安置在渔船上，她不顾敌人汽艇的“清剿”，每天驾着小船到各渔家为伤病员治疗，粮食断绝，就以生鱼虾、芦草根充饥，忍着饥饿与疲劳，坚持二十多天，直到胜利。

土地革命时期，我党我军积极倡导医务人员要医德医术并重，逐步形成了以“政治坚定”和“技术优良”为两个基本点，以“一切为了伤病员”为主线的“两点一线”医德模式。在医德认识与实践方面具有重大创新意义。

抗日战争时期，一方面，我党我军医务人员发扬了自力更生艰苦奋斗的精神、英勇顽强不怕牺牲的精神、尊重科学讲求实际的精神和军民一家依靠群众的精神，突出了爱国主义精神、革命英雄主义精神、革命乐观主义精神，有力推动了我军医德发展；另一方面，随着白求恩、马海德、罗生特、傅莱等国际友人带着先进的医疗技术投入我军医疗卫生工作，同时从医学人道主义和国际主义的角度，丰富了我军医德思想的内涵。特别是《纪念白求恩》《为人民服务》等光辉文章的发表，为丰富并提升我军医德思想奠定了基础。坚持“救死扶伤，实行革命的人道主义”、坚持全心全意“为人民服务”、坚持“防治结合、预防为主”等重要指导原则的提出，形成了我军医德原则的基本框架，也成为我军我党领导的抗日根据地的整个医疗卫生工作的医德指导思想。

新民主主义革命时期的医德，是在土地革命、抗日战争和解放战争的峥嵘岁月中建立和发展起来的，一方面继承了我国古代医家的优良传统；另一方面，在长期抢救伤病员的战争中，又形成了“救死扶伤，实行革命的人道主义”“一切为了救治伤病员，一切为了战争的胜利”，英勇顽强、不怕牺牲的具有战时特色的医德。这是一种崭新的、不同于以往的医德，是社会主义医德的雏形。

（二）国外近代医学伦理思想特征

1. 文艺复兴时期的医学伦理思想特征　古希腊罗马时期以后，西方社会的历史进入黑暗的中世纪，基督教在西方占据绝对统治地位，包括医学和医德在内的所有科学都成为解释基督教神学的工具，不得超越宗教信仰所规定的界限。医学活动成为上帝展示慈悲的神事，医德变成了神德。医学伦理思想被神学笼罩，医学和医德发展迟缓。14～16 世纪末是欧洲封建社会瓦解和资本主义生产关系形成的时期。代表新兴资产阶级利益的思想家们通过文艺复兴运动，用人道主义批判以神道为中心的腐朽观念，冲破中世纪宗教神学的统治和束缚，倡导以人文主义为中心的新思想，赞颂人的智慧和才能。打破宗教神学对人们的思想束缚，培育了自由研究的精神，引导人们去观察和研究自然和现实社会。这为近代自然科学的产生，特别是为医学摆脱宗教的束缚，创造了良好的思想文化条件。随后，医学科学发展到实验医学阶段，人道取代了神道，医学科学和医德理论迅速发展起来。随着大批近代医院的建立，原来的个体行医方式逐步转变为以集体行医为主的方式，治疗活动被分割成许多科室分别进行。医学成为一种社会化的事业，医生与医院之间、医生与医生之间、医生与患者之间建立多层次关系，促使医院管理和医德内容扩展和深化，许多国家性、国际性成文的医德守则陆续出现。

2. 文艺复兴之后的医学伦理思想特征　文艺复兴以后，人道主义唤起了良知，自由、平等、博爱的思想渗透到医学领域，人类伦理思想包括医学伦理思想发展到一个重要时期。近代医学牢固地在生物科学的基础上发展了起来。医学的发展和医疗卫生事业的社会化，使医务人员的医德行为准则从个体走向群体，从临床走向科研、实验、社区等，内容不断充实，影响面也越来越大。西方医德发展迅速，一方面突出表现为医学人道主义影响的扩大，从尊重人的生命权利出发，以人道反对神道，冲破了封建神学的束缚；另一方面，还表现为医德的规范化、系统化。传统医德往往只是零散体现在医家的言行及著述中，大都只是对医德某一方面的规范要求而不成体系，近代医德是建立在对医疗实践活动和对古代医德总结的基础上，用医德法典、规范的形式固定下来，形成较为完整的理论体系。

到了 20 世纪中期，特别是经过两次世界大战以后，医学有了全新的发展。社会各界包括医务人员本身，越来越清楚地意识到规范医务人员道德行为、提高医务人员伦理素养的重要性。现代医学伦理学朝着两个方向蓬勃发展：一方面，随着医学日益社会化、全球化，国际医学交往的日益增加和国际性医学组织的建立，一系列国际性医德法律和文件相继问世；另一方面，许多国家也相继制定全国性医德法规和文件。第三次科技浪潮的兴起，使得大量高新医学技术广泛应用于医学实践，引发许多新生命伦理问题。随着人们生活水平的提高，疾病谱、死因谱以及医学模式都在发生改变，人们需要重新思考与界定疾病、健康、医学目的、人的生命、生命的质量与价值等问题，这促使医学伦理学发展到一个新阶段——生命伦理学阶段。

三、近代医学伦理思想的局限性

西医在中国的传播由来已久，西医的传入使中国固有的传统医学受到极大冲击，形成了中西医汇通。中西医汇通虽然促进了医学和中国传统医德理论的发展，但是西医自身带有的文化特征使得近代中国医学伦理思想具有以下的局限性。

（一）医学人道主义的淡化

西方社会具有资本主义属性，与资本主义商品经济和个人主义、利己主义价值原则相联系的拜金主义、金钱万能主义是资产阶级意识的重要方面，也是资产阶级处世做人、待人接物的主要价值导向。随着西医的引入，这种思潮自然而然地渗入中国传统医学领域，使医生也染上了追求私利的观念。追求金钱成为医师行医的主要动机，这势必冲淡了医学人道主义，不仅影响着医学科学的发展，而且阻碍医德的进步。当时许多人谴责医师是商人，不仅诊断错误和滥开药物，还使治疗艺术成为商业而不是科学，医师开药是为了药商的回报而不是患者的健康。清末民初的知识精英在文学领域揭露并批判医界时弊。例如，《医家伯道》中描述的某医，原本是城外某药店的学徒，偶然间得到几个方药之后，便辞职回家，依靠诈术骗钱，伎俩有二：其一，凡是轻病一律描述为重病；其二，胡乱编造某人的病如何危急，又是如何吃了他的药治好的，从此名噪一时。1881 年《申报》刊载的“中西医术不同说”一针见血地揭示了这种现象，“中国之悬牌行道者或且恬然不以为怪，披阅本草一二卷，略识药性四五十，即栩栩然自夸于人曰：‘我知医，我知医’。而实则症不辨虚实表里，脉不知迟数浮沉”。类似的还有《杀人医生》中提到的害人无数的某医生，“疾缓也，投以急药；疾急也，投以缓药。利人之病危，以多取诊金。贫而无力者，久病丧命”。原本高尚的治病救人之术被心怀鬼胎的医师扭曲、异化成获取财富的手段。

（二）庸医的大规模出现

在近代欧洲，城市卫生设施的不完善，致使瘟疫几次在城市大流行，其间许多城市医师却溜到乡下。教士一身兼两任几乎代替了医师在城市里的工作。这是近代欧洲医师最不光彩的一面，弗里兹在《论王子、大臣、律师、会计、医师和商人等的各种罪行》的第 19 条里特别指责“传染病流行时，从城市逃之夭夭”。大量医师外逃，使得城内医师奇缺，借此机会招摇撞骗的庸医大量出现。他们摇唇鼓舌，采取各种骗术，引人上钩，谋财又害命。庸医缺乏医疗知识和医疗技术，更谈不上什么医德，因而有人说“经他们手医死的人比死于鼠疫的还要多”。而在近代中国，诸多文学小说均有对“庸医”的描述。例如，《燃犀》里的包宋忠起初只是一家杂货铺的学徒，整日好吃懒做，偶然间觅得汤头歌诀一本，还未及背熟药方，便毛遂自荐，前往好友钱阿贵家，为其老母及妻女看病。到了钱阿贵家，包宋忠只能装模作样地切脉诊病。写方时，包宋忠趁四下无人，拿出前晚抄写的方子，将两剂合为一方。类似记录不仅是对患者饱受摧残的描绘，更重要的是从道德上对当时社会出现的“庸医”符号进一步否定。

（三）封建伦理思想糟粕的残余

儒家“医乃仁术”“仁者爱人”等思想在中国古代医德的形成和发展过程中，起到了积极的主导性作用，但是儒家也有几千年来根深蒂固的局限性思想，其对中医医学及医德的负面影响不是一夕之间便能消除的。例如，在“身体发肤，受之父母，不可毁伤”的忠孝观念之下，人们反对尸体解剖，将其视为不孝、不仁、不义的不道德行为，甚至定为戮尸之罪，要绳之以法。以至于长期以来解剖学在我国没有形成一门独立学科，大大阻碍了我国医学基础理论的发展，也影响了临床医学尤其是外科学的发展。而“男女授受不亲”等封建道德观念势必会影响对妇女疾病的诊治。这个时期的医学伦理思想仍然受到封建伦理思想糟粕的影响。

第三节　现代医学伦理思想

现代医学伦理思想倡导以患者为中心的医疗模式，重视患者的人格尊严和自主权，强调医生和患者之间的互动与合作。同时，也要求医生在治疗过程中遵循科学、公正、透明的原则，保护患者的知情同意权、隐私权和个人信息安全。现代医学伦理思想指导医疗实践和医学研究向着更加公正、科学、人性化的方向发展，为维护医疗公正、提高医疗质量和保障患者权益发挥了重要作用。

一、现代医学伦理思想概况

现代医学科学和生物技术的迅猛发展和广泛应用，带来一系列复杂的伦理问题，以人道论和义务论作为理论基础的传统医学伦理学已很难应对新局面，在这种背景下现代医学伦理学发展的新阶段——生命伦理学应运而生。生命伦理学是运用伦理学的理论和方法，对生命科学、生物技术及医疗保健等方面的伦理问题进行系统研究，主要以功利论、人权论及公益论等作为理论基础，是对传统医学伦理学的继承和发展。

（一）现代医学伦理学的诞生背景

20 世纪下半叶以来，生物医学技术发展十分迅速，高新医学技术得到广泛应用，这不仅开启医学临床实践的新阶段，而且也带来复杂尖锐的伦理问题。例如，克隆人、胚胎干细胞、人工授精、器官移植、基因医学、人类基因组计划、变性手术、严重遗传性残疾、严重缺陷新生儿处置、安乐死及卫生资源分配等领域的伦理问题。随着生物医学工程的进一步发展，人们不但能更有效地诊断、治疗和预防疾病，而且还具备了操纵基因、精子或卵子、受精卵、胚胎，操纵人脑乃至控制人的发育、行为和情绪等的能力，这也引发了人们对新的科学技术是否会被滥用问题的伦理关注与担忧。

生命支持疗法的发展应用，提升了人类对抗病痛和死亡的生存能力，同时也使人类获得更大的自由去维持和控制生命的终结。美国著名生命伦理学家恩格尔哈特（Engelhardt）指出，当代医学的惠泽和挑战影响着所有人群和国家。通过医学和生物技术的进步，人们可以推迟死亡、避免痛苦和减轻残疾，没有一个国家未受到这种诱惑的影响。但高新医学技术在延续人的生命的同时，生命质量低下的存活成为某些疾病客观导致的现实问题，这引发了关于“死亡标准”和“死亡权利”的讨论。

生物医学技术的研发过程也引发了新的伦理问题，特别是临床医学人体试验受试者的权益如何保护等问题，冲击着人们的传统道德观。20 世纪 50 年代，美国成立了国立卫生研究院来支持临床科研，其把科研引进医学教育和对患者的照顾，涵盖患者和健康志愿者的受试者数量急剧增多，各类侵害受试者权益的人体试验引发了人们对受试者权利的关注。20 世纪 70 年代，美国“患者权利运动”成为民事权利诉求的一部分，最终促成美国医院联合会通过《病人权利法案》，患者的“医疗、护理、康复、转院、知情、同意、资料、保密、试验、查账”的十大权利得到保证。

生命伦理学的兴起还与特定的社会、经济、文化背景息息相关。20 世纪 60～70 年代是美国历史上重要的文化和社会变革时期，以人权为核心的各种社会文化运动和伦理思潮风起云涌，公民权利运动接连不断。在这样的社会文化背景下，人们开始对现实的伦理命题进行研究和分析，生命伦理学获得了发展的内在动力。加之社会经济的发展，人们对卫生保健的需求提出更高的要求，不但要求拥有良好的身体素质，而且还要有良好的心理状态、社会活动能力和较高的生活质量。越来越多的人开始反思和审视自己的生存状态，把医学作为人的文化哲学看待并加以研究成为社会发展的必然趋势。人们观察健康、处理疾病的思维方法和行为方式也随之发生改变，与此同时医学模式由生物医学模式转向生物 - 心理 - 社会医学模式。新的医学模式更加强调关心患者、关注社会、注重技术与服务的共同提高。人类保护健康和防治疾病，不只是个人的活动，而是整个社会的活动。

1971 年美国学者范 · 伦塞勒 · 波特（Van Rensselaer Potter）在著作《生命伦理学：通向未来的桥梁》中，首先使用“生命伦理学”一词。1991 年美国医学伦理学家大卫 · J. 罗思曼（David J. Rothman）所著《床边的陌生人：法律与生命伦理学塑造医学决策的历史》一书问世，标志着生命伦理学走向成熟。1980 年前后，生命伦理学开始传入中国。1987 年，中国社会科学院邱仁宗教授出版《生命伦理学》，首次全面系统地向国人介绍生命伦理学，使中国现代医学伦理学研究步入一个新阶段。在日本、美国和欧洲等国家和地区，生命伦理学早已成为医学院校和生命科学院系的必修课程，并设立了博士硕士学位点和专门的研究机构，更重要的是生命伦理学研究已体制化，成立了国家级的生命伦理委员会，一些国际性生命伦理学研究机构也相继成立。为了统一规范生命伦理学方面的共识，国际组织先后召开多次会议，拟定宣言和公约。生命伦理学作为一门新兴交叉学科，正逐步发展成为具有重要理论意义和社会现实意义的全球性学科。

（二）现代医学伦理学的研究对象

1. 医学伦理学的基本理论 医学伦理学在其形成和发展过程中，经历了传统医学伦理学、近代医学伦理学、现代医学伦理学三个发展阶段。传统医学伦理学形成了生命神圣论、义务论、美德论三大理论体系；近代医学伦理学形成了生命质量论、生命价值论、权利义务论、公益公正论四大理论体系。这些理论是用来对医学道德现象和医学道德关系进行解释的基础和说理根据。现代医学伦理学的研究对象之一，是要继续研究、丰富和发展这些基本理论，使之能更好地阐释医学道德现象与医学道德关系在新的历史时期和现代医学科学技术条件下出现的新情况和新特点，以便更好地指导医疗实践。

2. 医学职业道德 主要是指发生在医学职业活动中的医学道德现象和医学道德关系，这是现代医学伦理学应该重点研究的内容之一。医学职业道德的研究，应紧密联系医务人员的职业特点，确立医学职业行为过程中的道德原则和规范，并尽量使之具体化，使之具有可操作性。医学职业道德的研究，包括以下四个方面：①医务人员与患者的关系；②医务人员之间的关系；③医务人员及医药卫生部门与社会之间的关系；④医学临床中的其他道德关系。不论医学伦理学如何发展，医学职业道德始终是其重点研究内容和研究的根本问题。其中，医患关系是医学职业道德研究的核心内容。同时，医学职业道德本身也是随着时代的发展而发展的。

3. 现代医学技术中的伦理问题 随着医学科学和高新技术的发展，医学中的伦理问题日趋突出，有的问题使人类面临道德选择的两难困境，即对同一事件具有两种或两种以上行为策略可供选择，各种行为都有其理由，而又都不是绝对的理由。医学高新技术为无数患者带来了福音和希望，对人类健康水平的提高做出巨大贡献。但同时，其应用引发了各类社会伦理问题：巨额医疗费与现实经济水平的矛盾，医患关系日渐疏远，医学发展走向攻坚克难从而导致初级卫生保健被冲击，具体高新技术如克隆人、试管婴儿、基因治疗、器官移植等带来问题。

医学科学的发展，高新技术的广泛运用，并不总是利大于弊，若不考虑社会远期影响和为此付出的代价，新技术的滥用对人类可能是造祸而不是造福。然而，无端地指责或否定新技术，也会影响医学科学的进步和发展。因此，医学科学的发展、高新技术的应用，应该从伦理学的角度进行审视和研究。

4. 卫生政策中的伦理问题 从现代医学伦理学的角度看，卫生政策是一个国家对卫生资源和医学高新技术的社会使用如何进行最合理控制和最优化配置的问题，使有限的卫生资源发挥其最大功效、使医学高新技术的推广使用最公平合理，关系真正维护人类健康利益的战略决策。国家卫生政策的制定受许多因素影响。例如，在制定卫生政策过程中，决策者必然会面临这样的选择：是为社会所有成员服务，还是为社会某一部分成员服务？是优先发展初级卫生保健，还是优先发展高新技术？是优先考虑预防，还是优先考虑治疗？是只对当代人健康负责，还是要对后代人健康负责？是仅考虑救活人的生命，还是在救活人生命的基础上要注重人的生命质量的提高？诸如此类卫生政策中的伦理问题，都是现代医学伦理学的重要研究范畴。

5. 医事法律中的伦理问题 法治建设只有以伦理道德建设为依托，才能实现巨大的社会功能。医事法律法规建立在医学伦理道德的基础上，才能更好地发挥作用。在医事法律法规的司法实践中，有关医疗活动涉及的新社会现象的法律裁决探索，总是以社会伦理道德评价为基础。因此，医事法律法规中的伦理学问题，自然是现代医学伦理学应该加以认真研究的内容。

随着社会法治化进程不断推进，伦理道德和法律法规的相互关系出现一个特征，即许多过去为伦理道德所调整的社会关系内容逐渐进入法律法规体系当中，这个特征同样表现在现代医学伦理学的发展进程中。法治社会的进程越向前推进，社会的道德与法律法规的关系就越密切。因此，现代医学伦理学不应该忽视法律法规中伦理道德的研究。社会的伦理道德与法律法规存在着一个互动的相互联系。真正理解社会的伦理道德与其法律法规的互动过程，探讨和研究二者良性联系规律，对于深化现代医学伦理学的理论研究，发挥现代医学伦理学的功能，无疑具有理论与现实的意义。

二、现代医学伦理思想特征

随着医学科技进步和医疗制度的不断完善，现代医学伦理思想对医生和患者的权利、义务和责任进行了全方位的规范和倡导，涉及医疗实践、医学研究、医学伦理教育、医疗法律等多个方面。这些特征反映现代医学伦理思想的多样性和发展趋势，为医学实践与医学伦理的进一步发展提供重要借鉴和指导。

（一）中国现代医学伦理思想发展与特征

新中国成立后，随着生产关系的确立和医疗卫生工作方针的制定，以人民为中心的医疗服务成为医疗卫生工作的重点方向。我国在大力弘扬优秀传统医德的基础上，大力倡导集体主义道德价值观，在全社会逐步树立和确立了社会主义医德观。中国现代医学伦理学的发展经历了曲折前进的三个阶段。

1. 第一阶段（1949～1966 年） 防病治病，救死扶伤，全心全意为人民服务的医学伦理思想和医学伦理原则，在该阶段得到广泛贯彻和体现。

1949 年中国人民政治协商会议通过的《中国人民政治协商会议共同纲领》第 48 条，把“提倡国民体育。推广医药卫生事业，并注意保护母亲、婴儿和儿童的健康”列为建国纲领中的一项重要内容。1952 年党中央提出医疗卫生工作要“面向工农兵，预防为主，团结中西医，与群众运动相结合”的医学方针。1954 年我国第一部《中华人民共和国宪法》第 93 条明确规定保护人民群众的健康权利，确立劳动者有享受休息、休养、治疗和福利设施的权利。从 1950 年起，我国政府就组织力量防治危害人民群众的最严重的疾病，在控制传染病，如霍乱、鼠疫、性传播疾病、血吸虫病等，以及常见病、多发病、地方病普查普治方面都取得了可喜成绩。1965 年，毛泽东进一步提出“把医疗卫生工作重点放到农村去”的号召，农村医疗卫生工作队伍迅速壮大，涌现出数以百万计亦农亦医的医疗保健人员，这支遍布城乡工厂企业、穷乡僻壤的群众性医疗卫生队伍，活跃在基层，实践初级救护，普及卫生保健常识，宣传计划生育，有力地保障和维护了最广大人民的身体健康。这一时期，卫生政策伦理思想得到广泛传播。公平、公正、公益的卫生政策伦理基本思想在当时得到了具体体现。

2. 第二阶段（1966～1976 年） 该阶段由于受一些事件的干扰和破坏，社会主义医学人道主义精神遭到严重亵渎，医院内一些行之有效的规章制度被斥为“条条框框”，被“砸烂”废止了，医护人员之间的分工被取消，混乱的工作使医院的医疗质量受到严重影响，差错和医疗事故时常发生，医疗纠纷不断增加。甚至有个别医务人员利用医疗职务之便和不法医疗手段，参与到制造冤假错案的错误行为之中，使社会主义医学人道主义精神和医学道德受到严重玷污。

3. 第三阶段（1976 年至今）党的十一届三中全会以后，党和政府十分重视社会主义精神文明建设，在医疗领域加强医学道德理论、医学道德规范建设，强调医学道德实践研究，积极开展与国外同行的学术交流。中国医学道德的研究向科学化、系统化、理论化发展，医学伦理学逐渐成为一门较为完整的学科。

1981 年，第一次全国医学伦理道德学术讨论会在上海召开，会上提出我国的医德原则是“全心全意为人民服务，救死扶伤，防病治病，实行革命的人道主义”。同年，卫生部、各高等医学院校、各省（自治区、直辖市）科学技术协会开始加强医学伦理的宣传教育，重视医德医风建设。

从此，全国高等医学院校普遍开设了医学伦理学（医德学）课程。

1988 年，卫生部颁布《医务人员医德规范及其实施办法》，明确医疗卫生服务的道德要求和道德标准，内容可概括为“救死扶伤，人道待人；尊重病人，一视同仁；文明礼貌，关心体贴；谨言慎行，保守医密；互学互尊，奋发进取；廉洁奉公，遵纪守法”。同年，《中国医学伦理学》杂志在西安医科大学创刊，这是我国第一本医学伦理学研究专刊，随后许多省市也成立了医学伦理学专业学会。

1992 年，党的十四大决定我国要建立社会主义市场经济体制。广大医务人员积极探讨在市场经济下，人道主义与功利主义相统一的问题，努力使传统的“患者利益模式”向社会的、公益的、保障利益的“综合利益模式”转化，构建义利统一的义利观和社会公益观，正确处理市场经济与医疗服务的关系。

2011 年，中国医师协会公布《中国医师宣言》，郑重承诺 6 条医学守则：平等仁爱、患者至上、真诚守信、精进审慎、廉洁公正、终生学习。这些医学伦理规范的制定，旨在提高医务人员的道德水平，推动了医学伦理学的发展。现在医学伦理学研究越来越多地深入医疗保健、卫生政策制定、医学研究、生命科学、环境保护、动物保护等更广泛的领域，尤其是随着高新医学技术的发展和应用，价值论、公益论、人道论、义务论的冲突融合，人工辅助生殖、器官移植、行为控制及卫生资源的合理分配等人类普遍关注的敏感伦理问题层出不穷，医学伦理学逐渐发展到生命伦理学的新阶段。

2016 年，中国召开全国卫生与健康大会，对推进健康中国建设作出了系统部署。习近平总书记指出：“没有全民健康，就没有全面小康。”要把人民健康放在优先发展的战略地位，坚持中国特色卫生与健康发展道路，努力全方位、全周期保障人民健康。长期以来，我国制定了正确的卫生与健康工作方针，以保障人民健康为中心，以“促健康、转模式、强基层、重保障”为着力点，注重预防为主和健康促进，实现发展方式由以治病为中心向以人民健康为中心转变。我国卫生与健康事业取得长足发展，显著提高了人民群众健康水平，居民主要健康指标总体上优于中高收入国家水平。

（二）国外现代医学伦理思想发展与特征

20 世纪以来，自然科学和社会科学发展突飞猛进，伴随医学科技发展出现的社会伦理问题，引起各方面的重视。二战期间，纳粹医生开展人体试验、违反医学人道主义的罪行，震惊医学界和伦理学界。二战后反思医学的功能和本质，随着《纽伦堡法典》《赫尔辛基宣言》的颁发，医学伦理学得到了应有的重视，各国加强医学伦理学研究，把它作为医学院校的一门课程。一些国家或地区相继成立医学伦理学专门研究机构或组织，各类医学伦理学相关学术出版物不断涌现，各种专题学术研讨会在世界各地举办，学科发展呈现出前所未有的繁荣景象。国外医学伦理学发展大致经历了传统医学伦理学、生物医学伦理学和生命伦理学三个阶段。

1. 传统医学伦理学的特征 传统医学伦理学以临床医患关系为主要研究对象，研究领域局限在临床医疗内，强调医生的义务、责任和美德，受宗教神学思想影响较大，又可称为医德学。从时间上看，传统医学伦理学主要是指欧洲文艺复兴以前的医学伦理学。这一时期影响最大的医学伦理思想是古希腊希波克拉底的医学伦理思想，它影响了整个传统医学伦理学时期，其基本理论是美德论、义务论、生命神圣论。

2. 生物医学伦理学的特征 文艺复兴以后，科学革命为机械工业、物理学、化学、生物学带来了巨大成功。医学的发展奠定在生物学、解剖学、生理学巨大成功的基础之上。这一时期的医学称为“生物医学”时期，此时的医学伦理观念受“生物医学”观念影响，被称为生物医学伦理学。

18 世纪，威廉·哈维（William Harvey）的心血运动论最终取代了盖仑关于血液运动的学说，在以机械论为主导的哲学思想的指导下，以解剖学和生理学为主的实践医学取得了突飞猛进的发展。实验医学家们头脑中产生了尊重科学、尊重事实的理念，宗教神学的伦理道德观念日益淡薄，他们认为医学的最高任务莫过于延长人的寿命。一系列新的科学诊断和治疗疾病方法的出现，为医生关心同情患者、治疗疾病、解除患者痛苦提供了科学的现实基础和条件，这都是医学人道主义的集中体现。这一时期，医学伦理学虽然也研究医患关系，但并不局限于此，研究范围扩大了，从临床走向保健、预防、康复医学，同时，生物实验医学中人体试验道德成了生物医学伦理学的紧迫课题。生物医学技术发展本身及其所带来的伦理观念的变化，焦点集中在生死两端，如生殖技术、生育控制、严重缺陷新生儿处置和脑死亡、安乐死等伦理问题。美国学者汤姆·比彻姆（Tom Beauchamp）和詹姆士·邱卓思（James Childress）合著的《生命医学伦理原则》一书首次提出生物医学伦理学的概念。他们认为“生物医学伦理学作为一门应用伦理学，是一般道德理论、原则、规范在医疗实践与卫生保健实施以及医学和生物医学研究中的应用”。生物医学伦理学的基本原则是医学人道主义，基本理论是公益公正论、权利论、生命质量论、生命价值论。

3. 生命伦理学的特征　生命伦理学的概念诞生于美国，基本原则是“人本主义”，其基本理论除继承生物医学伦理学阶段的公益公正论、生命质量论、生命价值论外，还发展了环境论、境遇论、动植物权利论等，被许多国家的医学伦理学家引用和采纳。自20世纪中叶以来，随着现代医学的发展和医疗技术、手段、设备的更新，在与人的生命活动各阶段密切相关的医疗实践中，伦理、社会、法律等问题层出不穷。例如，“试管胚胎”养育的婴儿长大后寻找生父的权利问题；由其他人工生殖技术诞生的后代是否享有各种相关权利的问题；人体器官、精子、卵子等的出售与商业化倾向问题；器官移植受者的身份认定问题；寻求胎儿优生、胎儿性别鉴定与流产问题；脑死亡条例的制定及实施问题；安乐死与临终关怀问题；基因技术与基因歧视、克隆人问题等。许多仍是争论不休、悬而未决的问题，有待进一步探索与研究。科学家预测，21世纪是生命科学的世纪。生命科学的进展，生物技术更广泛的应用，不仅会给人类展现更美好的希望曙光，还带来更多伦理难题，给生命伦理学的理论研究和实践提供更大的空间。

三、现代医学伦理思想的争鸣与发展趋势

20世纪下半叶以来，随着医学科学技术的迅猛发展，医疗实践中出现了新的伦理问题。在传统医学伦理中，医德的核心思想是义务论，要求把患者的利益放在第一位，只注重患者个人的生命价值，往往不考虑社会价值、社会责任和社会后果。面对医学发展带来的新的伦理学难题，要求医务人员不仅要对患者负责，还要对社会负责。为适应社会发展需要，医德理论研究的中心发生了改变，由传统的义务论向公益论转化。此外，医德的发展和实践是涉及人们普遍利益的系统工程。自二战以后，社会各界开始意识到仅靠伦理道德的教化作用，不足以实现伦理学的主张，伦理道德必须得到法律法规的保障。因此，二战后的世界各国通过了一系列医学伦理法律法规文件，有效解决了医学发展带来的诸多医学伦理难题。这实际上就是医学伦理道德实现法规化的开端，极大地提高了公众及医学专业人才对医学伦理问题的敏感性，推动现代医学伦理学思想向前发展，同时也出现了现代医学伦理学思想的争鸣与分化。

一门学科的发展要经历从综合到分化，再从分化到综合的过程。医学伦理学、生命伦理学、临床伦理学、健康伦理学、卫生管理伦理学等同宗同源，在医疗卫生事业中始终都居于基础性和战略性地位。现代医学伦理学思想的争鸣，本质上就是由医学伦理学思想分化而形成的各类相关伦理思想在医疗卫生领域的应用，以及学界对不同细化思想进行研究时，碰撞与再融合的思辨过程，大致可分为两个阶段。

1. 以医学伦理学基本理论和思想方法为中心，多学科分化　早在20世纪80年代末，医学伦理学思想的分支学科就已初现雏形。如今的医学伦理学已经分化为以下众多领域或分支学科：理论医学伦理学、临床医学伦理学、护理伦理学、预防医学伦理学、医学研究伦理学、神经伦理学、基因伦理学、生殖伦理学、军医伦理学、实验伦理学、生态医学伦理学、卫生管理伦理学、卫生改革伦理学、健康伦理学、儒家生命伦理学、中医伦理学、伦理审查学等。而每一个新兴学科又

都包含若干分支，形成一个以理论医学伦理学为根的树状结构。

2. 以学科分化为基础，相关、相邻学科再促进、再融合 以医学伦理学和生命伦理学间相互依赖、相互促进的关系为例。其一，生命伦理学的诞生，意在回答医学伦理学研究中的一个基本问题，即人的生命问题。随着生命伦理学研究的展开和深入，人的生命的标准与意义逐渐浮现。其二，生命伦理学拓宽了医学伦理学在临床层面、卫生政策层面等的实践路径。尤其是在现代医学科学和生物技术的迅猛发展和广泛应用后，社会及医学界出现了卫生资源短缺、死亡定义和标准、胚胎干细胞研究、人工辅助生殖等复杂的伦理问题。生命伦理学以功利论、人权论及公益论等为理论基础，发展和完善了以义务论、人道论为理论基础形成的传统医学伦理学原则，对生命科学、生物技术及医疗保健等方面的伦理问题进行系统研究，良好地应对了愈加复杂的医疗卫生现象。

【复习思考题】

1. 现代医学伦理学形成的基础是什么？
2. 如何理解社会主义医德是在传统医德基础上发展起来的？

（陈　旻）

第三章　医学伦理学的基本观点与理论

【导入案例 3-1】医者仁心，无微不至守护患者健康

在湖南医药学院总医院，有一位深受患者赞誉的医生——神内脑血管重症科副主任刘丽，她被推选为2024年湖南“最美医生”，她的先进事迹带动和激励着广大医务人员积极投身健康中国建设。

2004年南华大学毕业后，刘丽便一头扎进临床工作，开启了长达20年的从医之旅。她始终秉持“医者父母心”的原则，将患者生命安全置于首位，不仅重视疾病的诊疗，更注重诊疗过程中的心理疏通。“爷爷，有没有哪里不舒服呀？别担心，您恢复得很顺利，我们也会一直陪伴着您！”晚上7点，已经过了下班时间，刘丽没有急于离开工作岗位，而是像往常一样走进病房，逐一查看患者的情况；一位81岁患者因突发意识障碍入住神内脑血管重症科，经检查发现患者大面积脑梗死并存在严重脑水肿，有手术指征。但患者年事已高，合并有心力衰竭、严重肺部感染等疾病，家属在是否进行手术上犹豫不决。刘丽通过耐心的沟通与细致的讲解，成功缓解了家属的焦虑情绪。根据患者实际情况，刘丽组织多学科会诊为患者制定了精细化治疗方案。在精心治疗下，患者神志逐渐恢复，顺利转到当地医院进行康复治疗。

一次次的精心诊疗、一天天的温暖陪伴、一遍遍的用心沟通，换来的是患者的高度认可。近年来，刘丽收到了感谢信30余封，锦旗60余面。

讨论与思考：刘丽医生的言行，让我们看到了她心中装着患者安危、一心为患者着想的仁慈之念，彰显了仁爱救人的美德。医学以生命为研究对象，伦理学以道德为研究对象，医学伦理学以医学职业道德与医学实践中蕴含的伦理难题为主要研究内容，那么如何衡量与评价道德的价值？医生的道德价值如何彰显？医生如何做出合乎伦理道德的医疗决策？带着这些问题我们开始本章的学习。

医学伦理学是伦理学的一个分支，它在形成和发展过程中必然需要汲取和运用伦理学的基础理论，如后果论、义务论和美德论等。同时，医学伦理学也在不断发现与解决具体医疗实践问题中，逐步呈现出具有自身学理特征的基本观点。这些基本理论与观点构成了医学伦理学体系的基本框架与要素。在不同历史时期，人类医学发展水平不同，健康需求程度亦不同，医学伦理学的基本观点与理论也在不断发展完善。

第一节　医学伦理学的基本观点

医学是人学，为人的生命和健康服务，它的性质决定了它必须以维护人的生命为使命。医学伦理学更是把“人的生命”作为整个理论的立足点和出发点。围绕“如何认识和对待人的生命”问题，医学伦理学逐渐形成了包含生命观、死亡观和人道观的基本观点。

一、生　命　观

生命观（view of life）是对人的生命的根本观点和看法。生命观将人的生命作为认识对象，形成了全面系统的认识观念，也就是关于“人”生命的哲学观。这种观念潜在地影响着人对待生命的态度、情感、意志和行为。人的生命是有限的，从古至今，人们无不为保持健康和延长生命而努力。在对生命认识的历程中曾有多种多样的观点，按照历史发展的逻辑，一般生命观的主要理论有生命神圣论、生命质量论和生命价值论。

（一）生命神圣论

1. 概述 生命神圣论（the theory of sanctity of life）是一种历史悠久、影响深远的生命理论，这种生命论强调人的生命是神圣不可侵犯的、至高无上的、极其重要的。因此，在任何情况下都要无条件地保持健康和延长生命，不允许对人的生命有任何触动和侵犯，才是合乎道德的。古希腊数学家、哲学家毕达哥拉斯（Pythagoras）说过："生命是神圣的。因此，我们不能结束自己的生命或别人的生命。"在临床救助中，传统观点认为应该"不惜一切代价地抢救患者的生命"，便是这种生命神圣论的具体体现。

生命神圣论是在动物本能基础上与社会风俗习惯相融合中逐渐形成的。人类社会早期，生产力水平低下，人类处于对大自然茫然无助、对生命现象神秘无知的状态，在疾病、饥荒、灾害、战争等侵害面前几乎无能为力；加之宗教和迷信思想的影响，人类生命具有了神圣性。人类以无限敬畏的态度对待人的生命，我国中医学奠基之作《黄帝内经》写道："天覆地载，万物悉备，莫贵于人。""人与天地参，与日月相应。"古代医家孙思邈的《备急千金要方》中，留下了"人命至重，有贵千金"的名言。西方《希波克拉底誓言》里也讲到"我要保护自己生命和技艺的纯洁和神圣"。这些言语都集中体现了生命神圣论的思想，这种思想在文艺复兴运动之后得到了强化和发展，并最终成为医学伦理学的重要观点。

2. 伦理意义 生命神圣论的产生和发展与医学职业使命相伴而生，并在推动医学及医学伦理学发展过程中发挥了积极作用。首先，它的伦理价值在于珍爱和珍惜生命，促进了种族繁衍和民族生存。"圣人深虑天下，莫贵于生"（《吕氏春秋・仲春纪・贵生》）的生命神圣思想必然促使人们珍重人的生命，从而大大有利于人类的生存与发展。人类在群居生活中，由于切身感受到维持生命的艰难，必将格外珍视生命，从而产生了利他互助的伦理观念，重视生命为个人发展、社会进步、文化传承所必需。

生命神圣论从道德角度强化了医学的宗旨。首先，强调尊重和维护人的生命，将维护患者健康作为医务人员的重要责任。其次，强化了救死扶伤的职业道德意识，促进医务人员道德品质的培养与锻炼，时刻提醒医务人员，医生是一项神圣的职业，履行医务人员在医疗实践中的职业义务，把患者的生命安危放在首位。同时，激励医务人员不断揭示生命之奥秘，推动医学沿着人道主义的轨迹健康发展。

3. 局限性 生命至高无上是生命神圣论的最基本观念，但人的生命总是有限的，当生命因自然衰老或由于疾病处于终末期，死亡已经不可避免，抢救就失去了意义。实际上，此状态的生命往往在并未得到"不惜一切代价"抢救的时候，就已经结束。"不惜一切代价"仅仅表达了一种良好的愿望。现实医疗资源相对有限，事实上不可能不惜一切代价地去挽救每一个人的生命。所以，从某种意义上看，生命的神圣性是有条件的，必须辩证地认识生命神圣性，否则，在现实中将会导致大量的伦理困境。

生命神圣论片面地强调了人生命维持的生物学意义，忽视了人的生命质量和生命价值，难免会导致偏重人口数量，进而造成人口恶性膨胀和人口素质的降低。若以生命神圣论作为医疗实践和社会政策制定的唯一理论基础，难免会只重视个体生命神圣性，而忽视了个体生命和整体人类利益的关系，必然会影响生育、治疗和卫生资源公正分配等实践。当生命终末期患者极其痛苦，医生又难以控制患者的痛苦，患者要求结束生命从而结束痛苦的时候，坚持生命神圣论就不可能做出"放弃治疗"的决策。生命神圣论认为，人的生命至高无上，不可触犯。如此则难以对人的生命开展研究，医疗实践中摘取人体器官进行移植就更难以被接受。这些伦理难题实际上是一味坚持生命神圣论而产生的，也不可能在生命神圣论指导下予以破解，只有突破这种传统理论，才能解决这些难题。为此，人们提出并形成了生命质量论和生命价值论。

（二）生命质量论

1. 概述　生命质量（the quality of life），又称为生命素质、生存质量、生活质量等。在医学领域多译为生命质量和生存质量。世界卫生组织将生命质量定义为“不同文化和价值体系中的个体对于他们的目标、期望、标准以及所关心的事情有关的生活状况的体验”。可见，生命质量是个很宽泛的概念，生命质量受到个人的生理、心理、能力、信念、社会关系及环境等诸多因素的影响。

生命质量论是一种强调人的生命存在状态的生命理论，是以人的自然素质即体能和智能等的高低优劣为依据，衡量人的生命对自己、他人和社会的价值的生命理论。其基本观念是尊重有质量、有价值的人的生命，接受人的死亡。生命质量论强调人的生命质量而非数量，强调增强和发挥人的潜能，不仅需要关心人的生命是否存活与保存，还要关心生命存在的状态。所以，医学不仅在于保全人的性命，更重要的是要努力提高、增进人的生存质量。既要健康地活着，又要活着有质量。

生命质量研究最初开始于20世纪30年代美国的社会学领域，50年代人类遗传学、分子生物学的兴起和进展，以及世界人口的迅速增长成为制约人类社会发展的突出矛盾，从而出现对生命质量越来越重视的局面。60年代后，生命质量指标体系的研究与应用受到了经济发达国家政府的高度重视，研究随之蓬勃开展起来。70年代后期，生命质量在医学领域形成了研究热潮。目前，生命质量评测已广泛应用于癌症及慢性病临床质量方法筛选、人群健康状况监测及卫生资源分配决策等领域。

二战之后，人口的迅速增长制约了社会发展，生命神圣论注重人口数量的观念已经不适应于社会的进步，且暴露出越来越多的局限性。控制人口数量、提高人口素质已成为社会的需要。生命质量论的产生可以说是人类自我自觉认识的一次飞跃，它强调人的生命价值不在于生命生存本身，而在于生命质量，人们不应单纯强调生命的数量，更应关注生命的质量，并试图增强和发挥人的潜能。人不仅要活着，更重要的是要活得漂亮、幸福、美满。

2. 类型　生命质量从内容上讲有狭义和广义之分。狭义的生命质量主要是指人体自然素质及功能状况，具体包括人体发育状况、身体各部位功能状况、营养摄入状况、行为能力、脑反射和认知功能状况以及行为情绪控制能力等。广义的生命质量包括人体自然素质、营养状况、心理素质、教育水平、社会职责与人际交往等。世界卫生组织指出生命质量是“不同文化和价值体系中的个体对于他们的目标、期望、标准以及所关心的事情有关的生活状况的体验，包括个体的生理、心理、社会交往、环境、信仰等多方面”。

生命质量论不仅关注生命的量，更加关注生命的质，判定人类生命质量的标准一般分为三个层次：①生命的主要质量，即一个有生命特征个体的身体与智力的发育情况。这是区别一个人生理、心理正常或不正常的重要标准。根据这个标准，无脑儿、严重痴呆儿等人群的生命从主要质量来说已低至不能维持生命质量的程度。②生命的根本质量，即生命存在的目的和意义，以及与他人在社会和道德上的相互作用。例如，严重脊柱裂的婴儿、不可逆昏迷的患者和极度痛苦的晚期癌症患者等无法担当社会角色，丧失了生命的根本质量。③生命的操作质量，即用客观方法测定的生命质量。例如，利用智商（intelligence quotient，IQ）或诊断学的标准来测定智能、生理方面的质量。有人把IQ高于140者看作高生命质量的天才，IQ在70以下者属于智力缺陷的人，IQ低于40者看作有严重生命质量问题的人，IQ低于20者看作非人。

在临床上，医务人员一般将患者的生命质量分为三个层次：①生命的最低质量，即通过治疗能达到患者生存的最起码要求。②生命的基本质量，即通过治疗患者能自己照料生活并能从事轻微劳动。③生命的较高质量，即通过治疗患者基本恢复到正常人的状态。临床治疗的目的不仅在于维护和延长患者的生命，更要重视和努力提高生命的质量。不注重生命质量的治疗观点，在道德观上是不全面的。因此，医生制定医疗方案时，在考虑保全患者生命的同时，也应考虑如何提高患者的生命质量，并争取在生命质量方面达到基本质量和较高质量。

3. 评价 生命质量论的出现，对推动社会和医学的进步是积极且有重要意义的。首先，生命质量论的出现与医学科学和技术的发展密切相关，医学科技为提高人类生存质量提供了重要的现实依据和具体的途径。就个人而言，在生命的每一个进程，每个人都可积极运用相应医学科技介入相关过程，从而使人的生命质量得以提高。就医学而言，着眼生命质量的提高更是促进医学科技发展的重要动力之一，只有不断提高医学科技水平，提升生命质量的想法才能真正变为现实。就国家而言，生命质量论的提出，使人们认识到人口素质事关国家前途命运、民族兴衰，表明人类追求自身完美进入了自觉阶段。追求生命质量为人口政策、环境政策、生态政策的决策提供了理论依据。就医学实践而言，在医疗资源日益紧张的现代社会，生命质量论为临床救治中的许多问题，提供了科学根据和学科理论支持，它已成为当代生命伦理学中很有解释力的基础理论之一，如维持或终止挽救治疗，严重先天性畸形儿如何处理，计划生育中有关避孕、人工流产、绝育和遗传咨询等措施，以及有关医疗卫生政策、高新技术利用等决策。但是，过分强调生命质量而不论其他，同样也会导致一些伦理难题的出现，孤立地强调生命质量而不关注生命价值，可能会导致一些错误决策的出现。此外，生命质量论提供更为多元的生命质量标准固然有利于丰富临床伦理决策的依据，但也有可能加大相应决策的难度。

（三）生命价值论

1. 概述 生命价值论（life value theory）就是生命对人自身、他人和社会具有某种效用，这种效用有利于主体实现目标或满足需要。价值原意是指事物的效用和积极作用，表示人与各种对象之间需求和满足需求的关系。生命价值论是通过人所具有的内在价值与外在价值的统一来衡量生命意义的生命理论，旨在提高人生的社会贡献、提升生命个体对他人和社会的作用及意义。

2. 类型 生命价值可从以下两方面进行分类：①根据生命价值的不同主体，可将其分为内在价值与外在价值。内在价值是生命具有的对生命体自身的效用，即一个人的生命对于这个人来说首先具有内在价值，一个人的生命是他一切价值的载体，主要表现为人的自我意识、心理状态、认知能力和创造能力，以及自我修养素质等方面。外在价值是生命具有的对他人、社会有用的属性，是生命内在价值对他人、社会的效用。例如，一个人的生命对于这个人的家庭来说意义重大，他是这个家庭的成员，能为这个家庭提供物质保障或精神寄托，这就是他的外在价值。生命价值论强调生命的内在价值与外在价值是统一的。②根据生命价值是否已经体现出来，可将其分为现实价值和潜在价值。现实价值是指生命已经显现出的对自身、他人和社会的效用；潜在价值是指生命目前尚未显现，将来可能显现出的对自身、他人和社会的效用。例如，婴幼儿、小学生或人才储备都具有一定的潜在价值。

3. 评价 生命价值论是人类追求自身完美发展的反映，是人类自我意识的新突破。它为人类全面认识生命存在的意义提供了新论证。

首先，生命价值论有利于医学伦理学体系更加完善。生命价值论与生命质量论有内在联系。生命本身的质量决定生命的内在价值，所以生命质量论是生命价值论的基础和前提，而生命价值论是生命质量论的归属和升华。生命质量论突出的是生命本身的状态，而生命价值论更强调的是生命对他人、对社会和对人类的意义。生命价值论和生命质量论共同构成了当代医学伦理学的重要基础理论，将医学伦理学从以往单纯强调维护生命的理论格局，拓展到将个体的生命利益与群体及人类的利益联系起来的新格局，将动机与后果联系起来，将珍爱生命与尊重生命质量和生命价值联系起来。人类生命本身是可以用价值衡量的，就患者而言，其生命价值与社会需要、医疗需要、生命质量、治愈率、预期寿命成正比，而与维持其生命所花费代价成反比。这些构成了患者生命价值计算的非定式公式：生命价值＝生命质量 × 治愈率 × 预期寿命 × 医疗需要 × 社会需要 / 代价。

其次，生命价值论是医疗行为选择的依据。医学活动应该最大限度地帮助人实现其生命的价值。生命价值论帮助医务人员在竭力挽救患者生命的同时，对那些濒临死亡的患者做出生命价值的正确判断。借助现代科学技术，挽救有价值的生命，是具有道德意义的，而一味延长一个无质量、无价值的生命，是不符合生命价值标准的。生命价值论不仅是对生命神圣论的有益补充，还避免了生命质量论的一些缺陷，生命价值论把对生命的关注从存活的时间、数量和状态进一步扩展到了社会关系和社会意义层面。这不仅有利于节约卫生资源，还为生物医学高新技术的发明、推广和运用提供了伦理辩护，从而为化解当代医学伦理学难题铺垫了理论基础。

再次，生命价值论为公正分配稀有卫生资源提供了依据。在医疗卫生资源供不应求的情况下，医务人员依据什么标准来分配稀有、贵重的卫生资源呢？这是当今卫生资源微观分配的难题之一。而对稀有卫生资源，是以病情轻重缓急为标准，还是以患者社会地位的高低、才能的大小为标准？是以人的生物学生命质量为标准，还是以人的社会学生命质量为标准？生命价值论给我们提供了理性的思考和决策的依据。

最后，需要清楚生命价值评价是有难度的，因为人们看问题的立场、观点和方法，包括对生命的态度和评价的标准都不尽相同。特定的生命在一些人的观念中或某种历史条件下有很高的价值，而在另一些人看来或在另一种历史条件下价值可能很小，甚至没有价值。所以生命价值及其大小的衡量标准不是僵硬的，会随着时间和条件的变化而变化，也会随着人们对自身认识的不断深化而变化。要避免只强调生命的生物学意义和社会贡献，尤其是强调物质财富的创造，忽略了人类社会的复杂性和有机统一性。在实际的医疗活动中，单纯依靠对社会贡献大小来决定施救对象的取舍会导致漠视生命甚至草菅人命。因此，在对生命价值大小进行评价和对生命进行取舍时，必须抱着审慎和熟虑的态度，进行科学全面的分析。

总之，生命神圣论、生命质量论及生命价值论都有其存在的合理意义，但是，也都不可避免地存在一些局限，如若不考虑具体环境而偏向某一方，就会对伦理决策带来不同程度的负面影响，甚至会出现一些比较极端的选择。因此，根据具体情况将三者密切结合可能是一种相对合理的选择。

二、死　亡　观

死亡观（view of death）是人们对于死亡的根本观点和态度。生命是处在同化和异化不断运动变化的过程之中，死亡则是这一运动的终止，也是生命变化的必然结局。死亡代表着生命的终结，在走向死亡的历程中，无论人们是否情愿，都将面对死亡以及死亡带来的伦理问题。

（一）传统死亡观

在中国文化历史上，儒家推崇积极入世的理性死亡观，“生则重生，死则安死”“乐天知命，故不忧”。《论语 · 先进》中季路问孔子：“敢问死？”孔子答：“未知生，焉知死？”儒家入世乐生态度明显，告诫人们专注于现实的生活世界，不要为死及死后的问题劳心费神，需要反复思量的问题应该是如何生的问题。道家信奉超然物外、坦然接受的自然主义死亡观，老子的“死而不亡”观、庄子的“生死齐一”观均是如此。更加具体的表述如《道德经 · 二十三章》讲：“飘风不终朝，骤雨不终日。孰为此者？天地。天地尚不能久，而况于人乎？”万物生于天地，又复归于天地，死对于生命只是一件平常事。《道德经 · 三十三章》区分了躯体寿命和精神寿命，指出：“不失其所者久，死而不亡者寿。”躯体已经消亡，但精神永存，身没而道长处。《庄子 · 大宗师》讲：“死生，命也。其有夜旦之常，天也。”生死是不可避免的自然规律。生死相互转化，生死齐一，故《庄子 · 齐物论》讲“方生方死，方死方生”。墨家追崇经验主义死亡观，《墨子 · 尚贤中》讲“民生为甚欲，死为甚憎”，人们总希望能活下来，害怕且憎恶死亡。而“杀一人以存天下，非杀一人以利天下也。杀己以存天下，是杀己以利天下也。”《墨子 · 大取》虽畏死但在天下大利与大义面前，选择勇敢地献出自己的生命。法家提倡务实主义的死亡观，从“定理有存亡”《韩非子 · 解老》出发主张生死有定理，加之“性恶”论认为人们在务实利己的驱使下，可以赴死不惧，君王可以利用这一点治国安邦。《韩非子 · 外储说右下》中“夫生而乱，不如死而治”。政治价值高于一切，国家的稳定重于民众的生死，甚至以民众的死亡来换国家的稳定，从中不难觉察到法家的冷酷。东方死亡观有丰富的内涵，充分探索有利于当代死亡观的形成。

西方对死亡的探讨由来已久，古希腊苏格拉底（Socrates）含笑赴死，表现出视死如归的信念。苏格拉底认为转世轮回、灵魂不朽。学习哲学就是学习如何死亡，“真正追求哲学，无非是学习死、练习死，一个真正的哲学家到了该死的时候，反而感到忧伤，那不是天大的笑话吗？”“只要我活着，我就要从事哲学，阐明真理”。柏拉图（Plato）在其理念论的基础上，相信灵魂与肉体是分离的，灵魂本来住在理念世界里，拥有关于全部理念事物的知识，然后灵魂跌落与肉体结合在一起，肉体充满着欲望，污染了灵魂，蒙蔽了它本来拥有的知识，而哲学可以帮助灵魂，摆脱感官的迷惑，摆脱欲望的纠缠，用理性纯粹的目光去看事物，回忆起灵魂本来就拥有的知识。柏拉图认为知识即回忆，唯有人的灵魂才是不朽的。灵魂在其坠入肉体之前，它独立于肉体，支配着肉体，给肉体以思想、精神、智慧，死亡是灵魂离于肉体的囚禁而获得自由。伊壁鸠鲁（Epicurus）深感人们对于死亡的恐惧不能自拔，认为“死亡与我们不共时空”。我们在时死亡不在，死亡降临我们已不在，所以我们无须恐惧。“你要习惯于相信死亡是一种和我们毫不相干的事，因为一切善恶吉凶都在感觉中，而死亡不过是感觉的消失。因此，正确地认识到死亡与我们不相干，以便使我们对于人生有死亡这件事愉快起来，这种认识并不是给人生增加上无尽的时间，而是把我们从对不死的渴望中解放了出来。”在斯多葛学派看来，既然死亡是人生的必然，恐惧、痛苦、抗拒都是徒劳，不如服从命运的安排，坦然、爽快地接纳。西塞罗（Cicero）认为，死亡就像“旅人离开旧客栈，奔向新客栈”。蒙田（Montaigne）认为，“与其说被死神追着跑，不如停下来邀他共饮”，“如果我们知道了如何恰当而平静地生的话，我们就知道如何恰当而平静地死”。西方传统文化认为，人的生命是有限的和充满诸多不确定因素的，而死亡归宿是永恒的和确定的。

（二）近现代死亡观

随着历史的发展，近现代人类的死亡观念正在悄然改变。在近代西方，资本主义兴起推崇个体的独立与自由，对待死亡更愿意将其视为个体性的事件，并与人有限的生命相关联，认为人可以在有限的生命中充分发挥自身潜能，规划自己的生命，创造生命的价值，摆脱掉曾经个体无法主宰自己生命的命运。到了现代社会，西方的死亡观把死亡的普遍性、必然性与个体性相结合，在强调人死亡的普遍性和终极性的同时，也不否认死亡对个体存在价值，人只有通过直面死亡，才能获得自身存在的价值。后现代主义哲学家面对死亡问题采取了回避态度，宣称人已经死亡，不论存在还是死亡都无意义，将人的存在和死亡推到了一个神秘的不可说的地方。

近现代以来，中国的死亡观呈现出多元化趋势。马克思主义死亡观和民间传承的死亡观并行发挥作用。马克思把死亡当作是生命发生的自然结果，把个体生命融入人民群众的整体和历史的运动中，遵循历史发展规律，为人民利益而亡就是有意义和价值的。与此同时，民间存在各地风俗习惯、传统礼节等活动中传承下来的死亡观。如今，中国人的死亡观处于传统与现代相互碰撞与融合的时期。人类社会的死亡观随着时代的发展进入新的发展阶段。

近现代死亡观随着医学的发展进步产生了一些新议题，日常生活中围绕死亡出现了一些不同的现象。

首先，“不接受”现象。早在 20 世纪初，发明了通过心脏按压和心内注射肾上腺素的人工复苏技术。50 年代，人工呼吸机已在临床上广泛使用。60 年代，现代心脏起搏器投入临床应用。随着医学技术的进步，医疗抢救和生命维持的水平越来越高，有些患者及家属出现了过度依赖技术，将医学和医生神话的现象。一些恶性医患冲突中有一些患者家属在医生已经尽力的情况下，仍旧无法接受患者的死亡，根本不考虑患者的疾病情况、年龄情况等客观问题，只一味追究医院和医生的责任，明显存在死亡意识的迷失，出现了人“不能死、死不得”的怪象。

其次，“不放弃”现象。著名文学家巴金曾插着呼吸机，在病床上熬了整整六年。巴金想放弃这种生不如死的治疗，但每一个爱他的人都希望他活下去，哪怕是昏迷着，哪怕是靠机器，不放弃，只要活着就好。而巴金却说："长寿对我来说是种折磨。"这反映了生活质量与生命尊严越来越受到人们的关注。

再次，"我选择"现象。史铁生在生命最后的抢救中，医生告知史铁生的夫人"人可能救过来，但生活质量会很低"的预后，史夫人随即决定放弃一切介入性急救措施，平静地签署了停止治疗的知情同意书。史夫人说，这是史铁生郑重的生前预嘱。根据这份预嘱，史铁生还捐献了他的肝脏和角膜。琼瑶在写给自己儿子和儿媳的一封公开信"预约自己美好的告别"中，反复叮嘱儿子和儿媳"你们的爱不要成为我自然死亡的阻碍，让我求生不得、求死不能才是最大的不孝"。

最后，尊严死、安宁疗护、临终关怀、安乐死逐渐成为一些热门词进入每个人的生活。面对生死，每个人都有不同的态度和选择，有人追求长度，有人追求品质。如果可以，或许对临终亲人的最好关怀，就是把死亡的权利还给亲人，使其按照自己的愿望度过最后的时光，求得善终。

（三）死亡教育

死亡教育是在对死亡形成正确认知基础上开展的敬畏生命、珍爱生命的教育。印度著名哲学家奥修（Osho）曾说："除非你接受死亡，否则你将保持只是一半，只是一部分，你将保持偏颇……当生命的两极都被接受，你就会得到平衡，你就会变得很镇静，你就会变得完整。"进行死亡教育，充分理解死亡很有必要。20 世纪 60 年代，美国较早开始将"死亡教育"逐渐列为中小学基础教育的组成部分，欧洲紧随其后将死亡教育列为基础教育的重点课程。

死亡是一个复杂的过程，是人的本质特征的消失；面对死亡的不可逆性以及医学的有限性，我们应该树立自然归宿信念，积极充实人生价值；坦然面对死亡，珍惜生命。死亡教育就是将与死亡相关的哲学、文学、伦理学等方面知识传授给受教者，引导他们反思自杀、生死关系、死亡意义、安乐死、临终关怀等与死亡密切相关的问题，旨在认识生命的脆弱，从而理解关爱生命、珍惜生命、感悟生命的价值和意义。意识到人不仅要有尊严地活着，而且要有尊严地死去。对生命本源和死亡价值的探索构成人生的终极性思考，这是人类作为万物之灵的哲学智慧；寻求人类精神生活的最高寄托以化解生存和死亡尖锐对立的紧张状态，这是人的超越性的价值追求。

德国存在主义哲学家海德格尔（Heidegger）认为，只有认真面对死，把死当作自己本已存在的可能性，才能把握自己本真存在的方式，以自己本真存在的可能性展开和选择自己的生存方式，即向死而生。向死而生是生命哲学的一种深化、延续和扩展。向死而生，才能更好地敬畏生命和珍爱生命。死亡教育最终就是要让人们敬畏生命，从而爱自己、爱他人、爱生命，促使人们深切省思自己与他人、社会、自然，乃至与宇宙的关系，展现人性光辉，活出生命的意义。

三、人 道 观

（一）人道观的概念

人道的朴素含义，就是一个人怎样对待自己、对待他人和对待人类的问题。简单说，就是一个要把人当作人来对待的问题。人道观，或称人道论、人道主义，是一种以人为中心的伦理理论，强调人的地位，肯定人的价值，以关心人、尊重人的权利为前提，以满足人的健康需要和利益、维护人的尊严和权利为宗旨。医学人道论起源于人类的医疗实践活动。医学就其本质、目的和社会意义而言，就是一种人道的事业。医学人道论是指医务人员应该尊重、同情、关心、救助患者的思想。"尊重"是指医务人员应该尊重患者的人格和权利。"同情"是指医务人员应该在感情上设身处地对待患者的伤病痛苦。"关心"是指医务人员由于尊重、同情患者的疾苦，时刻为患者着想，应该把患者的疾苦记心间、挂身上。"救助"是指医务人员应该对患者的伤病采取切实有效的诊疗，使患者得到救治和帮助，使对患者的尊重、同情和关心切实落到实处。

（二）人道观的发展

人道思想源远流长。在远古时代，原始人群居而生，为抵御自然灾害、抗击外族侵袭、减轻氏族成员伤痛等，在群居活动中互助、利他的意识逐步形成，同类之爱的人道思想萌芽。西周人提出“敬德保民”，认为“夫民，神之主也”“天道远，人道迩”（《左氏春秋传》）。春秋战国时期，儒家提出“仁”，认为人“最为天下贵也”（《荀子》）。墨家主张“兼爱”“非攻”。古代朴素的人道思想为医学人道论的萌芽提供了适宜的环境。古代医家把医学称为“仁术”，把“济世活人”作为医道的宗旨。孙思邈《备急千金要方·大医精诚》精辟论述了医学人道观：“凡大医治病，必当安神定志，无欲无求，先发大慈恻隐之心，誓愿普救含灵之苦。”

近代，文艺复兴时期最早从文学、艺术领域彰显人道观思想，如达·芬奇（da Vinci）的画、但丁（Dante）的诗、莎士比亚（Shakespeare）的剧、薄伽丘（Boccaccio）的小说等，都表达了对人的歌颂。人们重提古希腊哲学家普罗泰戈拉（Protagoras）的名言“人是万物的尺度”。以伏尔泰（Voltaire）、卢梭（Rousseau）和孟德斯鸠（Montesquieu）为代表的人道主义，以费尔巴哈（Feuerbach）、柏格森（Bergson）、尼采（Nietzsche）和弗罗姆（Fromm）为代表的人本主义，都赞美人的尊严、尊重人的价值、强调人的幸福，驱散了中世纪宗教神学的阴霾，把博爱、自由、幸福等看作人生的理想与目标。与此同时，自然科学的发展，生物医学的进步，特别是生理学与解剖学的突破，揭开了宗教神学的神秘面纱，促进了人道观与医学的相互渗透。随后，一系列充满人道主义思想精华的医学道德宣言和规范相继面世，如 1949 年的《日内瓦公约》、1966 年的《医道纲领》、1968 年的《悉尼宣言》、1975 年的《东京宣言》和 1977 年的《夏威夷宣言》。这些医德文件无不渗透着人道主义的意识和精神。如果说古代医家医德思想中蕴含着朴素的人道观，那么近现代医德文献中则处处显露着人道光辉。医学人道观始终是各个时代医学道德的核心内容。

（三）人道观的意义

现代医学继承了传统医学人道观原则，医学人道观与人权思想的相互影响，不断扩大了人道观的作用范围。现代医学人道观强调把医学视为全人类的事业，关注全人类的健康、预防疾病的发生、保障人的身心健康、不断发展人的智能和体能，以便提高全人类的人口质量。首先，医学人道观体现了医德的价值。医德价值是由人的基本需求和医学的目的共同决定的。人道观要求对人类的生命秉持尊重、同情、关心、救助的人道精神，促进医学科学的全面发展。其次，医学人道观强化了医学的目的。继承和发扬人道主义的传统医德就要认识到医学的对象是人，不是物。医务人员需要对患者给予应有的尊重和关怀，一切从患者的利益出发，全心全意为患者服务。医学人道观有利于满足人类基本生存的需求，还能够满足人类在伤病威胁时维护生命的需要。尽管人类对医学目的的认识随着社会与医学的发展在不断调整，但医学维护生命健康、防病治病、救死扶伤的目的永不过时，医学的目的决定着医学必须人道地对待每一位需要医学帮助的人。再次，医学人道观为医务人员的其他规范与要求提供了理论基础。只有贯彻和执行医学人道主义，才能谈得上进一步贯彻和执行其他道德要求。最后，医学人道观代表了人类的共同价值。人道观促使医学满足人类维护生命的共同道德要求，代表了人类的一个共同价值。

医学人道观发展到今天，具有广泛的国际基础，人道原则已经成为国际医界的道德公理和职业公德。医学人道观随着现代医学的发展而不断完善，医学人道主义成为全世界医务人员共同高举的一面鲜艳的职业道德旗帜。

第二节　医学伦理学的基本理论

医学伦理学的基本理论主要有后果论、义务论和美德论。一个人行为的发生通常体现了行为者的人格与意志，人格决定了行为的动机，动机驱使行为的发生，并在一定程度上影响了行为的结果。各种理论研究道德的标准有所不同，聚焦行为规范研究的后果论侧重于行为效果的研究，义务论侧重于行为动机与行为本身的研究，而美德论则关注于行为者本身，侧重于德行的研究。

一、后　果　论

后果论（consequentialism）是伦理学的基础理论，又被称为目的论（teleology）或结果论，是以道德行为的后果、效果来判定某一行为是否合乎伦理的一种伦理学理论。它认为，确定道德规范的目的是调整人与人之间的利益关系，一种合乎伦理的道德行为就应该取得好的结果。

（一）后果论的类型

根据道德效用主体不同，后果论的类型主要有利己主义、功利主义和公益论。

1. 利己主义（egoism）　是根据行为是否以自己利益为直接目的而确定道德规范的后果论。利己主义根据研究内容差异可分为心理利己主义和伦理利己主义。心理利己主义是从人性自私出发维护其自身的利益。表现方式有两种，一种是总为了自己的利益行事，而这种利益通常是狭隘的、短期的个人利益，而另一种将自私行为和维护自身利益行为区分开来，追逐更广泛的、更长期的利益。例如，长期自律和平衡膳食会获得健康，而自律的克制总与即刻的快感相违背。伦理利己主义是一个规范化理论，讨论“我们应该做什么”“我们应该怎么做”。伦理利己主义强调“应该关注自己的利益”“每个人都应该寻求自身利益”，故每个人都应该关注自己的最佳利益。伦理利己主义认为，人们选择帮助其他人的唯一目的是这样做同时也是为了他们自己的最佳利益，即“为己利他”，这种利己主义也被称为是“合理利己主义”。

2. 功利主义（utilitarianism）　是根据行为是否以相关者的最大利益为直接目的而确立道德规范的后果论，也被称为效用论或效益论。功利主义是最重要的后果论，它强调行动的后果作为唯一或最终的评价标准。功利主义的核心原则是“最大多数人的最大幸福”。功利主义者认为，所确立的道德规范必须直接有利于实现最大多数人的最大利益。功利主义在发展过程中产生了不同的分支。其中一支是行动功利主义（act utilitarianism），认为只从行为的后果意义考虑行为的道德价值，只考虑将行动的后果作为评价行为好坏善恶的标准。一个行为是正当的，就是说它是一种能够带来最大化幸福最好后果的行为。与此相对的一支是规则功利主义（rule utilitarianism），主张从履行什么规则能够给行为带来好的后果意义上考量，高度重视规则在道德行为中的作用，它判别行为的依据是某个普遍行为所产生的结果，而并非特殊行为带来的结果，它认为即使遇到特殊境况，也要根据规则来行动，它还将规则所带来的正负效应予以比较后对其后果进行道德性评价。人们的行动选择之所以应该遵守一定的道德规范，是因为按照这些规范行动总会产生最大的利益和幸福。规则功利主义认为，应该把对大多数人能产生最大利益和幸福作为一般道德规范的依据。

3. 公益论（theory of public interest）　出现于20世纪70年代，它是主要以社会公众利益为原则而确立道德规范的后果论。公益论促进社会公益与个人利益相统一，就其思想内核而言，人们在进行道德评价时，应当从社会、人类和后代的利益出发，从整体和长远的角度来评价人们的行为，只有符合人类的整体利益和长远利益的行为才是道德的。公益思想自古有之，当今世界人类共同面临的环境、资源、人口、医疗、教育等一系列现实问题，使人们的公益意识空前强烈。公益论认为，确立的道德规范必须直接有利于全人类的共同利益。

（二）后果论的主要观点

1. 中国后果论的理念　中国的先秦思想就有后果论的理念。墨子从普遍的福利和民众的福祉出发，认为“兼爱”可以带来最大利益的结果。兼相爱、交相利之法《墨子 · 兼爱中》中描述“视人之国若视其国，视人之家若视其家，视人之身若视其身。是故诸侯相爱则不野战，家主相爱则不相篡，人与人相爱则不相贼，君臣相爱则惠忠，父子相爱则慈孝，兄弟相爱则和调。天下之人皆相爱，强不执弱，众不劫寡，富不侮贫，贵不敖贱，诈不欺愚”。所以，兼爱从后果来看，对于个人、家庭及社会都是最大的和谐、互利与共赢。“夫爱人者，人必从而爱之；利人者，人必从而利之；恶人者，人必从而恶之；害人者，人必从而害之。”兼爱不仅是目的也是手段，爱别人的人，别人一定会爱他，而危害别人的人，别人一定会危害他。《孟子·梁惠王下》也有相类似的论断：“乐民之乐者，民亦乐其乐；忧民之忧者，民亦忧其忧。乐以天下，忧以天下，然而不王者，未之有也。”乐民忧民者的结果，不可能不称王。荀子对“礼”起源的论证也体现了后果的思想。《荀子·礼论》中指出：“先王恶其乱也，故制礼义以分之，以养人之欲，给人之求，使欲必不穷于物，物必不屈于欲，两者相持而长，是礼之所起也。故礼者，养也。”古代的君王厌恶这种混乱，所以制定了礼义来区分人们的名分，以此来调养人们的欲望、满足人们的要求，使人们的欲望绝不会由于物资的原因而不得满足，物资绝不会因为人们的欲望而枯竭，使物资和欲望两者在互相制约中增长。这就是礼的起源，礼是权衡各种利益之后的结果。孔子在《论语·微子》中自我评价时表现出了后果论的思想：“不降其志，不辱其身，伯夷、叔齐与！”“柳下惠、少连，降志辱身矣，言中伦，行中虑，其斯而已矣！”“虞仲、夷逸，隐居放言，身中清，废中权。”“我则异于是，无可无不可。”孔子与古代名人进行比较之后，得出“无可无不可”。孟子也说过：“天下有道，以道殉身；天下无道，以身殉道。”（《孟子·尽心上》）可以看出孟子的“舍生取义”也不是绝对的，而是有条件的，需要从后果出发权衡博弈之后才最终做出选择。中国古代带有后果论思想理念的成果丰硕，有待继续深入发掘。

2. 西方后果论的观点 后果论是20世纪后期在讨论功利主义时经常使用的概念。功利主义是最主要的一种后果论，是近现代西方最重要的一个伦理学流派，从其源头上看，可追溯到古希腊德谟克利特（Democritus）的感性快乐论和伊壁鸠鲁的快乐主义。近代以来在英国，功利主义在感性经验论的哲学环境下得到发展，最终在17、18世纪，在边沁（Bentham）、穆勒（Muller）那里成为体系性的伦理学思想，随后经过西奇威克（Sidgwick）、摩尔（Moore）等不断修正与完善，逐步演进发展至今。

英国哲学家边沁与穆勒通过系统论证确立了功利主义伦理学体系。边沁被称为“功利主义之父”，最先提出“最大多数人的最大幸福”的信条，并将此作为功利主义唯一的行为准则。边沁从快乐主义出发，认为趋乐避苦是人人都有的自然本性。人们追求肉体享受与追求精神享受有同等的价值。他规定了快乐和幸福的强度、持续度、确定性、时空性、丰度、纯度、广度这七个指标，用以量化苦乐的价值，以求快乐和幸福的“大”和“多”。边沁认为，当一项行动增大共同体幸福的倾向大于它减少这一幸福的倾向时，就可以说它符合功利原理。穆勒在边沁古典功利主义的基础上，将功利主义更加人性化。穆勒“合成”理论认为“最大多数人的最大幸福”需要每个人增进自己的幸福。并且主张快乐不仅有量的区别，而且有质的不同。感官的快乐是低级的快乐，精神的快乐是高级的快乐。人性都是愿意选择高级快乐，甚至为此而放弃低级快乐。“作一个不满足的人比作一个满足的猪好，作一个不满足的苏格拉底比作一个满足的傻瓜要好。如果傻瓜和猪都不同意的话，那是因为他们只知道问题与自己相关的那一个方面，而像苏格拉底一样的那些人却知道问题的两个方面。”

20世纪50、60年代以后，由于元伦理学的衰落，规范伦理学再度兴起，其中，功利主义也以新的面目出现。主要有以澳大利亚阿德莱德大学哲学教授乔治·斯马特（George Smart）为代表的行动功利主义，还有以布兰特（Brandt）、图尔敏（Toulmin）等为代表的规则功利主义。

（三）后果论的医学运用

医学后果论是以医学行为后果作为确定医德规范的最终依据的医学伦理学理论。它认为，以医学行为后果产生的效用作为目的，可以有效地调整人与人之间的利益关系，促使医学行为取得有价值的、效用最大的行为结果。

医学后果论在医学伦理发展中发挥着举足轻重的作用。从后果上分析可获得最大的利益，医学中的主要利益对象有：①患者利益。医学的救死扶伤、防病治病等宗旨决定了必须“以患者为中心”。早期希波克拉底就提出了“不伤害患者”“有利于患者”的理念，并逐步成为医学伦理规范的基点。②相关者利益。医学治疗中可能面对患者、患者的家属及其他“相关者”的利益调节问题，医务人员需要后果论的指导，需要考量相关者的利益。例如，在救治此患者的同时，需要考虑彼利益相关者，如其他患者是否更需要救治。③医务人员利益。医务人员的生命健康、生存需求、安全保障、物质基础、职业尊严等，需要高度重视，才能更好地促进医学人才培养、医学研究创新、医学事业的良性发展。④医学公益。医学应逐步发展成社会公益事业，着眼全人类的长远利益，维护和增进人类生命健康，保障人类种群延续与纯洁。

医学后果论为医疗行为与活动进行道德辩护与评价提供了理论根据。在医疗实践中，无论是生命质量的确定、生命价值的判断，还是诊疗方式的选择、有限卫生资源的合理分配以及医疗卫生事业的宏观决策等，医学后果论在方法和原则上都具有不可替代的作用，为医务人员进行价值判断和行为选择提供依据。

（四）后果论的评价

后果论在推动社会发展和医学进步方面有积极的作用。首先，后果论从人性出发讨论道德起源，提倡尊重人的利益，使道德起源摆脱了神启学说，道德是为人而不是为神，道德最终是为了使人快乐与幸福，所以后果论在思想领域具有巨大的推动作用。其次，后果论强调后果“效用”是衡量道德与否的标准。在实际工作生活中我们广泛应用“效用”来评价我们的行动方针，如成本 - 效用分析、风险评估等。效用不但有利于防止口号式的空谈道德，而且还可以警惕由道德准则所带来的僵化与教条。只有明确了道德的终极目的，才能为道德提供标准，才能为正确的人类行为进行辩护。再次，后果论为了克服利己主义的片面性，试图将个人、最大多数人、全人类的利益结合起来，以利他与公益为目的，兼顾个人利益、群体利益、社会利益与人类利益，以追求个人、群体、社会、全人类及后代的利益为出发点，衡量行为的道德与否，这对人类社会长期稳步发展具有积极的意义。

然而，后果论在理论上仍有一些缺陷。第一，只专注于效果而不考虑动机，只重后果而不考虑过程。如果只是专注于效果而不考虑动机，势必造成把那些出于善的意愿并尽了最大努力，只是因为预料不到的、责任范围之外的原因而未能达到应有效果的行为看作不道德的行为。如果只专注后果，而不考虑过程，就可能有过程中手段的恶，而后果的善即看似达成了应有效果，则使行为可能被看作符合道德。因此，动机与后果应该统一，这要求我们对于行为的善恶，必须既看动机，又看效果，联系动机看效果，透过效果看动机。第二，后果、效用难以定量和计算，也难以预测。后果论要求对于特定的人、事、物背景下的价值做出评估的各种方式都是不偏不倚的，不受特定人、事、物的影响。但是在采取行动前，不可能预测所有行动的后果，并且不同文化程度的人，甚至不同个性的人，对后果的权重都是有所不同的。第三，“最大多数人的最大幸福”有可能导致社会不公正，如果选择一个“最大多数人的最大幸福”的行动，那么对没有从这次行动中得到益处的处于弱势地位的少数人就是不公正的。关于“最大多数人”的选择还容易陷入本利计算的陷阱，无法给人以足够的尊重。试想医生对 100 个儿童进行痛苦的、极大风险的试验，假如医生保证通过试验将来可以救活一千万个儿童，似乎符合“最大多数人的最大利益”，但这个试验显然不道德、不伦理，也根本不可行。

二、义务论

义务论是规范伦理学的重要理论形态之一，在许多著作和资料中也将其翻译为道义论、本务论或非后果论等。一般认为，义务论是以义务、责任、应当、善等为核心范畴，对行为的应当性、正当性进行深入探讨后形成的学说。

（一）义务论的概念

义务论（deontology）是关于道德义务和责任的伦理学理论。从词源角度来看，deon-源自希腊语表述“应该有的”的意思，-logy 为“学说”之意，义务论主要考察人们应该做什么和不应该做什么，即人应该遵守怎样的道德规范。义务论对人的行为动机和意向进行研究，着眼于行为是否遵循了道德规范，强调从正当性出发去实施或评价某种行为，来确保人的行为是否合乎道德。强调义务的绝对性、至高无上性、命令性和无条件性。

义务论可以在一个基本点上相对于后果论来界定。后果论认为，道德价值最终是工具性的，后果的价值需要优先考虑，后果的价值本身可以是道德性的善。义务论则与其相反，义务论者认为，行为的道德价值不能由它所带来或促进的后果来决定，而应由行为本身所决定，一个行为道德价值的大小，行为的对与错，取决于行为动机和行为本身的对错，而不在于它所促进事态结果的改变。

（二）义务论的一般形态

从哲学基础来看，义务论可分为直觉主义的义务论、规则主义的义务论和契约主义的义务论。

直觉主义的义务论又称为行动义务论，主张在道德判断和道德行动中道德原则或规则不起作用，而起作用的是人们的直觉、良心、信念等个人道德。人们凭借自己的内在道德直觉，就可一眼看出什么行为是对的，什么行为是错的。例如，巴特勒（Butler）的道德感理论就是这样一种直觉主义，但这种理论无法回答人们在一些道德情境下道德争端所提出的问题。因为直觉主义对于相互冲突的道德原则，可能从直觉上对冲突双方都加以认可，所以陷入选择困境。

规则主义的义务论认为，道德判断和道德行动是由一条或多条规则所决定的。如果某个行为确实是错的，那么就可以说明所有相同情况或类似情况所发生的行为都是错的。这种错误是因为这类行为违反了一条或多条规则。最典型的规则义务论是伊曼努尔·康德（Immanuel Kant）的义务论。

契约主义的义务论认为，道德原则的基础在于契约或所有相关者的同意。道德涉及所有利益相关者，只有所有利益相关者共同认可的原则才是行为应当遵守的原则。在一个社会共同体内，道德通过自然习俗的长期演化而来，在原初道德意义上，社会道德的多种规则是在共同生活的人们的相互默契中达成的。例如，托马斯·霍布斯（Thomas Hobbes）的“原初状态”，之后约翰·罗尔斯（John Rawls）也将契约论的原初状态放在它的理论基础地位上。

这三种形态并不是孤立的，也有相互叠加的情况。例如，威廉·大卫·罗斯（William David Ross）的义务论既是直觉主义的，也是规则主义的，在他看来，许多规则或道德的基本概念中，至少有一个规则或概念是不能通过推理来论证的，这个规则或概念只有通过直觉来把握。像“正当”“善”这些概念就是不可分析，需要以直觉来把握。但在具体情境中的道德判断，什么是最基本的义务，仅凭直觉是不够的，必须运用推理分析。

（三）义务论的主要观点

1. 中国义务论的理念 中国的义务论可以追溯到西周时期。西周统治者提出了“以德配天”“敬德保民”，认为君王担负着“保民”的道德义务。同时，出于宗法等级秩序的需要，他又提出了“忠”“孝”的道德义务要求。周人把宗法等级制度称为“礼”。周礼是道德规范义务的社会基础。春秋时期，孔子在《论语·颜渊》中主张“克己复礼为仁”，除了礼之外，还强调“仁”的内在品德。战国后期的荀子提出了以“礼”为根据和原则的义务论，在《荀子·劝学》中提出“礼者，法之大分，类之纲纪也”。在《荀子·修身》中提出“人无礼则不生，事无礼则不成，国家无礼则不宁”。荀子构建以“礼”为核心的道德规范体系，这个体系表达了人们需要遵守的道德义务。还有西汉董仲舒的思想也是义务论。“三纲五常”是董仲舒义务论的基本内容。三纲为“君为臣纲，父为子纲，夫为妻纲”，规定了君与臣、父与子、夫与妻的道德义务。五常为“仁、义、礼、智、信”。“三纲”派生出“五常”的基本道德规范，也就是个人对社会的道德义务。“王道之三纲，可求于天。”（《春秋繁露·基义》）道德是天意的体现，董仲舒把人的道德义务置于“天”的神威下，如此以强化道德的调节作用。宋代程颢、程颐、朱熹认为人们的道德义务或道德行为规范来源于“天理”，“天理”是万物的本原。朱熹认为：“仁、义、礼、智岂不是天理！君臣、父子、兄弟、夫妇、朋友岂不是天理！”（《朱子语类》卷九十七）；又说：“未有这事，先有这理。如未有君臣，已先有君臣之理；未有父子，已有父子之理。”（《朱子语类》卷九十五）。也就是说，天理在先，“三纲五常”等道德原则与规范生于后，道德义务源于人之外的天理，而不源于人性的内在要求。所以，道德修养的实质是“存理去欲”“存善去恶”。中国义务论伦理学侧重于社会道德规范的建构，把道德规范理解为个人对他人及社会应尽的义务。

2. 西方义务论的观点　在西方，义务论可追溯到古希腊时期，苏格拉底就是其中的一位重要代表，苏格拉底临死前说：“不能因为被判死刑就放弃以前坚持的原则。”“逃死不难，逃罪恶却难得多。”“我不肯背义而屈服于任何人，我不怕死，宁死不屈！”苏格拉底认为他生为雅典公民，雅典判决他有罪，如果他逃走了，法律得不到遵守，就会失去它应有的效力和权威。当法律失去权威，正义也就不复存在。只有法律树立了权威，才能有国家秩序与社会正义的存在。柏拉图和色诺芬（Xenophon）在《回忆苏格拉底》中评价“苏格拉底是‘善和幸福的完美例子’”。

义务论作为一种完整的理论是由18世纪德国哲学家康德提出来的。虽然经过了后人的继承与发展，但康德至今依旧是义务论的典型代表。康德从“善良意志”出发，提出“为义务而义务”的主张。道德判断不但是对已经发生了的行为或所做事情的判断，而且是对自己将要做的事情的判断。一个正常清醒的人，总是要做被人们认为正确的或对的事情。什么是对的事情？康德认为，人的道德义务来源于先验的善良意志。“在世界之中，甚至在世界之外，除了善良意志，不可能设想一个无条件善的东西”，“并不因它所促成的事物而善，并不因它所期望的东西而善，也不因它善于达到预定目标而善”，因何而善？“意愿而善，它是自在善”。善良意志因自身而善良，也是善良的意愿，或动机善良，它是无条件的价值，一切善的根源，善良意志是康德义务论体系的首要命题。

义务是善良意志的指令，义务内在包含了善良意志，康德认为，只有出于义务的行为才具有道德价值，出于其他偏好因素介入而做出的行为，因为没有善良意志的根源，所以没有道德价值。出于义务的行为之所以是道德的，不是因为行为的目的，而是因为决定这个行为的法则。这准则是善的，因为它是理性所设立的。实践的准则是客观法则通过理性而转化为自己的主观准则。客观上只有法则，主观上也只有这种对法则的尊重，主观准则才规定意志。这种受到准则规定的意志，就是善良意志，体现的就是责任。有了这种来自法则的责任，也就知道什么是必须做的行为，什么不是必须做的行为。这法则被康德称为道德命令，道德命令来源于先验理性，因而不需要证明，也是无法证明的，它不受任何经验制约，是纯粹的形式本身。

康德的道德命令包含三个主要的部分：一是可普遍化。指导行为的道德命令或准则一定是能适用于所有人的具有普遍必然性的绝对命令，是任何人都应当奉行的准则。如果指导某一行为的准则不能被普遍化，不能为一切人所奉行，那么这个准则指导下的行为就不是道德的。二是目的性。人的存在本身就是目的，任何人都不能被视作工具。康德要求“你要这样对待人，无论是你自己还是其他任何人，绝不能仅仅被当作手段，而必须永远被当作目的”。义务论绝不允许去做那些不把人当作人的事情。三是意志自律性。意志自律又称为意志自由，即意志给自己出命令、定法律。人作为有理性的主体，其尊严正是建立在自律的基础之上的，先验善良意志为自己立法的一个特征就是意志自律。我们不仅仅是道德法律的主体，也是道德法律的制定者。

（四）义务论的医学运用

医学义务论以医德义务与责任为中心，研究与探讨医务人员应该做什么，不应该做什么，即医务人员应该遵守怎样的医德规范，并对医务人员的行为动机、意向和目的进行研究，以保证医务人员的行为合乎道德。医务工作者需要明晰自己的责任，在高度义务感驱动下从事相应工作才能更好地为患者和社会服务。

从古至今，人们提出了大量的医德规范，并作为医务人员的义务与责任。例如，从古巴比伦的《汉谟拉比法典》到古印度的《妙闻集》，从古希腊的《希波克拉底誓言》到古阿拉伯的迈蒙尼提斯（Maimonides）《迈蒙尼提斯祷文》，以至中国传统医家孙思邈的《备急千金要方·大医精诚》，陈实功的《外科正宗·医家五戒十要》，1988 年发布的《医务人员医德规范及实施办法》，世界医学会的《医学伦理学日内瓦协议法》等都包含了对医者道德义务的强调。医学义务论启示医务人员要有道德自律性，在高度自律意识推动下，深切明白自己应当做什么，怎么做才能符合社会普遍认可的道德法则，一定程度上促进了人们从被动服从外在规范转而自主自觉寻求道德自律。医务人员以高度的责任感和义务感从事本职工作，如此才更可能出色地完成相应的工作任务。

此外，“人是目的”理念解释了人的本性和本质，倡导按照道德规范办事，维护了道德的神圣感，提倡作一个趋向于纯粹善良意志的人。医学以生命为研究对象，医务人员要以患者为中心，处处为患者着想，就必须将患者当成目的，而非手段。人具有人格尊严、自主选择与人权，我们不能简单地把其他人当作工具，同时也不能使自己被当作工具来利用。例如，在生物医学研究中，若需要患者为我们的生物医学研究提供支持，医务人员必须以尊重患者或受试者的自主性为前提，做到充分的知情同意，而绝不能把患者或受试者仅当作生物医学研究的工具，绝不能不尊重他们的尊严与人格。

（五）义务论的评价

义务论是伦理学发展史中的重要理论，义务论由理性出发，以义务和责任为核心，强调行为动机，认为理性是道德行为的内在本质。义务论进行道德评价和决策时，强调善的动机，这有利于整个人类社会的稳定与发展。良善的动机与个人行为统一在医疗实践中，体现了救死扶伤、全心全意为患者服务的医学宗旨。义务论强调履行义务和责任赋予了人类道德活动一种神圣性。从义务论出发，为医务人员制定了各种各样的职责要求，后者以“准则”“守则”等形式保存下来。义务论确实培养和哺育了许多受人尊敬的医术精湛、医德高尚的医务人员。

但是，义务论中有某些绝对的义务和责任，并强调在任何情况下都要无条件地遵循。这些绝对命令随着时代变迁、观念转变，逐渐暴露出了不足。第一，在医学实践中强调医务人员对患者尽职尽责的动机，这无疑是正确的导向。但要想使医务人员长久保持工作的积极性，就必须尊重医务人员的自身价值和权利。如果一味只强调医务人员的道德义务，把医务人员为患者服务当作某种无条件的绝对义务，忽视了患者应尽的义务以及医患义务的双向性，就会严重影响到医务人员的利益。第二，义务论只考虑动机不考虑后果，也难以解决道德义务之间的冲突。如果面对绝症的患者，应该满足其知情同意的权利还是应该做保护性医疗拒绝透漏病情？典型义务论只从动机出发往往会抱残守缺，为道德而道德，难以解决此类问题。第三，义务论强调动机，但对动机本身的评价也有困难。由于动机是人的主观活动，是不可见的，也是不可量化评价的，在道德决策时更多依靠行为主体的自律性。但是在道德评价时往往因为动机的不可见而使他人难以进行真实的评价。

三、美 德 论

美德是最基本的伦理学概念。美德从属于德性范畴，是指高尚、优良的道德品质。它与恶相对立，是对个人或群体良好的、具有积极意义的道德品质的概括。美德论由来已久，当代美德论的出现，其理论动机是对占主导地位的以边沁、穆勒为代表的功利主义的后果论和以康德为代表的义务论的不满。可以说，当代美德论是在对近代以来已形成的规范伦理学的反省与批判中逐渐复兴的。

（一）美德论的概念

美德论（virtue ethics），又被称为德性论、德行论或品德论，是指以行为者为中心，研究人应该具备什么品格或品德，有美德的人是什么样的，以及怎样才能成为具有美德品格的人等问题的伦理学理论。人们品德的善恶是在一定社会环境和物质条件中，通过社会实践和教育的熏陶，并经过个人自觉锻炼和修养而逐步形成的。不同时代、不同阶层的人对美德内容的理解和概括有所不同，要求也不一样。

（二）美德论的特点

与义务论、后果论相比，美德论的特点主要有：①以“人的德性”为研究重点。义务论或后果论认为，是出于责任、义务或符合利益原则，才有道德的行为，而美德论则认为道德的行为来自有德者的德性品质。②以“是什么”为研究问题。义务论或后果论认为，伦理学是解决应当“做什么”的问题。应当“做什么”的问题可以援引一条得到证明的原则来回答。但是美德论认为伦理首先要解决应当“是什么”的问题。“是什么”与“做什么”是无法分开的两个问题，人的德性品质“是什么”决定了具有某种品格的人期待他能够“做什么”。③道德行为是内化于己的秉性、气质和能力。一个道德行为不在于遵从某个道德原则或准则，也不是人们思虑后果效用之后的选择，而是人们的行为习惯或者说是习惯性行为，这种道德倾向是人们具有道德意义的品格或气质的体现。

（三）美德论的主要观点

1. 中国美德论的理念　在中国传统思想中，对美德的研究不胜枚举。孔子是儒家美德论的创始人，“仁”是孔子美德论的核心内容。孟子曰“仁者爱人”（《孟子 · 离娄下》），“夫仁者，己欲立而立人，己欲达而达人”（《论语 · 雍也》）；孔子概括美德的内在规定性莫过于“忠恕”，曾子曰“夫子之道，忠恕而已矣”（《论语 · 里仁》），“与人忠”（《论语 · 子路》），“其恕乎，己所不欲，勿施于人”（《论语 · 卫灵公》）；孔子描述体现“仁”的五种美德，子路问“仁”于孔子，孔子曰“能行五者于天下为仁矣。”“恭，宽，信，敏，惠。恭则不侮，宽则得众，信则人任焉，敏则有功，惠则足以使人。”（《论语 · 阳货》）；曾子注重德性修养，“吾日三省吾身——为人谋而不忠乎？与朋友交而不信乎？传不习乎？”（《论语 · 学而》）。儒家思想史上，孟子第一次将“仁义礼智”四德并提，认为这四德“非由外铄我也，我固有之也”。德性发于善端，“恻隐之心，仁之端也；羞恶之心，义之端也；辞让之心，礼之端也；是非之心，智之端也”（《孟子 · 公孙丑上》），故而“人之有道也，饱食暖衣，逸居而无教，则近于禽兽”，所以孟子追求高尚的德性，并身体力行，成为一位道德自觉的楷模，“富贵不能淫，贫贱不能移，威武不能屈”（《孟子 · 滕文公章句下》），“穷则独善其身，达则兼善天下”（《孟子 · 尽心章句上》）。朱熹在德性修养方面继承了孔孟的观点，认为“言忠信，行笃敬，惩忿窒欲，迁善改过”（《朱子语类 · 十三卷》），“正其义，不谋其利；明其道，不计其功。己所不欲，勿施于人；行有不得，反求诸己”（《朱子语类 · 十三卷》）。朱熹十分强调内省，认为好的道德修养，应当做到无时无刻不在“省察”上下功夫，才能“自知”“自觉”。中国传统文化普遍强调仁爱、孝悌、尚义、诚实、知礼等个人道德品质的培养。同时也从普遍意义上强调勤劳、节俭、谦逊等美德，所以才有“天道酬勤”“业精于勤”“以勤补拙”等谆谆教诲，也有“克俭于家”“俭以养德”等发人深省的金玉良言。总之，从这些启人心智的理念和要求中可窥见传统文化对美好德性的向往和不断追求。

2. 西方美德论的观点　早在古希腊，美德、德性等问题已经成为学者们研究的重要命题。毕达哥拉斯经过长期研究发现人的生命是一种和谐，“美德乃是一种和谐”，苏格拉底是第一个将古希腊道德理论化的哲学家，他提出了“美德即知识”，认为凡是善的都是有益的，而知识是有益的，所以，知识即美德或善。柏拉图继承和发展了恩师苏格拉底的观点，他在《理想国》中指出，人的灵魂由理性、激情和欲望三个部分组成，相对应于灵魂的各个部分，人可以具有不同的美德。

理性使人具有智慧，激情使人变得勇敢，欲望使人具有节制的美德。在此基础上，柏拉图提出了“三等级四主德”观点，他认为，正如人一样，一个国家要具有正义的美德，同样需要智慧、勇敢和节制三重美德。国家公民应分为三个等级，第一等级是统治者，应具有智慧美德；第二等级是保卫者武士，应具有勇敢美德；第三等级是生产者，应具有节制美德。三个等级的成员各安其位，各司其职，就达到了“公正”的美德。同样，美德、德性是亚里士多德伦理学中的重要概念，在其《尼各马可伦理学》《大伦理学》等著作中就德性的内涵、本质、类型、表现形式等进行了系统研究，奠定了西方美德论的基础，为当代美德论的兴起提供了理论支持。亚里士多德在批判前人的基础上，提出美德是使人善良的美好品质，是一种适度、中道。人们正确的行为必须遵循适度和中道的理性原则，由此作为判断某一行为道德价值最根本的标准，并认为如果人们的心灵中融渗着这种理性即具备了德性。中世纪奥古斯丁（Augustinus）提出了“七德”分别是信仰、仁爱、希望、节制、审慎、公正、坚毅。前三个是神学美德，后四个是世俗美德。现代美德论的代表人物阿拉斯代尔·C. 麦金太尔（Alasdair C. Maclntyre）认为，当代西方道德衰退的根本原因是由于历史的变迁而拒斥了以亚里士多德为中心的美德传统。德性的论述有三个阶段：第一，把德性看作获得实践的内在利益的必需品质；第二，把德性看作有益于整体生活的善的品质；第三，把德性与对人而言的善的追求相联系。这个善的概念只有在一种继续存在的社会传统的范围内才可得到解释和拥有。以上观点都表明，美德是主体自身完善的一种人格境界。一个人只要拥有适宜的美德，自然就会做出好的道德判断，即做出合乎伦理的行为决策、评价和辩护。

（四）美德论的医学运用

医学美德论也就是医德学，主要以医德品质、医学美德和医务人员为中心，研究与探讨医务人员应该具有什么样的品德或品格，具有高尚品格的医务人员是什么样的，以及医务人员怎样才能成为这样的人。医德品质，是指医务人员在长期的医学活动中形成和表现出来的稳定的心理状态。医德品质涉及医德认识、医德情感、医德意志。18 世纪后期，英国爱丁堡大学医学教授约翰·格雷戈里（John Gregory）在 1772 年出版的《关于医生的职责和资格的演讲》中指出，同情应当作为医生的首要美德。他认为，医生对于患者有基本的道德责任，这种责任包括仁慈、耐心、关怀、谨慎、保密、道义、公正和同情。美德论及其包含的具体美德要求无疑对医学伦理学的理论和实践产生了重要影响。许多重要的医学美德不仅来自对传统医学的提炼和继承，还是对现实生活经验的高度归纳和总结。

医学美德论对医务人员塑造完美人格具有重要的理论指导意义。目前，在大多数医学伦理学教材中，一般将医学美德概括为五个主要方面：①仁慈，即仁爱慈善，对患者同情、关心、爱护的人格品质。②诚挚，即忠诚于医学科学，坚持真理，诚心实意为患者着想。③严谨，即严肃谨慎对待医学与医术，行为前周密分析，行为中小心谨慎，行为后严密防守，“治病救人”要“如履薄冰，如临深渊”。④公正，医务人员应具备公平合理地协调各种关系的医学品质。合情合理合法处理好人际关系、公私关系等。⑤节操，即不以医谋私，扬善抑恶。坚持遵循医学道德原则。

（五）美德论的评价

美德论与义务论强调准则和后果论强调效果有明显区别，它是关于“人应该成为什么样的人”的伦理学理论。首先，美德论关注人的内在品质，本质上就是要成就人、关心人和实现人。其次，美德论不仅注重人品格的修养，而且还强调美德与传统、习惯、群体等的内在关系，突出传统、习惯、群体在美德生成和发展中的重要性。美德论认为人不能先于价值，人正是在社会关系不断成长的过程中发现自己、认识自己和成就自己。再次，美德论有利于协调人与自然、人与人、人与社会的关系，维持人类对和谐生活的追求。

美德论也有其局限性，主要表现在美德论仅从直觉上提出了德性要求，不对行为决策制定明确指导，缺乏具体情境下到底该如何行动的建议。美德论中美德主要来自传统实践，而对当下实践遇到的新问题难以做出快速反应。此外，美德论重点不放在个人行为困境上，而是在做出正确行为的品格上。但是无法保证有德性的人，就一定不做出有违道德之事，或者还有可能存在“好心办坏事”的情况。人的行为品格很重要，而道德决策与评价时道德准则与行为效果也不可或缺。

总之，美德论是有关品格、品质的理论体系，义务论是关于道德义务与责任的理论，后果论是以行为效果作为依据的理论，这三个理论都是医学伦理学的有机构成部分。医学美德论揭示了医界应该具有的良好医德品质，使医务人员具有良好的美德，是医学伦理学的归宿。医学义务论提出了医德规范，这些规范使得医务人员的医学行为有矩可循，也使得人们解决医德难题有据可依。医学后果论把医学行为的效用作为制定医德规范的依据。医学道德规范是社会制定的，其目的在于规范医学行为，使医学行为产生好的后果。例如，将三个理论有机结合可以描述为根据医学后果论证与辩护医学义务，在此基础上提出医德规范体系，医务人员在遵循医德规范中逐渐寻求与成就自我，在不断实践中养成了良好的德行。

【复习思考题】

1. 生命神圣论、生命质量论及生命价值论的内涵及价值分别是什么？
2. 康德义务论的基本观点是什么？
3. 结合生活实践，谈谈你对边沁的“最大多数人的最大幸福”的认识。
4. 在医学领域美德论的运用与价值是什么？

（吕雪梅）

第四章　医学伦理规范体系

【导入案例 4-1】罕见的并发症

女，48 岁，因“盆腔可扪及硬块、伴有腹痛、月经量增多”就诊。B 超检查结果显示：有多个大小不一的子宫肌瘤。因达到手术指征，甲医生建议子宫全切。患者非常害怕，甲医生安慰道：“这是个微创手术，术后恢复快、痛苦小，我们每年都做好多例。放宽心，不必害怕。”之后，子宫肌瘤手术顺利完成。但术后第二天患者病情陡然恶化，大小便失禁、大出血，处于休克状态，被紧急转到 ICU 抢救。医生向患者的丈夫和女儿解释：“超声显示患者的右心增大明显，左右心比例倒置，右心血液淤积，左心受压明显，收缩力明显下降，疑似主干肺栓塞。心搏骤停了好几次，医护人员正在实施胸外按压。”这些话语如晴天霹雳让父女俩脑子一片空白。医生说：“如果溶栓，可能还有一线生机，而不溶栓，可能马上就不行了。”父女俩简单交流后同意溶栓。转入 ICU 的第二天，心脏彩超结果显示血栓溶开，心脏恢复正常，这是主干肺栓塞抢救能预见的最好效果，医生及时告诉了病房外的父女这一好消息。然而，当晚值班医生又神色忧郁地通知父女：“患者对光反射消失，自主呼吸消失，GCS 评分 3 分，疑似脑出血。现在，治疗处于矛盾期，既要抗凝又要抗出血。”进入 ICU 的第四天，头部 CT 显示患者蛛网膜下腔出血。第五天清晨，患者没来得及与丈夫、女儿做任何交代就撒手人寰了。事后，患者女儿问当初给母亲实施子宫全切手术的甲医生：“为何事先不告诉我们会发生如此凶险的并发症？早知如此，我们就不做这该死的手术。”甲医生一脸无奈地说：“我们科室多年没有出现过这样的术后主干肺栓塞病例了，再加上你妈妈当时非常害怕做手术，就不忍心告诉她，这种并发症确实罕见呀。”

讨论与思考：这个案例存在哪些伦理问题？临床诊疗活动应当遵循什么伦理原则？甲医生是否要承担医疗责任？

在人类社会生活中，为了保障人类群体能够安定生活、社会各个领域能够正常运转，需要对个人的行动有所限制或约束，对人际交往活动有所约定或调节，这就形成了社会各个领域中的不同规范，包括法律法规、规章制度、伦理原则和道德规范，在医学领域中体现为医学伦理规范体系。医学伦理规范体系是与医学实践相适应并能促进医疗卫生事业发展和人民生命健康的伦理原则和规范的总称，它包括医学伦理原则和医学道德规范。前者是总纲，起主导作用，具有普遍性、全面性和相对稳定性；后者是伦理原则的展开、具体化和补充，具有一定的适用范围和变动性。二者是调节医学实践中道德关系的准则，也是判断或评价医学行为善恶的标准。

第一节　我国医学伦理指导原则

医学伦理指导原则是调节医学领域各种道德关系的根本原则，在医学伦理规范体系中居于主导地位，具有广泛的指导性和约束力。它是社会主义核心价值观在医疗卫生领域的具体体现，是我国医学伦理基本原则和医学道德规范的思想统领和指南。

一、医学伦理指导原则的由来与意义

（一）社会主义医德原则的提出

1941 年，毛泽东为中国医科大学第 14 期学员毕业典礼活动撰写了“救死扶伤，实行革命的

人道主义”的题词，该题词成为革命战争年代党领导的军队卫生人员所遵循的医德原则。1949 年新中国成立之后，医疗卫生工作成为党和国家社会建设的一项重要内容，救死扶伤的人道主义精神在医疗卫生工作中的指导地位不断彰显。1950 年第一届全国卫生工作会议在北京举行，在这次会议上卫生部确立了面向工农兵、预防为主、团结中西医为新中国卫生工作的三大基本方针，为新中国卫生事业的发展奠定了坚实的基础。为更好地贯彻三大基本方针，卫生部要求全国卫生系统进行广泛的政治学习与思想改造，提倡革命的人道主义思想。

1952 年，美军在朝鲜北部和中国东北地区先后实施细菌战。在反细菌战的过程中，毛泽东为 1952 年第二届全国卫生工作会议题词：“动员起来，讲究卫生，减少疾病，提高健康水平，粉碎敌人的细菌战争。”根据毛泽东的号召，这次会议在周恩来的指示下，把“卫生工作与群众运动相结合”定为卫生工作方针之一。从此，面向工农兵、预防为主、团结中西医、卫生工作与群众运动相结合，成为新中国卫生工作的四大方针，为新中国卫生事业的发展指明了方向，也为社会主义医德原则奠定了思想基础。

1978 年党的十一届三中全会以后，职业道德作为社会主义思想道德建设的重要内容重新确立，推动了医学高等院校对医学伦理学的教学和研究。在中国改革开放、社会转型的背景下，1981 年全国第一届医德学术讨论会在上海举行。会议首次明确提出了我国社会主义医德原则，即“防病治病，救死扶伤，实行革命的人道主义，全心全意为人民服务”。20 世纪 80 年代中期，为使表述更加科学严谨，突出医学服务的特点，经医学伦理学专家进一步讨论，上述提法被修改为“防病治病，救死扶伤，实行社会主义人道主义，全心全意为人民的身心健康服务”，并将其作为我国医学伦理的指导原则。

（二）确立医学伦理指导原则的意义

社会主义医德原则是对我国传统医德思想的继承和发展，是对世界医学伦理思想的借鉴和创新。作为医学伦理指导原则，它不仅体现了社会主义卫生事业的性质和当代医学服务的目的，还反映了政治伦理意识在医学伦理原则上的延伸和渗透。它以科学、精练的语言，一方面高度集中地反映出我国当代医学服务的伦理本质，即广泛的人民性、彻底的人道性、鲜明的时代性；另一方面高度概括出社会主义医学道德关系及其要求，即人民群众和患者的健康利益与医务人员的专业利益在本质上是统一的，促进人民群众和患者健康的生命价值、促进社会进步的社会价值与推动医学发展的科学价值在本质上是统一的。

医学伦理指导原则的提出和确立，亦在我国当代医学伦理学的建设时期具有划时代的意义。它体现了我国医学道德的先进性以及对医务人员的最高道德境界要求，体现了医学职业道德的社会主义时代特征，是指导我国医疗卫生事业发展的根本伦理原则。

二、医学伦理指导原则的内容

（一）防病治病，救死扶伤

医学致力于维护人类的生命健康利益，医疗卫生工作的根本目的是保障人民群众健康。所以，防病治病、救死扶伤指明了医疗卫生服务的道德责任，是医务人员最基本的职责和义务，也是社会主义医疗卫生工作的根本任务。

1. 防病治病要求医务人员履行医者义务与社会责任 医疗资源的有限性和人民医疗卫生保健需求的无限性之间的张力，是世界各国不得不面对和应对的伦理难题。从供给方的角度看，我国医疗卫生资源供给约束与卫生需求不断增长之间的矛盾持续存在。预防为主是党和国家长期坚持的卫生工作方针，它有助于医疗卫生事业以最小的经济代价使人民获得最大的健康受益，是符合中国国情的卫生与健康发展道路。随着现代医学科学的发展和疾病谱的变化，为贯彻实施“健康中国”战略，医疗卫生工作范畴已由狭义的临床诊疗延伸到社会预防或康复、社会保健或养生。

所以，医务人员既要治病也要防病，肩负医者义务与社会责任。一方面，医务人员应树立由传统医德义务论与现代公益论整合而成的全新的医德义务观，正确认识和处理对个体患者诊治、对人群健康、对生态平衡等多重义务之间的关系；另一方面，在提高医疗质量的同时，医务人员应做好健康促进与维护的宣教和科普工作，尽力减少和消除致病物质和致病因素对健康的危害，杜绝医源性疾病。

2. 救死扶伤要求医务人员兼具医德与医术 古人云“人命之贵，贵于千金”“病家就医，寄以生死”。医学是挽救人生命的科学，唯有医务人员秉持救死扶伤的理念和操守，患者才敢将自己的性命托付于医务人员。所以，救死扶伤是医务人员的天职，要求医务人员把患者的生命和健康利益置于首位，为患者谋利益。为此，医务人员应具备高尚的医德品质，愿为解除患者的疾苦而承担琐碎、繁重、复杂的医疗卫生工作，愿为人民健康事业而奋斗终身，不计较个人得失；同时，医务人员应始终坚持科学精神，秉持严谨作风，还应勤奋学习医学知识，掌握精湛的技术，追求卓越的医术，立足于科技发展的前沿。

（二）实行社会主义人道主义

革命战争年代，毛泽东提出了“革命的人道主义”，把医学人道主义推进到无产阶级人道主义的新阶段。改革开放初期，“社会主义人道主义”应运而生，它以马克思主义世界观和历史观为指导，继承和超越了革命人道主义传统。

1. 社会主义人道主义的含义 医学人道主义是人类在医疗实践中形成和总结的宝贵医学伦理思想。它褪去了古代朴素医学人道主义的宗教色彩，汲取了近代资产阶级人道主义的合理思想，成为现代医学道德和医学专业精神的重要基石。医学人道主义包括贵人、尊生、爱人等三方面内容，具体表现在医学实践中要求医务人员同情、关心患者，尊重患者人格与权利，维护患者利益，珍视人的生命价值和质量。

社会主义人道主义是生活在社会主义制度下的人们处理人际道德关系时遵循的伦理原则，属于社会主义的伦理道德意识形态。简言之，它是社会主义的国家、社会、人民“对待人”的原则。在医学实践中，社会主义人道主义是建立在社会主义制度上处理医学道德关系的普遍的基本准则，是医务人员提供医疗卫生服务必须遵循的指导原则。社会主义人道主义继承了医学人道主义的精华，以为人民健康服务为宗旨，赋予医学人道主义以共产主义和社会主义道德观的新内涵。

2. 社会主义人道主义对医务人员的要求 我国社会主义人道主义的基本内容和要求主要有三个方面：一是关心、热爱、尊重全体社会主义劳动者；二是关心、热爱、同情、尊重老弱病残和没有劳动能力的少年儿童；三是同一切有悖人道的言行做斗争。基于此要求，医疗卫生工作实行的社会主义人道主义，具体表现为三个方面：一是建立新型医患关系，医务人员与患者之间彼此尊重、平等合作、互相信任，是共同抗击病魔的亲密战友；二是敬畏人的生命，医务人员珍视、关爱人的生命，对患者一视同仁，愿为普救人民群众的疾苦而孜孜不倦地钻研医术，一心扑救患者生命，敢于冒险帮助患者战胜病魔；三是捍卫医学专业的尊严和道义，医务人员不做有损于患者利益的任何行为，不假借医学科学之名而追求个人的荣誉和经济利益，敢于谴责、反对和揭露各种损害患者和人民生命健康利益的行为。

（三）全心全意为人民身心健康服务

全心全意为人民身心健康服务是由我国社会主义制度和卫生事业的社会主义性质所决定的，是医学伦理指导原则中的最高要求，也是医学道德境界的最高层次。

1. 医务人员应全心全意为人民服务 早在《共产党宣言》中，马克思、恩格斯就提出“为绝大多数人谋利益”的原则，列宁主张“为千千万万劳动人民”服务。1944 年，毛泽东发表《为人民服务》的著名演讲，并多次强调要完全地、彻底地、全心全意为人民服务。作为社会主义国家的医务人员，必须切实贯彻全心全意为人民服务的宗旨，它包含两个方面的要求。一是为人民服务，医务人员应作人民的公仆和勤务员，“俯首甘为孺子牛”，而不是救世主或恩人；为广大人民群众提供医疗卫生服务，而不为某个阶层服务；坚持集体主义原则，医务人员之间相互学习、协作，以集体力量和智慧完成为人民群众防病治病、救死扶伤的任务。二是全心全意服务，医务人员在工作中应正确处理个人与患者、集体、社会的关系，把社会的、集体的和患者的利益放在首位；在工作中不畏困难、任劳任怨、认真负责、一丝不苟，不能利用专业之便谋取私利。

2. 医务人员应为人民身心健康服务　根据世界卫生组织对健康的定义：健康不是没有疾病或虚弱，而是在生理、心理和社会适应能力方面达到一个完美的状态。当前，医疗卫生工作已由单纯地以“病”为中心发展为以“患者”为中心，进而以“人”为中心。所以，为人民健康服务应遵循生物 - 心理 - 社会模式，服务范围应涵盖人的身与心，达到身心健康的统一。一方面，医务人员不仅应当认真诊治疾病，还应真诚关护患者，既给予患者生物医学方面的帮助，也给予患者医学人文方面的照顾，以满足人民群众不断增长和日益多元化的健康需求。另一方面，医务人员除了学习医学知识和技术，还应学习医学人文知识和技能，掌握为人民身心健康服务的本领。

总之，医学伦理的上述指导原则在医疗卫生实践中相互联系与支撑，不可分割，且其要求具有层次性。“防病治病，救死扶伤”是实现“全心全意为人民身心健康服务”的手段，是对医务人员的基本要求；“实行社会主义人道主义”是实现“全心全意为人民身心健康服务”的内在精神，是对医务人员的中等要求；“全心全意为人民身心健康服务”是“防病治病，救死扶伤”的目的，也是“实行社会主义人道主义”的落脚点，是对医务人员的最高要求，是医务人员应当不断追求的一种理想的医德品格。

第二节　医学伦理基本原则

医学伦理基本原则是医学实践活动中调节医学道德关系和医学道德活动的基本依据，也是衡量医务人员道德水平的基本尺度。1979 年美国生命伦理学家汤姆 · 比彻姆和詹姆士 · 邱卓思出版了《生命医学伦理原则》，书中提出将尊重、不伤害、有利和公正四原则，作为分析和论证医学伦理问题的框架体系。尽管四原则仍存在争议，但已被国际社会广泛接受，逐渐成为医学伦理学的主流理论。四原则作为医学伦理基本原则，其应用需要在医学伦理指导原则的统领下结合中国国情和文化。

一、尊 重 原 则

（一）尊重原则的含义

尊重是社会人际交往的一项基本准则，是社会主义人道主义的根本要求。在医学实践中，尊重原则要求医务人员尊重患者的生命、人格和权利。

1. 尊重患者的生命　无论医学处于何时代或何地区，无论医学技术是落后还是先进，医学的宗旨始终是为人类的生命与健康服务。生命和生存本身具有至高无上的价值，生命是人的一切价值的基础，具有神圣性，人不能被无辜杀死、伤害。医务人员尊重患者生命意味着敬畏、关护患者的生命，不忍生命遭受损害，努力提高患者生命质量，以维护其生命价值。医务人员对待所有患者都应一视同仁。

2. 尊重患者的人格　人有情感、有理性、有羞耻感，具有人格。人格指作为社会人的资格，是个人的尊严、价值和道德品格的总和，具有不可侵犯性和不可侮辱性。所以，人不能被剥削、被歧视、被打骂、被利用、被买卖。医务人员尊重患者的人格意味着把患者当作一个完整的人对待，尊重患者的内心感受、价值理念以及对自我生命的理解；诊治或护理行为以治疗患者为目的，而不仅仅把患者当作工具或实现其他目的的手段对待。

3. 尊重患者的权利 《中华人民共和国民法典》（下文简称《民法典》）规定，自然人享有生命权、身体权、健康权、姓名权、肖像权、名誉权、荣誉权、隐私权、婚姻自主权等权利。作为自然人的患者在医学实践中同样享有以上各项权利，所以医务人员应当尊重患者的权利。

（二）尊重原则对医务人员的要求

医务人员只有尊重患者，患者才可能信任医务人员的医德，才有可能建立彼此信任的医患关系。在临床实践中，尊重原则又派生出重要的临床道德规范，主要包括尊重患者自主、知情同意、保护患者隐私。

1. 尊重患者自主 尽管防病治病、救死扶伤是医务人员最基本的职责和义务，但一切医学干预都施于患者，且无论干预结果好坏，都由患者承受其利弊。所以，应当由患者选择自己诊治或护理的方案，尤其选择是否接受那些有伤害性的诊疗措施。医务人员应当尊重患者自主。

autonomy（自主）源于希腊语 autos 和 nomos，意为自我统治、自我支配、自我管理或自我规范。自主性是指一个人按照自己的价值判断，自由地自我管理的一种理性的本质和能力。尊重自主是指尊重一个有自主性的人做出的自主决定或选择。尊重患者自主是指医务人员尊重具有自主性的患者对有关自己的疾病和健康问题所做出的合乎理性的决定，并据此采取负责的行动。尊重在最低限度上体现为一种态度，即医务人员承认一个具有自主性的患者有权持有自己的观点、做出选择以及根据自己的个人价值和信念采取行动。尊重也体现在行动上，包括特殊情况下不干涉患者自主决定的消极义务，以及提高或维持患者自主能力的积极义务。

随着临床决策模式从医学家长主义向医患共同决策模式转变，尊重患者的自主权越来越受到社会和医疗机构的重视，患者也越来越希望在就医过程中可以更多自主选择。不过，值得注意的是，虽然汤姆·比彻姆和詹姆士·邱卓思在《生命医学伦理原则》中讨论生命医学伦理原则是从尊重自主开始，但他们表示这不意味着该原则优先于其他伦理原则，而且尊重自主“并非过度关注个人主义而忽视个人的社会性，也非过度关注理性而忽视了情感，更非因强调法律权利而过度律法主义，从而淡化社会实践”。所以，尊重患者的自主权不是绝对的，须有必要的前提条件：一是医者必须向患者提供必要的、正确的诊疗或护理信息，且这些信息能被患者理解；二是患者需要具有自主性且情绪稳定，能够经过深思熟虑做出自主决定；三是患者的自主决定不与他人利益、社会利益发生严重冲突，如有冲突，则应帮助患者调整自主决定或限制患者的自主决定。

当然，尊重患者自主不意味着医务人员对患者听之任之，放弃自己的职责或推卸责任。当患者的自主决定与患者的生命健康利益相冲突时，医务人员应履行帮助、劝导的责任。在尽责之后，如果患者仍坚持自主决定，则医务人员尊重患者自主。

2. 知情同意 是体现尊重原则的最重要的伦理要求，其核心内容最早出现在《纽伦堡法典》，之后成为涉及人的生物医学研究的重要伦理原则。20 世纪 60 年代以后，随着西方社会患者权利运动的开展，知情同意进入临床领域，要求医务人员充分告知并解释说明相关医学信息，患者在真正理解和深思熟虑的基础上做出自愿的决定。知情同意的含义在《民法典》中亦有规定，“医务人员在诊疗活动中应当向患者说明病情和医疗措施。需要实施手术、特殊检查、特殊治疗的，医务人员应当及时向患者具体说明医疗风险、替代医疗方案等情况，并取得其明确同意”。一个完整且正当的知情同意包括同意能力、信息告知、信息理解、自愿同意等四个要素。

同意能力（competence）是当事人能够自主做出决定的能力，在法律用语中是指当事人的行为能力。《民法典》将民事行为能力人分为三类。一是完全民事行为能力人：十八周岁（含）以上的成年人或者以自己的劳动收入为主要生活来源的十六周岁以上的未成年人。二是限制民事行为能力人：八周岁（含）以上的未成年人，但是，可以独立实施纯获利益的民事法律行为或者与其年龄、智力相适应的民事法律行为。三是无民事行为能力人：不满八周岁的未成年人、不能辨认自己行为的成年人。限制民事行为能力人和无民事行为能力人都不具有完全同意能力，缺乏或丧失自主性。

在临床中，对于缺乏自主性的患者（如婴幼儿、少年及严重智力障碍的患者等）或丧失自主性的患者（如昏迷的、植物状态的或处于发作期的精神障碍患者）应由其法定代理人代理实施知情同意。根据《民法典》的规定，未成年人的代理人的一般顺序是父母，祖父母、外祖父母，兄、姐，其他愿意担任监护人的个人或组织；无民事行为能力或者限制民事行为能力的成年人的代理人的一般顺序是配偶，父母、子女，其他近亲属，其他愿意担任监护人的个人或组织。代理实施知情同意不是由代理人为患者知情同意，而是由代理人代表患者知情同意。所以代理人应基于患者的最佳利益做决定。

不过，临床可能遇到无身份、无责任机构或人员、无支付能力的“三无”患者以及无法联系到代理人的危急时刻。根据《民法典》规定，“因抢救生命垂危的患者等紧急情况，不能取得患者或者其近亲属意见的，经医疗机构负责人或者授权的负责人批准，可以立即实施相应的医疗措施”。另外，当代理人的自主决定不利于患者的生命健康利益时，医务人员有义务提出异议，在患者生命危急时刻可以依据患者利益至上的原则而从事医疗行为。

信息告知（disclosure）是指医务人员应对有同意能力的患者或其法定代理人提供有关患者疾病与健康的信息。尽管具体告知哪些内容尚无统一规定，但通常结合三种标准告知。一是专业实践标准（professional practice standard），即依据医学实践和医务人员个人临床经验；二是理性人标准（reasonable person standard），即有同意能力的人做出理性决定所需的必要信息；三是主观标准（subjective standard），即根据每个患者的特点。以手术治疗为例，医生应告诉患者做什么手术，为什么做手术，是否有其他治疗方案，手术后的可能效果、不适和风险，手术相关医疗费用是多少，需要住院多长时间，未来的生活质量如何。同时，医务人员应询问患者的需求或疑惑，有针对性地提供信息。

显然，医务人员在告知信息时既不能轻描淡写医疗干预的风险，也不能夸大疗效或受益。不过，医务人员是否应该如实告知患者？可否出于善意而不如实告知？一般而言，医生善意的谎言可能源于两种原因。一种是为了治疗目的，这种情况有利于实现患者的诊疗目的，所以能够得到伦理学的辩护，如对有心理障碍的患者使用安慰剂，但却告之是治疗药物。另一种是为了避免给患者造成心理、精神伤害，如不告诉患者有关癌症、治疗无效等坏消息。《民法典》规定：“不能或者不宜向患者说明的，应当向患者的近亲属说明，并取得其明确同意。”可见，医务人员不如实告知患者真相，虽然侵犯了患者的知情权，不利于患者自主决定，但其目的是善的，所以能够得到法律支持。不过，这依然存在伦理争议。

信息理解（understanding）意味着患者对医务人员所告知的信息能够全面而准确的了解，它决定了信息告知的效果。影响信息理解的因素主要取决于患者和医务人员。患者方面的因素包括患者自身的理解能力、接收信息时的情绪、对医务人员的信任度等。医务人员的因素主要是与患者沟通时的态度、方式和技巧等。据此，在态度上，医务人员应表现出对患者的尊重、诚恳与尽责，同时应关心患者的情绪、顾及患者的理解力，表现出关心和耐心。在方式上，可采取口头与书面结合，辅以图像、视频等手段。在技巧上，医务人员应学习和应用医患沟通技巧，鼓励患者表达想法、意见和问题，以化解沟通障碍，增进患者的信任度。

自愿同意（voluntary consent）是指患者做出自主决定时，不受他人的强迫、威胁、诱惑等不当影响的控制。该定义符合患者自主的含义，即患者自己做主。这意味着患者的决定可以受患者所处的医疗情境（如诊疗制度）、政策法规（如医保政策）、经济条件（如个人收入）、家庭文化（如家庭知情同意）等社会背景影响，但不能受到他人（如医生、家人等）不当影响。

同意的形式有三种。一是暗示同意，适用于患者已知且非侵入性的医学操作，如听诊、一般查体等。二是口头同意，适用于患者不知且非危险性的医学操作或干预，如扎针、一般药物治疗等。三是书面同意，即签署知情同意书，适用于有危险的侵入性医学操作或干预。

可见，知情同意不是简单地让患者签署知情同意书，也不是通过患者签字来推卸医务人员的责任，而是需要医务人员和患者（或代理人）彼此交流、分享观点、达成理解、做出选择等一系列的医患沟通和共同参与临床决策的过程。

3. 保护患者隐私 医务人员在临床工作中有可能获悉患者的隐私，出于尊重患者人格、尊重患者隐私权的目的，为了赢得患者对医务人员的信任、顺利开展临床工作，医务人员应当保护患者隐私。

在《民法典》中隐私是指“自然人的私人生活安宁和不愿为他人知晓的私密空间、私密活动、私密信息”。临床中的患者隐私是不愿意被他人侵入的领域，主要包括患者的身体隐私和信息隐私。信息隐私包括患者的一般身份信息（如姓名、年龄、身份证号码、电话、住址等）和疾病信息（如疾病诊断名称、病情、既往病史、家族病史等），以及患者主动告诉医务人员的有关个人工作、生活情况的信息。患者的隐私权是指使患者的隐私得到保护、不受他人随意侵犯的权利。尊重原则要求医务人员尊重患者的隐私权。

显然，医务人员属于患者之外的他人，只不过，患者为了诊疗目的，不得不允许医务人员侵入。所以尊重患者的隐私权意味着医务人员不能未经患者允许而随意侵入，同时应保护患者的隐私。一是医务人员应确保患者的身体不被他人随意观察，特别是身体的隐私部分。例如，医务人员在为患者实施检查或治疗的时候，有义务为患者提供相对隔离或封闭的空间，在保证医学操作的前提下尽可能减少暴露患者的身体部位，对异性患者查体时应有与患者同性别的医务人员在场。二是医务人员不随意泄露患者的个人信息，即为患者保密。例如，医务人员在与患者交流疾病时应确保他们处于相对独立的空间（如诊室应一医一患），不能向治疗小组之外的其他人员泄露患者隐私，不能将患者的隐私信息作为谈资告诉他人，以及在科学研究中应保护患者的生物样本及其数据信息。为患者保密要求医务人员未经患者同意不能将患者的疾病信息告诉他人甚至家人。不过，医务人员为患者保密是有条件的义务，如果保护患者的疾病信息会损害他人健康或伤害社会利益时，医务人员应当上报相关部门，如传染病上报制度。

总之，医务人员在工作中可能触及或了解到患者的某些隐私，医务人员有义务保护患者隐私。因为患者隐私一旦被泄露，可能会给患者带来伤害。因此《民法典》规定：“医疗机构及其医务人员应当对患者的隐私和个人信息保密，泄露患者的隐私和个人信息，或者未经患者同意公开其病历资料的，应当承担侵权责任。”

二、不伤害原则

（一）不伤害原则的概述

不伤害原则也称无伤原则，是医学伦理基本原则中的底线原则，即对医务人员的最基本的道德要求。

1. 伤害的含义和类型 医疗中所谓的伤害是指医疗工作或医务人员给患者造成的损害或损失，或者使患者处于危险或付出代价。根据不同标准，伤害有多种类型。按照伤害是否发生，伤害可分为实际存在的损伤和未来可能出现的危险，即风险。按照伤害对患者的影响，伤害可分为身体损伤、精神损害、经济损失及患者权利的侵犯。按照医务人员是否对伤害承担责任，伤害又有不同分类，包括是否出于医务人员主观意愿或行为动机的有意伤害或无意伤害，是否可以被医务人员预先知晓的可知伤害或不可知伤害，是否可以被医务人员减轻或避免的可控伤害或不可控伤害。其中，有意伤害（如过度医疗导致的伤害）、可知可控的无意伤害（如工作中粗心大意导致的伤害）属于责任伤害；虽然可知但不可控的无意伤害（如意外伤害）属于非责任伤害。如此，在医疗工作中，并非所有的伤害都需要医务人员承担责任。可见，伤害既是多面的，也是相对的，唯有辨别伤害，才能对医务人员的临床行动做出合理的道德判断。

2. 不伤害原则的含义 中国儒家素有不欲或不忍伤害的思想，如“己所不欲，勿施于人”，“无伤也，是乃仁术也”。不伤害的医学道德思想最早源自《希波克拉底誓言》，医师的职责是“Above all，do no harm”（最重要的或首要的是，不要伤害）。所以，与尊重原则相比，不伤害原则既是历史悠久的道德原则，也是最基本、最重要的医学道德原则。

理论上，不伤害原则要求医务人员不给患者造成不应有的伤害。在医学实践中，什么是不应有的伤害？医务人员承担着救死扶伤的职责，有义务帮助患者战胜病魔。尽管如此，医务人员却可能为了救治或帮助患者而给患者造成伤害。例如，医生尽心尽力、争分夺秒、合乎医学规范地抢救患者，但患者最终死亡。医生的救治行为是否合乎伦理？医生是否为患者的死亡承担责任？

由于人体的奥秘性和复杂性、医学技术的有限性和不确定性，尽管医务人员临床行动的目的是善的，为实现目的而采取的手段也是正当的或合规的，但行动的后果却可能给患者造成伤害。这意味着医生无法保证百分之百治愈患者，社会也不应要求他们对每一位患者的伤害或死亡负责。所以，不伤害原则不是单纯以患者是否受到伤害的后果为依据，去判断医生的行动是否道德。例如，医生在救治患者的过程中表现出漫不经心、疏忽大意，未争分夺秒地抢救，最终患者保住了生命但一侧肢体瘫痪。虽然医生未直接施害于患者，但医生的行动增加了患者肢体瘫痪的风险。医生虽无故意伤害患者的意图，但漫不经心、疏忽大意违反了医学职业道德规范，给患者造成了一个本可避免的伤害，可谓故意施加了不合理的伤害风险。如果医生为了赚钱说服患者接受不必做的截肢手术，那么医生在手术动机上存在以伤害患者为手段达到提高个人经济收入的恶意或伤害意图，给患者施加了伤害。可见，需要医务人员承担责任的应是责任伤害，不应有的伤害是指责任伤害。这意味着不伤害原则首先是基于医学的动机、目的和手段而非后果的视角，即不对患者施加伤害、不给患者增加伤害。

不过，有时医务人员的行动会同时产生好效应和坏效应，如手术救了孕妇，但胎儿死亡。双重效应原则（principle of double effect）即为这种行动提供辩护，不过，该行动须满足下列条件：一是行动本身在道德上是好的或与道德无关的（手术）；二是好效应（孕妇获救）和坏效应（胎儿死亡）在行动之前都是可预见的，但行动主体的意图是获得好效应而非坏效应；三是好效应至少同坏效应一样，是由行动直接产生的，而不是由坏效应产生（不是通过杀死胎儿来救孕妇），即坏效应不是获得好效应的手段；四是好效应的益处足以弥补坏效应的害处，或者有相当重要的理由允许坏效应的产生（孕妇的生命价值优先于胎儿的生命价值）。

总之，虽然医学伦理原则或医学道德规范具有历史性、时代性或文化特点，但不伤害原则却是跨时代、跨地域、跨文化的医学伦理基本原则，是对医务人员的底线要求。

（二）不伤害原则对医务人员的要求

中国古代医家早已明确指出，医术可以救人，也可以杀人。医学技术是一把双刃剑，在拔剑抗击病魔之前，医务人员应牢固树立不伤害患者的道德理念，秉持审慎的美德，恪守不伤害原则。

1. 不做有损医学声誉之事　医学是助人之学，为了维护医学的尊严和荣誉，医务人员不应假借医学之能而谋取私利。例如，《医疗机构从业人员行为规范》中的基本行为规范要求医务人员不索取和非法收受患者财物，不利用执业之便谋取不正当利益；不收受医疗器械、药品、试剂等生产、经营企业或人员以各种名义、形式给予的回扣、提成，不参加其安排、组织或支付费用的营业性娱乐活动；不骗取、套取基本医疗保障资金或为他人骗取、套取提供便利；不违规参与医疗广告宣传和药品医疗器械促销，不倒卖号源。医务人员应严格遵循规范中的要求，维护医学的信誉，赢得患者的信任。

2. 坚决杜绝责任伤害　责任伤害是不道德的，是需要医务人员承担道德责任或法律责任的伤害，所以医务人员应养成良好的工作习惯，避免责任伤害的发生。一是避免因违规导致的伤害，医务人员应依据医学诊疗和护理规范（如制度、指南、共识等）使用药物、仪器和设备，开具检查化验项目以及实施侵入性操作（如手术），同时应遵循国家的医疗卫生政策制度和法律法规开展医疗活动。二是杜绝因不良习惯导致的伤害，医务人员树立尊重患者的意识，合理运用医患沟通技巧，避免个人的习惯性言行举止给患者造成心理、精神伤害，如服务态度冷漠、说话生硬、无意识地斥责患者。三是谨防因疏忽导致的伤害，临床工作具有不确定性和风险性，所以医务人员应认真、谨慎工作，团队协作时应注意细节问题、落实责任到个人，避免因麻痹、大意、自负所造成的工作失误。

三、有 利 原 则

（一）有利原则的含义

有利原则也称有益原则或行善原则。同不伤害原则一样，有利原则也是最基本、最重要的医德原则。

1. 有利原则的含义 在人类医学史上，医学一直扮演着抗击病魔的角色，其目的是祛除人类疾苦、促进人类健康。中国古代医德思想强调医生应“济世”，即助人于患难之中，孙思邈在《备急千金要方·大医精诚》中言“誓愿普救含灵之苦”。古希腊的希波克拉底也在《希波克拉底誓言》中提出“为病家谋利益”。可见，自古以来，医者都致力于善待患者、有利于患者。

善是医德或医学行为的重要本质，因此“医术”被人们视为“仁术”，“仁术”的最大特征是富有浓厚的人道性和善性，不忍患者受苦。善待患者意味着医务人员应照护与关爱患者，祛除患者的痛苦。有利是指仁慈、善意、增进他人利益。有利于患者既包含了对患者“仁”的德性和善待患者的义务，也有增加患者利益的效用论内涵，意味着医务人员应提高患者的生命质量和生命价值。所以，有利原则要求医务人员在临床工作中善待患者，积极作为，增加患者的利益、减轻或消除患者的伤害、预防患者处于风险之中。

2. 权衡利弊 医疗技术本身往往存在利弊两重性，因而技术带来的可能伤害与患者的生命健康利益常常纠缠在一起。虽然理论上有利包括增加患者的利益，但实际上增加患者的利益是指权衡各种可能的行动后果利弊之后的净利益。为此，有利原则的实现需要医务人员权衡利弊，即全面分析、计算和比较不同临床行动方案可能给患者带来的收益、损害或风险（详见伤害的类型）、代价，然后选择净受益最大的行动方案。

患者的受益包括在身体（如治愈疾病、减轻疼痛等）、精神（如消除恐惧、减轻痛苦等）和经济（如减少医疗费用）等方面获得利益，以及患者权利的实现（如尊重患者的自主权、隐私权等）。患者的代价一般指患者为实现医疗目的所付出的努力（如花费时间、金钱等）或牺牲。理论上，医务人员在比较不同行动方案之间的利与弊后，通常依据两害相权取其轻的标准选择能产生最大净受益的行动方案。不过，也有医务人员在遵循不伤害原则和尊重患者自主的前提下，依据两利相权取其重的标准选择行动方案。

尽管权衡利弊为不同行动后果的比较提供了一种价值排序方法，但其局限性同效用论一样，即现实中难以计算不同性质利弊之间的权重，难以进行价值排序。因此，临床实践中的权衡利弊主要表现为预先评估不同临床方案对患者生命质量的利弊效应。评估生命质量的指标包括主客观内容，如生理和精神状态、智力功能、生活自理能力、对生活的满意度等。

总之，权衡利弊要求医务人员尽可能使患者以最小的伤害和代价获取最大的生命健康利益。

3. 有利原则与不伤害原则的区分 虽然医务人员有救治患者的义务，但社会也能接受医务人员无法救治患者的事实；社会绝对不能接受医务人员有意伤害患者，或毫无任何正当理由地实施伤害患者的医疗行为。所以，不伤害原则是从行动的动机、目的和手段视角出发，要求医务人员不对患者做恶行，或者不给患者造成额外的伤害。相较而言，有利原则比不伤害原则的道德要求高，要求医务人员采取积极的措施帮助患者，或增加患者的利益，或减少患者的伤害，而不只是不施加伤害。

可见，医务人员首先应做到不施加伤害于患者，这是对医务人员的底线要求；在此基础上，医务人员还应该主动有利于患者，这是对医务人员必要的更高要求。尽管如此，但有利原则要求医务人员所做的是义务之事，而非超义务之举。义务之事符合医务人员的社会角色，即运用医学手段实现防病治病、救死扶伤的医学目的。超义务之举，如医务人员掏钱救治患者，尽管也实现了医学目的，但运用的是经济手段而非医学手段。

4. 有利原则与自主原则的道德冲突　临床实践中，医务人员更习惯于遵循有利原则，往往预设有利原则能够科学地或真正地帮助患者。基于这一假设，医务人员可能行使医学家长主义作风，即医务人员为了实现患者的利益而代替患者选择临床行动方案。然而，医务人员是否真正知晓患者的利益或者患者的价值偏好？显然，答案是否定的。因此，医务人员应同时遵循有利原则与自主原则。有时这两个原则之间会产生道德冲突，如手术能够挽救患者的生命，但患者却拒绝手术。面对这一伦理难题，医务人员既不能简单地采取医学家长主义作风，也不能单纯听从患者的意愿，而应履行知情同意的责任，与患者共同决策，发现患者拒绝做手术的原因，确保患者真正理解做手术对其生命质量的利弊，在此基础上才能尊重患者的自主选择。

（二）有利原则对医务人员的要求

1. 树立全面的利益观　医务人员应认识到患者所期望的受益，有客观性的利益（如减轻生理性的疼痛、缓解症状、恢复健康、治愈疾病等），也有主观性的利益（如减轻精神痛苦、缓解心理压力、获得满足感等）。因此，医务人员既要以患者的生命利益和健康利益为中心或重心，也要关心、体贴患者，鼓励和帮助患者同医务人员一起抗击病魔。尽管医务人员通常能够利用医学手段帮助患者，但应同时认识到医学技术既具有利弊两面性，也具有有限性和局限性。例如，面对生命垂危的患者，医务人员不仅给予患者心理关怀与精神慰藉，而且还应知晓技术干预的止境，为患者提供安宁疗护。

2. 遵循最优化原则　最优化原则亦称最佳方案原则，是指诊疗或护理方案应以最小的代价获得最大的诊疗或护理效果。医务人员的医疗行为包括技术性的（如诊断、治疗、护理、康复）和伦理性的（如态度、情感和意志）。最优化原则要求医务人员在进行临床思维和实施医疗行为时，追求技术性和伦理性的统一。最优化原则主要包括四方面内容。一是疗效最好，即依据当时医学科学发展的水平或当时当地的诊疗水平所选择的具有最佳诊疗效果的方案，如辅助诊断方案最佳、治疗方案最佳、手术方案最佳、选用的药物最佳等。二是安全无害，即诊疗方案应保证患者生命安全且尽可能减轻对患者的伤害。在诊疗效果相当的情况下，选择最安全、最小伤害的诊疗方案；对必须施行但又有一定伤害或危险的诊疗手段，应尽量使伤害减小到最低限度。三是痛苦最小，即在保证诊疗效果的前提下，采用的诊疗方案应尽可能减轻患者的身体疼痛以及因焦虑、恐惧而产生的精神痛苦。四是耗费最少，在保证诊疗效果的前提下，选择辅助诊断方案、治疗方案或药物时应考虑经济因素，尽可能减轻患者的经济负担，节约国家基本医疗保险基金和社会医药资源。

3. 践行公益论的思想　随着社会的发展和人们对健康认识的深入，健康并不等于没有疾病，且事实上人类也很可能永远不能消除疾病。尽管有利原则要求医务人员有利于患者，但是基于医学伦理的指导原则，有利原则的实质是防病治病、救死扶伤，其对象绝不限于个体层面的患者，而是人类群体；其范畴也不限于抗击病魔，而是帮助人类处于生理、心理和社会适应良好的状态。因此，医务人员应践行公益论的思想，在医学实践中，将有利于患者同有利于社会人群健康相统一，将当代人的健康利益同未来人的健康需求相统一。这对医务人员的具体要求：一是不仅对患者负责，还对社会负责；二是在治疗疾病时，既要重视人的生命质量，也要顾及人的生命价值，还要考虑健康促进的社会公益价值以及医疗资源耗费的社会代价。

四、公正原则

（一）公正原则的含义

尊重、不伤害和有利原则侧重从患者利益出发对医务人员提出道德要求。相较而言，公正原则侧重从社会整体利益出发，关注个人与社会人群之间权益的张力或资源的竞争。

1. 公正 公正涉及社会各个领域且内涵丰富。在中国古代伦理思想中，“公”是心里公，“正”是好恶得来当理，汉初贾谊认为“兼复无私谓之公”“方直不曲谓之正”（《新书·道术》），对公正（正义）做了明确的界定。唯持公心，处事才能无偏无颇，才能当于理、得之理，即所谓“正义”。所以，“公正”广泛用于施政、用人、治狱、赏罚、褒贬、评价、分配等各个方面，处理社会的各种利益关系。

古希腊哲学家赫拉克利特（Heraclitus）最早赋予“公正”以道德意义，认为人类社会中存在着公正和不公正现象。柏拉图将正义列为四主德之一，认为国家中每一阶层的人各自专心尽其本分职责，就是合乎公正。亚里士多德把公正作为各种德行的总称，将其分为两类。一是普遍的公正，即政治上的公正，以公共利益为依归，要求每一个社会成员的行为都必须合乎法律。二是特殊的公正，是就社会成员之间的关系而言，要求在人与人的交往中遵循一定的原则。它包括分配的公正（即社会财富、权力及其他可分之物在个人之间的分配原则）和矫正的公正（即人们在经济交往和订立契约时必须遵循的平等原则）。

可见，公正与正义互为同义语，是对政治、经济、法律、道德等领域中的是非、善恶的一种道德认识和价值评价。作为道德范畴，公正既指符合一定社会道德规范的行为，又指处理人际关系和利益分配的一种原则。在社会生活中，公正或正义一般包含两个方面：一是按同一原则或标准对待处于相同情况的人或事，即一视同仁；二是所得的与所付出的相称或相适应，如贡献与报偿、功过与奖惩之间相适就是公正，即得所当得。

2. 公正原则 美国哲学家约翰·罗尔斯在其《正义论》（*A Theory of Justice*）中论证了建构社会制度的正义原则，主张通过主要的社会制度调节，从全社会的角度解决不平等问题，正当合理地分配公民的基本权利和义务、分担由社会合作产生的利益和负担，尽量避免因自然的不平等而导致的社会不平等。正义原则对社会各领域的制度建构产生了巨大影响。

每个人都享有平等的生命权，都希望医疗资源能够为自身健康保驾护航。与此同时，每个人都身处医疗卫生体系的网格中，个体之间对医疗资源、就医机会的竞争，均受制于社会利用与分配医疗资源的公正机制，常常涉及在有限的医疗资源基础上如何实现个体生命健康利益的问题。因此，公正原则的含义在医疗卫生实践领域主要体现在分配、程序和回报三个方面。

一是分配公正。这是公正原则的最主要部分。它为解决医疗卫生资源或服务、受益和负担的分配问题提供实质标准，为建构公正的医疗卫生体系和政策提供理论依据。医疗卫生资源是在一定社会经济条件下，国家、社会和个人对卫生部门综合投资的总称，包括卫生人力资源、卫生财力资源、卫生物力资源、卫生信息资源、卫生技术资源等方面，是卫生部门为社会及人群提供医疗卫生服务的基础，是开展医疗卫生服务活动的基本条件。医疗卫生资源的分配包括宏观分配和微观分配。宏观分配是由政府和立法机构将医疗卫生资源合理分配到各领域、各层次（如城乡之间、区域之间、临床与公共卫生之间、基础研究与应用研究之间等），以实现现有资源的优化配置，保证人人享有基本医疗保健，同时满足人们多层次的医疗保健需求。微观分配是由医疗机构或医务人员将医疗卫生资源合理分配给不同患者个体，如住院床位、门诊医生、手术机会、稀缺医疗资源（如器官移植）等。然而，医疗卫生资源缺乏是全世界普遍存在的一个现象，制约着人们获得公平、可及、可负担且有效的服务。公正原则的形式公正和实质公正在一定程度上提供了合理分配的标准。

形式公正最早由亚里士多德提出，即同样的情况同样对待，不同情况应当不同对待，而不考虑分配对象之间的实质差异。孙思邈在《备急千金要方·大医精诚》里提到：“若有疾厄来求救者，不得问其贵贱贫富，长幼妍媸，怨亲善友，华夷愚智，普同一等，皆如至亲之想。”这意味着每个患者都享有获得医疗卫生服务的平等机会。形式公正标准满足人们的基本医疗需求，保障人人享有基本医疗卫生服务，要求医疗机构和医务人员一视同仁，公平地为每个患者提供医疗卫生服务。我国实行的基本医疗保障制度、按照地理分布和人口数量建立基层医疗卫生机构以及预约挂号制度等都是形式公正在医疗卫生政策和实践中的表现。相较而言，实质公正标准考虑分配对象之间的实质性特征及其差异，细化了分配标准。例如，根据不同分配对象的需要、能力、对社会的贡献、已取得的成就、所处的社会地位、购买力、职位高低等特征进行分配。实质公正为解决稀缺资源的分配问题、满足非基本医疗需求提供了新思路，在某种程度上弥补了形式公正的不足。例如，医院急诊科依据患者病情的轻重缓急安排就诊顺序，而不是挂号后的排队时间；稀缺的供体器官按照患者的医学需要、移植成功率、排队时间、地理位置等标准分配给等待移植的患者。不过，实质公正在医学实践中也会面临挑战，如ICU床位分配难题、基层医疗卫生人才缺乏等。

二是程序公正。程序公正涉及应当如何做的公正问题，旨在保证人们所采取的行动符合正当程序。在医学实践中，程序公正的表现主要有两个层面。①在组织、安排、执行某种活动中建立公开的合理规则，以确保与该活动有关的所有个体能够获得平等机会，以及该活动产生的受益与负担在相关人群中被平等分配。例如，医院的管理制度应保障每名医护人员参加培训、获得职业发展和晋升的平等机会；医院预约挂号制度应确保每名患者拥有获得医疗服务的同质机会，而不是通过竞价途径或人脉资源。②相关活动信息的制定必须透明，并制定合适的决策程序，以确保利益攸关者和公众的参与和讨论，以保证利益攸关者的利益，尤其保证少数人的观点得以表达和受到关注。例如，在制定医疗卫生政策的过程中，征求医院管理者、一线医务人员、患者和公众的意见；在制定医院管理制度的过程中，征求各科室医务人员和患者的意见。

三是回报公正。回报公正也称补偿公正，指一个人所付出的与所得的应当相当或相等。也就是说，对于作出贡献的人，应当给予与其贡献相适的回报；对于给他人或公众健康造成损害的人，应当对其处以相应的惩罚。可见，回报公正的实质是赏罚公平，赏罚公平的难点在于如何衡量与付出相称或相当的标准。例如，医务人员为患者提供医疗卫生保健服务，回报公正要求在薪酬制度中体现出医务人员的技术和服务价值，而不应简单地按照服务患者数量的多寡来衡量；患者自愿参加临床药物试验，花费一定时间、金钱且影响正常生活，所以试验项目的申办方应为患者的付出给予补偿性回报。

可见，公正原则有助于合理协调日趋复杂的医患关系，合理解决日益增长且多层次化的健康需求与有限的医疗卫生资源分配不均衡之间的矛盾。

（二）公正原则对医务人员的要求

1. 与患者交往时一视同仁　患者与医务人员在社会地位、人格尊严上是相互平等的。不同患者虽然千差万别，但人人享有平等的生命健康权和医疗保健权。然而，在临床决策中，即使医务人员尽量向患者提供医学信息，患者也是处于弱势地位。所以，医务人员应给予患者关怀，与患者建立平等的医患关系，平等交往，不以患者的民族、性别、职业、信仰、国籍和经济条件等外在特征而亲此疏彼。

2. 在医疗资源分配中坚持现代公正观　公正原则是现代医学服务高度社会化的集中反映和体现，虽然它不否认人人都有生命权和健康权，但是不认为人人都应得到平均的医疗保健和照顾。当代社会倡导的医学服务公正观应是形式公正和实质公正的有机统一。它对医务人员的要求是有同样医疗需要以及同等社会贡献和条件的患者，应给予同样的医疗待遇，不同的患者则给予不同的医疗待遇；在基本医疗保健需求的满足上，做到公平优先兼顾效率的比较理想的公正，即人人同样无差别地平等享有，而在特殊医疗保健需求的满足上，做到效率优先兼顾公平的比较现实的公正，即对不同条件的患者给予有差别的不同满足，有同样条件的患者给予同样满足。

第三节　主要医学道德规范

医学道德规范是医务人员依据行业内部伦理共识和外部道德规范，在医疗卫生实践中形成并应遵循的行为道德准则。因为医学道德规范的本质是社会和医学界对医学宗旨和使命认识的集中反映，所以医学道德规范的内容不是一成不变的，而是随着人类社会和医学的发展而与之相适的变化。在几千年医学发展史中，医学道德规范的表现形式具有多样性，有宣言、誓言、祷文、公约、戒律、法典、准则、守则等。它们向医者提出医学道德义务或责任，形式简明扼要，易于记忆、理解和接受。

一、国际医学道德规范

（一）《希波克拉底誓言》

医德规范中在历史上最悠久的当属《希波克拉底誓言》。据传它是古希腊医生希波克拉底提出的医务道德准则，被西方视为医学道德的典范。现存署名希波克拉底的著作，总称《希波克拉底文集》。其中有关医学教师及医学生的行为准则，被称为《希波克拉底誓言》。

《希波克拉底誓言》分两大部分。第一部分有关医学教师与医学生之间的关系，以及相互应承担的义务。第二部分是对医生行为的道德要求，内容包括尽其所能为病家谋利益，不做害人之事，不做堕胎术，不给也不指导他人使用有害的药物，不做超出自己专业范畴的手术，平等对待患者，保守在治疗过程中知晓的秘密等。

《希波克拉底誓言》所反映的虽不是古希腊时期的主流思想，但对后世的影响却非常深远，奠定了西方医学伦理学的基础。现代西方许多医学院校的医学生在毕业时仍旧宣读《希波克拉底誓言》。此外，毋庸置疑，《希波克拉底誓言》无法避免其时代局限性，但其基本精神仍可作为医生对患者、社会的行为规范。

（二）《日内瓦宣言》

世界医学会于1948年在瑞士日内瓦举行第二届全体大会，在《希波克拉底誓言》基础之上商讨颁布了《日内瓦宣言》(Declaration of Geneva)。《日内瓦宣言》精练地概括了医师的职业责任，宣布了全球医学行业应遵循的道德准则，阐述了医患关系、医学保密、尊敬师长和对待同事等方面的道德要求。它被视为现代的《希波克拉底誓言》，在医学行业和医学教育领域是最正式的医德规范。

《日内瓦宣言》根据时代背景和医学发展的要求不断进行修订和完善，1948年之后共修订6次。最新版本是世界医学会于2017年在美国芝加哥召开的第68届大会上修订的。2017年版本考虑到现代医学和医学伦理学的发展，修订了之前版本中的一些不足和缺陷，具体包括增加了“医师誓言”这一副标题；增加了老师与学生之间的互相尊重；删除了“我把同事视为我的兄弟姐妹”，强调对同行的尊重；纳入了尊重患者的自主权；除了增加师生互相尊重之外，还特别强调传承和分享医学知识；强调维护医疗行业圣洁的传统，并用良知和尊严践行医疗实践；在“将患者的健康作为我的第一要务”的基础上改为“将患者的健康和福祉作为我的第一要务”；增加了医师“关注自身健康”的内容。

2017年的版本不仅改进了之前版本的架构，完善了内容，还提高了医师的职业道德要求，更加强调人文关怀，与时俱进地满足和适应当代医师职业精神要求。

（三）《国际医学伦理准则》

在《日内瓦宣言》之后，1949年世界医学会在英国伦敦举行的第3届全体大会通过了《国际医学伦理准则》(International Code of Medical Ethics)。世界医学会官方表示《日内瓦宣言》和《国际医学伦理准则》互为补充。《国际医学伦理准则》以《日内瓦宣言》中的理念为基础，进一步明确了医生的具体义务，包括一般性的专业义务、对患者的义务以及医际间的责任。

《国际医学伦理准则》亦与时俱进地修订完善，1949年之后共修订4次。最新版本于2022年10月在德国柏林举行的第73届大会通过。相较于之前的版本，2022年版准则具有三方面特点。一是修订过程具有全面性和包容性，不仅尊重世界医学会形成的伦理道德基础，而且尊重所有成员、道德专家和其他为该过程作出贡献的利益相关者。例如，工作组由代表世界医学会所有地理区域的 19 个国家的成员和观察员组成，更具广泛代表性；工作组在一系列区域和国际会议上广泛收集意见，针对世界不同地区的提案和建议，进行仔细、全面、透彻的评估，以确保其能够适用于不同的文化和政治体系。二是内容的扩展，纳入了患者自主权、医生福利以及医疗服务中的公平和正义等概念，进一步完善了患者保密原则和知情同意原则，还提到了远程医疗、环境的可持续性、广告和社交媒体等新问题。三是形式的修改，增加了一个新序言，然后是一般原则，其余的义务或责任被分为“对患者的义务”“对其他医生、医务人员、学生和其他工作人员的责任”“对社会的责任”“身为医学专业人士的责任”；同时还引入了新颖的、更现代化的以及性别包容的话语。

《国际医学伦理准则》已成为世界各国制定本国医学伦理规范的蓝本，为医学专业提供一种共同的道德语言。当前，医学技术不断受到来自临床、政治、经济和法律制度的影响，医生面临着前所未有的挑战。与此同时，随着全球医疗行业的活力日益增强，区域间医疗活动的联系也愈加密切。因此，提升医生对《国际医学伦理准则》中基本的、普遍的医学伦理原则的认可度变得越来越重要。

（四）《新世纪的医师职业精神——医师宣言》

《新世纪的医师职业精神——医师宣言》（Medical Professionalism in the New Millennium: A Physicians' Charter）是由美国内科医学委员会基金会、美国医师协会基金会和欧洲内科医学联盟共同发起和倡议，为当代医师提出了 21 世纪医学职业道德的行为规范和行为准则。它于 2002 年首次发表在《美国内科医学年刊》和《柳叶刀》。中国医师协会于 2005 年正式签署并推行该宣言，认为它符合世界各国医师职业道德要求，不仅体现了医师的行业自律要求，还有助于为医师树立良好的社会形象。截至 2006 年已有 36 个国家和地区的 120 个国际医学组织认可和签署了该宣言。

医师职业精神要求将患者的利益置于医师的利益之上，要求制定并维护关于能力和正直的标准，还要求就健康问题向社会提供专业意见。该宣言由两部分构成。第一部分包括三项基本原则，即将患者利益放在首位的原则、患者自主的原则、社会公平的原则。第二部分包括十条职业责任，分别是提高业务能力的责任、对患者诚实的责任、为患者保密的责任、与患者保持适当关系的责任、提高医疗质量的责任、促进享有医疗的责任、对有限的资源进行公平分配的责任、对科学知识负有责任、通过解决利益冲突而维护信任的责任、对职责负有责任。

医师职业精神是医学界与社会达成承诺的基础，其本质是公众对医师的信任，这种信任建立在医师个人以及全行业的正直基础上。因此，医学界和社会必须清楚了解医师职业精神的三项基本原则和十条职业责任。

二、国内医学道德规范

（一）《医疗机构从业人员行为规范》

我国卫生部、国家食品药品监督管理局和国家中医药管理局组织制定的《医疗机构从业人员行为规范》于 2012 年 6 月 26 日发布，为各级各类医疗机构内的所有从业人员提供了从业行为的指南或标准。该规范共有十章六十条，依次包括总则、医疗机构从业人员基本行为规范、管理人员行为规范、医师行为规范、护士行为规范、药学技术人员行为规范、医技人员行为规范、其他人员行为规范、实施与监督、附则。

该规范要求所有从业人员遵守“第二章医疗机构从业人员基本行为规范”。它包括八个条目，分别是以人为本，践行宗旨；遵纪守法，依法执业；尊重患者，关爱生命；优质服务，医患和谐；廉洁自律，恪守医德；严谨求实，精益求精；爱岗敬业，团结协作；乐于奉献，热心公益。它还要求各岗位或职业遵守与职业相应的分类行为规范。例如，医师应遵守“第四章医师行为规范”，共八个条目，可分别概括为尊重科学、规范行医、重视人文、规范文书、严格报告、认真履职、严格权限、规范试验。

该规范也适用于经注册在村级医疗机构从业的乡村医生、医疗机构内的实习人员、进修人员、签订劳动合同但尚未进行执业注册的人员和外包服务人员等，根据其在医疗机构内从事的工作性质和职业类别遵守相应的行为规范。

相较于2010年废止的《医务人员医德规范及实施办法》，该规范有许多与时俱进的变化。首先，该规范的构成更加全面，为医疗机构内不同岗位或职业的从业人员分别制定了相应的行为规范，更具针对性；其次，该规范内容丰富且更加具体，突出以人为本、敬重生命，强调医疗服务的公益性、公平性，还针对许多具体行为提出新的道德要求，如知情同意、规范行医、对应用新技术和临床试验的要求等；最后，该规范增加了易于操作的禁令，如第八条，在此基础上，2013年国家卫生和计划生育委员会、国家中医药管理局联合下发加强医疗卫生行风建设的"九不准"。该规范也是医疗机构从业人员年度考核和医德考评的重要内容，也是医务人员晋升评优、医疗机构等级评审的重要依据。

（二）《中国医师道德准则》

为了加强医师职业道德建设和行业自律，为了宣传贯彻《中国医师宣言》和开展医师职业精神教育，2014年6月25日中国医师协会颁布《中国医师道德准则》，以促使医师把职业谋生手段升华为职业信仰，以医师职业为荣，赢得社会的尊重，让医学的文化得以传承和发扬。

《中国医师道德准则》共40条。第1～7条是基本准则，明确了医师对待患者、生命、职业、专业和社会应遵循的基本价值理念，如尊重、敬畏、社会责任、公正、职业荣耀等，其余条目分属于医师与患者、医师与同行、医师与社会、医师与企业。在每种道德关系中，除了将基本价值理念在具体情境或行为下展开阐释，该准则还为当下有代表性的一些实践问题提供行动指南。一是医师与患者。例如，医师应建立合作式医患关系；不以不实的宣传或不正当的手段误导、吸引患者；不应将手术、特殊检查和治疗前的知情同意视为免责或自我保护的举措，更不应流于形式或视为负担；严格区分治疗行为与试验行为；应时刻关注可能威胁患者安全的危险因素，并积极向管理者提出危险预警和改进建议；慎重对待患者对于维持生命治疗的选择；如果患者法定代理人或授权人禁止为患者提供必要的治疗，医师有义务提出异议，如在危急时刻以患者利益至上而从事医疗行为。二是医师与同行。例如，正确对待中医、西医各自的理论与实践，不包庇和袒护同行，将自己的技术和知识无私地传授给年轻或下级医师。三是医师与社会。例如，医师应成为公众健康的倡导者、健康知识的传播者和公众健康危险的警示者；要意识到团体、社会和环境在患者个人健康方面的重要影响因素。四是医师与企业。例如，不得因医药企业的资助而进行有悖科学和伦理的研究；应该在公布、展示研究成果或宣教时声明资助事实。

尽管相较于《医疗机构从业人员行为规范》，该准则只是一个行业准则，但它在遵循规范价值理念的基础上，为一些具体的伦理实践问题提供了行动依据或判断标准。因此，该准则有助于帮助医师做出合理的临床抉择和价值判断，具有重要的实践价值。

（三）《中国医学生誓词》

为了加强医学生的思想政治和职业道德教育，促进医学生的全面发展，1991年中华人民共和国国家教育委员会高等教育司颁布《中国医学生誓词》，是目前唯一由国家颁布实施的针对医学生的习医行为规范。它吸收了《希波克拉底誓言》《日内瓦宣言》等医师誓词的精华，同时结合当代中国医疗卫生事业与医学教育发展的实际，是当代医学史上的一个重要文献。

该誓词揭示了医学的本质和医德基本理念，概括地提出了学医和行医的基本要求，注重对医学生的思想品德、职业素养和社会责任进行启蒙教育。通过宣誓这种神圣庄严的仪式教育，让刚刚步入校门的医学生初步认识医学的功能和社会价值，树立为医学献身的理想，以及救死扶伤的远大抱负；树立社会主义人道主义理念，热爱祖国、为人民服务；从尊师守纪这种日常道德要求做起，培养优秀品德和情操；刻苦学习、不断追求卓越，全面发展。

该誓词已成为广大医学新生入学的宣誓，对于调动医学生努力学习的自觉性和积极性、树立职业理想、点燃医学信仰之光具有重要意义。

【复习思考题】

1. 医学伦理指导原则的内容分别对医务人员提出了什么要求?
2. 医学伦理的四个基本原则的含义分别是什么?
3. 医学伦理的四个基本原则分别对医务人员提出了什么要求?
4. 医务人员应当遵循哪些主要的医学道德规范?

（梁立智）

第五章 医学道德素质的养成

【导入案例 5-1】生命卫士钟南山

2020 年初，新冠疫情突然肆虐，钟南山院士匆匆踏上开往疫情重灾区武汉的列车，被称为“最美逆行者”，此行也让他再次进入全国人民的视线。他长期致力于重大呼吸道传染病及慢性呼吸系统疾病的研究、预防与治疗，成果丰硕，成绩突出。他荣获中国首批国家级有突出贡献专家、全国五一劳动奖章、“感动中国”2003 年度人物、国家科学技术进步奖一等奖、白求恩奖章、100 位新中国成立以来感动中国人物、改革先锋、最美奋斗者、全国优秀共产党员等奖项和荣誉称号。作为医生，在每一次突发重大呼吸道传染病之际，他都率先挺身而出，冲锋在战“疫”最前线；作为科研工作者，在祖国卫生事业落后的年代，他推动我国呼吸疾病研究走向前沿；作为人大代表和政协委员，他屡屡提交提案，直击社会民生问题，为党和政府建言献策。如今已耄耋之年的他，依然坚守在临床一线。2020 年 8 月 11 日，他被授予中华人民共和国最高荣誉勋章——共和国勋章。面对荣誉，钟南山始终淡然处之，不改“健康所系，性命相托”的医者初心，不忘“保障人民群众的身体健康和生命安全”的医者使命。他谦逊地说：“其实，我不过就是一个看病的大夫。”然而，他的名字与贡献，国家不会忘记，人民不会忘记，历史不会忘记，它们将永远铭刻在共和国的丰碑上！

讨论与思考：钟南山院士的行为体现了何种医师职业精神？钟南山院士为何能始终如一地坚守高尚的道德情操？

医学道德是医务人员在医疗卫生工作中形成的并依靠社会舆论监督和内心信念指导的，用以调整医务人员与服务对象以及医务人员相互关系的行为原则和规范的总和。作为一种特殊的社会现象，医学道德一方面有天然形成的因素，另一方面更是来源于后天习得。医学道德的当代表达方式就是医师职业精神，依托于医德教育、医德修养和医德评价合力形成。

第一节 医师职业精神

医师职业精神是医学职业道德的升华，它并非简单表达一种精神。医师职业精神是医学职业历史演进的缩影，也是一种医学专业建制的结果。对于医务人员而言，它有助于塑造正确的价值理念和激发高尚的道德情操。虽然作为一个完整的而被普遍接受的范畴形成于 21 世纪，但是作为一种形态，医师职业精神却伴随医学的发展和演变，历经不同时代和各种体制的挑战，最终淬炼而成。了解其内涵，熟悉其价值，有助于当代医务人员道德素质的培养。

一、医师职业精神的内涵

职业精神是职业对社会的承诺，一般包含三个核心要素：专业知识、自我规范以及从业者把客户需要置于自身利益之上的信托责任。医师职业精神（medical professionalism）是指在医学领域医务人员应确立的理想和信仰，即在医疗实践过程中，医务人员使用其掌握的现代医学知识和技能，依托行业自治和个体自律，实现维护患者健康利益的信托责任。2005 年我国签署了《新世纪医师职业精神——医师宣言》（以下简称《医师宣言》），加入推行《医师宣言》的活动，践行、倡导其精神实质。《医师宣言》提出了三项基本原则、十项职业责任，明确将患者利益放在首位的原则。医界历来十分重视患者利益，将其置于各种利益之上并写入《医师宣言》更凸显其核心地位。《医师宣言》充分体现了医师职业精神。

在历史长河中，在医师职业精神的旗帜下，在全世界、在中国涌现了一大批医德高尚、医术精湛的医学家，他们为社会大众的健康、为医疗卫生事业的发展、为社会的进步做出了巨大的贡献。例如，《希波克拉底誓言》说："我之唯一目的，为病家谋幸福，并检点吾身，不做各种害人及恶劣行为""我愿以此纯洁与神圣之精神终身执行我职务"。唐代孙思邈在《备急千金要方·大医精诚》篇中说："凡大医治病，必当安神定志，无欲无求，先发大慈恻隐之心，誓愿普救含灵之苦。"钟南山院士写的一篇文章"医德内涵"认为，医生要有爱心、良心和责任心，要想方设法为患者看好病，想方设法是指对患者负责的态度，看好病是指医生具有解决实际问题的能力、对技术精益求精的追求。这是新时代的医师职业精神。无论在多么艰难的条件下，广大医务人员无怨无悔地坚守岗位，靠的是这种医师职业精神，他们的业绩可歌可泣，这种精神是世界文明的精华，照耀着世界的每一个角落。

医师职业精神是科学观、道德观和价值观的核心，然而，在医疗实践中究竟什么是医师职业精神，并不是每个人都能正确理解。当前，我国正处在社会转型时期，在市场经济的大潮中，社会结构正在重新调整，社会利益正在重新分配，人们的思想道德观念和行为方式发生了很大的变化。实际利益与职业精神发生了激烈碰撞，致使整个社会包括医务人员的医师职业精神越来越淡漠，如缺乏职业理想信念，缺失情感与责任，缺少求实与创新。表现为对人缺乏感情和尊重，重视功利漠视生命，重视技术轻视人文等。这已成为全社会关注的热点问题，今天认真探讨这个问题，具有重要的理论与实践意义。

二、医师职业精神的作用

医师职业精神是临床胜任力中最重要的因素。它不仅是医疗行业重要的精神财富，也是行业持续发展的内驱动力。对于帮助医务人员树立崇高的职业理想，提升他们的职业素养，塑造高尚的道德品格，激发医务人员的创造性等方面具有不可忽视的作用。

（一）导向与塑造作用

医师职业精神要求医务人员具有利他性、富有责任心，为患者提供周到的服务，尊重患者的权利。把医师职业精神作为医务人员的职业理想和信念具有重要作用，这不仅是生命的呼唤、时代的希望，更重要的是自己的天职。要实现救死扶伤、防病治病、为人民健康服务的理想，关键在于自身的努力，把自己塑造成具有高尚的医德、精湛的医术，具有创新精神和实践能力的高素质医学人才，特别是要经得起物质与金钱的诱惑。在整个医疗实践中始终坚持医师职业精神，不仅能培养医务人员的道德情操、自律精神，还有助于塑造医务人员的人格。

（二）教育与规范作用

医学不仅是科学更是人学，医师职业精神具有强大的教育作用。这种教育不仅存在于医学生的教育，也贯穿于医学实践的全过程。这种教育不同时代都有，只是内容和形式有区别，在医学科技发展、市场经济条件下的今天，应把医学人文精神特别是医师职业精神作为医学教育、终身教育的重要内容。通过不同形式的医师职业精神教育，提高医务人员的道德水平，同时要重视医德规范的作用，因为医师职业精神具体体现在医德规范与范畴之中，形成的是一种内在力量，规范着医务人员的思想与行动，通过修养和自律，把医务人员锻炼成真正的医师职业精神的使者，更加自觉自愿地为人民身心健康服务，同时实现其自身价值。

（三）实践与创造作用

医师职业精神是在医疗实践中形成发展与创造的，主要体现在维护和激励生命、尊重生命价值、提高生命质量。无论是医务人员，还是医疗单位、卫生行政部门、医学教育机构以及患者和全社会，都应形成尊重人、关心人、同情人、爱护人的观念，尊重人的生命价值、人格和权利，履行自己应尽的道德责任，宣传健康道德，共同建立科学文明的生活方式，提高生命质量。维护生命、尊重生命价值、激励生命、提高生命质量是一个统一的整体，是一个系统的工程。其中心是人的生命，其核心价值观是从“人道”的视角，用医学的手段来看待人、关怀人、救治人和塑造人。这是医师职业精神的出发点和归宿。

三、医师职业精神的构建

医师职业精神起初是天然而成的模糊观念，对其进行清晰的规范是在时代中建构而成。其建构既需要转变观念和更新医学教育内容，也需要制度建设和公共监督以及体制改革和社会环境的培育。

（一）转变观念和更新医学教育内容

医师职业精神伴随社会发展和医疗实践的变迁而不断调整，通过内在活动和外在教育而形成。要求医务人员通过自觉自律和提升，坚定和实践医师职业精神。在医疗实践中涌现了大批先进人物，如抗疫中的钟南山院士、我国肝胆外科主要创始人吴孟超教授等，他们用行动践行医师职业精神的诺言。通过更新医学教育内容，加强人文教育，将医师职业精神列入医学教育内容之中，通过教育培训常抓不懈。如果说传统医学强调仁心仁术，治病救人，那么现代医师职业精神还强调尊重患者的权利、公正对待患者，兼顾伦理和法律。

（二）制度建设和公共监督

用制度来规范医务人员医师职业精神更加科学有效。1964 年，在芬兰赫尔辛基举行的第十八届世界医学大会制定了《世界医学协会赫尔辛基宣言》，为进行人体试验指明了方向。1988 年，中华人民共和国卫生部发布了《医务人员医德规范及实施办法》；1999 年，《中华人民共和国执业医师法》正式实施，把医学人道主义作为医务人员的职业精神和信仰。目前，《民法典》《中华人民共和国医师法》等法律既融合了医学道德的核心，又注入了时代精神，为提高我国医务人员职业素质指明了方向。

相对其他行业而言，卫生行业立法进程较慢，迄今尚未出台临床医学、医院管理等法律。对医务人员来说，哪些该做哪些不该做，没有明确的法律界限。在医疗实践过程中，医患双方缺少沟通、理解、合作，往往造成误解，甚至矛盾激化。因此，加强对医务人员和医院管理的立法显得越来越重要，只有立法，出了问题才有法可依，有章可循。因此，在大力宣传卫生法律法规、普及卫生法律知识的同时，必须加强社会大众对医疗活动进行客观公正的评价和监督。采取多种形式加强医患协调与沟通，才能化解医患矛盾，为建立和谐医患关系提供可靠保证。

（三）体制改革和社会环境整治

医疗卫生制度是医师职业精神的重要影响因素，需要进一步深化医疗卫生制度改革为医师职业精神的培育创造条件。其一，要确立把人人享有卫生保健、人人健康作为医疗卫生体制改革的目标。其二，凸显医疗卫生政策的公益性，医疗卫生改革必须有正确的伦理基础，必须遵循健康公平、全民共同负责等伦理原则。其三，加大农村和社区卫生事业的投入，不断完善医保、医疗、医药三联动改革。因此，全社会要在大力发展经济的同时，妥善处理改革、发展、稳定之间的关系，加大反腐力度，加强新时代公民道德建设，实现以法治国，以法治医，共同构建和谐社会，构建和谐的医患关系，医师职业精神才能真正落实，更有成效。

第二节　医德教育

医德是医务人员角色的必需品，是其获得患者信任和接纳的凭借。医德教育是医德实践活动的一种重要形式。所谓医德教育，就是为了使医学生和医务人员履行医德义务而对其进行有目的、有步骤、有计划地施加医德影响的活动。医德教育在提高医务人员道德认识、陶冶道德情感、培养优秀道德品质过程中具有不可替代的作用。医德教育是贯穿医学生在校学习始终的重要内容，也是医院加强医风建设必须经常开展的重要活动。

一、医德教育的含义与作用

医德教育是培育良好医风的基础性工作。医风具有无形的力量，它对医疗水平和服务质量具有重要影响。提高医务人员道德品质，使医务人员把全心全意为人民身心健康服务的道德原则化为内心信念，并以其指导医疗行为，对形成良好的医风意义重大。医德教育是形成良好医风的中心环节。加强对医学生和医务人员的医德教育，具有极其重要的作用。

（一）有利于提高医务人员的职业道德素养

医学职业道德素养的核心是医德品质。医德品质是医德原则、规范在医务人员日常医疗实践中思想及行为的具体体现，其形成是由主客观条件决定的。主观方面，强调个人的自我修养锻炼；客观方面，需要教育和灌输。美国哈斯廷中心（Hasting Center）一项报告中提到，开设医学伦理学主要有以下几个目的：①激发道德想象力；②认识伦理问题；③发展分析的技能；④理清道德义务和责任。要经过有组织、有计划的医德教育来提高医德认识，学习掌握医德基本理论、医德原则与规范，自觉进行医德修养，逐步养成医德习惯，增强医德品质，提升道德情操，正确处理在医疗实践中所遇到的伦理问题。

（二）有利于培养德才兼备的医学人才

德才兼备是评价医学人才的重要标尺。医德教育是整个医学教育不可缺少的有机组成部分，也是培养合格医学人才的重要途径。与社会文明进步相适应的医务人员不仅应具有精湛的专业技术，更需要他们有为发展医学科学、保障人类健康而献身事业的精神。医德教育促使医务人员树立正确的人生价值观，培养他们具有为医学事业发展不遗余力奉献的品质，在医疗实践中锻炼成长为优秀的医学人才。

（三）有助于应对新医科中出现的新问题

为适应新一轮科技革命和产业变革的要求，新医科提出了从以治疗为主到兼具预防、治疗、康养的生命健康全周期医学的新理念，开设了精准医学、转化医学、智能医学等新专业。新医科是国家为应对新科技革命和产业变革提出的“四新”之一。医德教育需要与具体的医学实践相结合，如考察精准医学中的伦理学问题及其解决路径，思考智能时代医学出现的新伦理问题，如智能医疗中的隐私保护和医疗责任，通过对这些问题的分析和回答，使抽象的道德规范与具体的新医科相结合，从而发展成为新的医学人文。

二、医德教育的过程、原则与方法

（一）医德教育的过程

医德教育过程包括医德认知、医德情感、医德意志、医德信念和医德行为习惯五个因素，这五个方面逐渐确立和形成的过程，也是医德品质形成的过程，反映了医德教育的一般规律。

1. 提高医德认知 认知是行为的先导。医德认知是指医务人员对客观存在的医德关系和处理这些关系的医德理论、原则、规范的正确理解。医务人员要形成良好的医德品质，具有良好的医德行为，首先必须掌握和不断提高对医德理论、原则、规范的认知。只有当医务人员真正理解并接受了这些理论、原则和规范，他才有可能以此为据，来判断自己和别人的思想、言行的善恶是非，择其善者而从之，对其恶者而非之，从而增强履行医德义务的自觉性。

2. 陶冶医德情感 情感是道德的重要维度。医德情感是指医务人员根据医德要求，在医疗实践过程中的心理反应。例如，对良好医德行为产生敬仰和仿效的情感，对违背医德要求的行为产生厌恶憎恨的情感等。医德教育要晓之以理，动之以情。要使医务人员对自己所从事的职业产生深厚的感情，对患者有强烈的同情心。医务人员一旦具备了这种医德情感之后，就能自觉地把医德原则、规范作为正确处理医患关系的行为准则。对患者一视同仁，给予同情与体贴，自觉满足患者要解除病痛的强烈愿望，为了患者的生存和幸福，不惜牺牲自己的利益。

3. 锻炼医德意志 医德意志是医务人员在履行医德义务过程中所表现出来的自觉克服困难、排除障碍、做出抉择的力量和坚持精神。它是从医德认知到医德行为由此达彼的重要环节。有无坚毅果敢的医德意志，是医务人员能否履行医德义务的重要条件，也是衡量医务人员医德品质优劣的重要标准之一。医务人员在医疗实践过程中，必然会遇到各种困难和阻力，如果没有坚强的医德意志，就可能遇难而退。相反，有了坚强的医德意志，就能严肃认真、一丝不苟、知难而上。所以要通过医德教育，引导医务人员在医疗实践中培养和磨炼出坚强的医德意志，坚韧不拔，锲而不舍，以顽强的毅力战胜一切困难。

4. 确立医德信念 医德信念是医务人员发自内心的，对医德义务的真诚信仰和强烈的责任感。它是深刻的医德认知、高尚的医德情感和顽强的医德意志的有机统一。医务人员一旦牢固地树立了医德信念，就能自觉地依照自己的信念来选择行为，也能根据自己确定的信念来鉴别自己或他人行为的善恶是非。对医务人员进行医德教育，就是要培养医务人员坚定的信念，崇高的理想人格，在医疗实践过程中勇于捍卫社会主义医德原则和规范，不惜一切地履行自己的道德义务。

5. 养成医德行为 医德行为是医务人员在医疗实践中逐步养成的不需要外力约束和监督的自觉行为。它是医德教育的出发点和归宿，也是衡量医务人员医德好坏的外在标志。医德认知和信念一般表现为观念形态的东西，最终都必须通过医德行为习惯得到体现。只有这样，医务人员良好的医德品质才能随时体现在医疗过程中。对医务人员进行医德教育，就是要使医务人员在医疗实践过程中将医德意识转化为医德行为，养成良好的习惯，形成在任何情况下都能自觉遵守和履行社会主义医德原则、规范的高贵品质。

在进行医德教育的过程中，医德实践是贯穿于全过程的基础。只有把医德教育与医德实践相结合，才能通过医德实践检验医务人员的医德品质，在医德实践中发展医德理论。只有建立在医疗实践基础上的医德教育，才能真正提高医务人员的医德认知，在医德实践中加深医德情感，磨炼医德意志，坚定医德信念，使医务人员逐步形成良好的医德品质。

（二）医德教育的原则

医德教育的原则，是根据医德教育的任务和医务人员医德品质形成的规律提出的必须遵循的要求，也是医德教育实践经验的概括与总结。正确理解和贯彻医德教育的原则，对于提高医德教育质量具有重要意义。

1. 目的性原则 医德教育的目的在于培养医德高尚、医术精湛、具有创新精神和实践能力、全心全意为人民身心健康服务的医务人员。医德教育必须始终坚持这一原则，并用这一原则来指导各项医德教育活动的开展。医德教育的形式可以多种多样，无论是正面的典型宣传，还是反面的案例剖析，或者其他寓教于乐的各项活动，都要本着有利于培育医务人员的医德品质、有利于医德医风的建设、有利于患者利益的维护来开展。

2. 实践性原则 在医德教育过程中，既要十分重视医德理论的灌输，又要十分重视把理论教育与医疗实践结合起来，把提高医德认识与培养医德行为结合起来，使他们成为言行一致的人。开展医德教育，就是要引导医务人员关心、热爱社会主义医疗卫生事业，深入社会、深入病房、深入人民群众，运用所掌握的理论解决实际问题；既要做到言行一致、身体力行，又要能结合医疗实践中所遇到的伦理问题，正确地处理、解决好这些问题。

（三）医德教育的方法

1. 理论与实践结合 通过医德教育，把医德理论与医德实践结合起来，引导大家学习掌握医德理论和原则规范，并将其转化为良好的医德行为习惯，达到知行合一。理论教育主要通过医学伦理学课程进行。当今，医学伦理学是十分活跃的学科领域，层出不穷的医学新技术，如试管婴儿、基因技术、人类增强技术、人工智能等，不断引发新的伦理问题，引起医学伦理学家以及包括广大医学生在内的社会各阶层的关注。医学伦理学的教学，必须时刻关注学科发展动态和进展，加强对新问题的思考，提高医学伦理学的时效性和针对性。医德具有非常强的实践性，只有通过医德实践，才能让医学生获得直观的和真实的医德体验。加强医德实践，可以养成医学生良好的医德行为和习惯。医德行为是医德品质的外化，从事一定的医德行为可以促进医学生对医德的认知，触发医德情感，进一步促进高尚医德品质的形成。

2. 充分发挥榜样的作用 榜样的力量是无穷的，要注意介绍国内外尤其本地区本单位高尚医德、精湛医术的先进典型事迹，使大家学习榜样的精神和行为。医德教育中榜样的力量能够激发医学生对高尚医德的向往和崇敬之情。在祖国医学史上，涌现了许多医术精湛、医德高尚的医家，他们给后人以榜样和激励。三国时代董奉“杏林春暖”的佳话；东汉时期张仲景、华佗“不攀权贵”的美谈；唐代孙思邈潜心研医，在医术、医德方面做出杰出贡献；明代大药学家李时珍远涉深山旷野、访问名医宿儒、搜求民间验方、博览医典古籍，为祖国医药事业不懈努力的献身精神等，荟萃成了中国古代传统的医学美德。在当代中国，白求恩精神鼓舞着几代人，医学界涌现出了像林巧稚、张孝骞、马海德、吕士才、赵雪芳那样的白求恩式的好医生。他们对医学无限热爱，对医术精益求精，对患者深切同情，对工作极其负责，他们拥有毫不利己、专门利人、一心为公、无私奉献的精神，为中华医学道德增添了新的光彩。自古以来，正是这种医德传统中的榜样，激励医务人员心怀神圣的职业责任感，为人类生命的康复、为祖国医学事业的发展做出了令人景仰的贡献。

3. 案例分析方法 通过典型案例开展伦理分析提高医德素质，对于正确认识和处理医疗实践中遇到的伦理问题和伦理难题具有重要意义。运用医德案例教学，让学生参与到讨论中来，使其有亲临其境的感觉，亲身体验医德情感。在医德教育中，选择一些与课程内容有关的、符合医德基本原则和规范理论的、真实的、正反两方面的医德案例，用那些对医疗卫生事业无限忠诚和执着追求、废寝忘食、精心探索、勤勤恳恳工作的先进案例，激发学生立志从医，将来做一个高尚医务人员的理想追求。用那些对患者满腔热忱，一心想着患者，以患者为中心，不怕脏和累，忘我工作的先进典型案例，使学生体验到医务人员对患者的特殊情感。同时，也选择一些反面案例，使学生对那些不精通医药、草菅人命、造成重大医疗事故和对患者漠不关心、麻木不仁、贪图钱财、以医谋私的医务人员产生厌恶的情感。

第三节　医德修养

修养，包含举止、仪表、技艺、情操等多方面的陶冶，具体包括三个方面的内容：一是指待人处世的正确态度，如礼貌、谦恭、忍让、大度等；二是指为了一定的目的进行勤奋学习、修养锻炼的过程，即“修身养性”“反省体验”等；三是指在政治、思想、道德品质和知识技能等方面的能力和水平所达到的境界，如政治修养、思想修养、道德修养、艺术修养等。医德修养是指医务人员为培养高尚人格所进行的自我改造、自我陶冶、自我锻炼和自我教育，是把医德的原则和规范转化为个人内在素质的过程。医德修养是医务人员达到高尚医德境界的主要途径。

一、医德修养的含义

医德修养，是按照社会主义医德原则和规范进行自我反省、自我检查、自我评价和自我解剖，以及经过医德实践所形成的情操和所达到的医德境界。医德修养是一种特殊的职业修养，有其特定的内容和要求，它是道德修养在医学这一特殊职业上的具体体现。由于医疗职业的特点，医学道德修养较其他职业道德修养具有更高的要求。医务人员能否履行防病治病，保证人的身心健康的职责与职业道德修养密切相关。

医以救人活命为本。学医的人首先要有仁爱救人的“大慈恻隐”之心，具有赤诚的好生之德。医务人员道德品质的优劣，关系到人民生命的安危，千家万户的悲欢离合。医务人员具有高尚的医德，对患者就能极端负责，富有同情心，视患者为亲人，为挽救患者的生命竭尽全力，甚至牺牲自己。反之，缺乏必要的医德修养，其在工作中就会借医谋私，贪图钱财，追求名利，以个人利益为中心，置患者生命于不顾，甚至发生医疗差错或事故。

二、医德修养的途径

一个医务人员怎样才能使自己的医德修养达到崇高的医德境界？它不能完全靠自发产生，更需要通过后天教育和培养逐步达到。中国有一句谚语：“玉不琢，不成器。”医德修养是一种雕琢磨炼，想成就事业的医务人员，就必须进行磨炼。

（一）医德修养必须结合医学实践

参与医学实践，是医德修养的主要方法，也是培养一个医务人员良好医德品质，达到高层次医德境界的根本途径。医学道德原则和规范是通过医学实践来实现的，医务人员的品质形成、完善和发展以及修养好坏的检验与评判，也都离不开医学实践。

首先，实践是认识的基础，也是医德修养的基础。一个人只有积极投身于医学实践，在个人与他人、个人与集体、个人与社会的各种医学道德活动中，才能认识和分析真、善、美与假、恶、丑。离开医学实践，离开人类的医学道德活动，行为的善恶就无从产生，也就谈不上正确的医德选择，形成坚定的道德信念，养成良好的道德习惯。

其次，实践是把“知”转化为“行”的重要环节。医德理论在实践中形成，反过来又对具体的医学实践活动起着指导和促进作用，具体地规范着医务人员的行为，有效地解决医德实际问题，并在医德活动中得到进一步检验与完善。这种实践—理论—再实践的过程体现了医学实践和医德理论的辩证统一。历史上那些在医德修养上有成就的人，最显著的特点就在于坚持知行合一。只讲不做或言行不一、表里不一，不能培养真正高尚的医德品质。因此，在实践中修养是医德修养必须遵循的根本原则。医务人员必须深入基层，在医疗实践中学习医德理论，培养医德情感，锻炼医德意志，随时随地对自己的思想言行进行反省、检查，纠正错误，经过实践中的多次自我反省、自我批评，使医德的情感和意识转化为持久的医德行为和习惯，从而达到逐步提升医德品质和思想境界的目的。

（二）医德修养重在自觉

医德修养的一个重要特点，就是高度的自觉性。它强调人们进行自我锻炼、自我熏陶、自我实践的能力。医务人员要为人民的医疗卫生保健事业多做贡献，就必须提高修养的自觉性，严格要求自己，随时随地按照医德原则规范自己，经常开展批评和自我批评。

自古以来，许多伦理思想家的道德修养，都十分重视慎独和自我反省。慎独是指在独立自处无人监督的情况下，遵守道德原则，自觉履行职责，使道德达到更高境界。反省就是孔子所谓“一日三省吾身”的主张。也就是古人说的“内省”，即在自己内心深处用医学道德原则、规范进行检查、反省、扪心自问，做出自我评价，调控自我行为，达到自我完善，培养自我的高尚人格。

医德水平的提高，要在医学实践中自觉地进行反省。当前在我国医疗卫生单位，医德医风存在不少问题，这是不可回避的，必须在医德修养过程中，通过不断地自我批评，自觉坚决地对旧思想、旧道德、不良医疗作风开展批评和教育，通过运用批评和自我批评的方法，逐步达到高尚的医德境界。

（三）医德修养必须持之以恒

医德修养是漫长而又艰苦的过程，一个人要想使自己具有高尚的医德品质，不是一日之功，也不能一劳永逸，而必须持之以恒。所谓持之以恒，一是说修养坚韧不拔的毅力，不怕挫折，不论在任何艰难困苦的条件下，都不放松对自己的要求；二是说修养贵在坚持，做到周而复始，永无止境，不断修养，长期磨炼。古语说："逆水行舟，不进则退。"医务人员要加强医德修养就一定要有恒心。在医疗工作中经常会遇到这样或那样的困难和挫折，这就要求我们增强磨炼自己顽强的意志和克服困难的毅力。"河出潼关，因有太华抵抗，而水力益增其奔猛；风回三峡，因有巫山为隔，而风力益增其怒号。"（毛泽东《河出潼关》）这启示我们，越是困难，越要奋发图强；越有险阻，越要激流勇进。只有持之以恒，坚持不懈地努力，不断加强自我锻炼和进行医德修养，才能作一个终身医德高尚的人。

（四）医德修养要坚持高标准严要求

医务人员加强医德修养还必须坚持高标准、严要求，把医德修养同自身的医疗实践和医学发展相联系。由于社会生活的复杂性，医务人员对自己医德行为的要求必然经历一个复杂、曲折甚至反复的过程，不可能一蹴而就。这就要求医务人员在医德修养方面，经历一个由实践到认识，由认识到实践，再由实践到更高的认识，往复循环，不断提高的过程，不能永远停留在一个水平上。要"活到老，学到老、改造到老"，不断提高医德修养自觉性，使医德修养达到慎独境界。医疗卫生工作具有很强的专业性和技术性，也比其他职业有更多单独工作的机会。所以慎独对医务人员来讲尤为重要。医务人员职业特点之一是为人民健康所做的工作，多数是在患者失去知觉或不知情的情况下进行的。又如，医生对患者的检查有无必要，检查是否全面、准确，用药是否正确、安全，抢救是否及时，治疗是否妥当，收费是否合理等，这些情况对于患者来说，很难了解，也很难监督。医务人员职业行为的这些特点，要求他的医德修养必须达到慎独境界。

古今中外一些名医，在慎独的修养上为我们提出了有益的见解并树立了榜样。《希波克拉底誓言》提出："无论至于何处，遇男或女，贵人及奴婢，我之唯一目的，为病家谋幸福，并检点吾身，不做各种害人及恶劣行为，尤不做诱奸之事。"在中国古代医德史上，曾记载何澄"独处拒色"和严乐善"独处拒财"的生动故事，仍值得我们今天借鉴。

第四节 医德评价

一般而言，评价是指对人或事物的价值判断。道德评价是对各种社会活动中具有道德意义、能够进行善恶评价的行为进行价值判断。医学道德评价是人们依据一定的医学道德原则，对个体及群体的医疗行为所做出的是非、善恶、道德的或不道德的价值判断。它包括对医务人员的医学道德品行的认知评价、情感评价和意志评价，三者分别侧重价值认识、心理体验和意志反应，以评价促发展，有利于医务人员的成长。医学道德评价是促使医学伦理学从伦理观念转化为伦理实践的重要环节，是道德及伦理的善恶评价标准在医疗卫生服务实践活动中的具体考量与体现，是构成医德实践活动的重要形式。

一、医德评价的标准

要正确地进行医学道德评价，必须先确定一个明确或正确的医德评价标准。医德评价的客观标准，其核心就是维护人民健康和利益。依据我国医学道德的基本原则、规范和维护人民健康利益的要求，我国现阶段医学道德评价的客观标准包括以下三个方面。

（一）疗效标准

疗效标准是指医疗行为是否有利于患者疾病的缓解、痊愈。这是评价和衡量医务人员医疗行为是否符合道德以及道德水平高低的根本标准。救死扶伤、防病治病，维护患者身心健康，是医务人员基本的道德义务和职责。我们衡量一个医务人员的医德高尚还是低劣，不是看他自我表白如何，而是要看他在医疗实践中的行为。如果医务人员采取了某些能预料到的对疾病缓解和根除不利的治病措施，不论其主、客观原因如何，都是不道德的。例如，某些患者对所谓特效药、贵重药、进口药有盲目渴求的心理，但他们并不懂得其药性、药理或使用局限性。作为一个有道德责任感的医生，切忌单纯迎合患者的心理要求，如使用强心苷类药物时，需要考虑患者个体差异及以往情况，根据病情轻重选用合适剂量。假如盲目追求高效、快效，大剂量服用，就可能导致药源性疾病的发生。又如，在给患者用药时，既要看到近期效果，又要注意到远期的不良影响，切忌为快速的近期效果而为日后的治疗设置障碍，或给别的医生选择治疗药物带来困难。再如，一些贵重药物的滥用，使本来有效的普通药物失效，这显然是不道德的。

在医疗实践过程中，我们还常常把“患者满意”或者患者对医务人员的赞扬作为衡量医德的尺度，这是不全面的，也缺乏科学的依据。在评价某种医疗行为是否符合患者健康利益时，必须综合患者和医务人员各方面意见，尤其要有科学的依据，不能把“服务态度”当作评价医德的唯一标准。服务态度固然重要，是患者恢复健康的重要条件，但不是唯一条件。医疗技术同样重要，只有把“服务态度”与“医疗技术”统一到患者健康恢复这一原则之中，才能对医疗行为做出客观恰当的评价。

疗效标准还要求医务人员适应医学科学发展和医学模式转变的需求，要不断提高业务素质，不仅具有医学知识而且应有人文科学知识，广学博闻，在治疗过程中注意对患者进行心理照护，要有同情心、爱护患者、尊重患者的人格，以唤起患者战胜疾病的信心和乐观的情绪。临床实践表明，愉快、乐观、喜悦的心理状况有利于患者的治疗和康复；而苦闷、焦虑的情绪，则是致病或加重病情的重要因素，甚至引起医源性疾病，造成严重后果。

（二）科学标准

科学标准是指医疗行为是否有利于医学科学的发展和进步。医学是维护人的生命和增进人类健康的科学。其任务就是要不断探索研究战胜疾病、增进人类身心健康的途径和方法，这就需要积极地开展科学研究，进一步揭示医学科学各个领域的客观规律，促进医学科学的不断发展，为人类造福。医学科学研究是一项艰苦细致的工作，要求具有不怕艰苦、勇闯难关的坚强毅力，不图名利、互相帮助、团结协作和勇于创新的科学精神，实事求是、一丝不苟的科学态度，这样才能完成科研任务，为医学的发展、社会的进步做出贡献。

新中国成立七十多年来，我国在医学科学研究工作上取得了重大进展，临床和预防医学研究水平有了很大提高，有的已达到世界先进水平。显然，这些行为都是道德的。弄虚作假、投机取巧、嫉贤妒能等不良行为，只能给医学科研工作带来不利影响，显然是不道德的。

在科学技术发展日新月异的今天，为了提高人类健康水平，医务人员试行、推广某些新技术时，可能会遇到某些传统的抵制。如果这种科学技术对挽救患者的生命、提高人类素质、发展医学科学有价值，就应当认为其是道德的，应该受到社会舆论的支持，国家也应给予法律的保护。

（三）社会标准

社会标准是指医疗行为是否有利于人类的健康、长寿和优生优育，是否有利于人类生存环境的保护和改善。

随着社会的进步和医学科学及医疗卫生事业的发展，生物医学已向生物 - 心理 - 社会医学模式转变。要求医务人员不能只单纯把患者看成一个生物的人，而是一个具有社会关系、心理需求、自我意识的整体的人，人们对医学的要求，已不仅仅满足于消除疾病，而是要求改善整个人类生存环境，希望健康长寿，希望优生优育，希望整个人群身体素质的提高。这就表明，医务人员不仅要重视对疾病的医治，而且更要重视对疾病的预防，必须认真地从可能发生疾病的各个环节上防止疾病的发生和流行，以提高整个人群的健康水平。

在有利于人类生存环境的保护和改善方面，医务人员同样承担着义不容辞的道德责任。从医院来说，必须加强卫生管理，重视对医院的废水、废气、废物及化学、放射性遗弃物质的处理，采取措施净化医院的污水污物，防止造成环境污染，危害社会，危害人群身体健康。如果对医院排放的污染物视而不见，漠不关心，就必然导致前门给人治病后门又使人致病，这是极不道德的行为。

以上三条标准总的目的是维护人类的健康和幸福，促进医学科学的发展和社会的进步。坚持医德评价的三项客观标准，就能对医务人员千差万别的医疗行为进行善恶判断，做出比较公正的评价。

二、医德评价的依据

在评价医务人员的行为时，仅有判断善恶的标准是不够的，由于医务人员的行为都是由一定的动机或目的而产生，因此，在医德评价中，还必须掌握评价的基本依据。在此主要从动机和效果、目的和手段两方面进行阐述。

（一）动机和效果的统一

1. 动机和效果的界定　医务人员在医疗实践中的任何一种行为，都是从动机、意图直到获得某种效果的过程。所谓动机是指行为前的主观愿望或意向。医学中的动机是指医务人员在行为前的主观愿望和医学活动中支配一系列行为的动因。例如，一个医生坚持给患者进行手术治疗，可能是为了根治疾病，也可能是为了个人目的而“练习”，这就是不同的主观愿望，也就是不同的动机。在医学领域，医务人员的动机各种各样，大体可分为两类：一类是符合社会主义医德原则的动机，即医学动机；一类是不符合社会主义医德原则的动机，即非医学动机。

所谓效果是指人的行为所产生的结果，医疗效果是指医务人员的行为所产生的客观结果。效果标志着医务人员行为过程的终结。任何医疗活动都会产生一定的效果。效果无论好坏都是对医疗活动的客观记录。效果受动机支配，也受客观条件制约。在分析医务人员的动机与效果时，不能简单化。一般来说，好的动机产生好的效果，坏的动机产生坏的效果。但有时好的动机夹杂一些不良动机，为此要从复杂的动机中找出主要的和次要的动机。同样，效果也是复杂的，有时并不都成正比。效果好，不一定就动机好；效果坏，不一定就动机坏。例如，临床治疗中出现的医源性疾病，有的并不是动机不好，是由于医疗设备不全或受某些条件限制造成的。因此，在医德评价中，不能单方面以动机论或效果论作为善恶评价的依据。离开效果，判断没有客观准绳；离开动机，判断可能会产生片面性。

2. 动机和效果的辨证统一　马克思主义在道德评价上坚持动机和效果的辨证统一。即从效果检验动机，同时又从动机来看待效果，把动机与效果统一到客观实践中。

一般情况下动机和效果是一致的。但是，在医学实践中，动机和效果并不总是一致。由于医学实践的复杂性，好的动机可能达不到良好的效果，相同的医学动机可能产生不同的效果，相同的效果却可能由不同的动机所产生。这种复杂状况要求人们在分析医务人员的动机和效果时，必须深入分析整个医疗过程来判断动机与效果。医务人员的行为、动机与效果统一的基础是医疗实践。对主观动机的检验，不仅要注意效果，而且要坚持在医疗实践中加以考察。正如伦理学家罗国杰教授所说："一个医生在工作中发生了医疗事故，效果当然是不好的，但是，我们不但要看到事情的后果，而且要看到事情的全过程。从医疗过程来检查，如果医生在各方面都采取了负责的态度，只是因为技术或某些意外的情况而导致了事故，在事故发生后，又能总结经验，认真改正，这种情况下就不应该说他的行为是不道德的。"

（二）目的和手段的统一

1. 什么是目的和手段 所谓目的是指行为者所需要达到的一定目标。医学目的是指医务人员经过自己的努力期望达到的某种目标，如治疗效果、个人名利等。所谓手段是指为达到某种医学目的所采取的各种办法。与动机和效果一样，医学活动的目的也可分为道德的目的和不道德的目的。凡为患者防治疾病、保障人民健康的活动符合医学道德目的，称医学目的；凡是追求个人名利，涉嫌不正当交易的活动不符合医学道德目的，称非医学目的。非医学目的应当受到良心和舆论的谴责。目的和手段是相互联系、相互依存的。目的决定手段，手段必须服从目的。

2. 目的和手段的辩证统一 在医学实践中，医学目的和手段是对立的统一，医务人员为了达到一定的目的，总要选择一定的手段。因此，目的和手段的一致性就是医德行为选择的要求。在评价医务人员的行为是否符合医德要求时，要从目的与手段相统一的观点出发，不但要看医务人员通过治疗和护理使患者康复的目的，还要看其是否选择了最恰当的手段，使正确的目的能够实现。在医学实践中，绝大多数医务人员都是将救死扶伤、防病治病、使患者早日康复作为医学目的，这是正确的医学目的。但也存在少数人的行为是为了谋取私利或实现某种不良企图。这显然是不道德的非医学目的。一般而言，在医学实践中，医学手段都能服务于医学目的。但有时医学手段也会与医学目的相背离，这种情况大多是手段选择不当。从医学道德要求出发，依据医学目的选择医疗手段，应遵循下列四个原则，以体现医学目的与医学手段的统一。①有效原则：选择的医学手段，应是经过医学实践检验所证明了的，对人们身心健康是有益的；否则就不得使用。②最佳原则：医务人员采用的治疗手段、方法和措施，根据现实的医学水平，医学效果是最好的，防治对象付出的代价是最小的。③一致原则：治疗手段与病情发展程度相一致。医生在诊治过程中，要从患者病情和利益出发，坚持实事求是、对症下药，既不能大病小治，也不能小病大治。④社会原则：诊疗手段选择要考虑社会后果。凡是会给社会带来不良后果的手段，如可能造成环境污染、细菌扩散等都不宜采用。

总之，在进行医疗评价时，要将有利于人类健康利益作为根本原则，以动机、手段、效果为依据，从实践出发，实事求是地作具体的辩证分析，才能做出正确的判断。

三、医德评价的方式和方法

（一）医德评价的方式

医德评价活动借助于一定的载体，运用一定的方式方法，达到扬善抑恶的目的。其方式主要有社会舆论、传统习俗和内心信念。

1. 社会舆论 所谓社会舆论是指公众对某种社会现象、事件或行为的看法和态度。它表现为社会或众人对人的行为和品质的赞扬或谴责，是一定社会阶级或团体对人的行为施加精神影响的一种形式和力量。对医务人员来说，社会舆论可以调整医务人员的道德行为，指导医务人员的道德生活，它是医德评价的主要方式。在医疗实践中，众人的议论能够形成强大的舆论压力和精神力量。如果医务人员的医疗行为是高尚的，就会受到社会舆论的赞扬。反之，不良医疗行为就会受到社会舆论的谴责。这样，社会舆论就能起到督促医务人员反省自己，约束自己言行的作用。

2. 传统习俗 所谓传统习俗是指人们在长期社会生活中形成的一种稳定的、习以为常的行为倾向。传统习俗是人们在长期的社会生活中逐渐积累和逐步形成的，同人们的传统观念、心理和习惯紧密结合，这就使其具有普遍性、稳定性和悠久性特点，它对医务人员的医疗行为具有重要影响。传统习俗的形成，总是以一定的社会历史条件为背景，所以它依然存在着积极和消极两个方面的作用。积极的传统习俗对社会主义医德的形成能起到促进作用，如祖国传统医德中的“一心赴救”等美德已纳入社会主义医德规范中，使其发挥更大的作用；而消极的传统习俗如“男尊女卑”等，则成为社会主义医德发展的阻碍。因此，在进行医德评价时，必须按照社会主义医德标准，对传统习俗进行分析，继承和发扬有利于人民身心健康和医学发展的传统习俗，抛弃不符合人民身心健康和医学发展的不良习俗。

3. 内心信念 所谓内心信念是医务人员发自内心对医德义务的深刻认识和强烈责任感。它是医务人员对自己进行善恶评价的精神力量，是医德评价的重要形式。对医务人员来说，内心信念是发自内心地对医德原则、规范和医德理想的正确性和崇高性的笃信，以及由此而产生实现相应医德义务的强烈责任感。在医疗实践中，医务人员的医疗行为并不是都能及时得到患者和社会的监督，也并不是每一行为都能受到社会的公正评价。一个具有高尚医德的人，他的内心信念可以自觉地调整自己的行为，能自觉地正确对待来自社会的评价和监督。当医务人员履行了符合自己道德信念的道德义务，解除了患者的病痛时，就会感到内心无愧，得到一种精神上的满足，形成一种信念和力量，并将在今后继续坚持这种行为。当自己在医疗实践中出现了差错，即使无人知晓，也会受到良心的责备，感到羞愧不安，促使自己总结教训，并在今后工作尽力避免类似行为的发生。这说明内心信念在道德评价中起着自知、自尊、自戒和不断自我完善的重要作用，是医务人员进行自我调整的巨大精神力量。

社会舆论、传统习俗和内心信念三种医德评价方式，互相渗透和相互作用，构成医德评价方式的有机整体。社会舆论以人的内心信念和传统习俗为基础，社会舆论和传统习俗能够促进内心信念的形成，三种医德评价方式共同作用，决定医德评价的广度和深度，也影响着医德修养境界水平的高低和医学美德的凝结。

（二）医德评价的方法

1. 定性评价 所谓定性评价是指在一定范围、环境条件或时限内通过社会评价、组织评价、患者评价、同行评价、自我评价等多种方式的评价。定性评价要审慎考虑具体情境和相关因素，对医务人员的医学道德行为给予善与恶的定性，务必严肃认真、实事求是、客观公正。

2. 定量评价 所谓定量评价是把医德所包含的具体内容加以量化、经过系统分析和综合评价，得出比较客观的评价结论。不同医疗机构的医德评价内容细目与量化权重可能不一致，但都是运用临床医疗实践中的具体评价标准，结合岗位职责和岗位服务规范，从思想态度、作风技术、患者满意度等多个方面进行评价，并辅以奖惩措施。目前，无论是模糊综合评价法、百分制结合五级分制评价法，还是核心要素评价法，都不是完美的。科学适用、简便易行的医德评价量化方法仍在探索中。

【复习思考题】

1. 医师职业精神的作用是什么？
2. 医德教育的方法有哪些？
3. 医德评价的方式具体包含哪些？
4. 如何提升医师的职业道德？

（陈　化）

第六章　医学人际关系伦理

【导入案例 6-1】做有本事医生，救受苦的灵魂

2004 年，82 岁的吴孟超接诊了一名女性患者王某。这个在北京外国语大学读书的湖北女孩王某，被查出中肝叶上长了一个篮球大的血管瘤。肿瘤是良性的，但手术难度很大。“手术前，也曾有人劝吴爷爷小心风险，不要接下我的手术，可吴爷爷一心为我考虑，闯过了肝脏手术的禁区，我们全家都对他感激不尽，他是一个我们患者可以托付生命的人。”王某说。有人劝吴孟超别做这个手术：“这么大瘤子，人家都不敢做，你做啊？万一出了事，你的名誉就没有了。”吴孟超回答：“我的名誉算什么？我不过是一个吴孟超嘛，那算啥？救治患者是我的天职。”在他看来，这世界上不缺乏专家，不缺乏权威，缺乏的是一个“人”——一个肯把自己给出去的人。他总跟学生说，“我们要治的不是人的病，而是病的人”“千万不能把医院开成药店，把患者当摇钱树”“医药有时是会穷尽的，唯有不竭的爱能照亮一个受苦的灵魂”。吴孟超心目中“有本事医生”的标准是“用最好的技术、最科学的方法、最便宜的药械、最简单有效的手段，治好患者的病”。

讨论与思考：为什么吴孟超与王某之间能够形成和谐的医患关系？你认为和谐医患关系的构建需要怎么做？该案例对当前和谐医患关系的构建有何启示？

医学人际关系伦理是指在医学实践活动中人与人相互交往而形成的用以调节相互之间利益关系的规范的总和，主要包括医患关系伦理、医际关系伦理和医社关系伦理。

第一节　医患关系伦理

医患关系伦理是调节医患双方利益关系的行为规范的总和，它是医学人际关系伦理的主要组成部分，认识医患关系的内涵与模式，熟悉医患双方的权利和义务，对于构建和谐医患关系具有重要意义。

一、医患关系的含义及模式

（一）医患关系的含义

医患关系（doctor-patient relationship）是指医生与患者在医疗卫生保健活动的实践过程中所形成的相互关系，它是医疗活动中最重要、最基本、最核心的人际关系。医患关系有广义和狭义之分。狭义的医患关系，是指医生与患者在医疗实践过程中所形成的一种特定的人际关系，这是一种个体间的关系，属于传统医学道德研究的内容，也是最古老的医学人际关系。广义的医患关系，是指以医生为中心的医方群体与以患者为中心的患方群体在医疗实践活动过程中所形成的相互关系，医方包括医生、护士、医技人员、医院行政管理人员、后勤保障人员等，也应该包括一切与医疗活动有关的组织，如卫生行政部门及医疗卫生政策制定部门、临床科研组织等。患方包括患者本人、患者家属或监护人等。广义的医患关系是一种群体关系，属于现代医学伦理学研究的内容。著名医学史专家亨利·欧内斯特·西格里斯特（Henry Ernest Sigerist）认为：“医学的目的是社会的，它的目的不仅仅是治疗疾病，使某个机体康复；它的目的是使人调整以适应环境，作为一个有用的社会成员。”每一种医学行动始终涉及两类当事人：医生和患者，或者更广泛地说，医学团体和社会，“医学无非是这两群人之间多方面的关系”。毫无疑问，此话很精准地诠释了医患关系。

（二）医患关系的模式

医患关系的模式随着社会进步、医学科学的发展和社会制度的变化而发展变化。因此，对医患关系模式的划分，国内外学者都有不同的提法，主要有：①维奇模式，分为工程模式、教士模式、合作模式和契约模式；②布朗斯坦模式，分为传统模式和人道模式；③伊曼纽尔模式，分为信息式、解释式、商议式和家长式；④萨斯 - 荷伦德模式，分为主动 - 被动型、指导 - 合作型和共同参与型；⑤海耶斯 - 鲍蒂斯塔模式，强调医患互动。其中，最具代表性且被广为引用的则是萨斯 - 荷伦德模式。

1. 萨斯 - 荷伦德模式 是 1956 年美国学者萨斯（Szasz）和荷伦德（Hollender）在《内科学成就》上发表的《医患关系的基本模式》一文中首次提出的，后为医学界、医学伦理学界所广泛接受和引用。这一模式根据医患地位、主动性等将医患关系划分为主动 - 被动型、指导 - 合作型、共同参与型三种基本模式。

主动 - 被动型（activity-passivity model）：是一种具有悠久历史的医患关系模式，也称为支配 - 服从型模式，是典型的医疗家长主义模式，强调在医疗实践活动中，医务人员处于完全主动的地位，而患者则处于完全被动的地位；医务人员的权威不会受到患者的怀疑，患者不会提出任何异议。这一模式相当于生活中父母与婴儿的关系，是一种单向性关系。该模式注重发挥医务人员的能动性与主观性，较好地履行医嘱；但由于患者在医疗中的参与度很低，不利于了解患者的疾苦与感受。但这种模式在现代医学实践中仍普遍存在，具有一定的应用空间，适用于急诊治疗患者、休克昏迷患者、精神病患者、急性创伤者或难以表述主观意识的患者等。这一模式的要旨与特征是为患者做什么。

指导 - 合作型（guidance-cooperation model）：是一种构成现代医疗实践中医患关系基础的模式。在医疗实践中，医患双方都具有一定的主动性，医务人员是主动的，患者也有一定的主动性，但仍以医务人员为主。因为医务人员具有权威性并充当指导者，患者接受医务人员的指导并主动或被动地进行配合，医患双方在一定程度上进行信息的交流，在总体上医患的权利是不平等的。如果患者具有一定的参与意愿，医生也应当考虑其个人主诉与合理的要求与建议，尊重其参与的权利。在这种模式中，患者尽管能够主动地反映自己的病情，医生能够表现出适当的倾听，但最终有决定权的仍然是医生，患者只能按照医者的决定行事。这种医患关系就像社会生活中父母与青少年之间的关系，是一种弱双向性关系。在当下的临床实践中，这种模式应用最为广泛，强调医务人员对患者权利的尊重，患者在医疗实践中具有一定的参与度。因此，这种模式的要旨与特征是告诉患者做什么。

共同参与型（mutual-participation model）：这是医患关系的一种发展模式，是指医务人员与患者具有近似相等的权利和地位，且共同制订并实施诊疗方案。这种关系就如同社会生活中成年人之间的交往关系，是一种双向性关系。这是萨斯 - 荷伦德针对慢性疾病及有一定医学技术知识的患者设计的一种技术模式。这一模式强调患者的意见和认识不但是需要的，而且是具有价值的，不仅能够主动配合诊治，还能参与意见，帮助医生进行正确的诊治，而医生则是帮助患者进行自我恢复。在该模式中，医生知识为患者提供不同的治疗方案，告知患者每一种方案的利弊，但最终的选择权掌握在患者手里，医生只能帮助患者执行和实施患者所选择的方案。因此，这种模式对于提高医务人员的诊治水平，尊重患者的权利和感受，消除医患隔阂，减少冲突，建立真诚互信的和谐医患关系都是具有现实意义的。这种模式多见于长期慢性病患者且具有一定的医学知识的患者，其要旨和特征是和患者一起做什么。

正如萨斯 - 荷伦德的批评者所指出的：坚持认为一种模式比另一个模式好是错误的和使人误解的。更确切地说，这是一个哪种模式对某种特定情况更适用的问题。该模式的根本缺陷在于它的构建仅仅考虑了医患之间的技术关系及患者的病情，却忽视了医患之间的情感因素、心理因素、社会因素和文化差异等诸多非技术因素。

2. 维奇模式 美国学者罗伯特·维奇（Robert Veatch）提出医患关系的四种模式：工程模式、教士模式、合作模式和契约模式。

工程模式：又称为纯技术模式。在这种模式中，医生充当的是纯科学家的角色，只负责技术工作。医生将所有与疾病、健康有关的事实提供给患者，让患者接受这些事实，然后医生根据这些事实，解决相应的问题。随着新的医学模式的出现，这种将患者当作生物体变量的生物医学阶段的医患关系模式已被淘汰。

教士模式：又称为权威模式。在这种模式中，医生充当的是家长式的角色，具有很大的权威性。医生不但具有为患者做出医学决定的权利，而且具有做出道德决定的权利，患者完全没有自主权，不利于调动患者的主观能动性。

合作模式：又称为同事模式。在这种模式中，医生和患者拥有共同目的，即战胜疾病、恢复健康。为了实现这一目标，二者之间像同事一样，彼此平等、相互尊重、真诚相待，形成和谐的合作关系。二者之间的这种平衡关系有利于实现其各自的价值和义务，信任和信心在这种医患关系中扮演着重要角色。该模式是一种比较理性化的模式，它所面临的最大挑战是在临床实践中，如何确立医患双方的共同目的、共同利益以及必须互信的存在基础。

契约模式：是指医患双方是一种非法律性的关于医患双方责任和利益的约定关系。医患双方虽然并不感到彼此之间的完全平等，但却感到相互之间的一些共同利益，并彼此分享权利与道德责任，同时对做出的各种决定负责。

3. 布朗斯坦模式 美国医学社会学家布朗斯坦（Braunstein）在其《行为科学在医学中的应用》一书中提出了传统模式和人道模式这两种医患关系的模式。

在他看来，现代医患关系正在从传统模式向人道模式转变，主要基于以下几点：一是患者比其疾病的产生更重要，看一个患者不能只看到其疾病；二是患者是一个完整的人，比其躯体要大得多，要注重患者的心理和社会方面；三是每个人都有能力来审视自己并对自己负责，要尊重和发挥患者积极参与治疗的主动权；四是每个人的身心健康状态和他的过去、现在和将来有着错综复杂的关系；五是疾病、灾害、创伤、疼痛、老化、濒死等种种情况，对不同的人所具有的价值和影响可能有很大的差别；六是对患者的帮助不仅仅依靠技术措施，还依靠医生的同情心、关切和负责的态度。

传统模式：是从传统生物医学模式中派生出来的，在这一模式中，医生所关心的只是疾病的处理、科学知识的解释以及标准技术和常规技能的应用；医生对患者保持情感上的中立，很少考虑其期望和感受。医生是权威，可以为患者的诊疗做出决定；患者则听命服从，执行决定，处于近乎完全被动的地位，不能发挥其主观能动性。

人道模式：又称为人本模式，是基于西方人本主义哲学思潮和人本主义心理学而产生的医患关系模式，强调以人为本。在这种模式中，患者不再仅仅被视为生物学上的个体，而是被视为一个“完整的人”，体现了对患者意志和权利的尊重，重视患者的心理、社会方面的因素，对患者不但要给予技术方面的帮助，而且医生要有同情心、关切和负责的态度。在这种人道模式的医患关系中，患者主动地参与医疗过程，在做出医疗处置决定中有发言权，并承担责任，医生在很大程度上是教育者、引导者和顾问。

4. 伊曼纽尔模式 英国学者伊曼纽尔（Emanuel）从医患关系的目的、医师的职责、患者价值观的作用和患者人身自由的概念等四方面提出了医患关系的四种模型。

家长式模式是医患关系的低级模式。家长式模式中，患者对疾病一无所知。医生的角色是家长一样的监护人角色，需要像监护人一样带有家长式的关爱，为患者做出最有利的诊疗选择。这种模式相当于家长监护孩子，在这种模式中，患者对疾病、治疗信息了解很少或一无所知，但又要求医生和自己对治疗方案有共同标准。医师的角色应成为医疗监护人。由于患者不懂或不敢向医生提出合理要求，故需要医生具有家长式的慈爱与关怀，敢于为患者做重大医疗决策，且具有一定承受医疗风险、化解医疗风险的能力。

信息式模式是医患关系的最高级模式。患者充分掌握了疾病和诊疗的知识和信息。医生的角色就是一个不仅能够与患者充分交流沟通，而且能够掌握高级医疗技术的专家。这一模式相当于患者选医生的做法。在这种模式中，患者应具有一定的医疗卫生知识，对疾病及治疗的信息均比较了解。而医生则应具有较高的医疗技术，有较好的人文素养和人际交往能力，善于与患者和谐沟通，医生的角色就是一个医疗技术专家。

解释式模式是医患关系的较低级模式。患者能够掌握较为肤浅的医疗知识。医生需要对患者阐释诊疗方案，其角色更多的是像一个医疗顾问，为患者解释不同的诊疗方案，并最终执行患者的选择。这一模型相当于咨询与请教。在这种模型中，患者对疾病等信息的了解比较肤浅，需由医生向患者阐明、解释治疗方案，提供医疗信息，并执行患者选择的医疗方案。医师的角色是患者的顾问或劝告者，因此，医生要有相对水平的医疗技术，以及具有应对咨询、善于解释和巧妙劝告的能力。

商议式模式是医患关系的次高级模式。医生和患者能够就疾病和诊疗进行深入的讨论。医生的角色更像是一个掌握医疗知识的朋友，他能很好地与患者互动，在平等互动的过程中商定诊疗方案。这一模式相当于医患互动合作。在这种模式中，患者通过与医生开放式讨论，不断加深对疾病、治疗信息利弊的认识。医生的角色是患者的朋友或教师。它需要患者具有一定的知识水平，医生也要具有一定的人际交往能力，并舍得放下医生的架子。

5. 海耶斯 - 鲍蒂斯塔模式　是由学者海耶斯（Hayes）和鲍蒂斯塔（Bautista）提出的一种强调医患互动的基本医患关系模式。他们强调，在医患关系中，医患互动的过程是重要的，有助于医患双方的相互理解、妥协与合作。该模式把这种医患互动看作一个协商的过程，而不是医生简单地下命令的过程。

海耶斯和鲍蒂斯塔着重研究了患者在互动中试图修正医生治疗方案的方式，患者可以对医生提供的信息和治疗的适宜性进行质疑、寻求解释和做出判断。海耶斯 - 鲍蒂斯塔提出医患关系是基于患者的感觉，而不是基于情况的客观事实。改变治疗方案的过程只是在患者感到治疗方法不适当之后开始的，与医生的感觉无关。治疗方案不适当的感觉提示患者需要改变治疗方案。患者往往采取说服医生改变治疗方案或直接反对医生的治疗方案的策略。作为医生，一旦觉察到患者打算或已经开始要求改变医疗方案，往往会采取“医学知识权威”策略，或“开诚布公”重申治疗方案正确的策略。然后，双方进行协商和讨价还价，结果可能是双方满意，或一方满意一方不满意，或双方都不满意而决定医疗关系的保持、紧张或结束。该模式重要之处在于大大地增加了对患者不服从和医生控制治疗过程的了解，也说明了医患双方在治疗过程中存在妥协的可能性。

以上医患关系模式在特定的适用范围内是正确的、有效的和可行的，但对大多数患者来说，应当按照指导 - 合作型和共同参与型的医患关系模式参与医疗实践活动。特别是在“医疗卫生与健康事业应当坚持以人民为中心，为人民健康服务”“公民是自己健康的第一责任人”的时代背景下，医患关系中患者的地位及主动性将进一步提高，如何发挥患者的主观能动性，充分尊重患者的权利，是当前医患关系中极为重要的课题。在现实的、具体的医疗实践活动中，我们要根据不同的患者、不同的疾病类型等具体情况来灵活把握和调整医患关系模式。

二、医患双方的权利和义务

在医患关系中，医生和患者作为当事双方都有各自应享有的权利和应尽的义务，并且都以对对方权利的尊重和维护以及对义务的履行作为自己存在和实现的前提，两者之间是相辅相成、缺一不可的。权利和义务总是相对应的，没有无义务的权利，也没有无权利的义务。只有当医生和患者的权利都得以完整享有，并都能自觉履行各自应尽义务时，和谐的医患关系才能真正地建立。

（一）患者权利

患者权利问题是现代医学伦理学的最为重要的议题之一。临床医疗中存在的和不断出现的道德难题和伦理争议许多都是围绕患者权利这一主题而展开的，正确认识和对待患者权利对每一个医务人员都至关重要。

患者权利是指患者在医疗卫生活动中应享受的权益或利益。患者权利是公民基本权利的一部分。《中华人民共和国宪法》明确规定："中华人民共和国公民在年老、疾病或者丧失劳动能力的情况下，有从国家和社会获得物质帮助的权利。国家发展为公民享受这些权利所需要的社会保险、社会救济和医疗卫生事业。"《民法典》第四编第二章明确规定了自然人的生命权、身体权和健康权，"自然人享有生命权""自然人享有身体权""自然人享有健康权""自然人的生命权、身体权、健康权受到侵害或者处于其他危难情形的，负有法定救助义务的组织或者个人应当及时施救"。《中华人民共和国基本医疗卫生与健康促进法》也明确规定："国家和社会尊重、保护公民的健康权。"这些法律规定的根本点就在于保障公民的生命权、身体权和健康权，保障公民获得基本医疗卫生服务的权利，使患有疾病的公民早日恢复健康。

患者权利不仅是一个涉及法律规范如隐私权、知情同意权、保密权等的法律概念，更是一个伦理学概念，涉及更多的是伦理道义上的内容，因为患者权利的许多方面有赖于医务人员的道德义务和患者义务的履行来实现。例如，患者有认知自身疾病的权利，但如果患者不履行在治疗中很好配合治疗的义务，如果医生不履行向患者进行必要的说明解释的义务，那么患者这一权利就实现不了。根据相关法律法规及医学伦理要求，患者权利的基本内容主要包括：

1. 医疗保障权 是指患者作为社会成员或国家公民具有基本的健康权利和医疗权利。《中华人民共和国基本医疗卫生与健康促进法》明确指出："为了发展医疗卫生与健康事业，保障公民享有基本医疗卫生服务，提高公民健康水平，推进健康中国建设，根据宪法，制定本法。""公民依法享有从国家和社会获得基本医疗卫生服务的权利。国家建立基本医疗卫生制度，建立健全医疗卫生服务体系，保护和实现公民获得基本医疗卫生服务的权利。"患者在医疗活动中均应得到合理的和不受歧视的诊断、治疗、护理等权利，不因其地位、财富、性别、国别、疾病状况等的不同而得到不平等的诊治。公民一旦患病或受到其他损伤时，享有从医疗保健机构获得医疗保健服务的权利，并且在这种服务中得到医务人员的尊重和一视同仁的对待。

2. 知情同意权 是一项复合权利，包括知情权与同意权。知情权是指在临床过程与医学科研中，患者对诊断结果、治疗决策、病情预后及替代医疗方案等对于医疗决策具有实质意义的信息以及医学科研的目的、期限、风险、利益分配等具有充分知情的权利，医务人员和医学科研人员有义务告知解释。同意权是指患者或其家属经过深思熟虑后，对于医务人员推荐的医疗方案和医学科研方案自由自主做出同意、拒绝或退出研究的决定的权利。《中华人民共和国基本医疗卫生与健康促进法》明确规定："公民接受医疗卫生服务，对病情、诊疗方案、医疗风险、医疗费用等事项依法享有知情同意的权利。需要实施手术、特殊检查、特殊治疗的，医疗卫生人员应当及时向患者说明医疗风险、替代医疗方案等情况，并取得其同意；不能或者不宜向患者说明的，应当向患者的近亲属说明，并取得其同意。法律另有规定的，依照其规定。开展药物、医疗器械临床试验和其他医学研究应当遵守医学伦理规范，依法通过伦理审查，取得知情同意。"《中华人民共和国医师法》第二十五条规定："医师在诊疗活动中应当向患者说明病情、医疗措施和其他需要告知的事项。需要实施手术、特殊检查、特殊治疗的，医师应当及时向患者具体说明医疗风险、替代医疗方案等情况，并取得其明确同意；不能或者不宜向患者说明的，应当向患者的近亲属说明，并取得其明确同意。"《医疗纠纷预防和处理条例》规定："患者有权查阅、复制其门诊病历、住院志、体温单、医嘱单、化验单（检验报告）、医学影像检查资料、特殊检查同意书、手术同意书、手术及麻醉记录、病理资料、护理记录、医疗费用以及国务院卫生主管部门规定的其他属于病历的全部资料。"在临床医疗和医学研究中，知情同意都是必不可少的，它不仅是为了争取患者的合作，增进医患关系，提高医疗效果，还体现在有利于患者、尊重患者，有助于患者自主权的合理行使上。知情同意权包括了解权、被告知权、选择权等，患者对自己的病情、将支付或已支付的费用、医疗诊断、即将接受的治疗及其效果有权知道全部真实情况。

3. 隐私权与个人信息保护权　《民法典》规定："自然人享有隐私权。任何组织或者个人不得以刺探、侵扰、泄露、公开等方式侵害他人的隐私权。隐私是自然人的私人生活安宁和不愿为他人知晓的私密空间、私密活动、私密信息。""自然人的个人信息受法律保护。个人信息是以电子或者其他方式记录的能够单独或者与其他信息结合识别特定自然人的各种信息，包括自然人的姓名、出生日期、身份证件号码、生物识别信息、住址、电话号码、电子邮箱、健康信息、行踪信息等。个人信息中的私密信息，适用有关隐私权的规定；没有规定的，适用有关个人信息保护的规定。""医疗机构及其医务人员应当对患者的隐私和个人信息保密。泄露患者的隐私和个人信息，或者未经患者同意公开其病历资料的，应当承担侵权责任。"《中华人民共和国基本医疗卫生与健康促进法》明确规定："公民接受医疗卫生服务，应当受到尊重。医疗卫生机构、医疗卫生人员应当关心爱护、平等对待患者，尊重患者人格尊严，保护患者隐私。"隐私与个人信息保护权与知情同意权一样，源于个体自主权的道德辩护。隐私权是指患者拥有保护自身的病情、家族史、接触史、身体异常部位、异常生理特征等个人生活秘密和自由不受任何形式的侵犯的权利。

4. 监督权与赔偿权　监督权是指患者在医疗实践过程中监督并维护自己的基本医疗权利得以实现的权利。《中华人民共和国基本医疗卫生与健康促进法》明确规定："国家鼓励公民、法人和其他组织对医疗卫生与健康促进工作进行社会监督。"当患者的生命和健康利益受到影响时，患者有权对医疗机构提出批评和意见。例如，患者有权要求医生降低或节省医药费用，有权要求医生对医药费用做出合理解释，有权对自己生命受到疾病的威胁而又被拒绝治疗或草率治疗的错误行为提出批评、意见，甚至要求赔偿。赔偿权是指在医疗过程中，因医务人员的过失，使患者健康利益遭受侵犯或人身受到损害，患者有依法获得经济补偿或精神赔偿的权利。《民法典》规定："因药品、消毒产品、医疗器械的缺陷，或者输入不合格的血液造成患者损害的，患者可以向药品上市许可持有人、生产者、血液提供机构请求赔偿，也可以向医疗机构请求赔偿。患者向医疗机构请求赔偿的，医疗机构赔偿后，有权向负有责任的药品上市许可持有人、生产者、血液提供机构追偿。"

上述几个方面是患者权利的基本内容，并非全部权利。作为道德权利，患者权利的内容是广泛的、多样的。特别是在实施健康中国战略和大健康理念的实践中，健康教育权也逐渐成为患者的一项重要权利。《中华人民共和国基本医疗卫生与健康促进法》明确规定："国家建立健康教育制度，保障公民获得健康教育的权利，提高公民的健康素养。""医疗卫生人员在提供医疗卫生服务时，应当对患者开展健康教育。"总之，随着社会发展与公民权利意识的进一步增强，患者权利的内容会更加广泛。但这些基本权利在医疗实践中的实现，有赖于医生对患者权利的认识，有赖于患者自身的权利意识，有赖于医疗卫生服务的发展。

（二）患者义务

患者义务主要是指患者的道德义务，患者履行道德义务，从根本上来说是为了实现患者的利益，所谓道德义务，是指作为社会的人在一定的内心信念和道德责任感的驱使下自觉履行对社会和他人应负的责任。患者的义务主要有以下几个方面：

1. 保持和恢复健康的义务　保持和恢复健康是包括患者在内的全体公民的义务和责任。《中华人民共和国基本医疗卫生与健康促进法》明确规定："公民是自己健康的第一责任人，树立和践行对自己健康负责的健康管理理念，主动学习健康知识，提高健康素养，加强健康管理。倡导家庭成员相互关爱，形成符合自身和家庭特点的健康生活方式。公民应当尊重他人的健康权利和利益，不得损害他人健康和社会公共利益。"可见，个人健康与否不单纯是个人的私事，而是与社会和他人的利益密切相关的；对自己的健康不负责任，引起疾病或影响健康，必然造成承担社会责任和义务能力的减弱，既会给社会和家庭增加负担，同时对个人也是一种损失。一个人一旦生了病，社会和他人将耗费人力、物力、财力帮助其恢复健康，患者也应该主动地甚至强制性地接受治疗，养成科学的生活习惯、注重自我保护，保持自身健康，减少疾病的发生。

2. 遵守医院规章制度、积极配合治疗的义务 《医疗纠纷预防和处理条例》规定："患者应当遵守医疗秩序和医疗机构有关就诊、治疗、检查的规定，如实提供与病情有关的信息，配合医务人员开展诊疗活动。"国家制定的卫生法规是维护医疗秩序的重要保证，医院的各项规章制度是保证医院工作正常进行的基本措施。患者在就诊求医过程中，应该与医务人员一起自觉遵守，共同维护医疗秩序，文明就医、遵纪守法，积极与医务人员密切配合，使自身需要与医疗工作协调起来。在某种意义上，对医院规章制度的遵守就是尊重医务人员的辛勤劳动，尊重医务人员的人格和尊严。当然，在医疗实践中，离开患者良好的配合，是难以取得良好的医疗效果的。患者患病后要积极配合医务人员的诊治，自觉接受检查和治疗，诚实提供病情和相关信息。

3. 给付医疗费用的义务 医疗费用包括诊疗、处方、检验、药品、手术、处置、住院等各种费用，它是维系医院医疗活动正常运转的重要条件。目前，我国正处于社会主义初级阶段，经济不发达，国家还不可能负担每个公民的全部医疗费用。即使是享受社会医疗保险的公民，个人也需要承担一定的医疗费用。所以，公民患病就医时有义务交纳全部或部分医药费。当然，医务人员若有强制诊疗义务时，不得主张因患者未付报酬而拒绝治疗。

4. 支持医学科研的义务 医学科学事业是造福全人类的事业，每个人都有责任为发展这个事业贡献力量。医学科学的发展，医疗技术的提高，离不开医学科学研究与实验。人类既是医学科研的主体又是医学科研的客体。医务人员常常需要对一些罕见病、疑难病进行专门研究，有时还需要对不明死因的患者进行尸体解剖，一些新药的上市及新方法的推广也需要患者配合验证。医学事业要后继有人，医学教育中医学生的临床实习更需要患者的信任和理解。这些都是要建立在患者知情和自愿的前提下。当然，这并非患者的法定义务，而仅仅是道德义务，并不带有强制性。因此，如果让患者履行这种义务又与患者权利发生冲突时，我们应当首先尊重患者权利，而不能强迫患者接受这种义务。

（三）医师权利

医师的权利，是指医师应有的权益和应享受的利益。医师权利可分为医生的一般权利和特殊权利。

医师的一般权利实际上是《中华人民共和国医师法》第二十二条所规定的权利，即医师在执业活动中享有下列权利：①在注册的执业范围内，按照有关规范进行医学诊查、疾病调查、医学处置、出具相应的医学证明文件，选择合理的医疗、预防、保健方案；②获取劳动报酬，享受国家规定的福利待遇，按照规定参加社会保险并享受相应待遇；③获得符合国家规定标准的执业基本条件和职业防护装备；④从事医学教育、研究、学术交流；⑤参加专业培训，接受继续医学教育；⑥对所在医疗卫生机构和卫生健康主管部门的工作提出意见和建议，依法参与所在机构的民主管理；⑦法律、法规规定的其他权利。

当然，除上述《中华人民共和国医师法》所规定的权利外，在《中华人民共和国基本医疗卫生与健康促进法》也有对医师一般权利的规定："医疗卫生人员的人身安全、人格尊严不受侵犯，其合法权益受法律保护。禁止任何组织或者个人威胁、危害医疗卫生人员人身安全，侵犯医疗卫生人员人格尊严。国家采取措施，保障医疗卫生人员执业环境。"

上述一般权利是医师的法定权利。在某些特定情况下，医师为保护患者、他人和社会利益，可以对患者的行为和自由进行适当限制，如对自杀未遂患者强制治疗、对某些传染病患者进行强制性隔离等，这是医务人员的特殊职业权利——特殊干涉权。

医师的特殊干涉权是医疗中相对于医师一般权利而言的特殊权利，是用来限制患者权利的。医师的干涉权是在医学伦理原则指导下，医师为了患者的利益或为了他人和社会利益，对患者自主权（包括患者意愿、行为、决定）进行干预和限制，并由医师做出决定的一种医疗伦理行为。医师的一般诊断治疗的权利服从于患者权利，而医师的干涉权这一特殊权利正好相反，它是在特定的情况下医师用来限制患者的自主权利，以达到完成医师对患者尽义务、实现患者利益的目的。这种医师的权利称为“医师特殊干涉权”，国外将其翻译为父权主义（paternalism）。这种限制并不是传统意义上的单纯从医师主观愿望出发，而是从维护患者以外的社会、公众利益来考虑的。也就是说，只有当患者的自主原则与生命伦理原则、有利原则、无伤害原则、社会公益原则发生根本冲突时，医师使用这种权利才是正确和道德的。所以，医师的干涉权不是可以任意行使的，一般在以下几种情况下才被允许使用：

第一，患者拒绝治疗的情形。患者有拒绝治疗的权利，但这种拒绝首先必须是患者理智的决定，同时必须得到有经验的医师的认可。倘若拒绝治疗会给患者带来难以逆转的严重后果，医师就可以否定患者的这一权利要求。

第二，患者要求医师讲真话的情形。患者有对自己所患疾病的认知权。医师一般应当尽解释说明的义务。但是，如果患者了解自己疾病的诊断及预后有可能会影响治疗的过程或效果，甚至会对患者造成不良后果时，医师可以不考虑患者的要求，在一定时间内行使医师的特殊权利而隐瞒真相，对患者保密，对患者讲“善意的谎言”。

第三，患者要求保密的情形。患者有权要求医师为其保守秘密，但当患者的这一权利对他人或社会可能产生危害时，医师的特殊权利可以超越患者的这种权利要求。

第四，对患者实行行为控制的情形。对于处于发作期的精神疾病患者或因外界刺激导致精神失常的患者，为了使其避免对己、对他人和对社会可能发生的伤害行为，医师有权采取合理、有效、暂时的措施控制患者的行为。对于一些传染病患者，为了防止其对他人和社会造成危害，医师也可以暂时限制患者的自由权利，按照《中华人民共和国传染病防治法》的规定，可以实行隔离治疗。

对于医师的这种特殊干涉权，相关法律法规也对其做了规定以保护医师的合法权利和利益。《中华人民共和国医师法》第二十七条还规定：“对需要紧急救治的患者，医师应当采取紧急措施进行诊治，不得拒绝急救处置。因抢救生命垂危的患者等紧急情况，不能取得患者或者其近亲属意见的，经医疗机构负责人或者授权的负责人批准，可以立即实施相应的医疗措施。国家鼓励医师积极参与公共交通工具等公共场所急救服务；医师因自愿实施急救造成受助人损害的，不承担民事责任。”

（四）医师义务

医师义务即指在全部的临床医疗工作中，无条件地忠实于患者的利益，在力所能及的范围内去做每一件事来治疗患者疾病、增进患者健康。同时，每个医师还必须承担对他人、社会的责任，增进公众的健康，促进社会的发展。

《中华人民共和国医师法》第二十三条规定：“医师在执业活动中履行下列义务：树立敬业精神，恪守职业道德，履行医师职责，尽职尽责救治患者，执行疫情防控等公共卫生措施；遵循临床诊疗指南，遵守临床技术操作规范和医学伦理规范等；尊重、关心、爱护患者，依法保护患者隐私和个人信息；努力钻研业务，更新知识，提高医学专业技术能力和水平，提升医疗卫生服务质量；宣传推广与岗位相适应的健康科普知识，对患者及公众进行健康教育和健康指导；法律、法规规定的其他义务。”

医师对患者的义务在一定程度上与患者权利是一致的，患者的基本权利就是对医师的义务要求。除履行上述法律义务外，医师还被要求履行更多的道德义务。在医疗活动中，医师的基本责任就是为患者健康服务。医师的道德义务主要有以下几个方面：

1. 维护患者健康，减轻痛苦的义务 医师的基本职责和任务就是救死扶伤，防病治病，全心全意为人民健康服务。医师要用自己所掌握的全部医学知识和技能，尽最大努力为患者服务。患者的痛苦包括躯体性的和精神性的。只有了解患者致病的生理、心理、社会诸方面因素，才能对症下药，解除患者的痛苦。医师不仅要帮助患者解除因疾病造成的躯体上的痛苦，还应想方设法帮助患者解除因疾病造成的心理上的痛苦。

2. 解释说明的义务 医师有义务向患者说明病情、诊断、治疗、预后等有关医疗的必要信息，使患者充分知情。这一道德义务同时也是法律义务。这一义务一方面是对患者权利的尊重，另一方面也是为了争取患者的配合，取得患者有效的同意。患者要求了解的有关自身疾病情况，医师应给予负责、详细的说明，特别是在诊断措施存在或可能带来不利影响时，医师更应该给予解释说明。

3. 保密的义务 保密是医师执业规则之一，医师应该为患者保密，包括对患者保密和为患者保密，当然保密的前提是不会损害他人和社会利益。《民法典》规定："医疗机构及其医务人员应当对患者的隐私和个人信息保密。泄露患者的隐私和个人信息，或者未经患者同意公开其病历资料的，应当承担侵权责任。"保密是医生的一种传统道德。早在两千年前，希波克拉底就曾说："凡我所见所闻，无论有无业务关系，我认为应守秘密者，我愿保守秘密。"

4. 宣传、普及医学科学知识，进行健康教育与健康指导的义务 医师有义务向社会宣传卫生常识，有义务向群众提供健康咨询，以维护社会公益和群众的个体利益。医疗卫生工作不局限于治疗疾病，更重要的是预防疾病，预防疾病有赖于科学文化的普及，使人们了解和掌握基本医学知识，懂得自我保健，减少疾病的发生，这是医务人员应有的道德义务。

5. 弘扬医学职业精神的义务 医学的发展需要源源不断的精神力量，敬佑生命、救死扶伤、甘于奉献、大爱无疆作为医学职业精神，医师应当在医疗实践活动中大力弘扬。《中华人民共和国基本医疗卫生与健康促进法》规定："医疗卫生人员应当弘扬敬佑生命、救死扶伤、甘于奉献、大爱无疆的崇高职业精神，遵守行业规范，恪守医德，努力提高专业水平和服务质量。"

三、和谐医患关系的伦理要求及构建

医患本一家，生命皆无价。和谐的医患关系是医学人际关系伦理的追求目标之一，医患关系的和谐程度是维护医者权益、保证患者健康的前提条件，对于和谐社会的建构具有重大意义。了解引起医患关系冲突的影响因素，掌握调节医患关系的伦理原则，对于构建和谐医患关系具有重要意义。

（一）引起医患冲突的主要因素

和谐医患关系是和谐社会的重要表现之一，在当前社会背景下，影响医患关系的因素是诸多方面的，主要存在于医师、患者、管理与社会等几个方面。

1. 医师方面 第一，医师医疗观的物化。随着传统"生物医学模式"向"生物 - 心理 - 社会医学模式"的转变，健康的观念和理念也发生了变化。然而，有些医师由于受传统医学模式的影响，看不到或不重视患者的情感、思想、意识等心理因素，加之临床广泛应用高技术后医患关系的"物化"趋势，更是加重了医患之间的心理、思想、情感交流的障碍，造成医患之间的隔膜，甚至产生矛盾冲突。

第二，医师医德医风粗疏。有的医师平时不注意医德修养，对患者冷若冰霜，语言生硬，使患者精神上受到损伤；有的医师责任心不强，办事不认真，相互推诿，观察病情粗心大意，造成漏诊、误诊，乃至发生责任性医疗事故，加重了患者的痛苦，甚至造成死亡；还有的医师，乘患者之危，借职务之便，过度医疗，损害患者经济利益，对患者造成恶劣影响，导致医患发生冲突。

第三，医师心理状态变形。医师由于道德品质、文化素养不同，形成了不同的心理状态，如恩赐心理、权威心理、单纯研究心理等，不是把患者当作亲人，不是把解除患者痛苦当作自己义不容辞的责任，而是把患者就医当作向自己的乞求，把诊治疾病看成对患者的恩赐，听不得患者半点意见；有的认为医师对患者具有绝对权威，在诊治过程中凌驾于患者之上，对患者的一些合理要求置之不理；还有的医师为了自己的研究课题，只见病不见人，只关心与研究课题有关的疾病，只想从患者身上收集自己需要的科研资料，忽略了患者的痛苦和经济负担，忽略了患者的感受，这些做法势必会对医患关系造成不良影响。

2. 患者方面 第一，患者不遵守就医道德。有的患者缺乏就医道德修养，表现为不尊重医师人格和尊严，稍不如意便轻则态度生硬，重则谩骂甚至动手殴打医师，严重损害了医师的自尊心，甚至造成对医师的人身伤害；个别患者就医行为不文明，不遵守医院规章制度，就诊时点名要药，强令医师做某种检查，强令医师开证明等，既干扰了正常的医疗工作，又影响了医患关系的和谐。

第二，患者对健康的期望值过高。有些患者由于对医学知识知之甚少，不懂得疾病的发生、发展与转归规律，不了解诊断的程序与手段，不知道药物的使用原则及治疗后出现的某些难以避免的副作用或损伤，总认为有病到医院诊治，医师就得立即确诊，治疗就得立即见效，当个人要求未得到满足时，就迁怒于医师。如此一来，势必会造成医患关系的矛盾和冲突。

第三，患者不信任的就医心理。信任是人际关系的心理基础，是医患关系建构的基础条件，缺乏信任不可能有医患双方真诚的情感交流和彼此合作，不可能建立和谐的医患关系。患者对医师缺乏信任，既与医师的年龄、资历、技术水平、知名度、医德修养水平等有关，也与患者的文化素质和道德水平有关。对医师缺乏信任常表现为拒绝医师的诊治或怀疑医师的处置是否恰当，不遵从医师的处方、隐瞒病史或隐私等。这些因素既不利于医疗活动的正常进行，也不利于患者的康复，还会使医师的心理和精神受到刺激，增大医患双方发生冲突的概率。

3. 管理与社会方面 第一，医院管理上存在缺陷。主要包括医院办院方向不明确，规章制度不健全，医疗秩序不规范，科室布局不科学，医疗流程不尽合理，医疗环境难以满足需求等，导致医患矛盾加剧。

第二，国家对医疗卫生事业的投入不足。国家对医疗卫生事业的资金投入不足，无法完全满足人民群众的卫生保健需要，看病难、住院难、手术难及看病贵的问题依然比较突出；人民群众个人医疗卫生支出费用仍然比较高，造成有病不医、因病致贫、因病返贫的现象。这其中既有卫生投入不足的原因，亦有社会保障制度不完善的原因。患者计较医疗费用的高低，而经济利益的冲突势必导致医患矛盾的加剧。

第三，卫生立法跟不上形势发展的需要。社会管理中卫生法律法规不够健全，特别是规范医疗行为、医患关系行为的医院法、护士法等尚未完善，对调节医患关系、维护正常医疗秩序十分不利，也对医患关系具有重要影响。

（二）和谐医患关系的调节原则和构建途径

1. 调节医患关系的原则 一是坚持尊重科学、实事求是的原则。诊治疾病是一项极为复杂的工作，医患双方都应该按医学科学的规律办事。医务人员要严格按照医学科学的方法和手段诊治疾病，绝不能违背科学、主观臆断，对患者不合理的要求，要以科学态度耐心向患者讲明道理；患者就医应当采取充分信任医务人员的态度，理解、相信医生的各种诊疗处置，积极配合、参与治疗，经常向医务人员表达自己的感知与体验，绝不能弄虚作假，隐瞒与病情有关的情况。

二是坚持公正平等、以法为度的原则。医患双方都应该公正平等地对待对方的权利和义务。任何一方都不能侵犯对方的权利，也不能不履行自己的义务。遇到医疗纠纷或医疗技术、责任事故，都要尊重客观事实，遵守卫生法律法规，按法律程序办事，绝不能无理纠缠或失去理智地侵犯他人人身安全。

三是坚持社会公益原则。在社会主义制度下，医患双方都要正确处理个人利益与社会公益的关系，当个人利益与社会公益发生矛盾时，要无条件地服从社会公益。医患关系的调节是以医疗实践活动为场域，其中既涉及医疗卫生事业，也涉及患者健康利益。

四是坚持生命至上、以患者为中心的原则。当前医患关系进入新时代，我们必须要坚持人民至上、生命至上，发扬人道主义精神，弘扬敬佑生命、救死扶伤、甘于奉献、大爱无疆的崇高职业精神。医疗机构及其医务人员在诊疗活动中应当以患者为中心，尊重、关心、爱护患者，加强人文关怀，恪守职业道德，遵守执业规范，提高执业水平，履行防病治病、保护人民健康的神圣职责。

2. 和谐医患关系的构建途径 在坚持上述基本原则的基础上，通过以下途径构建和谐医患关系：

一是深化医疗卫生事业改革，完善基本医疗保障，加大卫生投入，加强科学管理。从上述影响医患关系的因素中，我们发现构建和谐医患关系，需要建构良好的医疗卫生制度，深化医疗卫生事业改革，不断完善基本医疗保障制度，并不断加大国家对医疗卫生事业的资金投入，同时也需要对医院管理进一步进行科学管理，优化科室布局，美化就医环境，简化就医流程。

二是健全相关法律、法规，规范医患双方的从医和就医行为。目前在处理医患关系上，近几年我国已相继出台了《医疗纠纷预防和处理条例》《中华人民共和国基本医疗卫生与健康促进法》《中华人民共和国医师法》等法律法规，有效规范了医患双方从医和就医行为，使得医患关系的调节在一定程度上有了明确的法律依据，但从医患关系的复杂性和时有发生的医患冲突来看，相关领域的法律法规依然有需要进一步完善的空间。

三是加强医德医风教育，不断提高医务人员的医德修养水平和专业技术水平。弘扬崇高职业精神，恪守职业道德，加强医德医风教育，提高执业水平，保护人民健康，既是法律法规所规定的法律义务，同时也是构建和谐医患关系的重要途径。

四是加强医学科学知识的宣传与普及，对患者进行健康教育与健康指导，提高患者就医道德水平。医患关系有矛盾甚至冲突，从某种意义上既是价值观念的矛盾与冲突，也是医患双方对医学知识、健康信息等知识掌握得不平衡而导致的矛盾与冲突。显然，医方对医学知识、健康信息的掌握要远远高于患者。因此，在医患关系的调节上医方应负主要责任，要担负起宣传与普及医学知识、对患者进行健康教育与健康指导的重要责任，从而不断提升患者的医学知识和健康素养。这也是构建和谐医患关系的途径之一。

五是要规范媒体涉医报道行为，正确引导社会舆论，积极弘扬正能量。媒体作为社会舆论的喉舌，具有监督与纠正不良现象、协调社会关系、传承文化、引导大众、传播资讯等功能。因此，媒体在构建和谐医患关系中也可以发挥重要作用，通过规范新闻媒体的行为，加强医疗卫生法律、法规和医疗卫生常识的宣传，引导公众理性对待医疗风险，真实、客观、公正报道医疗纠纷，并不断开展科学、准确的健康知识的公益宣传，弘扬医师先进事迹，维护良好安全的医疗卫生服务秩序，共同构建和谐医患关系。

第二节　医际关系伦理

医际关系伦理是医学人际关系伦理的重要组成部分，它是协调和处理医疗机构之间以及医疗机构内医务人员之间的相互关系的行为规范的总和。通过了解医际关系的含义与模式，分析医际关系中的常见问题，有助于构建和谐医际关系，从而促进和谐医患关系的构建。

一、医际关系的含义及模式

（一）医际关系的含义

医际关系是指医疗机构之间以及医疗机构内医务人员之间的相互关系。广义的医际关系是指医务人员相互之间、医务人员与后勤、行政管理人员之间的人际关系；狭义的医际关系是指医生与护士、医技人员之间的人际关系。研究医际关系的含义及模式，探讨医际关系中的常见问题，有助于构建和谐医际关系，提升医务人员的幸福感，提高医疗服务质量，促进医患关系的和谐。

每一位医务人员对这种关系都应有正确的认识，掌握这种现实的人际关系所呈现的鲜明特点，处理好医际关系。具体而言，医际关系具有以下几个特点：一是平等性。在医疗卫生系统中，医学专业分工越来越细化，不同专业、不同岗位的医务人员都是各司其职，缺一不可，共同为患者提供医疗卫生服务。尽管如此，他们的地位与人格都是平等的，没有尊卑贵贱之分，只有工作岗位的分工不同，与平等对待患者一样，平等对待每一位同事也是所有医务人员都应树立的职业理念。二是同一性。无论从事哪种专业、值守哪个岗位，所有医务人员的职业目的都是一致的，都是为了满足患者的健康需求，都是为了满足医学发展的需求。在医疗实践中，医务人员都应以救死扶伤、防病治病为道德原则，以患者为中心，服从患者健康需要，顾全大局，协调好彼此的矛盾和利益冲突，创造出和谐的医际关系，促进医疗服务质量的提升。三是协同性。现代医学的发展促进了医际关系的多元化，复杂的医疗措施需要全体医务人员共同努力和配合。例如，一台手术，需要医生、护士、麻醉师、化验师、药剂师等多成员共同参与才能完成。

（二）医际关系的模式

医务人员在医疗实践活动中，由于所承担的职责与分工不同，存在着职业地位的差异，从而导致医际关系产生出不同的模式。一般来说，医务人员之间关系的模式有以下四种类型：

1. 主从型 这是指在双方的交往活动中，一方处于主导地位或绝对权威地位，另一方处于被动或服从地位。这是一种传统的等级关系模式，表现在上下级医务人员之间、医生和护士之间的传统关系上。这种关系模式显示出医务人员之间地位的不平等，容易造成主导者的独断专行、主观主义、官僚主义等，以及服从者难以发挥主观能动性而消极被动和不负责任等情况。

2. 指导 - 被指导型 这是指在双方的交往活动中，一方处于指导地位，另一方处于被指导的地位。指导者虽然仍具有相对权威，但并不限制被指导者发挥自身的积极性和主动性。虽然这也是一种等级关系，但这近似一种职业等级关系，同时带有一定民主成分。它是一种承认权威但不迷信权威，反对权威绝对化的医际关系模式。

3. 并列 - 互补型 在这种关系模式中，交往双方处于完全平等的地位，没有权威与非权威之分，只有分工的不同。双方既保持各自独立自主性，又通过相互分工协作达到互补。这种关系广泛存在于同级医务人员之间、科室之间、医护人员与医技人员、后勤管理人员之间。建立这种关系有利于双方呈现出积极性、主动性，形成整体合力，充分发挥医疗卫生部门的综合效应。

4. 相互竞争型 随着社会主义市场经济体制的建立和医疗卫生经济体制改革的不断深化，医疗卫生部门也引入了竞争机制。医疗卫生部门之间、医务人员个体之间、医疗卫生部门内部各科室之间，在成本核算、增收节支、为患者提供优质医疗卫生保健服务等方面都展开了竞争，从而形成了相互竞争的医际关系。

二、医际关系中的常见问题

医际关系是医学人际关系中非常重要的组成部分，也是医务人员要处理的日常人际关系。影响医际关系的因素既有社会性因素，也有医院管理方面的因素，还有医务人员自身的因素。因此，如何处理好这些问题是我们构建和谐医际关系必须要面对的重要问题。

（一）薪酬待遇与职业成就感

薪酬待遇是实现个人价值的重要体现方式之一，也是体现每个劳动者职业成就和职业尊严的一个重要的物质化指标，具体到医务人员来说同样也不例外。客观而言，医务人员的职业具有高风险性、高技术性和长周期性的特点，他们对薪酬待遇的期待应该是较高的，但由于我国现阶段存在着分配关系错位以及卫生投入不高的情况，造成某些医务人员的真正价值并未在薪酬待遇上体现出来，由此导致他们职业成就感受挫。对此，我们应该正确看待两者关系，医务人员的天职是救死扶伤，薪酬待遇是个人劳动价值的具体体现，并不能完全代替个人价值，特别是医务人员的个人价值应更多地体现在为患者服务和使患者满意上，并以此为其职业成就感的真正源泉。

（二）执业环境与人身安全感

执业环境是影响医际关系的一个关键因素和重要问题，任何医疗卫生服务都是在一定的执业环境中进行的，而执业环境的好坏直接关系到身处其中的医务人员自身安全感的高低。良好的执业环境能够最大限度地发挥医务人员的专业技术水平，提高其服务效率和服务水平，反之，恶劣的执业环境不仅会严重影响到医务人员专业技术的发挥，造成医务人员对执业环境的信任危机，甚至在很大程度上还会直接威胁到医务人员的人身安全，从而导致安全感降低甚至是丧失安全感。

（三）个体差异与职业认同感

由于医务人员在个人心理品质、社会关系、专业背景、经济状况等方面的不同，尤其是个人价值观的差异，导致处事的方式、方法、态度也有很大差异，往往对相同事物的认知也不同，同事间容易产生彼此的困扰与隔阂。工作岗位不同也会导致医务人员对其职业角色责任、职业角色权益的认知产生争议、发生冲突，从而导致自我怀疑，甚至产生职业认同危机。

（四）社会管理与职业归属感

社会医疗管理体制与医疗部门内部管理机制这两个因素也对医际关系产生重要影响，并会对医务人员的职业归属感产生作用。医疗卫生机构应提高管理水平，协调好各部门的利益，创造一个平等、公平、公正、和谐的医疗环境，促进不同岗位医务人员认真履行自己工作职责，提高他们为患者服务的热情，深化医务人员的职业归属感。

建立和谐医际关系不仅是发展和谐医患关系的客观需要，而且对充分发挥医疗卫生部门的功能也有重要意义，它有利于医院整体效益的发挥、医务人员的培养和成长以及现代医学的发展。

三、和谐医际关系的构建

和谐医际关系的构建是以医学伦理学的基本原则为指导的，具体而言，构建和谐医际关系要遵循以下道德原则。

（一）共同维护患者利益和社会公益原则

防病治病，救死扶伤，保护生命健康是医务人员共同的职责和义务。在诊疗过程中，应该将患者利益放在首位，坚持患者第一原则。医务人员相互之间的关系是围绕为患者服务的各项活动而建立的，因此，应将维护患者的利益作为医际关系的共同基础。同时还应维护社会公益。当患者利益与社会公益发生矛盾时，应该坚持以社会公益为重。对此，医务人员应该向患者做出耐心、合理的解释与说明，并共同维护社会公益。

（二）平等相处、相互尊重的原则

医务人员之间平等相处、相互尊重是建立良好医际关系的前提。职业分工不同、专业技术水平的高低不同、职责大小的不同，导致医务人员职业权利也有所不同，但在人格和尊严上，彼此都是平等的，没有高低贵贱之分。平等相处、相互尊重是互为前提的，只有相互尊重，才能体现平等，也只有强调平等，才能真正做到尊重。

（三）分工合作、相互支持的原则

由于职业分工不同，不同岗位、不同专业、不同科室的医务人员的工作都带有相对独立的性质，但从工作的终极目标来看，全体医务人员的工作目的都是一致的，都是为了更好地服务患者，更好地保护健康、保护生命。因此，基于共同的目标，医务人员应遵循分工合作、相互支持的原则。

（四）相互协作、互相监督的原则

现代医疗卫生保健活动是一种群体性活动，任何个人的力量在整个医疗卫生保健活动中都是渺小的。只有通过群体协作，充分发挥整体的协作能力，才能高效地完成医疗卫生保健任务，提供优质的医疗卫生保健服务。当然，在相互协作的同时，还要做到互相监督，为了更好地保护患者利益，严防在医疗卫生保健活动中出现差错，同行之间要注意相互提醒和监督。

（五）相互学习、共同提高的原则

医务人员之间存在个体差异，不同年龄、不同资历、不同职称乃至不同专业的医务人员，都有各自的优缺点，对医疗技术精益求精，不断提高专业技术水平和医疗服务质量是对每一个医务人员提出的道德要求。通过相互学习，取长补短，形成优势互补，才可以达到共同提高的目的，也有利于医务人员的培养和进步。

第三节　医社关系伦理

医社关系就是指在社会发展过程中，出于对人类整体健康的维护，在医学家、医疗卫生单位乃至整个医学界与社会公众、社区乃至政府之间发生的具有道德意义的社会关系。它是医学在为社会服务过程中而产生的一种特殊关系。通过这种关系，医学向社会扩展了自己的责任，社会为医学的发展提供了支持，也规范了其发展方向和目标。良好的医社关系是实现医学维护健康目的的基本条件，也是医学为社会服务的重要途径，它既是社会的要求，也是医学本身的需要。

随着国家医疗改革方针的确立及诸多措施的实施，医社关系已越来越受到特别的关注。特别是我国进入新时代开始实施健康中国战略，《医疗纠纷预防和处理条例》《中华人民共和国基本医疗卫生与健康促进法》《中华人民共和国医师法》颁布实施后，媒体、公众在医疗卫生和健康促进中的作用越来越凸显。因此，讨论医方与媒体关系伦理、医方与公众关系伦理是医社关系伦理的题中之义，也是其重要组成部分。

一、医方与媒体关系伦理

医方与媒体关系伦理是医社关系伦理的有机组成部分，正确处理医方与媒体的关系，首先要明白媒体之于医方的重要意义，既要看到媒体对医疗卫生事业发展所起到的积极推动作用，同时也要看到媒体在其中的消极影响。医方要展现其服务社会、服务人民健康的责任，媒体要明确其协调社会关系、引导大众的功能，特别是在医疗卫生领域，更是肩负宣传健康知识、拓展健康教育，宣传医疗卫生法律、法规和医疗卫生常识，保护患者隐私和个人信息，引导公众尊重医师、理性对待医疗风险，弘扬医师先进事迹等伦理责任和道德义务。

媒体对医方的重要意义及其功能作用，从医方与媒体的相互交往中，我们发现，媒体之于医院、医务人员、医学科研机构等均具有重要意义，表现如下：媒体是医方提供社会服务、展示形象的桥梁；媒体是医方传播卫生常识、健康知识的工具；媒体是医方获得公众信任、社会理解的手段；媒体与医方是共同构建和谐医社关系的伙伴。

媒体对医方的功能作用可以从积极和消极两个方面去看待。首先就积极作用而言，当前是信息化迅猛发展的时代，医患交流、医疗服务、健康教育、卫生科普乃至医务人员与医疗机构的宣传和营销等都向网络化、信息化迈进。多数医院都建立了官方微博和微信公众号，利用网络媒体发布医院信息、导医服务、健康教育、医疗服务、微信挂号、微信支付等信息与服务，这对构建和谐医患关系、医社关系都具有良好的促进作用，对提升公众健康素养、提高卫生常识也有积极的促进作用。

但我们也能够认识到，媒体是一把“双刃剑”。它给医方带来便利的同时，也可能会给医方带来消极的影响。就媒体对医方的消极影响而言，尽管从数量上看，这些事件并不多，但却会产生广泛的负面、消极影响。这一结论也得到《美国医学会杂志》的研究证实，超过60%的美国医学生在社交媒体上发布非专业内容，如醉酒或非法用药的照片，或使用粗俗的语言，这些行为会降低患者对医生的信任。

二、医方与公众关系伦理

医方与公众的关系伦理也是医社关系中不可忽视且非常重要的一种伦理关系。根据相关法律法规，医疗卫生事业应当坚持公益性原则。医疗卫生与健康事业应当坚持以人民为中心，为人民健康服务。

（一）医方应为公众提供医疗卫生服务和健康教育

各级各类医疗卫生机构应当分工合作，为公民提供预防、保健、治疗、护理、康复、安宁疗护等全方位全周期的医疗卫生服务。医疗卫生、教育、体育、宣传等机构、基层群众性自治组织和社会组织应当开展健康知识的宣传和普及。医疗卫生人员在提供医疗卫生服务时，应当对患者开展健康教育。医方应加强心理健康服务体系和人才队伍建设，促进心理健康教育、心理评估、心理咨询与心理治疗服务的有效衔接，设立为公众提供公益服务的心理援助热线，加强未成年人、残疾人和老年人等重点人群心理健康服务。国家鼓励和支持公民、法人和其他组织通过依法创建机构和捐赠、资助等方式，参与医疗卫生与健康事业，满足公民多样化、差异化、个性化健康需求。

（二）公众应关心和支持医疗卫生与健康事业的发展

公民依法享有从国家和社会获得基本医疗卫生服务的权利。公民接受医疗卫生服务，应当受到尊重。医疗卫生机构、医疗卫生人员应当关心爱护、平等对待患者，尊重患者人格尊严，保护患者隐私。公民接受医疗卫生服务，应当遵守诊疗制度和医疗卫生服务秩序，尊重医疗卫生人员。

（三）公众在医社关系中的伦理责任

公众应该主动学习医疗卫生知识和健康知识，提升卫生知识水平和健康素养，理性对待医疗风险；了解医疗卫生法律、法规，学法、懂法、守法、用法，能够合理、合法处理医患关系；尊重医生和重视卫生健康、关心和支持医疗卫生与健康事业发展，全社会应当共同关心和支持医疗卫生与健康事业的发展；树立“公民是自己健康的第一责任人”的理念，树立和践行对自己健康负责的健康管理理念，主动学习健康知识，提高健康素养，加强健康管理。倡导家庭成员相互关爱，形成符合自身和家庭特点的健康生活方式。公民应当尊重他人的健康权利和利益，不得损害他人健康和社会公共利益。

【复习思考题】

1. 现代医患关系的主流模式是什么？我们如何构建和谐的医患关系？
2. 在医疗实践活动中，医患双方的权利和义务是什么？如何更好地保护双方权利，又如何让双方更好地履行彼此义务？
3. 医际关系的模式是什么？如何构建和谐的医际关系？
4. 媒体在当今社会构建和谐医患关系方面该如何发挥作用？

（李　超）

第七章　临床诊疗伦理

【导入案例 7-1】缺血的肠管

65 岁男性患者，因“大便不规律、腹胀 3 个月”就诊于某县级二甲医院，经一系列检查后确诊为“结肠癌”，并收住院准备手术。术前讨论时，主管医师 A 认为患者年龄大，手术有一定难度，为此，院方决定请某上级医院主任医师 B 协助手术。手术过程顺利，但在关腹时医师 A 发现有一段小肠颜色稍暗，考虑可能有局部肠缺血，与医师 B 商量是否切除这部分小肠，医师 B 认为没有问题，遂关腹，结束手术。术后第二天，患者开始发热，体温最高达 40℃，发热持续 6 天，并伴有右下腹疼痛，查体有腹膜刺激征，化验血细胞分析，白细胞计数高达 20×10^9/L，使用多种广谱抗生素治疗后体温仍不下降。医师 A 纠结是否有肠坏死存在，但终因对医师 B 的信任而否定了自己的疑虑。术后第 8 天，患者病情加重，行立位腹部 X 线平片显示：腹腔内有一大的气液平面。此时才决定开腹探查。术中证实第一次手术中所见颜色稍暗的小肠已发生坏死、穿孔，腹腔内有严重感染，存留大量黄绿色液体。虽然手术过程中对腹腔进行了彻底冲洗，切除了坏死的小肠部分并行小肠吻合，但术后患者感染始终不能控制，逐渐引起了心力衰竭、肾衰竭、呼吸功能衰竭，经过 20 多天的治疗，患者无自主呼吸，需要呼吸机维持，血压也需要靠高浓度升压药才能维持，且患者一直处于深度昏迷状态。在此情况下，医生向家属交代病情，征得家属同意后停用了升压药并撤掉了呼吸机，5 小时后患者死亡。

讨论与思考：本案例中 A、B 两位医师行为涉及哪些临床诊疗伦理？

医学的根本目的在于诊疗疾病，维护人类健康。临床诊疗作为医学的核心内容，是完成救死扶伤这一医学使命的主要途径。临床诊疗既包括通过收集病情资料，做出概括性判断的诊断过程，又包括通过药物、手术和心理等手段，促使患者康复的治疗过程。临床诊疗工作中医务人员的职业道德状况直接影响到其能否采用恰当的诊疗方式为患者解除病痛。临床诊疗伦理内容广泛，除了包括诊断、治疗的工作准则外，还包括诸如医学团队、临床实习、多点执业等新问题。并且前述章节中的各个原则、规范均有所涉及。

第一节　临床诊疗伦理概述

临床诊疗伦理是医学伦理基本原则、规范在临床工作中的应用，是医学伦理学最经常化和最具体的现实应用。要全面、准确地把握临床诊疗工作中的伦理要求，必须从掌握临床诊疗伦理的概念和准则入手。

一、临床诊疗伦理的含义

（一）临床诊疗的概念

“临床”是一个医学专用名词，广义的“临床”泛指医疗机构的业务实践活动，狭义的“临床”则仅指对疾病的诊断和治疗。临床医师的具体任务就是诊断疾病，设计和实施治疗方案，指明预后。医生所选择和实施的治疗方案，目的是患者恢复健康，但有时会出现相背离的情况。例如，在药物治疗过程中，患者会产生耐药性、成瘾性和药源性疾病等。

“临床诊疗”是临床诊断和临床治疗的合称。“临床诊断”指的是医务人员运用医学知识和经验，借助医疗辅助手段，通过采集病史、体格检查、实验室检查等方法收集病情资料，经过分析、整理、评价后，对疾病原因、性质和程度做出概括性判断的过程，包括问诊、体格检查、辅助检查等。“临床治疗”是指医务人员在临床诊断的基础上，针对致病的生物因素、心理因素或社会因素，通过药物、手术和心理等途径和手段，消除或者缓解疾病促使患者早日康复的过程，包括手术治疗、药物治疗、心理治疗、康复治疗等。

临床诊疗伦理（ethics on clinical diagnosis and treatment）是临床诊疗工作中必须遵循的伦理规范和道德原则。依照这些原则，医务人员应合理选择诊疗手段，尽可能地避免诊疗手段带来的不良影响，促进患者健康的恢复。

（二）临床诊疗的特点

1. 诊疗过程的复杂性 明确诊断疾病是临床的首要任务，不同疾病的症状可能不相同，个体的差异性也会使同一疾病在不同患者身上的症状不同，再加上医务人员个人知识、经验、能力差异，必然会导致疾病在诊断和治疗方面的复杂性。疾病的诊断是复杂的，对一些简单病例，通过综合分析可以得出较为明确的诊断结论，但对一些复杂病例，即便借助先进的仪器设备检查后仍无法明确诊断。疾病的临床治疗也是复杂的，不论中医还是西医都需要根据患者的年龄、疾病特点以及疾病的不同阶段开展个体化的治疗。

2. 诊疗手段的两重性 详细全面的临床检查可以较快地明确诊断，合理全面的治疗可以迅速缓解患者的不适症状，促进康复，但诊断和治疗的过程也可能给患者带来某些痛苦和损害，因而诊疗手段具有两重性。例如，骨折患者局部骨摩擦音是体格检查确诊的重要依据，但检查过程却使患者疼痛加剧；我们经常讲“是药三分毒”，为治疗疾病而用药，除了可以解除病痛以外，有时也会发生药源性脏器功能损害；手术虽然是彻底治疗某些疾病的手段，但是也给患者机体带来不可避免的疼痛和创伤，有的还会发生严重的并发症。

3. 诊疗结局的差异性 通常情况下，医务人员的主观愿望与患者的就诊期望是一致的——都希望早日确诊、及时治疗和彻底痊愈。但由于种种原因，诊疗的结局会有所差异。有的疾病是可以治愈的，而有的疾病只能好转，有的疾病不仅难以治愈还会引起死亡。危重患者有抢救成功的，也有抢救不成功的，还有一些特殊情况放弃抢救的。大多数患者手术后能一期愈合，少数患者手术后则会发生感染延期愈合。同一种疾病，在不同情况的人群中或者不同的环境下，采取的治疗措施也会有差异，治疗结局也不相同。例如，相同的骨折情况，在荒野发生和在医疗机构内发生，采取的治疗手段和最终结果是不同的，诊疗的结局是存在差异的。临床医生只能根据患者的病情，结合相应的医疗条件和技术水平来确定对患者采取的诊疗手段。

（三）临床诊疗工作的伦理准则

临床诊疗工作的伦理准则是医务人员对患者进行诊断和治疗过程中的行为依据。临床诊疗伦理的实质就是以技术运用的合理性和道德的高尚性来维护患者的利益。临床诊疗工作的伦理准则中最具代表性的包括生命至上、知情同意、最优化这三项原则。

1. 生命至上原则 是临床诊疗工作的最基本原则。“一切为了患者”既是诊疗工作的出发点又是最终归宿，是衡量医务人员医德水平的重要指标。生命至上要求医务人员必须在临床工作中做到及时、准确和有效，要求医务人员必须学习和掌握科学的诊疗手段、认真实施有效治疗以及实事求是地判断治疗效果。

2. 知情同意原则 是当今在医疗领域使用最广泛、争议最大、问题最多的临床诊疗基本原则之一。临床上的“知情同意”是指医务人员为患者提供病情资料、诊疗方案、预后、可能出现的不良反应等充分的信息，让患者在权衡利弊后，对医务人员所推荐的诊疗方案做出同意或不同意的决定。临床上的知情同意是一个过程，包括两部分内容：一是“知情”，即信息的告知和信息的理解。二是“同意”，即在患者获知可以做出决定的足够信息后，患者或家属做出同意或者不同意的决定。这一步的关键是“真正的同意”。只要患者本人具备完全行为能力，他就是唯一合法的知情同意权利人。患者获取信息并对各方面进行权衡后，应不受威胁或强迫，完全自愿地做出同意或不同意的决定。

知情同意原则在临床诊疗中意义重大，它体现了个人的自愿性，保障了患者的权益，避免患者在强迫、欺骗或不情愿的情况下做出治疗决定。

3. 最优化原则 作为临床诊疗中最重要的原则之一，最优化原则是由临床诊疗的特点决定的。由于诊疗技术所具备的双重性，在诊疗活动过程中要做到绝对不伤害是不可能的。无论是诊断过程还是治疗 / 康复过程，医疗技术的实施都有可能给患者带来身体或精神的伤害，因而对于应用何种技术诊治疾病应始终抱着审慎的态度，权衡利害，认真选择。任何一项诊治方案的选择和实施，都必须从患者利益出发，使患者处于最大安全保障条件之下。最优化原则包括四个方面的内容：①疗效最佳，指的是诊疗效果在当时、当地的医学条件下是最佳的；②伤害最小，一切诊疗手段和措施都会给患者带来一定伤害，但应当尽可能地避免和减少伤害，避免副作用或使不良反应减少到最小限度；③痛苦最小，是指在保证诊疗效果的前提下，采取的措施应当尽可能减轻患者的痛苦，包括疼痛、血液损耗、精力消耗等；④耗费最少，是指在保证诊疗效果的前提下，应当考虑患者的经济负担和社会医药资源的消耗，特别是在采用那些效果突出而代价昂贵的医学新技术时，更需要从多方面权衡，尽量避免过高的医疗支出。不作为常规推荐的一些特殊检查，只有在必需、有针对性且有保护措施的情况下方可使用。

二、临床诊疗伦理的价值

医学与每个人的健康息息相关，关系到千家万户的幸福，影响着国家各项事业的发展，甚至影响一个国家和民族的兴亡。临床诊疗是临床医学的主要内容和表现形式。在临床实践工作中，医务人员的医德境界直接关系到能否正确诊断和恰当及时的治疗。因此医务人员医疗行为的道德性对于医学事业、患者、社会和医务人员自己都具有极其重要的意义。

（一）临床诊疗伦理的价值体现

1. 以“人”为本，把患者放在首位 现代医学模式的发展要求临床诊治过程中要以人为本。现代医学科学的不断进步，诊疗仪器越来越先进，这些手段能够帮助医生对疾病进行更为准确及时的诊断和治疗，为患者带来了福音。但也使一部分医生对先进仪器过度依赖，忽略了对患者本身的关注。患者是现实生活中立体多维的人。疾病的发生、发展受到患者个人、家庭和社会多重因素的影响，医务人员要坚持生命至上原则，把患者放在首位，诊疗上加强彼此沟通，做到整体全面地关注患者。

2. 发挥医患双方积极性，建立共同参与的医患关系模式 尽管患者对于医学知识和技术的了解有限，但患者是疾病和治疗的承载者，疾病对健康的影响，身体的不适和痛苦只有患者最感受深切，而且治疗效果的体验也是直接来自患者的反馈。医务人员是诊疗工作的实施者，针对具体疾病的诊断和治疗能够提出建设性的意见和建议。因此，临床诊疗过程中充分发挥医患双方的积极性，医患双方共同参与疾病的诊治，对患者的康复有十分重要的作用。

3. 统筹兼顾，合理保障各方利益 临床诊疗实践中，一般情况下，患者利益与家庭、第三方和社会利益是一致的。但在一些特殊情况下，患者利益可能会与社会及第三方利益产生冲突。例如，艾滋病患者的保密权利可能会影响到无辜第三方的健康；对传染病患者实施隔离，虽然限制了患者的一些权利和自由，但是从疾病控制和无辜第三方的安全保障方面来看是有利的；有时可能会遇到如果对某些患者救治就可能会造成医疗资源分配不均衡，甚至是对稀有卫生资源浪费的情况。此时，就需要依据最优化原则，合理评估卫生经济成本，并做到统筹兼顾——既要保障诊断和治疗的效果，又不至于造成医疗资源的过度浪费。

（二）现代医学模式对临床诊疗伦理提出的新要求

随着人们对健康与心理、社会环境之间关系的进一步认识，1977 年美国纽约罗切斯特大学医学院恩格尔（Engel）教授提出了“生物 - 心理 - 社会”新医学模式。这一现代医学模式强调用整体、社会化的观点研究人体与疾病，既重视生物因素在致病中的作用，又重视患者心理、社会环境因素的影响，把患者的生理、病理、心理与社会环境有机结合起来，纠正了传统生物医学模式拘泥于疾病本身，过于强调人的生物属性忽视其社会属性，单纯强调医学的科学和技术特征而淡化人文特征，将治疗疾病与人文关爱割裂开来的问题。新医学模式从根本上革新了人们的健康观和疾病观，也对临床诊疗伦理提出了新要求。

1. 关注疾病本身，更要重视患者 新医学模式要求一视同仁地对待每一位患者，要求医务人员必须不断更新知识，提高诊疗能力，提高人文素质，加强职业道德修养。现代医学模式最突出的特点就是强调以患者为中心，充分体现医学人道主义精神，其核心是重视患者，尊重患者。

2. 发挥医师主导性，更要调动患者积极性 诊疗疾病的过程是医患双方互动的过程。医务人员掌握医学知识，具有职业能力和经验，在医患关系中处于主导地位。患者是诊疗的对象和诊疗活动的主体，也是诊疗结果的体现者。医疗过程是双向互动过程，既依赖于医务人员的努力，又需要有患者的主动配合、积极参与，只有医患双方密切配合才能取得良好的诊疗效果。

3. 维护患者利益，也要兼顾社会公益 把患者利益作为医疗工作的根本出发点和归宿，是取得最佳诊疗效果的重要保证，患者利益第一不容置疑。但是临床实践中，患者利益与社会公益之间有时会出现一些矛盾，这些矛盾给医务人员提出了挑战。个人是社会构成的细胞，患者的利益也是公益的一部分。对于这些矛盾，需要在法律规定的前提下，按照公平公正以及最优化原则合理解决。

4. 注重生物因素，也要重视心理健康 躯体疾病既有生理的因素，又与心理、社会因素密切相关，重视心理与社会因素是新医学模式的重要特征。因此，在疾病诊断的过程中，既要关注生物因素的作用，也要重视心理、社会因素发挥的作用；在疾病治疗过程中，既要注重药物、手术等专业治疗手段，也不能忽视心理健康和社会适应性的影响。

总之，新医学模式从更高层面和更宽视野上去看待疾病的发生、发展与转归，这就要求广大医务人员必须转变观念，不断提高医疗水平，在临床实践中努力为患者提供全面优质的服务。

第二节 临床诊断伦理

临床诊断是临床治疗的前提，实现正确的临床诊断需要必备的医学知识、积累的临床经验和正确的临床诊断思维方法，并通过问诊、体格检查和辅助检查等方式来完成临床诊断工作。作为临床诊断手段的问诊、体格检查和辅助检查均有相应的伦理要求。

一、临床诊断的伦理准则

临床诊断是临床治疗的前提，是医患双方发生伦理关系的第一环节，遵循临床诊断中的伦理要求是为后期的疾病治疗奠定基础。在临床诊断中要同时遵循及时和准确的伦理准则，这样不仅可以加强医患之间的信任，还能够促进医患关系和谐发展。

（一）及时准则

早确诊才能早治疗。及时准则要求医务人员力争尽早、尽快地对疾病做出分析判断，以便在临床诊治上取得事半功倍的效果。在疾病早期，机体通常处于功能的或病理生理变化的阶段，尚无器质性或形态学方面的改变，这时若能明确诊断，往往治疗效果比较理想。例如，及早诊治甲型 H1N1 流感可以大大减少其造成的死亡人数；儿童心理障碍早诊断早治疗效果也十分明显。再如，肾脏血流丰富、血管脆性大，外力操作强度稍大即可造成肾的损伤，当发生车祸造成复合型外伤时，若能及时发现并妥善处理肾损伤，对能否成功救治患者十分重要。

（二）准确准则

准确准则要求医务人员从工作总体角度去理解和把握，树立正确的诊断思想——诊断是为治疗服务的，而不是单纯地追求医学科研或其他原因。如果偏离为治疗服务的目的，单纯追求诊断的精确度，就可能会出现患者钱也花了，罪也受了，病也查清了，但治疗机会却没有了的情况。诊断的准确准则包含三方面要求。

1. 树立科学的诊断目的 临床诊断的准确性是临床治疗有效性的保证，要实现或提高诊断的准确性，医师必须要有认真负责的科学态度，并坚持动态发展地看待疾病。由于疾病发生的复杂性，相同疾病在不同患者身上表现不同，相同症状也可能是不同疾病所致。例如，有些患有腰椎间盘突出症的患者表现为腿部麻木或疼痛，有些患者表现为腰部疼痛，而这些症状的表现既和疾病有相关性，又不能完全代表疾病的严重程度。再如，疼痛、发热可以在多种疾病中存在。

2. 积极合理地利用现实条件 医务人员首先要从询问病史、体格检查等最基本的诊断方法入手，并利用其他诊断手段，特别是要充分利用医疗适宜技术，应用循证医学的基本原则来提高诊断疾病的准确程度。医务人员可以充分利用现代诊断条件提高诊断的准确性，但需要强调的是，不可盲目地做“撒网式”检查，也不可简单地局限于偏狭的范围之中，而应结合患者的病情综合考虑、合理选择。

3. 严肃认真地做出判断 医务人员要坚持全面性原则，不仅要询问患者病情的发生、发展情况，还要询问生活、婚姻、家族病史、生活工作环境等问题，体格检查必须一丝不苟，不能遗漏。对于通过诊断方法所获取的医学证据，医务人员要认真、细致、周密地去分析研究、经过去粗取精、去伪存真、严肃研判后，做出诊断结论，杜绝漫不经心、敷衍了事、主观臆断的不良作风和行为。

二、问诊的伦理要求

问诊是医患间接触的第一步，是获得患者病情的首要环节和重要信息来源，是医疗活动的开始。即使在医学科学技术发展日新月异的今天，问诊还是诊断疾病最基本也是最重要的手段。医生通过与患者及其家属的交谈，了解患者疾病发生、发展的过程，既往身体健康状况和前期的治疗情况，以便对疾病做出初步判断。问诊不仅对得出正确的疾病诊断十分重要，同时还是掌握患者思想动态、取得患者信任，建立良好医患关系的开端。相反，忽视问诊，采集病史粗疏，对病情了解不够确切，势必造成漏诊或误诊。临床诊断过程中问诊的伦理要求有以下五个方面。

（一）遵循规范，坚持原则

严格按照问诊的基本医学规范执行，坚持科学的精神。坚持全面性原则，问诊不仅要询问患者病情的发生、发展情况，还要询问其生活、婚姻、家族病史、生活工作环境等；要坚持准确性原则，问诊获取的病史信息一定要准确；要坚持及时性原则，做到在第一时间内接诊患者、询问病情；要坚持动态分析原则，用发展的观点认识疾病，在诊治的过程中根据患者治疗和病情的变化，及时更新病情资料。

（二）人文关怀，态度和蔼

医患信任是正确诊断的重要因素，医务人员的态度直接影响着患者的心理和医患关系的和谐。由中华人民共和国卫生部、国家食品药品监管局、国家中药管理局联合印发的《医疗机构从业人员行为规范》（2012）中多处提到了“人文关怀”。在问诊过程中医生应当对患者实行人文关怀，真诚、耐心地与患者沟通，让患者感觉受到应有的尊重。适当的眼神交流、和蔼的态度和恰到好处的肢体行为可以使患者产生亲切感，缓解患者紧张心理，有利于患者倾诉病情，从而获得全面可靠的病史资料。医务人员衣冠不整、目光游离不定、皱眉、打哈欠等细小的行为变化会直接影响患者对医生的认知，产生负面的推测。此外，医务人员在问诊中也需要和患者保持合理的距离，给患者留有足够的个人空间，最大限度地保障患者个人空间的私密性。

（三）语言得当，通俗易懂

就诊的患者绝大多数是非医疗专业的普通人，通常缺乏专业的医学知识，如果医务人员在与患者交流时大量引用医学专业词汇甚至是英文缩写，会使患者无法理解，从而影响医患间的信息交流。语言得当、通俗易懂是问诊的基本伦理要求，由于就诊的患者文化程度不同，他们对语言的理解能力也存在不同，问诊中医务人员一定要使用患者听得懂的语言。此外，问诊时要避免出现提示性诱导和暗示。

（四）专心致志，慎言守密

孙思邈在《备急千金要方》中明确提出“凡大医治病，必当安神定志”，因此，医务人员问诊时要紧紧围绕与判断疾病有关的情况进行交谈，要安神定志、精力集中，不能心不在焉。为了诊治疾病，患者基于对医务人员的信任，会毫无保留地向医生倾吐自己躯体和精神方面的秘密。《医疗机构从业人员行为规范》也明确指出要“为患者保守医疗秘密和健康隐私”。因此，医务人员必须严格为患者保密，这既是伦理学上的要求，也是法律上对患者隐私权的保护。

（五）耐心倾听，正确引导

患者是疾病的亲身体验者，他们的主诉常常能真实地反映疾病演变过程的因果关系，提供认识疾病的特征性资料。一些疾病，患者主观体验往往早于生理检验指标的变化，故而患者诉说的主观体验，对于早期诊断非常重要。医务人员在问诊过程中应耐心倾听患者陈述，给予适当的回应，不轻易打断或显得不耐烦。有些患者通过倾诉，既能够缓解紧张情绪又有利于找到疾病的原因；有些患者提供的资料虽是生活经历，但从中可分析出患者的心理、社会因素与疾病的关系。询问病史，特别是门诊问诊时，往往时间有限，如果患者叙述的内容离题太远，医生可以引导其陈述正题或针对关键问题逐一询问。当然询问病史时，切忌先入为主地套问，还需要避免暗示或诱导患者提供希望出现的资料，否则会造成患者疑虑或随声附和，导致漏诊或误诊。

三、体格检查的伦理要求

体格检查是指医生运用自己的手、眼、耳等感觉器官和简便的诊断工具对患者身体状况进行检查的方法。我国传统医学通过“望、闻、问、切”来对疾病进行客观诊断，除了“问”以外，其他三种都可以归结到体格检查之中。忽视体格检查会造成有价值的体征遗漏，导致漏诊、误诊。临床医师进行体格检查时应遵循以下三方面伦理要求。

（一）规范操作，全面细致

按照体格检查的规范进行，切忌主观臆断、不查、漏查和误查。体格检查时先要观察一般情况，如果患者病情危重，可先行重点体格检查，明确诊断后，先行救治，待情况稳定后再行全面体格检查。一般患者，体格检查是按一定顺序进行的，通常按解剖部位，从上到下，从远到近的顺序进行检查；检查过程中要边询问、边检查、边思考，还要注意患者情绪、周围环境等对查体的影响。在查体过程中要做到一丝不苟，避免主观片面、丢三落四、草率行事。对于模棱两可的体征要反复检查或请上级医生检查。

（二）尊重患者，保护隐私

医务人员在体格检查过程中，应尊重患者人格，维护患者自尊。在查体过程中，会涉及患者身体的暴露，医生应当尊重患者隐私权，注意遮盖，避免使患者身体过于暴露，影响患者的心理和情绪。医生在体格检查过程中会接触到患者身体的隐私部位，特别是对于异性患者，医生更应态度端正、语言得当、手法轻柔，男性医生在给女性患者进行妇科检查时还需要有护士或第三者在场。医务人员面对畸形或者具有生理缺陷的患者时，更要关心和体贴，避免旁观者围观议论，做好患者隐私的保护。当一些患者不合作或拒绝检查时，不要勉强，应充分沟通待患者愿意接受时再进行检查。

（三）关心体贴，减少痛苦

体格检查中的一些方法本身具有一定的伤害和刺激。例如，骨擦音、骨擦感是骨折的专有体征，获此阳性体征即可确诊骨折，但是此阳性体征的获取过程，也是患者感受强烈疼痛的过程，检查手法不当甚至会加重损伤。因此，体格检查要体贴关心患者，让患者感受到温暖、舒适，检查动作需要轻柔，检查手法要做到准、稳、轻、快，减轻患者的身体和精神上的痛苦。在操作中通过“讲一做一讲”的方式进行，也就是说，医生在给患者操作前，先向患者讲清操作的目的、方法和要求，然后开始操作，操作结束后医生还要向患者告知操作的结果和后续的注意事项。

四、辅助检查的伦理要求

辅助检查是借助于化学试剂、仪器设备及生物技术手段，对疾病进行检查和辅助诊断的方法，主要包括实验室检查和影像学检查两大类。它是在不干扰人体本身的前提下，通过器械对人体局部脏器的图像和物理指标进行的检查。尽管辅助检查对疾病的诊断发挥了重要作用，但是辅助检查也存在自身的缺陷和不足。所有的辅助检查结果分析都必须发挥人的主观能动性；相当一部分疾病通过辅助检查获得的也只是参考依据；某些辅助检查在其使用过程中会给患者造成一定程度的痛苦和损伤。因此，对待临床中的辅助检查，我们既要尊重其辅助临床诊断治疗的重要作用，又要防止过分依赖这些仪器设备；既要尊重其循证医学的客观性，又要充分发挥人在认识疾病、治疗疾病中的主体作用。在开展辅助检查时，要遵循以下伦理要求。

（一）病症适应，循序渐进

做辅助检查必须患者的病情确实需要。要根据患者的病情需要有目的、有计划地选择适合患者的辅助检查。辅助检查不应一味追求高、精、尖，而应根据需要选择适宜且经济的检查项目。简单检查能解决问题的就不要做复杂而危险的检查，少数几项检查能说明问题的就不要做更多的检查。不做那些对患者疾病诊治无意义或意义不大的检查。不能因为个人或集团的利益，过度使用高档仪器检查，也不能因为担心医患矛盾和纠纷而过度检查。当然确系诊治需要且患者又能耐受的，即使做多项检查、反复检查也是无可指责的。选择辅助检查应遵循从简单到复杂、从低价到高价、从无创伤到有创伤的顺序。

（二）知情同意，尽职尽责

医生确定了辅助检查项目后，一定要向患者和家属讲清楚检查的目的、意义、费用、风险等，让其理解并获得同意后再进行检查，特别是一些比较复杂、费用昂贵或危险性较大的检查更应该详细阐明相关信息，得到患者的理解和同意。有时患者会因惧怕痛苦而拒绝某些检查，如腰椎穿刺、骨髓穿刺、内镜等，若必须做这些检查才能明确诊断时，医生应耐心细致地向患者解释和规劝，绝不能嫌麻烦而顺其自然，对患者不负责任。此外，还要求开展辅助检查的操作人员有高度责任心，严格执行操作规范和流程，避免因操作失败而增加患者痛苦和心理负担，进而影响检查结果的可靠性，延误疾病的诊治。

（三）客观分析，加强协作

辅助检查对疾病诊断具有很大的帮助，但辅助检查不是万能的，辅助检查也有假阳性和漏诊、误诊，不能过分依赖和迷信辅助检查，夸大辅助检查结果在临床诊断中的作用。为了避免辅助检查的局限性，需要将辅助检查的结果与患者的病史、体格检查资料一起进行客观、综合的分析。

密切联系、加强协作是临床医生与医技人员应共同遵守的伦理规范。临床医生与医技人员的目标是一致的，都是为患者服务。临床医生要重视同医技人员的协作，共同完成对患者的诊断任务。这就要求双方既要承认对方工作的独立性和重要性，又要密切联系、相互协作。当出现辅助检查与临床检查不一致的地方，双方应主动沟通协商。

第三节　临床治疗伦理

临床治疗是临床工作的核心环节，绝大部分疾病都需要通过临床治疗来达到祛除病痛、缓解症状的目的。临床治疗效果的好坏是评价临床工作的主要指标。临床治疗的主要手段通常分为药物治疗、手术治疗、心理治疗和康复治疗四大类，每种治疗手段都有自己独特的伦理要求。

一、药物治疗的伦理要求

药物治疗是临床最常用、最主要的治疗手段。药到病除不仅是医生所希望的，也是患者所企盼的。但“是药三分毒”，不论是化学合成方式制备的药物，还是来自自然界的植物、矿物、动物类药品，均具有双重作用——既有治疗作用，又有毒副作用。所以，滥用药物会造成药源性疾病，严重者可致残、致死。医务人员给患者进行药物治疗时要充分发挥药物的治疗作用，避免用药不当给患者带来的危害。临床医生应遵守以下五个方面的药物治疗伦理要求。

（一）审慎选择，切实保障用药安全有效

药物治疗时医务人员需审慎选择治疗药物，合理把控剂量和疗程，使其掌握在安全有效的范围。特别是一些效能高、安全范围窄、排泄较慢的药物，医务人员更应密切关注药物毒副作用，防止用药错误，保障患者用药安全。

在保障患者安全用药的前提下，充分发挥药物的效力是药物治疗的目的。药物有效性的发挥有赖于该药的适应证、用药剂量以及患者的用药心理等多种因素。如果药物的性能与治疗的疾病不匹配，那么药物的有效性就不能显现，反而会因其毒副作用伤害患者。例如，病毒性感冒使用抗生素，这种情况下抗生素的使用非但不能发挥药效，反而会给患者带来危害。因此，有效性也是药物治疗的重要伦理原则。

（二）对症下药，适时调整用药剂量和疗程

对症下药是指医务人员根据临床诊断选择相适应的药物进行治疗。为此，药物治疗须明确疾病的诊断和药物的适应证和禁忌证，然后再合理选择具体药物。当疾病诊断不明确且病情较为严重，或者尽管诊断明确却没有可供选择的根治性药物，可以暂时应用一些缓解症状的药物来减轻病痛和预防并发症的发生。但这样的治疗会掩盖一些症状，若不加注意会给诊断带来困难、延误病情甚至发生意外。

对症下药的前提是医务人员能够因人而异，掌握好药物的剂量和疗程。医生要根据患者的年龄、体重、体质、重要脏器的功能、既往用药史、过敏史、对药物反应的差异等具体情况，灵活掌握药物的使用剂量和时间，并根据病情变化做好调整，进而实现既达到治疗效果又防止用药危害的目的。

（三）合理配伍，尽量减少药物的毒副作用

联合用药是指为了达到治疗目的而采用两种或两种以上药物同时或贯序使用的情况。药物联合使用可能会出现协同和拮抗两种状况。药物治疗时一定要加强针对性并尽量减少用药数量或种类，进而降低联合用药产生的不良反应和患者的经济负担。当患者病情复杂或同时患有几种疾病需要多种药物联合使用时，更要关注药物联合后是否存在配伍禁忌和相互增强毒副作用的问题。

药物治疗时如果单药有效就不联合用药。必须联合用药或使用毒副作用大的药物或需要其他药物辅助时，要合理配伍、尽量减少药物的毒副作用，从而使药物治疗发挥最佳疗效。

（四）高效用药，尽量减轻患者经济负担

在保障药物安全性、有效性前提下，选择质优价廉且使用剂量较少的药物也是药物治疗的伦理要求之一。临床开展药物治疗能用常用药、国产低价药达到治疗效果的，尽量不用贵重药和进口药；能用一种药物解决问题，就不用多种药物。医生开“搭车药”、大处方或诱导患者相信“价格高的药就一定疗效好”等行为，对于患者来说不仅会增加经济负担，还可能会影响患者的治疗，甚至带来健康损害。

（五）遵章守纪，加强毒、麻、精神、放射药品管理

在药物治疗时，医务人员应严格遵守《麻醉药品管理条例》《医疗用毒药、限制性剧毒药管理规定》等法规，要坚决抵制使用假冒伪劣、变质、过期的药品，不得违规使用麻醉药品、医疗用毒性药品、精神药品和放射性药品。切实加强毒、麻、精神、放射药品管理，以防止此类药物流入社会造成不良后果。确实需要使用此类药品时，应随时接受药剂人员、护理人员和患者的监督，一旦发现用药错误或不规范，应及时采取补救措施，避免发生更严重的后果。

二、手术治疗的伦理要求

手术治疗是外科治疗中的主要方法和途径。手术治疗具有起效快、疗效好的优点，同时，手术治疗还有团队协作性、创伤风险性、技术特殊性和治疗局限性的特点。根据手术过程，手术治疗可分为术前、术中和术后三个阶段，不同阶段的伦理要求也有所差异。

（一）术前伦理要求

1. 充分评估，确定手术治疗的必要性　手术治疗是有风险的。从医务人员角度来说，首先要评估患者的疾病是否需要手术治疗，若评估手术治疗的近期及远期效果均好，应积极手术治疗；其次要评估医务人员的技术、所在医院的手术室环境、消毒及器械等条件是否完全满足手术需要，倘若所在医院达不到手术所需条件，要将患者健康利益放在首位，可以邀请专家协助或考虑转诊。从患者角度来说，首先要对患者的病情种类、严重程度、身体状况、手术创伤和手术效果进行全面的权衡，对于有其他非手术方法可以治愈的患者，应避免选择具有创伤性和风险性的手术方法治疗；其次要考虑患者及家属的精神负担及经济情况等。充分评估比较之后，只有当手术治疗效果最佳、代价相对最小，又被患者完全认可接受时，选择手术治疗才符合伦理规范。

2. 详细告知，保证患者的知情同意权　接受手术治疗前，患者有权知晓自己病情及可能的治疗方案，并对医生提出的治疗方案具有选择取舍的决定权。医务人员有充分告知的义务，让患者享有知情同意的权利。医务人员应以患者及家属能够理解的语言，实事求是地说明病情，告知选择手术治疗的原因、不同治疗方案的效果、手术治疗后可能发生的后果和意外，在介绍、分析有关手术治疗的情况时，要充分尊重患者的选择，保护患者的利益，取得患者的同意后要签订同意实施麻醉和手术的书面协议。

3. 防患未然，认真做好术前准备　做好术前准备工作，是减少手术风险的重要一环。术前准备包括手术方案的制定与患者准备两个方面。首先，手术方案要依据疾病性质、患者具体情况，并通过医学团队术前讨论来确定。每一种手术方式都有其利弊，要充分考虑选择的手术方式和采取的手术技巧与术后并发症的发生、术后患者恢复快慢的关系，保障患者术后的治疗效果和生活质量。要充分考虑麻醉和手术中可能发生的意外，并制定出相应的对策。麻醉医师也应参与手术方案的讨论，并根据手术需要和患者的具体情况选择最佳的麻醉方法，以保证手术安全进行。其次，要积极帮助患者在心理上、躯体上做好准备，引导患者树立对手术的信心，帮助他们摆脱不

良情绪，鼓励患者以良好的心态接受和配合手术。

（二）术中伦理要求

1. 一丝不苟，果断决策，妥当处置 在手术中，医务人员要以严肃认真、一丝不苟、对患者生命负责的态度进行手术。这不仅是对主要手术者的要求，也是对所有在场手术人员及辅助人员的要求。麻醉医生要为手术患者提供无痛、安全、良好的手术条件。还应对患者进行认真观察，及时发现异常情况，并冷静妥当地进行处置。手术医师要全盘考虑手术过程，并做好科学安排，手术操作时要沉着果断、有条不紊，采用最恰当且最熟悉的手术方式。

手术过程中难免会发生意外情况，一旦术中遇到问题，要大胆、果断、及时地采取有效措施，尽最大可能保障患者生命安全和器官功能。对于意识清醒的手术患者，医务人员还应给予安慰，告知手术进展情况；在讨论病变情况时，也应注意方式方法，避免给患者造成不良刺激。对于全麻或意识不清的患者，手术过程中若出现与术前谈话不一致的情况，要及时与患者家属沟通告知，并签署相关治疗或手术同意书。若情况危急时，可遵循生命至上原则先行救治，但后续仍应做好沟通交流。

2. 团结协作，互相支持，有效沟通 手术治疗需要手术医师、麻醉医生和护理人员共同完成。参与手术人员相互之间的密切配合与高效协作是确保手术安全的必要保障。随着现代医疗技术进步与发展，术者也在不断挑战高难度、高风险甚至以往手术禁区的手术，这时团队协作的意义就显得更为重要。所有参加手术的医务人员都应把患者的生命和健康利益看得高于一切，不计较个人名利得失，把服从手术需要和保证手术顺利进行看作自己应尽的义务，互相支持、紧密配合、齐心协力地完成手术。

手术过程中积极有效的沟通十分重要。例如，在嗜铬细胞瘤手术时，麻醉师发现血压、心率等异常时，要将情况及时告诉手术人员，手术人员可采取避开肿物区域操作或暂停手术操作的方式来消除手术刺激带来的异常；手术医生在准备切除嗜铬细胞肿瘤时和完成肿瘤切除时，也要告知麻醉医师，以便麻醉医师及时调整麻醉用药，避免发生血压大幅度波动。此外，全麻或意识不清的患者手术过程中发生意外时，应及时与患者家属联系沟通，取得患者家属知情同意，避免引起医疗纠纷。

（三）术后伦理要求

1. 严密观察患者病情 术后管理也是围术期管理重要的一环，手术医师、麻醉医师、护理人员均应参与到术后管理工作中来。术后患者由于刚刚经历了机体的创伤，身体相对虚弱，病情也不稳定，所以要强调医务人员严密观察患者病情变化，及时处理和记录异常状况，尽可能地减少和消除各种不良后果的发生。

2. 努力解除患者不适 手术操作必然会给患者带来疼痛或不适。随着快速康复理念的不断完善，认为“术后疼痛是正常”的错误理念已被摒弃。医务人员应抱着对患者负责的态度，尽最大努力地解除其不适症状。对患者术后不适表现得麻木不仁、漠不关心的态度和行为是违背医学伦理的。

3. 重视术后心理治疗 手术后的患者常常因为疼痛而表现出情绪不稳定。因此，术后管理不仅要体现在具体的医疗措施上，还要体现在对患者精神层面的关怀。对于患者而言，医生的态度十分重要，医务人员应给予患者足够的安慰，消除其心理上的痛苦，特别是那些手术后可能造成身体残障的患者，医务人员更要在精神方面给予无微不至的关怀，帮助患者鼓起生活的信心和勇气，走出心理的阴霾。

4. 及时认真完成手术记录 手术记录不但为患者术后进一步治疗提供依据，而且也是医生进行经验总结及科研工作的重要资料。手术记录应在术后规定时间内由术者或助手认真书写完成，并由术者签字确认。书写手术记录应避免两种错误，一是术者为掩盖诊断上的错误，歪曲手术所见，回避术中失误；二是术后完成医疗文书后，发现手术有重大错误，肆意伪造修改手术记录，为其错误的手术方式进行辩解。这些情况均属医疗欺骗行为，会延误诊治、耽误病情，是缺乏医德的表现。

三、心理治疗的伦理要求

心理治疗又称精神治疗，是用临床心理学的理论和技术治疗患者的情绪障碍与矫正其行为的方法。由于心理因素引发的疾病日渐增多，常规临床治疗后的心理治疗也对疾病康复起到了重要的促进作用。因此，需要关注心理治疗应遵循的伦理要求。

（一）保密

1. 保护患者隐私 在心理治疗过程中，不可避免地会涉及患者隐私，而且诊疗本身也是隐私的一部分。因此，保密是心理治疗应遵循的一项基本伦理要求。患者向心理医生倾诉的信息，特别是秘密或隐私，不能泄露，甚至对患者的父母、配偶也要保密，否则会失去患者的信任，使心理治疗难以继续进行下去。心理医生有责任保护来访患者的隐私权，要充分认识到保密要求在内容和范围上受到国家法律和专业伦理规范的保护和约束。

心理医生还应清楚地了解保密要求的应用有其限度。当出现以下情况：①患者有伤害自身或伤害他人的严重危险时；②患者有致命的传染性疾病等且可能危及他人时；③未成年人在受到性侵犯或虐待时；④患者行为违反法律法规时，医务人员可以在患者事先知道的情况下，转告给其家人或相关部门。一般情况下，患者多数能理解医务人员的行为是在保护自己或他人的生命，因而是符合医德要求的。

2. 医学科研需要的隐私保护 心理诊疗过程中涉及的录音、录像或演示等内容，只有得到患者的书面同意时，心理医生才能进行相应的处理或应用。在科学研究或教学工作需要时，心理医生对心理咨询或心理治疗的案例进行讨论或采用案例进行教学、科研、写作等工作时，必须隐去可能会辨认出患者身份的有关信息。

3. 青少年心理咨询的特殊要求 在青少年心理咨询中，需要向青少年来访患者详尽解释保密的伦理要求，同时还需要对其监护人进行清晰的说明和解释，以确保各方对保密有同样的理解。这样有助于患者配合咨询和治疗过程的顺利进行。需要强调的是，在心理治疗过程中，面临危急情况时，很多医务人员往往担忧自己要承担知情不报的后果，或担心社会、相关机构和患者家属的责难，而轻易违反保密伦理要求，反倒失去了很多本来可以帮助来访患者成长的机会。

（二）尊重

1. 尊重患者的知情同意权 心理治疗在一开始就要征得患者对治疗的知情同意，心理医生有义务告知患者心理治疗的特点、性质、预期疗程、费用、保密范围等情况，以确保患者能充分理解相关内容并配合心理医生共同参与治疗。如果来访者是在未被充分告知情况下做出的知情同意，在法律上视为无效同意。

2. 尊重患者的决定权 充分尊重患者的决定权体现在患者有权决定是否接受评估和治疗、有权决定开始治疗和终止治疗的时间、有权改变治疗方法或更换治疗师。

3. 尊重患者的相关背景 心理医生要尊重来访患者的性别、民族、国籍、宗教信仰、价值观、性取向等。对于与自己有着不同社会文化背景和价值观念的来访者，心理医生必须充分认识、接受和尊重他们的社会文化、经济背景和价值取向，避免把自己的价值观和看法强加给患者。当不能接受来访患者的个人文化和价值观念时，必须将患者转诊，以免耽误治疗时机、影响治疗效果。

（三）科学

1. 运用心理治疗知识和技巧开导患者 心理医生应根据自己所接受的教育、培训和督导的经验，采用规范、恰当、系统的程序和方法，为不同人群提供适宜而有效的专业服务。只有掌握了心理治疗的知识，才能在与患者的交谈中了解心理疾病的发生、发展机制，从而做出正确的诊断；

只有掌握了心理治疗的技巧，才能在诊断的基础上，有针对性地进行相应治疗；只有严格规范地开展工作，才能避免发生临床伦理问题，并取得较好的效果。不具备心理治疗知识和技巧，只靠一些常识施以安慰和鼓励，是把心理治疗简单化，不仅达不到有的放矢的效果，还会发生错误的导向。

2. 以专业的态度处理与患者的关系 心理医生与服务对象之间要把握治疗界限，不能在治疗关系之外与服务对象发展或保持任何形式的亲密关系。如果建立的专业关系超越了专业界限，应立即终止治疗，并通过寻求同行建议等措施进行纠偏。

3. 关注患者的同时还应关注自我保健 心理治疗是一种情绪劳动，心理医生个人内在环境很容易受到来访患者的情绪感染和干扰。当意识到个人的生理或心理可能受到了来访患者的影响并可能对来访患者造成伤害时，应警惕自己的问题对服务对象造成负面影响，并及时寻求其他专业人员的帮助。必要时应限制、中断或终止临床专业服务。

4. 严格遵守心理治疗谈话的时间要求 对于心理治疗师来说守时是必须遵守的规范，如果不是十分意外的情况，咨询一定要按计划进行，不能随意更改，该开始就开始，当结束就结束。心理治疗师有责任让来访患者明确可利用的治疗资源，知道什么时候、什么情况下可以面谈或电话联络，知悉无法与治疗师联系时处理紧急情况的策略。当来访患者不再需要治疗，治疗对来访患者不再有利或可能造成伤害时，治疗师有责任结束治疗。但需要注意的是对于危急患者，治疗师有责任拒绝结束治疗关系，不轻言放弃。

（四）真诚

1. 心理治疗本身的真诚 在工作中需要介绍自己情况时，心理医生应实事求是地说明自己的专业资历、学位、专业资格证书等情况。在需要描述其服务内容时，应以确切的方式表述其专业资格，不得以虚假、误导、欺瞒的方式对自己或自己的工作部门进行宣传，更不能欺骗患者。心理医生认为自己不适合对某个寻求专业服务的来访患者进行治疗时，应真诚向对方明确说明，并本着对对方负责的态度向其介绍其他合适的心理医生。

2. 对待患者真诚 面对来访患者诉说自己最隐私的事情、最痛苦的心情时，心理医生真诚的态度是打开沟通之门的钥匙。医务人员要有深厚的同情心，理解患者的痛苦，耐心听取患者倾诉，并在此基础上帮助患者找出症结所在，通过适当的手段，使患者改变原先的态度和看法，逐渐接受现实、摆脱困境，培养新的适应能力，进而达到帮助患者治疗的目的。同时医务人员要避免把自己的情感、判断和利害掺杂进心理治疗，以免误导患者。从事心理治疗的医务人员要以真诚、健康和稳定的心理状态去影响和帮助患者。

四、康复治疗的伦理要求

康复治疗是临床治疗的延伸和重要组成部分，是促进患者和残障人士身心功能恢复的一门新的专业技术和治疗学科。康复治疗的手段很多，包括物理疗法、言语矫治、行为疗法等功能恢复训练的方法以及康复工程等代偿或重建技术。康复治疗的服务对象主要是各种身体功能残障的患者，治疗的目的是使他们尽可能地恢复参与日常生活、学习、工作以及社会活动的能力，融入正常的社会环境中，提高生活质量。因此，康复治疗应遵循以下伦理要求。

（一）理解尊重，平等相待

康复治疗的对象主要是身体残障的患者。不论是先天或后天、疾病或外伤所致的各种残疾，都会给患者带来难以挽回的损失。他们不仅有躯体上的创伤，还有轻重不等的自卑、孤独、悲观、失望等心理痛苦。但生命是神圣的，任何人都不能因身体残疾而被贬低生命的神圣性。医务人员应给予康复治疗的患者充分的尊重。医务人员只有把尊重生命作为主导思想，才能真正做到尊重患者。因此，在康复治疗中，医务人员要充分理解患者各方面的状况，绝不能嘲笑患者和伤害他们的自尊；与患者沟通交流时，应平等相待，并能设身处地为患者考虑；选择康复方法时，应尊重患者意愿，建立和谐的医患关系，尽量选择患者乐于接受的方案，并引导患者尽可能选择效果最佳的方法，促进患者尽快康复。

（二）严谨细致，耐心帮助

许多残障人士行动不便，甚至有人连日常生活都难以自理。所以，医务人员应坚持严谨细致的工作态度，不断提升自身素质和沟通方法，关注患者心理感受以及每天的实践过程，在生活与训练的细微之处给予患者关怀与帮助。康复训练前向患者讲清其目的、方法及注意事项，以利于安全保证；训练中要随时鼓励他们的点滴进步，以增加他们的信心与毅力，使他们由被动状态逐渐转变为主动参与治疗；还要倾听患者的感受，关注患者的情绪变化，耐心细致地与患者做好沟通，调节患者的心理状态。

（三）多元协作，合理分配

康复治疗是由多学科合作完成的。在康复治疗中，医务人员除了要不断拓展自身的多学科知识积累外，还要与工程技术人员、社会工作者、特种教育工作者等各种人员密切协作。既要及时解决工作中出现的矛盾，也要避免康复工作各个环节之间衔接不畅。随着人口老龄化以及慢性病患者的日益增多，康复治疗的需求也在日益增加。当健康服务体系资源不足时，应坚持公平、公正原则，促进康复资源的合理化分配。

（四）坚持心理与生理并重

接受康复治疗的患者除遭受疾病带来的身体痛苦外，也要承受着残障带来的心理压力。患者常常存在否认、焦虑、抑郁、烦躁、易怒、自责、多疑、自卑等情绪特点。这些负面情绪不仅影响治疗效果，而且还干扰患者的康复过程，甚至会恶化患者病情。因此，医务人员除了关注患者的生理康复，更应该关心患者的心理康复。

（五）坚持道义与自主的统一

道义是指医务人员以患者的最大利益为中心，从专业角度考虑患者需要什么。自主是指患者有权从自身理解出发决定自己想要接受什么治疗，要求医务人员尊重患者的自主选择。在康复治疗时，经常会遇到道义和自主的冲突。当患者的最大利益和自主选择相冲突时，常常使医务人员陷入两难境地。此时，医务人员应从患者利益最大化出发，与患者和家属协商，将治疗情况和康复效果予以说明，尽最大努力争取利益最大化。倘若规劝和协商无效，且确认患者和家属的要求经过了认真和理性考虑后，应尊重患者的自主选择。

第四节 特殊临床诊疗情境下的伦理

日常临床工作中，急诊急救、医学团队合作、医学生实习、医师多点执业等均属于非常规的临床诊疗情境，这些特殊的临床诊疗情境都有各自独特的伦理要求。

一、医疗急诊急救中的伦理要求

急救患者具有发病突然、病情危重、抢救困难、易发纠纷的特点。患者一旦发病，往往来势凶猛、变化迅速甚至危及生命；急救患者病种不一，情况复杂，很多急救患者需要不同科室共同确诊和抢救，给急救工作带来了一定困难；急救患者发病多数在亲属意料之外，一旦出现抢救无效的情况，亲属往往难以接受，会出现情绪波动，进而引发医患纠纷。因此，医疗急救不仅需要医务人员有精确的判断能力，扎实的急救知识，专业的急救技术，还离不开医务人员高尚、审慎的医学伦理素质。

1. 争分夺秒，全力以赴 急诊急救患者的每一秒都可能和他们的生死息息相关，抢救急诊患者就是与时间赛跑。能否将患者从死亡线上拉回来，抢救是否及时至关重要。因此，急诊科医务人员要有严格的时间观和紧迫感，争取最佳治疗时间，分秒必争，全力以赴。在抢救过程中，尊重珍惜每一位患者的生命是必须坚守的原则，不能因患者暂时无法支付医药费而延误了病情。

2. 冷静有序，全面准备 急诊急救时，医务人员要有良好的心态，处置时需要灵活果断，并保持沉着冷静，切忌慌乱、手足无措。为了给患者争取宝贵的抢救时间，急诊在接诊、分诊、处理时要有井然有序且衔接紧密的医疗急救流程，这样才能保障抢救工作有条不紊、顺利进行。面对状况百出的急诊患者，更要做好全面的准备。例如，心肺复苏机、呼吸机等设备是否正常，抢救人员是否都到位，抢救药品是否齐全等，这些准备工作都需要一丝不苟地完成。

3. 团结协作，群策群力 急诊科室是集内、外、妇、儿等多个临床学科的综合科室。抢救危重患者时，只有多个科室的医务人员团结协作，才能达到最佳抢救效果。对危重疑难的病例，要在最短时间内拿出最佳治疗方案就更需要群策群力，集思广益。面对病情危重的急救患者，遵循最优原则、团结协作、默契配合、无私奉献也是医务人员良好医德的展现。

4. 筑牢功底，强化技术 精湛的医疗技术是保证急救患者得到最佳救助的前提和基础。要求急诊科医务人员熟练掌握心肺脑复苏、止血、包扎、固定、搬运等急救基本措施，环甲膜穿刺、气管插管、气管切开等急救技术且可以将这些技术运用自如，只有这样才能提高抢救效率。因此，需要医务人员筑牢基本功，平时反复进行抢救技能训练，强化急救技术的学习。

5. 关爱患者，抚慰心灵 精湛的医疗技术与关怀仁爱的美德是相辅相成的。仁爱宽厚、关心患者是医患和谐的有效保障，也是医务人员医德的具体展现。现代医学强调的"以患者为中心"，不只是关注疾病，同时还要关注患者的情感、心理等多层次需求。急救中经常会遇到因不能接受截瘫、大面积烧伤毁容等后果，导致情绪激动、自暴自弃的患者和家属。此时，除了针对疾病的治疗，更重要的是对患者进行心理疏导。得体的语言、和蔼的态度、充分的理解与鼓励能够增强患者战胜病魔的信心和勇气。同时，还要及时与患者家属沟通，安抚家属情绪，确保抢救工作顺利展开。

6. 心系病患，坚守慎独 救死扶伤是医生的天职，慎独是医德中的最高境界。慎独要求医务人员热爱医疗事业，真正关心患者，设身处地为病患着想。在抢救时既要征求患者及其家属同意，也要注重生命神圣、生命质量和生命价值的统一。面对急诊急救时的风险与不确定性，慎独的医德准则要求医务人员要有敢于承担救治风险的勇气，果断采取最优方案治疗，积极挽救患者生命，促其康复。

二、医学团队合作的伦理要求

医学发展带来了医学分工的细化，并呈现出了纵向分化与横向综合两个明显趋势。要想满足患者多层次、多元化的医疗保健需求，实现生物 - 心理 - 社会新医学模式的转型，必须接受并顺应这种现实趋势，推动医学团队化建设。尤其是多学科诊疗模式（multidisciplinary team，MDT）在疑难病例的广泛运用，更是加速推进了医学团队的完善。

（一）医学团队的概念

医学团队（the medical team）是借鉴企业团队工作模式在医疗服务中兴起的一种工作模式，是指将医疗机构中不同部门间有互补技能和作用的人员从组织结构上进行优化组合形成的若干个跨部门的、高效运作的群体。该工作模式充分发挥了整体优势与团队合力，为患者提供了优质、高效、低耗、全过程、全方位的服务。

现代医疗工作需要不同知识、不同技能、不同人员的相互结合。没有任何一个人或一个专业能独立地满足患者所有的医疗健康需求。医学团队凝聚了团队成员的各种专业技能和丰富的学识，将团队所有的人紧密地凝聚在一起，从而为患者提供更全面、更合理、更方便和“无间隙”的医疗保健服务，进而有效地推动整体医疗深入、健康、有序地发展，提高和放大医学团队的效益。

医院担负着救死扶伤的重要使命，医疗工作直接关乎患者的生命或身心健康。优秀的医学团队应具备共同的理想、共同的未来、共同思考问题的途径、共同解决问题的原则与方法，并具备以下特点：①心理上彼此认同；②行为上互相关联；③利益上共同依存；④目标上终点一致；⑤组织上默契配合。

（二）医学团队合作的伦理要求

1. 患者利益至上 就是要以患者的正当利益作为团队合作的出发点和落脚点，各项工作都要着眼于患者的利益，通过优质、高效的团队协作，使患者享受到良好的诊疗和热情周到的服务。以患者为中心，是医务人员和医疗机构担负救死扶伤社会责任的义务和天职，更是团队成员应共同遵循的基本道德标准和伦理原则，也是建立良好团队关系的思想基础。当团队内部发生利益冲突时，应以最大限度地维护患者利益为第一衡量标准。

2. 彼此平等，相互尊重 医学团队中无论上级的主任医师还是下级的住院医师，无论是临床科室还是辅助科室，只有分工不同，没有高低贵贱之分，尽管与患者的交往有多有少，但都是直接或间接为患者服务的工作伙伴关系，并以追求医疗行为成功作为共同目标。在处理团队关系时，相互尊重是一项基本要求，缺乏尊重将侵蚀团队的精诚合作。在有利于患者康复与安全的前提下，团队成员个人的全身心投入、彼此间真诚相待、相互尊重的平等关系，是促进患者早日康复的重要保障。

3. 协同合作，互相监督 现代医疗活动是一项群体性活动，任何个人的力量相对于整个医疗活动而言，都是渺小的。只有通过协同合作，充分发挥团队的整合能力，才能高效率地完成诊疗任务。为了严防医疗过程中出现差错，损害患者利益，在临床诊疗过程中除了团结协作以外，团队成员和同行之间还要注意相互提醒和监督，及时发现并纠正错误，不能碍于情面，包庇、隐瞒或袖手旁观。

4. 相互信任，相互帮助 信任是医学团队成员之间相互协作的前提和基础。团队合作要相互信任，首先要在自己的专业岗位上发挥积极性、主动性和创造性，以自己工作的可靠性和优异成绩去赢得其他医务人员的信任；其次要主动和团队成员加强沟通和联系，及时消除误会，建立相互信任的良好关系。医学团队不同专业和岗位的医务人员，相互之间要承认对方工作的独立性，并且要为对方的工作提供支持和帮助。

5. 相互学习，共同提高 医学的进步与发展，使各专业学科的分化日益细化。医学团队成员在某一学科领域是专家，但对其他学科的专业知识就可能认识不全甚至是陌生的。只有心怀敬意、虚心地学习其他学科的理论知识，才能使医学团队综合各学科智慧，发挥出整体优势。在医疗工作中，不同学科不同专业之间总会在一些问题上产生分歧。只要在维护患者利益的前提下，诚恳商讨，互帮互学，就能实现共同提高，壮大团队实力的目的。

三、医学生临床实习中的伦理要求

临床实习（clinical practice）是医学教育中的实践环节，它以理论联系实际为目的，让学生在进一步获取临床专业理论知识的同时，开展临床基本技能训练，通过临床实践培养学生临床思维能力、诊疗操作能力以及沟通交流能力。医学是一门经验科学，临床实习是医学教育必须经过的训练，是理论与实践相结合的过程，是学习高尚医德、培养严谨工作作风和精益求精的工作态度，让一名准医生锻炼成为真正白衣战士的必经之路。临床实习的学生，不仅要将学习内容逐步由理论转化为临床实践，还要将其伦理角色，逐步由“学生”转向“医生的助手”或“准医生”。

（一）医学生临床实习中常见问题

1. 相关法律法规问题 我国现行法律没有明确赋予实习的医学生任何医疗活动的权利。因此，实习的医学生并不具备独立工作的权利，实习的医学生必须明白所有的工作，包括书写病历、处方以及进行相关操作都必须在带教教师的指导和监督下完成。

2. 医患沟通的问题 在临床实践教学过程中，带教教师选取适合示教的病例，在进行检查、诊断、治疗的同时，给实习的医学生讲解，这是符合教学要求的。但在示教前，如果没有和患者沟通并取得患者的理解，患者在无奈情况下被示教，非常容易导致患者的不满。外科临床实习中的很多基本操作，如换药、拆线、清创缝合，如果得不到患者的配合，实习的医学生临床操作的机会就会减少。只有充分与患者沟通，让患者信赖、支持带教工作，才可能顺利完成教学活动。

3. 实习医学生自身的问题 我国高等医学教育基本是在第三学年开始让医学生接触临床实习。这种教学模式是经过以往多年实践教学认证，符合学生认识规律的。但是，随着就业形势的日趋严峻，医学生的就业压力也越来越大，许多同学实习时（特别是实习中后期），频繁外出联系工作或参加各种技能考试来给自己“充电”，直接影响临床实习质量。还有一些准备考研的同学几乎是把全部精力投入到考研复习中，对临床实习只能是敷衍了事。

4. 带教教师职业素养问题 临床医学院的带教教师均由专业的临床医生担任，他们肩负着医疗与育人的双重职能。从事繁忙的医疗、科研工作的同时，带教教师还要花费大量精力带教实习的医学生，部分带教老师教学积极性不高，影响了学生们实习的积极性，进而影响了整个临床实习的教学质量。

（二）临床实习对医学生提出的伦理要求

临床实习伦理（clinical practice ethics）指的是在临床实习的过程中，实习的医学生依据一定的伦理原则，在带教教师的指导下，合理地为患者选择诊疗手段，尽可能避免实施诊疗过程中带来的不良影响，最大限度地维护患者的健康利益。医学生在临床实习过程中应遵守以下伦理要求。

1. 提高医德认识 在临床实习过程中，实习的医学生不仅要学习专业技能，还要学习医德知识，以此判断自己思想与行为的是与非、善与恶，将高尚的医德融入日常实践和学习之中。作为医学生，要充分认识到医德不单纯是服务态度问题，更重要的是反映了医务人员的道德理想、道德信念、道德情操的境界水平。这也要求带教教师不仅要教会学生临床诊治的方法，还要以行动教会学生怎样与患者和谐相处，让学生在权利、义务、责任、情感、良心、荣誉、功利等方面树立正确认识，使学生在实践中体会救死扶伤、发扬革命人道主义的使命感与社会责任感。只有这样才能培养出高素质的医学人才。

2. 提升业务水平 医学是实践性极强的学科，需要丰富的临床经验积累。临床实习要求将书本知识与临床实践结合起来。因此，作为医学生要在实习中养成多想、多看、多问、多记的学习习惯，认真听取老师对每种临床疾病的病因、发病机制、临床表现等相关医学知识的讲解，并随身携带笔记本记录老师重点强调的内容和特殊病例。在床边教学时，提前熟悉患者病情，带着问题实习，不断积累经验，提升业务水平。

3. 树立敬业精神 “救死扶伤，忠于职守”是医务人员应具备的最基本的道德修养。作为未来的医生，医学生要在实习过程中，进一步体会医学职业的神圣性以及社会责任性，进而培养其职业责任心和敬业精神。带教老师在教学活动中要做好表率，在实践教学中培养学生的敬业精神，使其尽快感受到医生崇高的职业价值，加快医学生向医生的角色转变。

4. 培育人文素养 医学因其承载着关爱人类、拯救生命、保护健康的崇高使命，故而也是最具人文精神的学科。只有具备了较高人文素养的医生，才能真正认识人、理解人、帮助人，才能胜任有较高要求的医学工作。医学生的实习过程，也是浸染医学人文素养的过程。

5. 培养沟通能力 医患沟通能力的培养与临床医学生将来能否成为一名合格的医生密切相关。随着医学模式的转变，医生的责任不仅是治疗疾病本身，同时还肩负着心理疏导、传播医学知识、建立良好医患关系等多重责任。在病史采集时，实习的医学生要耐心倾听患者的诉说，在充分与患者沟通、获得患者知情同意的前提下进行检查和治疗。实习的医学生真诚细致的关怀与充分的医患沟通，可以使患者建立信任感并积极主动配合诊疗，同时也可以树立学生的自信心，加强其学习的积极性。

四、医师多点执业中的伦理要求

（一）多点执业的概念与利弊

医师多点执业（multi-sited license）是指医师在两个以上医疗机构从事诊疗活动，且要按照规定定时、定期进行。医师多点执业分为三种情况：第一种是政府指令，这种情况主要是指在重大疫情、灾难事件、国际援助等特殊情况下，一般由政府指令抽调部分医务人员在疫区、灾区或者国外开展医疗活动；第二种是医疗合作，这种情况主要是指注册医疗机构（一般是上级医院）与执业医疗机构（一般是下级医院）之间存在共建、援建等合作关系，医务人员基于这种合作关系在注册机构之外的医疗机构开展医疗活动；第三种是主动受聘，主要是指医务人员与注册执业机构以外的医疗机构签订聘用合同，基于这份合同在该医疗机构开展医疗活动。

我国执业医师人力资源缺口较大而且分布极不均衡，因此允许和鼓励医师多点执业具有多方面的现实意义，具体表现为：①多点执业有利于基层医疗机构的发展。知名专家在基层医疗机构坐诊的同时，也把相应的技术带到了基层，增加了基层医生学习的机会，提高了基层医生的诊断、治疗水平。②多点执业有利于医疗资源的最大化利用。加强了各医院间的人才交流，有效地拓宽了医生自身的眼界，合理配置资源并形成有效的互补，并给新技术、新项目的推广带来契机，促使医院之间形成良性的竞争和发展。③多点执业有利于激励医务人员的工作积极性。可以增加医务人员的劳动收入，在一定程度上改善了以往以药养医的积弊。

多点执业也会带来一定程度的问题，具体表现为：①医师多点执业会带来医师较大的流动性，使医疗机构的管理难度增大；②多点执业使得医师的流动范围变大，各医疗机构可能会出现争抢知名专家和医生的局面，这就有可能放松对相关人员的要求，进而影响医师履行职责；③多点执业会增加医务人员的收入，但是也会占用其个人的较多时间，如果一味追求收入而影响到业务学习，则会使自身的业务水平得不到进步，导致诊疗水平滑坡。

（二）多点执业中的伦理要求

我国医务人员多点执业尚在探索阶段，在实践过程中难免会出现各种各样的问题和困难。只要我们遵循如下伦理要求，多点执业一定会逐步走上正轨，实现提高我国居民医疗保健水平的总体目标。多点执业的伦理要求可分为管理部门的要求和对个人的要求两大方面。

1. 管理部门的要求　首先，要健全管理监督制度。多点执业，关键在于规范化管理。要注意保障医疗安全，引导优质医疗资源流向真正有需要、有条件的医疗机构，加强积极引导和规范管理。强化首诊负责制度，严格实施患者交接制度，做好档案管理制度，从而保证多点执业医师的医疗质量，降低或有效控制医疗风险。其次，要严格准入和限制条件。对多点执业医师应实行执业准入制度，明确规定其工作经验与业务水平、工作任务完成情况，达不到相关要求的医生将无法获得多点执业的资格。为了保证医务人员的本职工作与多点执业工作相互不产生不良影响，有必要对多点执业的执业地点加以限制，以保证医务人员“召之即来、来之能战、战之必胜”。多点执业除了对执业地点做出限制外，还需要对工作时间进行限制。根据我国实际情况，有资格承担多点执业工作任务的医师大多处于满负荷甚至超负荷工作的状态，因此，简单的时间划分实际操作起来难度会较大，可以考虑在每个注册周期内规定多点执业的上限时间。

2. 对个人的要求　首先，要坚持量力而行。多点执业的目的在于让更多优秀的医疗卫生人力资源流向基层，其重要前提是工作尚有余力，如果医务人员在单点执业的情况下都应接不暇，多点执业只会顾此失彼、舍本逐末。多点执业的医务人员要量力而行，可根据实际情况自行安排，这样既可以保证医疗质量，又可以保证多点执业的高效开展。其次，要坚守医德底线和安全观念。多点执业会给相关医务人员带来劳动收入方面的获益，但是一旦将其作为谋取私利的手段，必将严重损害广大医务人员的整体形象。因此，要求医务人员坚持医德底线，不以多点执业作为敛财的手段。另外有些基层医疗机构的医疗设备较差，相应的配套设施不完善，如果缺乏安全观念，盲目开展相关诊疗工作，会极大地增加医疗行为的风险指数。

【复习思考题】

1. 在临床诊断中如何贯彻及时与准确准则？
2. 如何理解临床治疗中的有效、择优和自主准则？
3. 如何理解临床治疗中最优化原则？
4. 在手术治疗中应遵循哪些伦理要求？
5. 临床实习中常见的问题有哪些，需要遵循哪些伦理要求？

（双卫兵）

第八章　公共卫生伦理

【导入案例 8-1】国际援助机构：应对埃博拉病毒最好的“药物”是合作

西非埃博拉疫情是一场自 2014 年 2 月开始大规模暴发在西非的病毒疫情。截至 2014 年 12 月，世界卫生组织关于埃博拉疫情报告称，几内亚、利比里亚、塞拉利昂、马里、美国以及已结束疫情的尼日利亚、塞内加尔与西班牙累计出现埃博拉确诊、疑似和可能感染病例 17 290 例，其中 6128 人死亡。

截至 2014 年 11 月，我国已连续 4 轮向西非疫区国家提供了总价值约 7.5 亿元人民币的紧急现汇、粮食和防控物资等援助，并累计已有 1000 人次的医务人员、公共卫生专家奔赴疫区一线从事人员培训、实验室检测、病例留观和治疗等工作。相反，由于埃博拉疫情并没有对发达国家产生巨大冲击，发达国家表现并不积极。据日本共同通信社 10 月 21 日消息，西非发生疫情后，古巴迅速向疫区派遣了医疗队。古巴热带医学研究所所长佩雷斯日前在哈瓦那接受采访时表示，发达国家应为抗击埃博拉提供进一步的援助。这从侧面反映出发达国家在帮助西非国家抗击疫情时空谈多于行动。

讨论与思考：需要建立什么样的公共卫生体系才能有效预防和治疗各种突发传染病？在应对公共卫生危机时，国际合作应该遵循什么样的伦理准则？

公共卫生是以保障和促进人民健康为宗旨的公共事业，是由政府、社会或社群通过有组织的努力来改善社会条件以促进人民健康、延长寿命以及预防、控制疾病和伤害在人群中流行的科学和艺术。同临床医学一样，要做好公共卫生工作，公共卫生实践伦理考量不能缺席。

第一节　公共卫生伦理概述

公共卫生是关系到一个国家或一个地区人民群众健康的公共事业。公共卫生的具体内容包括对重大疾病尤其是传染病（如结核病、艾滋病、严重急性呼吸综合征等）的预防、监控和医治；对食品、药品、公共环境卫生的监督管制，以及相关的卫生宣传、健康教育、免疫接种等。

一、公共卫生的定义与特点

（一）公共卫生的定义

早在 1920 年，美国公共卫生的领袖人物查尔斯·温斯洛（Charles Winslow）就将公共卫生定义为，公共卫生是通过有组织的社区努力来预防疾病、延长寿命、促进健康和提高效益的科学和艺术。这些“有组织的社区努力”包括改善环境卫生，控制传染源，教育每个人注意个人卫生，组织医务人员为疾病的早期诊断和预防性治疗提供服务，建立社会机构来确保社区中的每个人都能达到适于维护健康的生活标准，使每个公民都能实现其与生俱有的健康和长寿权利。这一定义综合且具体地提出了公共卫生的本质、范畴及目的，体现了公共卫生的基本内涵。1952 年，世界卫生组织采纳了温斯洛提出的公共卫生定义，一直沿用至今。

1986 年 11 月 21 日，世界卫生组织在加拿大首都渥太华召开了世界第一届健康促进大会，发表了著名的《渥太华健康促进宪章》(Ottawa Charter for Health Promotion)。该宪章提出了“新公共卫生”的定义，即公共卫生是在政府的领导下，在社会发展的水平上，保护民众远离疾病和促进健康的所有活动。同时，明确提出了健康的基本条件是和平、住房、教育、食品、收入、稳定的生态环境、可持续的资源、社会的公正与平等。根据这一定义，公共卫生的核心内容是强调政府在公共卫生事业中的核心地位，同时更加重视社会科学对促进社会健康的作用。

2003年严重急性呼吸综合征（severe acute respiratory syndrome，SARS）（又称“非典”）危机后，时任中国国务院副总理兼卫生部部长吴仪在中国卫生工作会议上对公共卫生做出了如下定义：公共卫生就是组织社会共同努力，改善环境卫生条件，预防控制传染病和其他疾病流行，培养良好卫生习惯和文明生活方式，提供医疗服务，达到预防疾病、促进人民身体健康的目的。根据这一定义，公共卫生体系建设需要政府、社会、团体和民众的广泛参与，共同努力。这一定义的内涵与温斯洛定义基本上是一致的，从根本上解决了中国公共卫生体系建设与国际接轨的问题。并且，这一定义在中国首次提出了政府对公共卫生的有限责任概念，界定了政府在公共卫生方面的五大责任，即政府主要通过制定相关法律、法规和政策，促进公共卫生事业发展；对社会、民众和医疗卫生机构执行公共卫生法律法规，实施监督检查，维护公共卫生秩序；组织社会各界和广大民众共同应对突发公共卫生事件和传染病流行；教育民众养成良好卫生习惯和健康文明的生活方式；培养高素质的公共卫生管理和技术人才，为促进人民健康服务。

（二）公共卫生的特点

1. 公共卫生具有社会公正性 社会公正是公共卫生的基础和出发点，它决定了社会上的每个成员如何分享其应得的社会利益，如何承担其应担负的社会负担。分享的社会利益可以包括幸福、收入、社会地位等，承担的社会负担包括对个人行为的限制和向政府纳税等。现代公正的两种主要形式是市场公正和社会公正。市场公正认为，除了尊重他人的基本权利之外，每个人主要是对自己的行为负责。从健康角度来说，即保护和促进健康完全是个人自己的事，社会只负责解决个人不能解决的健康问题。而社会公正认为，公共卫生应该为社会上所有的人提供潜在的公共卫生服务，保护和促进所有人的健康。诸多社会因素如社会等级、种族、遗传等会影响社会利益和社会负担的分配，要消除这些因素的影响可能需要集体行动，事实上，疾病负担在人群中的分布是不均匀的，当采取公共卫生集体行动来解决某些问题时，受疾病影响少的人群可能就会承担社会负担较多而获得社会利益较少。但是，如果这些必须采取的公共卫生集体行动不能得到落实，重要的公共卫生问题就不能解决，最终只会加大整个人群的社会负担。因此，公共卫生作为一种社会事业，必须遵循社会公正性原则。

2. 公共卫生具有政治内涵 公共卫生的社会公正性理念，决定了公共卫生与政治有着千丝万缕的联系。公共卫生问题并非仅仅靠科学技术就能解决，在很大程度上还取决于政治对价值和伦理道德的选择。当个人自由和公众健康之间产生冲突时，政治决定了政府会采取什么行动来化解和平衡这种冲突。政治决定了公共卫生如何应用科学技术既保障公众的健康，又保护公众的基本权利。

3. 公共卫生具有专业的动态扩展 不同国家和地区公共卫生领域所关注的焦点会随着公共卫生问题的变化而相应地发生动态扩展。例如，1950年我国公共卫生的主要问题是传染病；1980年以后，慢性病的防治成为世界上最主要的公共卫生议题之一；21世纪初出现的非典危机和禽流感流行，又一次改变了公共卫生领域的重点；世界卫生组织表示，2014年以来暴发的埃博拉疫情、寨卡病毒疫情以及新冠疫情大流行等，持续构成“国际关注的突发公共卫生事件”。

4. 公共卫生与政府具有密切关系 尽管公共卫生活动远不仅是政府公共卫生机构发起或指导的活动，但是政府在公共卫生领域的确发挥着不可替代的作用。只有政府才能制定和执行公共卫生法规，才能保证社会必需的基本公共卫生服务，才能应对突发的公共卫生事件。政府可以通过两方面策略影响公共卫生，一方面通过制定与社会和环境有关的政策来影响公共卫生，如我国政府相关部门制定新型农村合作医疗制度、地方病职业病防治政策等。另一方面会直接为公众提供公共卫生服务，如预防接种服务、孕产妇健康管理服务、慢性病患者健康管理服务等。

5. 公共卫生具有科学性 公共卫生政策制定及服务提供均依靠各门具体的科学研究和科学方

法。例如，在艾滋病防治中，公共卫生依靠流行病学阐明了艾滋病的基本特性，发现了艾滋病的传播规律；依靠基础医学，特别是病毒学和免疫学，确定了病原体，搞清楚了艾滋病的发病机制和病理变化，开发出筛选血液病毒感染的方法，找到了抑制艾滋病病毒的药物；依靠生物统计学，公共卫生设计临床试验来检验新药和疫苗的效果；依靠行为科学，公共卫生试图说服人们避免各种传播病毒的危险行为。

6. 公共卫生的基本原则是“预防第一” 预防的特点是在事件发生之前采取行动降低其发生的可能性，或减少事件发生带来的危害。公共卫生的预防行为有两种情况，一种是目标明确的预防，比较容易被理解和重视。例如，宣传预防艾滋病，预防手段清晰，不预防后果严重，预防的重要性和价值能够被公众接受。另一种是预防常常缺乏明确的目标和范围，公共卫生的成功是一些看不到的结果，令公众很难理解其价值。例如，对青少年吸烟的预防，因其既涉多学科又无一个主要起作用的学科而不被理解。又如，突发疫情下的大范围封控也常常只能是在疫情肆虐后才能被理解。

7. 公共卫生具有多学科交叉性 公共卫生专业人员包括来自医学、管理学、护理学、流行病学、社会学、心理学、人类学、营养学、统计学、卫生工程学、法学、政治学、新闻传播学、老年病学，以及其他许多专业的人员，他们应用不同的学科知识、技术和方法来达到一个共同的目标：解决公共卫生问题。公共卫生的这个人力资源特点决定了公共卫生的战略战术十分倚重良好的合作和伙伴关系。

二、公共卫生领域的伦理难题与伦理准则

（一）公共卫生领域的伦理难题

伦理问题之所以必须纳入公共卫生工作的视野加以关注，是因为公共卫生医学的性质决定着这项工作具有道德规定性。公共卫生实践的特点，使公共卫生面临与临床不同的特殊伦理难题，主要表现为公共利益和个人利益的冲突，比较极端的情况就是政府行使权力，采取强制性措施的时候，需要权衡和把握是否有充分证据证明行动的合理性。

一般来讲，政府在公共卫生中的作用体现为，政府诉诸命令性的干预措施用以消除对公众健康的威胁。如果没有对公众健康的威胁存在，政府不可能使用强制性力量，同时，个人对健康促进活动的参与通常必须是自愿的。即便如此，由于政府代表的是公共利益，公共利益与个人利益之间的冲突是普遍存在的，由政府发动的行使强制性力量的公共卫生干预行动仍然提出了最复杂的法律和伦理学问题。例如，疫苗免疫接种会使公众受益，但有时个别人接种疫苗会有不良反应；对怀疑因感染传染病而死亡的病例需要进行流行病学调查和病理解剖，但家属不同意参加流调或者家属拒绝同意解剖尸体；在收集个人信息时，如果确保完全的知情同意，会因为个人不愿意参与或选择偏好而危及监督工作；需要知情（为公共利益）与需要保护（为个人利益）之间存在冲突等。可见，伦理学冲突判断在公共卫生领域普遍存在。

公共卫生政策在捍卫和促进公民保健权利方面的作用是毋庸置疑的。自启蒙时代以来，人的自由权利已成为人类社会所确立的基本精神价值之一，也是认识与判断任何一种社会现象合理性的主要价值依据之一。《国际卫生条例》（2005）确立的首要原则便是“充分尊重人的尊严、人权和基本自由”。根据人的权利范围，公共卫生行动应该划出政府干预项目的边界，需要在干预实施前解答以下问题。例如，在追求公共卫生目标时违反个人正当权利是否可以得到伦理学辩护？何种情况下追求公共卫生目标时，侵犯个人正当权利能得到辩护？

1984 年联合国人权委员会在意大利锡拉库扎举行专家大会，大会通过的《关于〈公民权利和政治权利国际公约〉的各项限制条款和可克减条款的锡拉库扎原则》为政府限制性公共卫生措施提供了一个狭义的框架，主要内容包括：①限制性公共卫生措施的提出和实施应根据有关法律（正当程序）；②限制性公共卫生措施符合大众的合法利益（公共利益）；③限制性公共卫生措施是民主社会为了达到目的的十分必要的措施（必要性）；④尽量不采取过于侵犯性的限制性公共卫生

措施（相称性）；⑤限制性公共卫生措施不能没有任何原因或者以歧视的方式武断地制定和强制执行（非歧视性）。也就是说，政府采取限制性公共卫生措施须同时满足上述条件。但问题在于，如何判断最终的公共卫生措施是否符合必要性、相称性和非歧视性，在伦理学上仍然是难题。

（二）公共卫生工作的伦理准则

1. 效用准则 公共卫生工作目标的实现，需要通过相应的组织，根据相应的法律法规和政策指导，动用相应的社会资源，采取特定的行动。在这一过程中，涉及稀有社会资源的使用，必须坚持和强调效用准则。

效用也称效果，包括“正效用”和“负效用”两面。采取某种公共卫生政策，其效用的判断是指该政策给目标人群或全社会成员带来促进健康、预防疾病和伤害的正面影响，以及可能给相关人员带来的风险、负担及其他权利和利益方面的负面影响。效用准则是指全面评价行动的正面与负面后果，分析所谓的受益与风险比，以比值的高低评价某个公共卫生行动的效用。这种分析对于是否实施某个方案，或有多种可供选择的方案时尤其重要。

一项公共卫生行动，有时候不可避免地会牺牲某些个体的某些权益。恰当的公共卫生行动，一定是社会净受益最大化。此时并不是简单地对个人利益和负担进行加减。例如，对传染病患者的隔离，肯定使当事人的某些权益受限制甚至损害，但社会整体却从中受益。效用原则要求在能够得到最大可能受益的同时，实现最小可能的伤害，从另一方面扩大行动的净受益。只有在损害特定对象利益不可避免时，并采取措施使必要的损害最小化、整个人群的受益最大化，此时效用准则才能获得伦理学辩护。例如，被隔离的传染病患者应得到充分的生活方便和医学照顾，情况特殊时可能还需要给予经济补偿。

效用准则在存在多种公共卫生行动选项时，是左右决定的关键性准则。如果某个行动选项符合所有其他伦理准则，但效用较差，就应放弃。效用准则第一位是公共卫生伦理学的一个特点。

2. 公正准则 为了约束效用准则的负面效应，还应坚持公正准则，以纠正追求行动效用最大化所导致的不公正现象。公正准则要求在同一个社会，所有成员都有均等的机会获得相同的公共卫生资源，或者是按照某种相对公平次序分配资源。该准则主要针对由于经济、阶层、种族、文化、宗教信仰等社会因素所造成的资源、风险、负担、受益等分配不公正的社会现实。公正准则一般包括以下三方面内容。

第一是分配公正。即在所有社会成员之间公平、公正地分配资源、受益和负担，包括形式公正和实质公正两方面。形式公正即一视同仁，在形式上做到人人平等。例如，当甲型流感疫苗生产出来后，所有社会成员均应有机会接种。疫苗的生产者、分配者、销售者不应因有直接接触机会获得优先接种的权力。实质公正则规定了分配资源、受益和负担所依据的标准。例如，为了整个社会在甲型流感流行期能获得良好的医疗服务，当疫苗有限时，医务人员接种次序优先。当疫苗充足时，医务人员接种时间优先。实际上，具体公共卫生政策应该选用什么样的优先分配标准，与特定社会文化、信仰、价值取向、经济水平、科技发展水平等复杂因素相关。

第二是程序公正。即确保所实施的公共卫生行动过程的公正性。实现程序公正的基本要求主要有，公共卫生信息保持公开与透明，公共卫生行动政策与决策公开，每一个利益攸关方和公众有机会参与等。程序公正不仅可以保证公共卫生行动代表不同群体的利益，而且能够反映少数人的观点和利益诉求。

第三是回报公正。即对于在公共卫生行动中做出了贡献的人，社会应予以适当的回报；反之，导致公众严重健康损害者，则应受到相应的处罚。回报公正是社会有效运转的控制机制。其方式有经济、精神或二者共用等。

3. 尊重准则 是医学伦理最基本和最重要的伦理准则，同样适用于公共卫生伦理。其核心是要求尊重每一个人的自主性、自我决定权、隐私权。在公共卫生伦理规范中，尊重准则是另一个约束效用准则负面效应的机制。追求公共卫生行动效用最大化，有可能导致对少数人的不尊重，甚至侵犯部分个体的权益。其逻辑前提是，公共卫生致力于保护公众的健康，而公众虽然是个体的集合，但公众与个体间的权益有时会有冲突。例如，某些公共卫生行动，甚至不可避免会限制个体自由，或者侵犯个体隐私权。此时，尊重准则就起“刹车”作用，在保护个人权益与保护公众权益之间，寻求一个恰当的平衡点。

每一个公共卫生行动都必须在涉及的个体权益和公众权益之间进行权衡、取舍。在伦理上，允许为了公共利益在一定程度上侵犯个体权益，其前提是，必须采取的公共卫生行动有效且对个体权益的侵犯不可避免、可容许与合理，同时，需要尽可能确保对个体权益侵犯的性质最轻、程度最小、时间最短。

4. 互助准则 是与尊重准则相对应的、对公共卫生行动涉及的社会成员的准则要求。在实施公共卫生行动时，公共卫生机构和工作人员一定会多多少少影响或侵犯个体权益。但作为社会成员的个体，则应理解公共卫生行动对个体、群体及全社会健康的重要性，以积极合作的态度理解、配合、参与公共卫生行动的实施。另外，当个体行为将影响他人或群体健康时，应依据公共卫生知识，主动自我约束，并采取有效预防措施，控制带给他人和社会的负面后果。互助准则强调社会成员在公共卫生工作中的主动性以及应承担的社会义务。

互助准则是个人与社会复杂关系的体现。互助准则强调个人权益的保障并非社会自发地实现，而是需要基于每个个体承担自己的社会义务。每个个体来到世界上之前，已经有一个先于他的社会存在。人不是孤立存在的，而是在一种人际之间权利与义务的关系网络中存在。人类社会就是以人与人之间互助合作的方式逐渐发展成熟起来的。因此，没有相互帮助，就没有公共卫生事业。所以人不仅有权利追求自己的公共卫生权益，还应该维护他人同样的权益。公共卫生问题的解决，必须由政府、民族、地区、社群、个体之间密切合作，才能真正实现。公共卫生与每个人密切相关，互助准则强调了所有社会成员促进公共健康的共同责任。

（三）公共卫生国际合作的伦理准则

在一定意义上，人类历史就是一部不断同传染病进行抗争的历史。进入21世纪以来，随着国际交往的不断加快，疾病的传播速度也在显著提升，传染病对人类健康的威胁愈发凸显，非典、H1N1流感、埃博拉出血热、中东呼吸综合征等重大传染性疾病不断出现，成为全球公共卫生事件，对人类的健康和生命安全造成重大危害。面对全球公共卫生危机，没有任何一个国家能够置身事外，加强国际合作是应对此类危机的唯一正确途径。公共卫生领域的国际合作需要遵循一定的伦理准则。

1. 合作准则 合作互利对双方来讲是对称的、平等的。“互利”也是“互义”“互惠”，是义利统一的最高形式，其本质就是合作。当前的国际卫生安全合作已经形成了以世界卫生组织为主导、以《国际卫生条例》为指导原则、以其他组织和相关机构为全球卫生安全伙伴关系的合作机制，初步建立了全球卫生安全伙伴关系，加强各国疾病监测、预防、控制和响应，加强各国间在预防和控制大规模流行病暴发方面的合作，并提供对流行病预防和控制的卫生援助。

2. 互助准则 一个国家的公共卫生事业在发展过程中，由于机遇、能力等原因，势必出现公共卫生的富强国与贫弱国之分。根据“一方得利另一方不受损”的“正和博弈”规则，在公共卫生方面较强的国家应当“利他不损己”，要帮助那些在公共卫生方面天赋资质较弱或机遇条件较差的国家，贫弱国家则应当“利己不损他”，要自立自强，勇于承担起自己国家公共卫生发展的责任。

3. 互救准则 每个国家都有处于公共卫生极端弱势情形的可能，极端富强国与极端贫弱国之间的互保体现的是平等的国与国之间的互利，也是互救。根据斯坎伦（Scanlan）的“援救原则”，假如在你所处的情况中，你能够通过自己小小的（或者甚至适度的）牺牲阻止非常可怕的事情发生或者缓和某人的可怕遭遇，那么不这么做就是错的。公共卫生极端富强国家应当“利他略损己”，极端贫弱国家可以“利己略损他”。互救准则将《道德经》第七十七章中“损有余而补不足”修正为“略损有余而补不足”，此时的“略损”对公共卫生富强国家的公共卫生来讲，是微不足道的，属于“不损”的范畴，但对身陷公共卫生绝境的国家来讲，却是“雪中送炭”。

三、突发公共卫生事件伦理

（一）突发公共卫生事件的概念

我国《突发公共卫生事件应急条例》（2011）第二条规定，突发公共卫生事件是指突然发生，造成或者可能造成社会公众健康严重损害的重大传染病疫情、群体性不明原因疾病、重大食物和职业中毒以及其他严重影响公众健康的事件。

（二）突发公共卫生事件的特点

1. 成因的多样性 ①自然灾害类原因，如地震、水灾、火灾等。有些灾害产生的次生灾害会引发新的公共卫生事件。例如，大地震以后要避免引起新的、大的疫情，要做到大灾之后无大疫。②事故灾害类原因，如环境污染、生态破坏、交通事故等。③社会安全事件类原因，如生物恐怖等。④动物疫情、致病微生物、药品危险、食物中毒、职业危害等多种原因。

2. 公共属性 突发公共卫生事件所危及的对象不是特定的人，而是不特定的社会群体，在事件影响范围内的人都有可能受到伤害。在地域范围上，可以同时影响多区域，对社会稳定和公众健康造成极大威胁。例如，地震、洪涝、海啸等灾害可使整个区域的民众生产、生活陷入瘫痪状态；食源性疾病和事故灾难可能造成一个区域多人受害；传染病事件波及的范围往往更难以估量，它会在一定时间内造成全国流行，甚至在全球范围内传播。

3. 危害的严重性 突发公共卫生事件不易预测，突如其来，并且有短时间快速传播的趋势，事件引发疾病传播、公众恐慌、焦虑情绪等，对公众健康、生命安全、社会经济发展、生态环境等造成不同程度的危害。这种危害既可以是对社会造成的即时性严重损害，也可以是从发展趋势看对整个人类社会进程造成的严重影响。

（三）突发公共卫生事件防控中的伦理问题

1. 公民自由与留观、隔离措施的必要性 自由是《中华人民共和国宪法》赋予公民神圣不可侵犯的基本权利。在处理突发公共卫生事件时，控制传染源、切断传播途径、保护易感人群是主要的应对思路。行政干预之下的强制隔离和稳妥管控的留院观察是应对突发公共卫生事件的主要手段之一，在个别疫情严重或受到疫情威胁的地区，甚至会采取一些特殊的应急处理方式，全面遏制人员流动。与此同时，政府还会倡导居民自行隔离，仅在其居住范围内活动，减少非必要外出行为，科学疫情防控。但这一系列举措在某种程度上来说，会打乱原本的生活工作节奏、影响一些民间习俗的实现，因此这其中存在着理性与感性、个人行为和社会公益之间的博弈。

2. 知情同意与应急救援的紧迫性 患者在参与医疗活动过程中享有知情同意权，医师需要与患者充分沟通治疗方案、治疗风险、治疗预期等情况。但当重大疫情来临时，遵循生命至上原则，实施应急救援是非常紧迫的。需要在第一时间挽救患者生命，常常难以兼顾知情同意与应急救援两个方面的要求。重大突发公共卫生事件的出现会造成医院短时间内接诊量激增，医患比例急速下降，往往需要采取紧急救助措施挽救患者。而绝大部分患者家属作为医学知识较为欠缺的一方，在药物使用、药物选择或临床手术等医学方案的选择上犹豫不决，很难让医师在有限时间内征求到他们的明确意见，这时就必定是由医师来做出最合适选择，制定最有利于患者的方案，因此可能无法兼顾知情同意的时机和内容。

3. 机会均等与急重优先的矛盾 机会均等主要体现在每位患者均享有受救的机会，与国籍、民族、性别、年龄、身份等因素无关。而施救者的行为要恪守科学准则，按照急重优先的原则，对受救者进行合理救治。例如，在地震、火灾等事故现场救援中，受救者有权利在同一时间得到同等救助，但受制于施救者人员有限、受救者被困情况不同、救援难度不同等因素，施救者可能就要遵循急重优先的救治原则，而将机会均等原则排在其次。

4. 信息公开与民众舆情应激 当代社会，民众获取信息的方式和渠道非常广泛。一方面，信息从发布到传递至受众群体处的间隔时间愈发缩短；另一方面，舆论监督方式也在更新并不断优化。与此同时，我们应对重大疫情时，需要担忧的并非资讯传播的广度和速度，而是需要着重考虑并关注受众群体在接收各类“最新信息”后的反应。这些不断更新的突发公共卫生信息给民众增添了紧张氛围和无形压力，部分个体或群体甚至会产生舆情应激现象。民众可能还会受到谣言的困扰。一线信息资源的及时迅速更新，在突发公共卫生事件防控工作中功不可没，但也容易无形之中加重民众焦虑。

（四）应对突发公共卫生事件伦理原则

突发公共卫生事件急、难、险、重等任务特点，对公共卫生从业人员提出了更高伦理要求，不仅要求他们恪守职责加强协作，发扬敬畏生命的人道主义精神，树立崇高的职业责任感和科学态度，还要勇于克服困难，具有献身精神。在这些精神原则的指导下，应对突发公共卫生事件还要坚持以下具体原则。

1. 兼顾强制与顺从，实现公共利益与个人利益的统一 既承认个人利益的合理性，又强调个人利益与公共利益的统一性，当个人利益与公共利益发生重大冲突时，应该限制个人利益、维护公共利益。例如，对于突发公共卫生危机而言，个人应该自觉配合社会对于疫情的防控、服从防疫大局；防控部门和组织在行使公共权力时也要充分考虑个人权益，避免不必要的冲突，确保公共权力的道德正当性。

2. 兼顾施救与告知，实现有效救助与知情同意的统一 若知情告知会耽误紧急施救，则优先考虑施救。例如，在抗震救援中，我们应首先做好紧急救治工作。对清醒的受救者，应对其进行必要的沟通，了解伤情与处境，告知对其采取的措施与后果；对待昏迷且无法及时联系亲属的受救者，应根据伤情实施必要的紧急处理，尽可能做好必要记录，随后告知其亲属。

3. 兼顾公平与优先，实现急重优先与机会均等的统一 坚持“三大优先”原则，即坚持重灾区优先、危重伤员优先、救命优先原则，以最快的速度进行施救，尽力做到兼顾公平与优先。例如，在抗洪抢险救灾中，我们首先根据洪涝灾害时间和空间上的差异性，判断洪涝灾害形势，视受灾程度的不同进行有序救援。组织必要力量对伤情较轻人员，实施监护和安抚，给予必要的对症处理。

4. 兼顾公开与引导，实现受救者与施救者权益的统一 突发公共卫生事件是受害者的个人事件，更主要是公共事件。在现代社会中，公共卫生事件应对的主要责任者是相关行政部门。政府负有领导、制定预案、监测和预警、决策、指挥、信息通报、资源储备与调配、经费筹措、急救医疗网络建设等系列责任。政府相关部门应通力协作，并引导公众行为，指导社会预防。

第二节 传染性疾病防控伦理

传染性疾病是导致人类健康损害的主要原因之一，了解传染性疾病发生的原因、特点和分类，以及传染性疾病对人类与社会造成的危害，可以帮助我们制定预防控制措施，控制其流行与蔓延。2005 年，我国发布施行《关于疾病预防控制体系建设的若干规定》，旨在加强疾病预防控制体系建设，提高疾病预防控制和突发公共卫生事件应急处置能力，保障人民身体健康和生命安全。疾病防控关系着人民群众的健康乃至生命，因此对公共卫生从业人员提出了较高的伦理要求。

一、传染性疾病的含义

传染性疾病简称传染病，是指由传染性病原体或其有毒产物引起的疾病。传染病具有传染性，可在人群中迅速传播，影响公众健康，造成巨大的社会危害，自古以来就是人类健康的主要杀手。

随着免疫技术、抗生素、公共卫生等医学知识和医疗技术的进步，人类在抗击传染病方面取得了辉煌成就，也缔结了预防和控制传染病的伦理准则。

传染病的流行过程是病原体离开感染者的身体，通过一定的传播途径攻击易感者的身体，形成新的感染的过程。传染病不仅损害人类健康，还浪费医疗卫生资源，影响社会发展进程。传染病是影响公众健康的主要因素，尽管营养和卫生条件得到改善，生活条件得到优化，特别是疫苗接种的广泛使用，人类在控制天花、麻疹等传染性疾病方面取得了长足进步，大大降低了发病率及死亡率。但是，自 20 世纪 70 年代以来，全球陆续发生了约 40 种新发现或未知的传染病，从较早的军团病、艾滋病到最近的埃博拉出血热、COVID-19 等新型病毒疫情对各国特别是发展中国家构成严峻挑战，预防和控制传染病已成为各国乃至世界关注的焦点。新发传染病病原体多样、传播途径不同、传染方式复杂多变，极易造成跨国界、跨大陆乃至全球传播。由于人类普遍不具备相应的免疫力，此类疾病的早期发现和诊断难度大，缺乏针对性的防治方法，新发传染病的出现和防控具有很大的不确定性。此外，全球人口流动的加剧、生态环境的破坏、全球温室效应、经济和生活条件的变化、药物耐药性的增强，也导致许多传染病的反复流行。

二、传染性疾病的防控内容

传染病防控是指在公共卫生领域以国家各级疾病预防控制中心为主、综合医疗卫生部门和各级行政管理部门及社会各界力量对传染病的预防、治疗和疫情控制。传染病预防的重点应放在疾病侵袭人类之前，首先在我们周围的环境中调查传染病的存在，确定疫源地，通过严密的监测了解疾病的主要宿主和主要媒介。由于医学及公共卫生事业的发展，对于某一种传染病，我们能够在最短时间内认识和掌握它的特定病原体、传播途径和方式、传播和流行的环节、传染病的病程变化、流行病学特征等。进而认识每一种传染病的自然循环过程，找到这个过程中最薄弱的环节，对传染病的疫源地实行生态改造，创造一种使传染病难以存在的条件。只有这样，才有可能使人类最终摆脱传染病的威胁。传染病的防控就是要动员全社会的力量，采取以切断主要传播环节为主导的各种有效干预措施阻断传染病自然流行过程。例如，首先通过采取病例隔离治疗、密切接触者医学观察、疫区消毒、交通检疫等做好疫点现场的调查与控制；其次就是加强疫区的流行控制，做好病例的及时发现与报告，分级启动防控应急预案。

《中华人民共和国传染病防治法》规定的传染病分为甲类、乙类和丙类。

甲类传染病是指：鼠疫、霍乱。

乙类传染病是指：传染性非典型肺炎、艾滋病、病毒性肝炎、脊髓灰质炎、人感染高致病性禽流感、麻疹、流行性出血热、狂犬病、流行性乙型脑炎、登革热、炭疽、细菌性和阿米巴性痢疾、肺结核、伤寒和副伤寒、流行性脑脊髓膜炎、百日咳、白喉、新生儿破伤风、猩红热、布鲁氏菌病、淋病、梅毒、钩端螺旋体病、血吸虫病、疟疾、人感染 H7N9 禽流感、新型冠状病毒感染、猴痘。

丙类传染病是指：流行性感冒、流行性腮腺炎、风疹、急性出血性结膜炎、麻风病、流行性和地方性斑疹伤寒、黑热病、包虫病、丝虫病，除霍乱、细菌性和阿米巴性痢疾、伤寒和副伤寒以外的感染性腹泻病、手足口病。

三、传染性疾病防控的伦理要求

（一）严格执行隔离消毒措施和各项操作规程

传染病的危害性，除了损害患者本人的身心健康之外，还在于传染他人，形成群体感染。人类在经过了极其惨痛的历史教训之后，才总结出一系列预防控制传染病流行的方法。隔离消毒是传染病管理与防治工作中最重要的环节，也是公共卫生工作者与传染病斗争的重要内容。隔离是通过物理阻断的方式隔离传染病患者、传染动物、疑似传染病患者、疑似传染动物，防止传染病扩散。消毒是采取有效措施杀灭传染病患者可能散播的细菌、病毒或其他传染源，包括居住场所、日常用品、排泄物、分泌物、接触使用过的医疗器械等。与传染病接触的医务人员，在离开病区时必须采取消毒措施，避免将传染源带出病区。公共卫生和医务人员必须以高度的道德责任感，切实按照科学方法做好各种预防措施，绝不能因自己的疏忽，给公众的健康带来威胁。

（二）坚持预防为主的积极防疫思想

与一般疾病相比，传染病患者的预防与治疗同等重要，甚至预防更加重要，尤其是要保护易感人群，控制其传播流行范围，避免产生社会灾难。在预防为主的方针指引下，新中国成立以来全国范围内开展的除害灭病爱国卫生运动，使城乡卫生面貌发生了根本变化。天花、鼠疫、霍乱等一些烈性传染病已基本消灭，一般传染病、地方病、寄生虫病的发病率和死亡率也有了较大幅度的下降，人民健康水平和身体素质有了很大提高。实践证明，预防为主符合医疗卫生工作客观规律，是做好传染病预防工作的根本依据。

（三）尊重传染病患者的人格和权利

在世俗观念中，传染病都会被歧视，只是根据疾病特点歧视程度不一样而已，特别是艾滋病、梅毒、麻风病等传染病患者，因其无法治愈、较为少见、疾病症状恐怖、感染途径伴随违法乱纪或有违道德的行为等，患者往往被视为“灾星”，受到不应有的歧视、排挤甚至虐待。公共卫生和医务人员应该认识到传染病患者是传染病的受害者，他们并不能为疾病和疾病的传染负责，指责、歧视、排挤是错误的做法。在工作中，公共卫生工作者应尊重传染病患者及疑似患者的各项正当权益。

（四）遵守国家法律规定，及时收集与上报疫情

现代社会各国政府已经建立了相对完善的传染病防治体系，均规定要及时发现、报告、隔离、治疗各种传染病。公共卫生和医务人员应按照国家法律规定主动关注、收集、上报、通报疫情。这既是公共卫生和医务人员的法定义务，又是最基本的公共卫生伦理要求。

第三节　非传染性疾病防控伦理

20 世纪 50 年代以来，非传染性疾病的发病率和死亡率不断上升，特别是心脑血管疾病、恶性肿瘤、糖尿病、慢性阻塞性肺疾病等慢性非传染性疾病不断增加。这些疾病大多数很难彻底治愈，呈现慢病状态，甚至需要终身服药，不但给患者及其家庭带来巨大的精神和经济负担，成为导致当今人类过早死亡和影响健康水平的主要原因，而且占用了大量的社会卫生资源，因此，慢性非传染性疾病的防治日趋关键，上述问题对慢性非传染性疾病防控也提出了相应的伦理要求。

一、慢性病的防控伦理

慢性病全称是慢性非传染性疾病，是指长期的、不能自愈和几乎不能完全治愈的疾病。慢性病不是特指某种疾病，它是对一类疾病的概括性总称。其特点是起病隐匿，病程长且病情迁延不愈，缺乏确切的传染性生物病因证据，病因复杂，有些疾病属于尚未完全被确认属于什么疾病等。当今临床实践中主要的慢性病包括心脑血管疾病、恶性肿瘤、慢性阻塞性肺部疾病、代谢性异常、精神异常与精神病等。慢性病严重威胁居民健康，已成为影响人类社会、国家经济发展的重大公共卫生问题。

（一）慢性病防控的伦理问题

从全球范围来看，慢性病的防治与控制管理工作面临着越来越大的伦理问题及挑战，具体表现为以下三点。

1. 疾病谱、死因谱的变化 随着社会的发展，传染病已经逐渐被慢性病、退行性疾病、生活方式及行为疾病在疾病谱和死因谱上取代。危害人民健康的主要问题发生率变化。统计显示，不良生活方式及行为在致病因素中占到了37.73%。心脑血管疾病，恶性肿瘤已经占据世界各国死亡原因的前几位。各种慢性病的病因复杂多样，病程长，不仅无法治愈，而且会出现各种并发症，影响人们的生活质量。

2. 疾病患病结构的变化 与疾病死亡结构变化相一致，疾病患病结构的变化也表现为传染性、感染性疾病患病率快速下降、慢性病患病率迅速上升。脑血管疾病、癌症、糖尿病、慢性阻塞性肺疾病等四大慢性病的致死数已经占中国居民死亡总数的79.4%。高血压发病率占到了成人的25.2%，糖尿病占到了9.7%，脑卒中发病数一年超过1000万，而且这些慢性病的发病数量在逐年迅速增加，已成为城乡居民的常见病、多发病，这些疾病不仅增加了失能和残障的概率，也加速疾病诊断、治疗费用的上涨，加重了社会和家庭的疾病经济负担。

3. 疾病负担、卫生服务需求不断增加 疾病负担快速增加的原因一是取决于人口总数的增加，二是人口老龄化，三是疾病流行模式的变化，即慢性病成为主要流行疾病。老龄化与慢性病相交叉，使得疾病持续天数更长。健康危险因素的增多和危险性强度增加，将导致某些健康问题的发生率增高。相继而来的就是卫生服务费用不断上涨，这已经成为抑制居民合理利用卫生服务的最大障碍。重视预防费用的投入、控制不合理费用上涨是解决此问题的重要环节。

（二）慢性病防控的伦理原则

1. 健康促进与三级预防 健康促进的目的是使人群认识慢性病是个人与环境相互作用的结果，提高大众认识水平，促使大众相信通过自身的努力与参与，采取有效的预防措施，改变不良生活习惯与行为，就可避免或延迟慢性病的发生，最终能将健康意识转化为行动，达到知-信-行的统一。三级预防中第一级预防是病因预防，它是预防慢性病发生的第一道防线，包括针对个体的预防、针对环境的预防、针对社会致病因素的预防三个方面；第二级预防是“三早”预防，即通过早期发现、早期诊断、早期治疗，有效延缓慢性病进程，提高患者生活质量，减少社会损失；第三级预防是康复治疗，这是对疾病进入后期阶段的预防措施，此阶段机体对疾病已失去调节代偿能力，将出现伤残和死亡结局，应采取对症治疗，并辅以各种康复治疗，减少痛苦，延长生命。

2. 发展国家政策和规划 我国已制定确立了慢性病防控的相关策略，即明确政府责任，坚持预防为主，以社区为基础，关注农村地区，社会广泛参与，提高个人能力。卫生部门将进一步健全与慢性病预防控制形势相适应的防控体系和工作机制，推动形成以家庭为基础、社区为依托、专业机构为指导、社会广泛参与的预防控制格局。我国部分地区对慢性病开始实施监测，尤其是对心脑血管疾病和肿瘤，在监测的基础上对高危人群进行筛查或普查，以便对高脂血症、高血压、冠心病、糖尿病、乳腺癌、宫颈癌、直肠癌、结肠癌、肺癌等慢性病做到早发现，使其能够早诊断、早治疗，努力降低慢性病发病率、致残率和死亡率。

3. 提供足够的社会支持 慢性病患者长期承受疾病的痛苦及生病伴生的多种压力，如担心给家庭带来负担、担心被家庭或社会抛弃、担心失去工作能力和工作机会、担心医疗费用不足而失去治疗机会等。此类长期而严重的忧虑会削减其疾病治疗的效果甚至加重病情，应给予患者充分的心理和社会支持，改善其心理感受，促进其对待疾病的积极态度，鼓舞其战胜疾病的勇气，并提供充足的社会资源，以分担患者及其家庭的生活压力。

4. 推行健康生活方式 现代社会，人类生活方式发生了很大变化，生活节奏加快、精神压力增大、饮食结构不合理、体育活动减少等，导致很多与行为和生活方式密切相关的慢性病产生，如吸烟与肺部疾病，嗜酒与肝脏病变，饮食不当与高血压、糖尿病、肥胖症，情绪失常与心脑血管疾病、各种癌症、精神失调性疾病等相关。因此，积极对人群开展健康教育，宣传健康生活观念，促使他们养成健康的行为和生活方式，如合理膳食、适当运动、戒烟戒酒、保持心理平衡等，对预防慢性病具有重要意义。

二、职业病的防控伦理

职业病是指特定职业的劳动者在职业活动中，因接触粉尘、放射性物质或其他有毒、有害物质而引起的疾病。各国法律都有对于职业病预防方面的规定，一般来说，只有符合法律规定的疾病才能称为职业病。广义的职业病包括在生产劳动中接触生产中使用或产生的有毒化学物质、粉尘气雾、异常的气象条件、高低气压、噪声、振动、微波、有害射线、细菌、霉菌、长期强迫体位操作、局部组织器官持续受压等。2013 年，我国国家卫生计生委、人力资源社会保障部、安全监管总局、全国总工会四部门联合发布的《职业病分类和目录》，将职业病分为十大类 132 种。这些病症涉及呼吸系统、皮肤、眼睛、耳、鼻、喉、口腔等，对职工的生命健康有极大危害。广义的职业病，既是公共卫生问题，也可以通过恰当的公共卫生工作进行防控。

（一）职业病防控的伦理问题

1. 前期预防存在不足 例如，产生职业病危害的用人单位其工作场所和工作条件不符合职业卫生的要求；新建、扩建、改建项目和技术改造、技术引进项目可能产生职业病危害的，建设单位在可行性论证阶段未向卫生行政部门提交职业病危害预评价报告；个别单位不能如实申报职业病相关情况，加之对职业伤害的预判不足，造成前期预防的缺失。

2. 劳动过程中监管缺失 中国企业数量庞大，目前职业卫生监督的力量满足不了实际的需求，导致一些企业特别是中小企业对职工健康不重视，企业主体责任不落实，没有按照有关法律法规要求建立有效的预防和控制职业危害的制度与措施；劳动者法律意识、自我保护及维权意识弱、职业卫生与安全投入不足、生产力水平低下、防护设施简陋、职业危害现象严重，给职业病防控带来了困难和阻力。由于职业伤害存在小微企业众多、监管部门人力物力等条件的限制，在劳动过程中监管存在缺失。劳动者法律意识、自我保护及维权意识弱，给职业病防控带来了困难和阻力。

（二）职业病防控的伦理原则

1. 加强知识培训，坚持预防为主 职业病的防控特点是预防重于治疗。随着对职业病认识的深入，有相当一部分职业病已有成熟的预防方法。公共卫生工作者应积极主动宣传职业卫生知识，让劳动者熟悉职业病危害因素的来源、危害方式、防治措施及应急处置方法，提高劳动者的职业卫生防治意识，加强对特定职业劳动者的健康保护力度。

2. 提高工艺设备，佩戴防护用品 用人单位应该重视职业病防护，以先进的危害小的设备取代老旧的危害大的工艺设备，为职工提供充足的高质量的防护用品。例如，研磨抛光设备上设计安装合理的通风装置，确保粉尘浓度符合国家职业卫生标准。在特别环境（如噪声、粉尘等）工作一定要正确佩戴个人防护用品，如噪声环境中佩戴防护耳塞、粉尘环境中佩戴 KN90 防尘口罩、接触三氯乙烯环境中佩戴防毒口罩及防护手套等，以此来减少接触职业病的有害因素。

3. 做好应急监护，加强检查监督 在职业病防控工作中，公共卫生工作者需要始终深入一线，监督指导的对象既包括生产单位，也包括劳动者。检查监督的内容包括相关劳动场所的设计审查、竣工验收，开工后的经常性监督检查，对相关劳动者进行培训与职业病预防行为指导，及时开展体检，发现职业病问题后及时报告与治疗等。

三、地方病的防控伦理

地方病是指相对局限于某些特定地区、在特定的自然条件和社会因素作用下，因长期暴露于有致病因素的环境中而经常发生或造成地方性流行的疾病。从广义的概念看，具有地区性发病特点的疾病都属于地方病范畴；从狭义的概念出发，地方病是指发生与当地地球化学因素有密切关系的疾病。我国的地方病已知有 70 余种，列入国家重点防治的地方病有鼠疫、血吸虫病、布氏杆菌病、碘缺乏病、克山病、大骨节病、地方性氟中毒和地方性砷中毒等 8 种，前 3 种属于自然疫源性疾病，后 5 种属于生物地球化学性疾病。地方病的防控属于公共卫生范畴，公共卫生工作者在地方病防控中需要坚持相应的伦理原则。

（一）地方病防控的伦理问题

1. 一旦发生则病情较重、涉及范围广 我国是世界上地方病病种最多、分布最广的国家之一，也是世界上受地方病危害最严重的国家。地方病尤其多发生在山区、农村、边疆等经济社会发展相对滞后的区域，并且已成为一些地方致残、致贫阻碍社会发展的主要因素。目前，我国有 5.1 亿人口生活在缺碘地区，占全世界总缺碘人口的一半，据统计我国 1000 余万智力残疾人中 80% 以上是由碘缺乏造成。全国有 10 万多个村庄在高氟区，而大骨节病的受威胁人口超过 1 亿，克山病受威胁人口也在 7000 万以上。从病种上看我国共有 70 余种地方病，其中克山病、大骨节病、碘缺乏病（地方性甲状腺肿、克汀病）鼠疫、布氏杆菌病、地方性氟中毒被列为国家重点防治病种。

2. 病区偏远，病种多，防治难度大 我国地方病病种较多，病情复杂，多数地方病主要发生在广大农村地区、山区和牧区等偏远地带。控制或根治地方病，涉及改变自然环境，消除中间宿主媒介动物、严格控制畜间疫情、补充或降低某种元素等措施，这些措施多数涉及病区自然环境，但自然环境与生俱来，天然存在，很难改变。要落实这些措施难度很大，地方病作为生物地球化学性疾病，一旦防治措施减弱或者撤除，疾病将再次卷土重来，加上地方病病区往往经济落后，严重影响防治工作的开展。

（二）地方病防控的伦理原则

1. 认识艰巨性，坚持长期性 地方病多发生在经济不发达、交通不便利、生活条件差、卫生保健条件落后的地区。在开展地方病防控工作中，公共卫生工作者要能够吃苦耐劳，主动深入条件艰苦地区，坚持在一线发现问题，进行现场指导并解决问题。充分认识地方病防治工作的长期性和艰巨性，将地方病防治工作纳入疫区地方各级人民政府的责任目标，紧密结合国家经济建设和当地经济发展总体战略，保证地方病防治工作扎实、有效、深入、持久地开展，确保地方病防治工作的科学性和经常性。例如，针对少数饮水氟超标地区改水尚未完全落实的状况，还有部分地区合格碘盐覆盖率偏低、低氟砖茶推广难度较大等问题，进一步强化地方主体责任，针对不同情况采取专门措施推进落实，有效打通防治地方病的“最后一公里”。

2. 因地制宜，分类指导 地方病防控需要生活在特定地区的每一个社会成员都了解地方病的防控知识，熟练掌握相应的防控技术，采取恰当的行为方式以避免疾病发生。因此，公共卫生工作者应广泛开展认真细致的教育与培训工作，检查受教育者的行为表现，核实教育效果。教育工作不能走形式，要落实到每一个居民的具体生活之中。

3. 加强公共卫生体制与制度建设 在地方病流行地区，加强当地公共卫生体制建设，将地方病防控工作转为经常性工作。除了建立专门的地方病防控体系之外，通过已有的社会体制实施公共卫生活动也十分重要。例如，依托已有的教育体系，强化知识教育和技术培训；依托已有的行政体系，强化防控措施的落实；依托已有的卫生医疗体系，强化地方病的监测与治疗等。坚持“综合治理、科学防治”的方针，依靠科技进步，提高防治水平。

【复习思考题】

1. 比较公共卫生伦理与临床医学伦理的异同之处。
2. 公共卫生工作的伦理准则是什么？
3. 应对突发公共卫生事件的伦理原则是什么？
4. 如何认识传染病防控中的强制隔离措施？

（李 越）

第九章 生育伦理

【导入案例9-1】日本114名妇女通过“公公捐精”生育引伦理争议

据香港《文汇报》2016年9月19日报道，日本一家不育医院透露，过去约20年间，日本全国共有114对不育不孕夫妇通过丈夫父亲的精子进行体外受精，并诞下一共173名婴儿。该消息再次引起日本社会对不育治疗所衍生的伦理问题的关注。

据报道，长野县“诹访不育医院”院长根津八纮表示，1996年11月至2016年7月，全日本共有160对夫妇（由于丈夫患无精子症而不育不孕的）通过使用丈夫父亲的精子和妻子的卵子进行人工受孕。其中142对夫妇因此妊娠，114对成功产下婴儿。不过，由于有多宗多胎案例，所以实际出生婴儿总数为173人。这个数字比同一医院2014年公布的118人大幅增加。

根据日本产科妇人科学会建议，体外受精中采用的精子卵子应该只限定于夫妇两人之间。2003年日本厚生劳动省专家报告书中也只认可采用夫妇以外第三者以匿名方式提供精子或卵子。至于有血缘关系的供精供卵，因为会导致家族关系变得复杂，所以日本政府没有予以许可。

讨论与思考：这个案例存在哪些伦理问题？可能造成哪些社会问题？辅助生殖技术应该遵守什么样的准则？接受什么样的监督？

生育是人类自身的再生产，体现着人的尊严、权利、自由、人类的福宁与希望，本身是一种最本原意义上的伦理事务。人类自身生育演进的历程表明，生育伦理不仅与家庭有关，还与权利秩序和社会文明体系紧密相关。人类的生育行为选择及其所凸显的道德、责任和伦理问题，是一个值得当代人和未来人永远思索亦不能穷尽的永恒主题。本章为生育伦理，主要内容包括生育伦理概述、生育控制伦理以及人类辅助生殖技术伦理。

第一节 生育伦理概述

在当代新生育技术条件下，人的生育伦理问题比以往任何时候都要突出、尖锐。生育伦理必须在面对生育控制时守护人之自由生命，对于鼓励生育的伦理传统和控制生育的公共政策的实践而言，是一个关乎总体文明进程的伦理难题。对人类生育行为的价值评价，不应仅仅局限于个体或家庭的利害得失，而应扩展到人类社会来考察，看其是否有利于社会的和谐。更应扩展到人类与自然的关系，看其是否有利于生态环境的和谐，是否有利于人类在自然中的持续存在与发展。

一、生育伦理的含义

生殖和生育具有不同概念，生殖是繁育后代，产生与自己相似的子代个体。生育是繁育后代和养育后代的行为。

生育行为具有很强的社会性，人的生育行为从来不仅是公民个人的事情，应辩证地看待公民生育权的个人属性与社会属性之间的关系。生育行为既是一种自然行为，同时也是一种社会行为。生育行为既是个体自主自愿的行为，同时也受到一定的社会价值观念、政策法规等的影响。与人类社会生产方式发展水平相适应，人类在生育行为选择上大体经历了三个阶段，即自然生育阶段、计划生育阶段、选择生育阶段。生育伦理最根本的愿望是创造一种社会氛围和调控机制、引导人们的生育意愿（可能是鼓励生育，也可能是限制生育）、调整人的生育行为，使个体能够结合自身的利益选择，采取符合国家长远发展和民族整体利益的行动。

我们在强调生育权对于每一个公民的伦理价值时，也要强调为了整个社会及整个人类的良性运行和协调发展，可以适度采用一定的社会政策法规来引导人的生育行为。生育伦理应该将个体本位与社会本位相结合，把个人利益与整体利益、个人幸福与整体幸福结合起来。

由于人类生育新技术的发展，人类进入一个新的生育时代，一个人类可以选择生育的时代。人类可以从精子库与卵子库提取精子与卵子，然后将它们在试管里受孕结合并且可以选择性别，形成胚胎后，检查基因，对不良基因进行修饰，或者嵌入拼接优良基因，然后将其移植到人造子宫里孕育，最后获得我们想要的后代。生育变成了可以处于一系列人工选择和人工控制过程之中的行为，生命生产的“可操作性”代替了其“神圣性”。当然，这个时代的到来是一个渐进的过程。在人类从生育的“必然王国”向生育的“自由王国”迈进的历史进程中，一方面，人类在生育领域自由选择的范围和能力在扩大，另一方面，人类生育道德责任的范围也在不断扩大。

二、优生学的建立与伦理挑战

（一）优生学建立的伦理价值

1. 优生学的演变 优生是一种生育控制手段，是指通过医学手段改良人的遗传素质以保证后代优质，并提高人们的体力和智力水平。优生分为消极优生和积极优生。消极优生又称预防性优生，是指防止有严重遗传病和先天性缺陷的个体出生。积极优生又称演进性优生，是指促使体力、智力更加优秀的个体出生。

1883 年，英国人弗朗西斯 · 高尔顿（Francis Galton）受达尔文的进化论和格雷戈尔 · 约翰 · 孟德尔（Gregor Johann Mendel）的遗传学的启发，在其《人类的才能及其发展研究》一书中，着重阐述了个别差异，从遗传的角度研究个别差异形成的原因，正式提出了优生学说，并很快得到传播。高尔顿将“优生学”界定为“对于在体力或智力上有可能改善或损害后代的种族素质的动因的研究”。高尔顿将人类学、心理学、遗传学、统计学等方面的研究结合起来，以探讨人类智能和遗传的关系。在高尔顿的倡导和推动下，优生学很快在各国传播。1905 年由德国、奥地利、瑞典、瑞士等国有关研究人员建立了国际性优生组织——国际民族卫生学会。1910 年美国在纽约冷泉港建立了优生学记录馆。1912 年在英国伦敦举办了第一次国际优生学会议，成立了国际永久优生委员会。

令人遗憾的是，高尔顿等学者错误地解释了达尔文关于生存竞争和自然选择的理论，他们把社会下层阶级的艰难困境说成是其在精神德操方面天生的遗传缺陷所造成，而把社会特权带来的利益说成是自然赋予的优秀品质。高尔顿过分地强调智能的遗传性，宣扬民族优劣，并据此对社会现象进行了错误解释。二战期间，他的这些观点被种族主义分子和法西斯主义分子所利用，成为了种族灭绝政策的理论依据。

二战结束后，优生学才逐渐步入正轨。从 20 世纪 50 年代开始，优生学以优生优育为主要内容进入了新的发展阶段，许多国家开展了优生优育工作，制定了优生优育法律。“提高人口素质”也成为我国人口政策的重要内容，“优生”则成为《中华人民共和国母婴保健法》（2021 年修订）、《中华人民共和国人口与计划生育法》（2021 年修正）、《关于优化生育政策促进人口长期均衡发展的决定》（国务院公报 2021 年第 22 号）、《关于进一步完善和落实积极生育支持措施的指导意见》（国卫人口发〔2022〕26 号）等法律法规的重要规定。

2. 优生学的伦理价值 伴随着社会的发展和进步，人们逐渐深刻认识到优生优育的重要性，并把遗传咨询、产前诊断和选择性流产三者的结合称为新优生学。新优生学是防止出生缺陷、提高出生素质的一门综合性很强的发展中的科学。现代优生学已成为运用遗传学原理，借助社会措施如《民法典》规定的禁止近亲结婚、社会的宣传教育、生殖健康咨询服务、优生优育指导、计划生育家庭帮扶及家庭健康促进等工作和医学手段，以改善人类遗传素质的综合性学科。它的宗旨是将遗传学规律运用于人类生育，从而保证和提高人类的素质。

消极优生学主张通过实行限制生育（包括严重遗传病患者、严重精神分裂患者、近亲婚配者、高龄父母、严重智力低下者等）、遗传咨询、遗传普查、基因治疗、婚前检查、产前诊断、选择性人工流产、围产期保健等措施，预防有严重遗传病和先天性缺陷的个体出生。

积极优生学主张从促进新生儿先天素质更为优秀的角度促进优生优育。主要的内容有精液冻存、人工授精、体外受精、受精卵转移、配子输卵管移植等。积极优生学的研究范围还在逐步扩大，不限于只在遗传学上考虑下一代的生物素质，而且还要防止各种非遗传性的先天疾病。例如，避免分娩过程中的损伤及预防和减少新生儿疾病，以保证下一代的人口素质。积极优生学逐步从观念、政策与法律法规等层面支持采用促进性手段来提高生命质量，生育体格健康的后代，这对个人、家庭、社会的发展具有积极的道德价值。

（二）优生学的伦理挑战

优生学致力于研究如何促进优秀的个体繁衍，对人类优良性状和基因给予巩固、延续和发展，减少出生缺陷，使下一代的素质超过上一代。但是，新优生学中的一些手段和措施，如产前诊断、遗传咨询及与此二者密切相关的选择性人工流产均面临心理、社会、经济、道德和法律等方面的问题，需要进行充分的伦理分析。

1. 产前诊断及伦理学问题 产前诊断又称宫内诊断或出生前诊断，是预测胎儿在出生前是否患有某些遗传病或先天畸形的有效方法，是实现优生、预防患儿出生、提高出生人口素质和生命质量的有效手段。产前诊断是在遗传咨询的基础上，应用各种先进的科学技术手段了解胎儿在子宫内的生长发育状况，如观察胎儿外形、分析胎儿染色体核型、检测基因和基因产物等以对胎儿是否有某些遗传病及先天畸形做出诊断。由于遗传病是具有严重危害性的常见病，目前多数遗传病尚缺乏有效治疗方法，即使能通过治疗控制症状，但致病基因仍会继续遗传下去。因此，需要采取措施，在产前对可能出现的遗传病和先天畸形进行检测。产前诊断的非侵袭性方法有超声诊断、母亲血样化验、孕早期的筛查等，侵袭性方法有绒毛膜取样、胎盘取样、羊水穿刺、胎儿血样化验等。但问题是若产前诊断一旦发现胎儿有缺陷，则面临保留胎儿还是终止妊娠的困难抉择，无论是决定终止妊娠还是继续妊娠，在伦理学上都产生了难题。

首先，产前诊断后优生决策如何做出。运用产前诊断，如果获得阳性结果，则可能会导致有缺陷胎儿人工流产。但做出这个决定并不容易，尤其是当出现对缺陷的轻重程度认识不一、存在某些不确定性和缺陷仅是一定概率等情况，选择更加困难。反对流产的人会否定产前诊断，因为这可能会导致流产。而不反对流产的人却认为让胎儿接受检测是当事人的权利，因为这样可以避免生出有缺陷孩子的风险。这里牵涉到的是出生权与选择权的矛盾与冲突。胎儿作为一个并非社会人的人类生命实体，尚没有绝对的生命权利。站在常人对生命质量看法的立场上，有严重缺陷或遗传病的胎儿的出生必然会给家庭、社会带来沉重负担，可以选择终止妊娠。但是，任何生命都是平等而伟大的，即使是弱智、残疾、有先天缺陷的人，他们的父母也可能认为即使是生下一个有疾病的孩子也不应该结束一条生命。在此，胎儿的出生权、父母的选择权以及对生命质量的考虑产生了严重的冲突。因此，产前诊断与否一定是出自未来父母的自愿，包括产前诊断的自愿和终止妊娠的自愿。临床医生应尽可能将与之有关的信息充分告知当事人并尊重其选择，以便其在利弊权衡之后做出理性的决定。

其次，产前诊断能否进行性别鉴别。许多产前诊断措施能够对胎儿进行性别鉴别，但应否进行鉴别同样是一个伦理问题。例如，对于有些伴随性别而产生的遗传病，通过产前诊断进行胎儿性别鉴别更容易得到伦理学辩护。而非医学需要的胎儿性别鉴别，长此以往容易造成出生婴儿性别比不平衡的恶果，是不合乎伦理的。

2. 遗传咨询及伦理学问题 遗传咨询（genetic counseling）是指医学家或临床医生应用遗传学

和临床医学的基本原理和技术回答遗传病患者及其亲属所提出的问题，并就发病原因、遗传方式、诊断、防治、预后以及患者同胞或子女中此病的再发风险率等问题给予解答，对患者及其亲属的婚姻、生育等问题给予必要的医学指导。

遗传咨询是一种特殊的医学形式，它所涉及的疾病主要是由于基因或遗传物质异常所致；咨询的目的主要不是治疗，而是分享相关的信息，这些信息是接受咨询者做出理性决定的前提。遗传咨询的对象主要是生育过有遗传病或先天畸形患儿的夫妇；夫妇双方或一方可能为遗传病致病基因携带者或有遗传病的家族史者；接触致畸或放射性物质者；常见遗传病筛查发现异常者；不明原因的反复流产或有死胎死产等情况的妇女。接受遗传咨询的人通常对咨询的结果和结论不了解、没有经验也无法预期，而遗传咨询医生通常认为这种咨询是一件好事。接受咨询者与咨询医生之间在知情同意、对咨询结论的不同解读、咨询结论的知晓范围等方面的差异导致伦理问题频生，需要加强沟通尽力实现平衡。

首先，各方利益的平衡。遗传咨询之后的决定涉及夫妇、未出生孩子以及其他家庭成员的利益。未出生孩子的利益是潜在的，其他家庭成员的利益是间接的，接受咨询夫妇的利益是直接的。因此，平衡各方利益的原则是接受咨询夫妇的利益和需求优先，同时兼顾相关他者利益。

其次，临床医生与接受咨询者的价值观平衡。即如何对待事实判断和价值判断之间的关系。遗传咨询过程是一个信息交流过程，它涉及与遗传病风险相关的信息，如遗传方式、特定亲属发生遗传病的风险、应对风险的各种可供选择的方法等信息。在信息传递中必然涉及生育计划、生育控制等一系列将必须由接受咨询者做出决定的问题。临床医生对这些问题尽管有自己的意见，但必须将价值判断和事实描述区分开来，他传递给接受咨询者的信息应该是生出一个患病婴儿的风险、生出一个正常婴儿的可能及其他相关信息，以便接受咨询者在此基础上做出理性决定，而不是依据自己认可的价值标准企图说服有遗传病的夫妇不再生育，以降低遗传病患儿的出生率。临床医生有时并不知道接受咨询者的真实意愿。例如，一对患侏儒症的夫妇在接受遗传咨询后决定生育一个有同样疾病的孩子，他们认为自己因侏儒而从事的职业收入不错又安全稳定，希望能有子女继承这种职业。所以，临床医生在遗传咨询中应持中立、非指令性态度，为接受咨询者提供准确而无偏倚的信息，并尊重接受咨询者的决定。

最后，保密与讲真话的平衡。对于遗传咨询中形成的遗传信息如何控制，涉及“为接受咨询者保密”和“对接受咨询者保密”两个问题。其一，临床医生应该为接受咨询者保密，泄露遗传咨询信息可能会导致其在就业、保险等方面受到歧视。其二，对于某些遗传信息，应该对接受咨询者保密。例如，如果接受咨询者患有抑郁症，某些信息的告知可能会加重患者病情甚至导致患者自杀。临床医生应该以保护接受咨询者最大利益为原则，可以采取告诉家属或选择恰当的时机、方式和场合告知等策略。

科学技术是一把双刃剑，产前诊断和遗传咨询技术在造福人类的同时，必然引起一系列的伦理困惑与难题，如非法性别鉴定、亲子鉴定、胚胎干细胞非法买卖等。因此，虽然患者有权自行选择是否进行产前诊断和遗传咨询，但是临床医生不是无条件无原则地遵照患者的选择，而应是在遵守法律法规和符合伦理规范的基础上尽可能尊重其个人意愿。

综上所述，优生优育政策具有现实道德价值，但不可回避伦理与法律上的风险。伦理与法律界不乏批评观点，认为消极优生学的各种措施，违背基本人道原则，剥夺了特殊人群的生育自由和生殖权利；开展遗传检查虽然可以诊断出多种遗传病，但是会使众多遗传病患者或患病基因携带者蒙受巨大精神压力，甚至会导致对这些人的歧视；遗传咨询涉及接受咨询者的隐私问题，有关信息可能伤及当事人感情，也可能触及其隐私权；产前诊断的普及，将可能使更多的胎儿流产，给家庭和社会带来更多的经济、社会问题等；而采用无性生殖、基因重组等积极优生学措施，培养所谓的人类“优良品种”，可能造成人类生物进化停滞等无法预料的后果。

第二节 生育控制伦理

人口生育政策是人口政策的核心要素。我国是农业大国，也是人口大国。中国共产党成立后至新中国成立后的二十多年时间里，积极、宽松的人口生育政策为我国经济社会发展提供了充裕的劳动力，并形成了持续多年的人口红利，创造了我国经济持续快速增长的世界“奇迹”。20 世纪 80 年代“计划生育”政策的实施将家庭的生育自主权只限定在一个子女，导致我国人口生育率断崖式下跌并从此保持较低水平，人口红利逐步消失，人口结构快速老化。2013 年“单独二孩”政策开启了将更多的生育决策交由家庭的历程。自此，我国人口生育政策逐步趋向宽松。2015 年“全面二孩”政策出台，表明我国人口生育政策依据我国人口总量与人口结构变化不断调整的政策遵循。党的十八大以来，党中央高度重视人口问题，根据我国人口发展变化形势，做出逐步调整完善生育政策、促进人口长期均衡发展的重大决策，进一步适应人口形势新变化和推动高质量发展新要求，于 2021 年积极推动出台了具有重大意义的“三孩政策”及配套支持措施。

生育控制（birth control）是指现代社会对人口的生育予以有计划的控制，以抑制人口的过度与快速增长，保障人类更好地生存与发展。20 世纪末，全球人口已突破 60 亿，人口过度增长不但会引起全球性的资源短缺、生态失衡、环境污染，而且还会导致许多国家的自然系统在人口和消费压力下的崩溃，以及饥荒、疾病的肆虐等严重后果。人口是规模、质量、结构、分布的集合体，各要素之间密切互动、相互作用，在长期适度生育率水平持续作用下人口规模的增长，必然带来年龄结构、人口素质、区域分布的联动改变。这是经济社会发展影响的结果。反过来，人口发展也会反作用于经济社会发展。然而，由于生育控制关乎人们的生殖、生育权利，不可避免地会涉及伦理问题，引发道德上的争论。

一、生育控制概述

生育控制是一个国家或地区依据社会经济发展和资源环境承受能力所确立的涉及一个时期的人口再生产调节政策，是社会政策的重要组成部分，它通过影响人口再生产过程而对人口数量、人口结构和人口质量起着决定性作用。

我国生育政策经历了不断调整的变动过程。在人口控制实践中逐渐产生、发展和完善，经历了一个从鼓励到节制，从节制到严控，从严控到保持稳定，从保持稳定到逐步放开的曲折发展过程。无论在哪个时期出台的生育控制政策都是针对当时人口形势和人口与社会经济发展之间关系进行深入分析的结果，对人口形势和发展趋势的认识不同，采取的政策也会迥异。2021 年 7 月，中共中央、国务院发布了《关于优化生育政策促进人口长期均衡发展的决定》，进一步优化生育政策，实施一对夫妻可以生育三个子女政策及配套支持措施，改善我国人口结构，顺应人民群众期盼，积极稳妥推进生育控制政策，满足群众多元化的生育需求，释放生育潜能，促进家庭和谐幸福，保持我国人力资源禀赋优势。生育控制是通过人为措施来操纵生育的过程、数量和结果。生育控制的方法主要包括避孕、人工流产和绝育。

（一）避孕

避孕（contraception）是指运用一定的技术或方法，基于社会和个人的某些医学或非医学需要，防止或阻止妇女妊娠的一系列措施。自古以来，人类就有关于避孕的观念、方法和行为，但科学的避孕方法则始于 20 世纪。目前广泛运用的避孕方法主要有两类：一类是自然控制方法，即根据女性生殖系统周期性的生理变化，通过日程表法避开易受孕的排卵期进行性生活，从而达到避孕的目的；另一类是人工控制方法，即应用药物或器具（口服避孕药、避孕套、阴道环等），去达到避孕的目的。前者因多数女性排卵日期常有变动，卵子、精子的寿命长短不一而不可靠。后者虽然比较简便，但均存在各种不足之处，需要进一步加以改进与完善，以求发展出安全、有效、便利、无痛苦的避孕技术与方法。

（二）人工流产

人工流产（induced abortion）是指以人工手段有意施行的堕胎，目的是终止妊娠。通常使用的方法有药物或手术（刮宫、负压吸宫、水囊引产等）。人工流产一般可以分为治疗性人工流产和非治疗性人工流产。治疗性人工流产通常是因为孕妇患有某种疾病不能继续妊娠，或妊娠危及孕妇生命。选择人工流产，一定要采取谨慎的态度。有以下两点特别值得注意。

首先，虽然不同文化对“胎儿是否是人”目前还无法做出明确的结论，但是至少要认识到，胎儿不是母体内的一块无足轻重的组织。有些学者强调，胎儿是母体内具有特殊性的生物体，虽然还不是人，但是它是一个潜在的有生命的、在具备条件后会发育成人的独特生物体。因此，不要轻易、草率地做人工流产。

其次，不因性别选择滥用人工流产。性别选择也称性别控制，人工流产可以用来作为选择后代性别的一种技术与手段。在临床上，有时人工流产可以作为阻止性别连锁遗传病的方法或手段。例如，血友病、红绿色盲等疾病，通常只在下一代男性的身上体现，相反，红斑狼疮只把症状遗传给女性后代。因此，通过产前性别鉴定，人工选择生育男性或女性后代，就可以避免遗传病的继续遗传，这种选择性人工流产多数情况下可以得到伦理学辩护。但除此之外，不可因性别偏好、性别歧视等非医学原因选择人工流产。

（三）绝育

绝育（sterilization）也是一种避孕方法，通常是指对男性输精管或女性输卵管做手术，用切断、结扎、电凝、环夹或用药等手段，阻止精子与卵子相遇，以起到长久或永久避孕的作用。

二、生育控制引起的伦理问题

（一）避孕引发的伦理争议

1. 避孕将“性”与“生殖”分离开是否应该 反对避孕者认为，避孕切断了性交与生殖之间自然而神圣的联系，是不道德的，避孕技术的运用会使人们最终放弃生育的义务，导致家庭的瓦解以致影响社会的利益与人种的延续。支持避孕者认为，生育尽管是婚姻和性生活的结果，却不是其唯一目的，婚姻和性生活的目的是多方面的。对避孕可能出现的副作用都是过分担忧，避孕措施的采用只是帮助人们获得更有计划、更理性的家庭结构。

2. 避孕是否会导致性行为的混乱 反对避孕者认为，广泛使用便利、经济的避孕工具，会导致人们在性生活上的“滥交”，婚前性关系和非婚性关系会有所增加，从而引起性关系混乱以及婚姻、家庭关系的破裂。支持避孕者认为，人们应从社会环境、文化氛围以及人们的生理、心理变化中去寻找性关系混乱的根本原因，避免性行为混乱的关键在于加强教育，以道德和法律来进行约束和控制，而不应归咎于避孕技术的应用和推广。

3. 避孕是否会导致更多的人工流产 有的科学家认为避孕与人工流产成正比，即采用避孕技术的人越多，则相应的由于避孕失败所导致的人工流产也就越多。然而，事实上无论是鼓励避孕还是禁止避孕都有可能导致更多的人工流产，二者不存在必然联系，主要取决于当时的社会文化氛围，尤其是现在人们已普遍认为生育不是绝对的义务，因此一旦避孕失败就会求助于人工流产。把避孕说成是导致人工流产增多的因素，是缺乏依据的。

（二）人工流产引发的伦理争议

1. 胎儿的地位属性 即“胎儿是不是人”或者说“胎儿什么时候才具备以及在多大程度上拥有和具备了一个人的权利和价值”。支持人工流产者认为，受精卵、胚胎和胎儿尽管是生命，但还不是人，因而人工流产在伦理上可以接受。反对人工流产者认为，胎儿就是人，根据生物学标准，人的生命出现的标志就是受孕，认为人的生命就是能完成吞咽、消化、吸收、排泄等生理过程的生物个体。胎儿与人在生物遗传学上有连续性，是生物人发展过程中一个不可缺少的阶段。因此，胎儿不是一般的“非人”，它既不同于动物，又不同于母体的一块组织，它是可以发展成为现实人的“准人”。但胎儿因未处于社会关系中，尚没有形成自我意识，不具有人的社会学生命，同现实人比较又存在着质的差异，所以胎儿又不等于人。

胎儿是具有人类生物学生命的特殊实体，是有待于取得完全资格的“潜在人”，这就是胎儿的本体论地位。所以，任何形式的人工流产都是不道德的，然而无论从哪一方面理解，都具有片面性。马克思主义认为，人是自然属性和社会属性的统一体，是生物学生命与社会学生命的有机统一，即人的生命就是能在社会关系中扮演一定社会角色的具有自我意识的活的生物实体。因此，在评价和判断胎儿是否是人的时候，应从胎儿生命的生物学价值和社会学价值两方面进行综合分析。

2. 胎儿的道德地位 是指胎儿有没有出生权利的问题，关于胎儿出生权利的问题直接与人工流产的道德论证相关。胎儿不是人，其道德地位低于人；胎儿不是动物，其道德地位又高于动物，由此决定了胎儿有出生的权利，对胎儿的这种权利应给予必要的尊重。但胎儿的这种权利是相对的，只要有充分的理由，剥夺胎儿的出生权利即人工流产，在道德上是可以接受的。

在尽可能谨慎的前提下，在某些条件下选择人工流产是合乎道德的，这可以根据胎儿的内在价值和外在价值来做出严格的判断。尽管胎儿不是真正意义上的人，但是它毕竟是人类生命的一个部分，所以具有一定的内在价值，但这个内在价值并没有赋予它与婴儿乃至成人同样的权利，因此，当胎儿与父母利益或社会利益发生切实冲突时，可能不得不考虑它让位于后者。胎儿的外在价值依据社会价值取向而定。例如，在欧洲某些发达国家人口出现负增长，如果这种现象长期存在，可能导致劳动力严重短缺和人口老龄化，给国家的发展带来严重的威胁，因此，国家可能就会鼓励生育，甚至采用法律手段严格限制和禁止人工流产，此时胎儿的价值因社会原因而大为提高。相反，当一个社会人口过度膨胀，已严重影响到社会生产和人民生活时，政策可能会适度放宽对人工流产的限制，这时胎儿的价值又由于社会原因而大为降低。

围绕人工流产合法化问题，国内外都曾有很长时间的争论。种种争论的焦点集中在两个方面：一是人的生命是从什么时候开始的。受孕体是否代表人的生命的开始？胎儿是否具有人的权利？发育各阶段的受孕体是否具有不同的生存权利？二是母亲对自己的身体、生育和生命拥有的权利应该如何界定？如果继续妊娠会严重损害母亲的生命，母亲是否拥有自然而且合理地流产的权利？母亲是否可以因胎儿有严重残疾而有权利选择采取人工流产？以上这些问题会因不同价值观、文化、家庭需要、个人经历而有非常不同的答案，未来仍然是充满伦理争议的一个生命伦理学问题。

（三）绝育引发的伦理争议

绝育面临的最主要的伦理问题是，能否对严重遗传病患者实施强制性绝育？严重的遗传病会通过生育传给子孙后代，使夫妇生育出同样患有严重遗传病的子代。从不伤害原则来看，这对子代来说可能并非一种好的选择，这同时也给父母及其家庭带来了沉重的治疗负担。因此，可能有一种情形是，在深度征求严重遗传病患者自己关于生育意见的前提下，极其慎重地判断疾病伤害，通过医学干预，运用绝育等措施，断绝生育能力，避免生出有严重遗传病的子代。这种绝育亦需要极其严谨，至少要注意以下两个方面。

首先，科学地确定哪些疾病属于“严重遗传病”，谨慎评估疾病患者如果生育会带来怎样的严重后果。一般来说，如果患有某种严重遗传病，妊娠通常会给妇女及胎儿的健康带来严重伤害，在获得妇女知情同意的情况下，通过绝育避免妊娠是合乎伦理的。当然，即使没有严重遗传病，出于控制家庭人口的需要和避孕的需要，夫妇自主选择绝育也是能够得到伦理支持的。

其次，对确实患有严重遗传病的人，可以为其提供生育指导，建议他们运用人类辅助生殖技术去获得健康的子女。应该通过健康教育来帮助个人、家庭做出理性的生育决定，由他们自主知情选择，强制绝育的做法是难以得到伦理辩护的。在建议时一定要贯彻知情同意的原则，力戒强制实施绝育，最后的抉择尽可能由其本人做出。

总体来看，采取避孕、人工流产、绝育等生育控制措施的直接结果是导致出生人口绝对数量的减少。另外一个结果是出生人口性别比偏离正常。我国是世界上出生人口性别比失衡较严重的国家之一。便捷安全的胎儿性别鉴定和性别选择技术与我国 20 世纪 80 年代独生子女政策共同作用，导致我国出生性别比在短时期内骤然上升并在长时期内居高不下，这会引发社会养老、婚配平衡、性犯罪等一系列社会问题。

因此，生育控制技术的进步及其应用的伦理判断，不应局限于个体或家庭的利害得失，而应扩展到人类社会来考察，看其是否有利于社会的和谐。更应扩展到人类与自然的关系，看其是否有利于生态环境的和谐，是否有利于人类在自然界中的持续存在与发展。公民在享有生育权利的同时也必须承担生育义务，自觉地使自身的生育行为与国家的生育政策、社会的前进方向、人类的文明进步相一致。

三、生育控制的伦理要求

生育控制是人类对自身的生育从自然选择转向人工选择的开端，它不仅仅是一个单纯的技术问题，还影响到生命的延续、家庭的稳固、社会的发展、国家的兴旺和人类的进步。因此，在生育控制中应遵循一定的伦理原则。

（一）树立科学生育观和人口观原则

个体的生育具有社会的后果，人口的数量、素质、增长率、年龄构成、地区分布等应该与经济、社会、资源和环境相协调，才能保证社会的可持续发展。科学的生育观和人口观是生育控制的价值基础，树立关于生育和人口的正确观念，才能保证计划生育工作的顺利开展。

人口发展是关系中华民族发展的大事情。科学的人口观是社会经济发展的必要前提和基础，只有合理的人口数量、高素质的人口、合适的人口比例，才能促进社会经济可持续发展。人口是社会发展的主体，也是影响经济可持续发展的关键变量。作为大自然的组成部分，人口数量必须与大自然保持和谐关系。在人口与经济社会资源环境的关系上，人既是发展的基本要素又是发展的目的，人既是生产者又是消费者，不能简单把人口视作负担，人口也可以是财富。

在人口发展规律上，马克思认为，“每一种特殊的、历史的生产方式都有其特殊的、历史地起作用的人口规律”。党的十八大以来，党中央高度重视人口问题，根据我国人口发展变化形势，做出逐步调整完善生育政策、促进人口长期均衡发展的重大决策，有利于未来保持适度人口总量和劳动力规模，更好发挥人口因素的基础性、全局性、战略性作用，为高质量发展提供有效人力资本支撑和内需支撑。引导人口区域合理分布，促进人口与经济、社会、资源、环境协调可持续发展。正确认识人口与经济社会发展的关系，高度重视人口变化及其对社会经济发展的重大而深远的影响，以全球视野看待中国人口问题。

（二）遵守法律政策原则

生育控制必须严格遵守相关法律。在不同时期，出台的生育政策都是针对当时人口形势和人口与社会经济发展之间关系进行深入分析的结果，对人口形势和发展趋势的认识不同，采取的政策也会迥异。我国许多法律法规，如《中华人民共和国宪法》《中华人民共和国民法典》《中华人民共和国人口与计划生育法》《关于优化生育政策促进人口长期均衡发展的决定》《关于进一步完善和落实积极生育支持措施的指导意见》等都有对生育的规定，党和国家始终坚持人口与发展综合决策，科学把握人口发展规律，为全面建成小康社会奠定坚实基础。

《中华人民共和国宪法》有关计划生育的规定，特别是第二十五条关于“国家推行计划生育，使人口的增长同经济和社会发展计划相适应”的规定，体现了问题导向与目标导向相统一、指向性与方向性相统一，具有相当的包容性和适应性，可以涵盖不同时期实行的生育政策、相关工作及配套措施。2021 年修改的《中华人民共和国人口与计划生育法》，落实优化生育政策、促进人口长期均衡发展的决策部署，是与时俱进理解和把握《中华人民共和国宪法》规定和精神的具体体现，也是与时俱进通过立法推动和保证《中华人民共和国宪法》实施的生动实践，符合《中华人民共和国宪法》规定和精神。

（三）提供优质服务原则

国家采取措施提供优质的计划生育技术服务，包括计划生育 / 生殖健康科普宣传、健康教育及咨询；免费提供基本避孕药具及相关指导、咨询和随访；节育和终止妊娠技术、输卵（精）管吻合术的医学检查和手术；对已经施行避孕、节育手术者的相关咨询及随访；手术并发症和药具不良反应的诊断、治疗；以及卫生健康行政部门规定的其他服务项目。

1. 科普宣传及健康教育 各级医疗机构，特别是社区卫生服务中心，应将计划生育和生殖健康的宣传教育纳入常规工作。市、区妇幼保健专业机构与相关部门和机构合作，面向社区、学校、企事业单位等开展计划生育的专题宣传、健康教育及咨询。

2. 计划生育 / 生殖健康咨询指导 这是计划生育技术服务的基本内容，应当贯穿于服务的各个环节。服务提供者应充分利用各种工作契机，因地制宜开展咨询与指导；服务提供者应遵循尊重信任、坦诚共情、畅言守密、善听详解、和谐互动的咨询原则，以服务对象的需求为中心，充分了解其需求、困惑和担心，提供完整、准确、适宜的避孕方法信息，帮助服务对象及其性伴侣根据其具体情况，知情选择适宜的避孕节育方法；应特别关注重点人群，如未婚性活跃人群、产后夫妇、人工流产后妇女以及希望更换避孕措施者，对有性传播、性感染（疾病）风险的重点人群更应提供双重保护指导；社区卫生服务中心应逐步将对辖区服务对象的计划生育指导和管理纳入居民健康档案管理范畴，进行跟踪随访，并及时补充避孕药具供应。

3. 计划生育手术服务 首先是门诊诊疗服务。对受术者通过病史询问和检查，严格掌握适应证和禁忌证，筛查手术高危因素，按常规要求做好术前准备。凡遇疑难高危对象，应及时收入病房。对所有人工流产手术对象，术前按规定查验身份信息，并在手术知情同意书上注明身份证号。按常规要求对计划生育手术对象进行术后随访，诊治和处理手术并发症及避孕措施使用后的不良反应。其次是人工流产后避孕服务。流产前后应围绕“计划生育服务”的主题，构建全面整体的人工流产后计划生育服务，涉及术前初诊、手术当日和术后随访环节，包括健康教育服务、流产后咨询服务、指导人工流产后及时落实高效避孕措施，以及流产后随访服务等内容。

（四）贯彻知情同意原则

提供生育控制服务必须贯彻知情同意原则。一切医疗活动应以患者的利益为重，在提供医疗服务的过程中要结合病情的实际需要来做出医疗决策，要进行风险或伤害 / 受益评估。我国越来越重视对个人知情同意的保护，一些有生育需求的特殊群体在婚姻和生育方面更加强调对个人生育计划的选择，认为生育权的个人自主性应当受到尊重和保护，尊重特殊群体的生育需求也是尊重个人自主权利的体现。医务人员实施避孕、节育手术、特殊检查和特殊治疗时，应当详细告知患者医疗手段的目的、预期效果、可能出现的后果和风险、应对措施等信息，征得本人同意后方可进行。在生育控制工作中，应当尊重男女双方自愿选择一方（男方或女方）采取避孕、节育或绝育措施。

第三节 人类辅助生殖技术伦理

人类辅助生殖技术的临床应用不断扩大，让越来越多的不孕不育夫妇获得生育权利，不仅改变了个人和家庭的未来，提升了生育率，也可优化人口结构，对我国人口与经济社会发展具有深远影响。但人类辅助生殖技术的使用像一把双刃剑，规范合理应用能够为人类谋福祉，某些应用原则的突破则会带来一系列伦理道德和社会法律问题，如家庭人伦关系遭受挑战、生殖细胞商业化、引发近亲结合的危险、男女性别比例失衡、人类的生物进化等，均引发了诸多争议。

一、人类辅助生殖技术概述

人类辅助生殖技术（assisted reproductive technology，ART）是指运用医学技术和方法代替自然的人类生殖过程的某一步骤或全部步骤的手段，对配子、合子、胚胎进行人工操作，以达到受孕目的的技术。此类技术可在一定程度上治疗不孕不育夫妇以达到生育目的，也是生育调节的主要组成部分。人类辅助生殖技术主要有以下几种形式。

（一）人工授精

人工授精是指收集丈夫或自愿捐精者的精液，由医师注入女性生殖道，以达到受孕目的的辅助生殖技术。人工授精实际上替代了自然生殖过程的性交这一步骤。按照精液的来源不同，可以分为两大类。一类是同源人工授精（artificial insemination by husband，AIH），又称夫精人工授精或同质人工授精，即用自己丈夫的精子进行的人工授精；另一类是异源人工授精（artificial insemination by donor，AID），又称供精人工授精或异质人工授精，即用自愿捐精者的精子进行的人工授精。由于冷冻技术在这个领域中的运用，可以把精液冷冻在 –196.5℃的液态氮中长期保存，于是诞生了储存精子的机构——精子库（sperm bank），精子库又称为精子银行。

（二）体外受精

体外受精（*in vitro* fertilization，IVF）是指用人工方法让卵子和精子在人体以外受精和发育的生殖方法。体外受精代替了自然生殖过程的性交、受精和自然植入子宫三个步骤。目前，在体外完成人类胚胎和胎儿的全部发育过程还只是一个设想。可以做到的是，把发育到一定程度的胚胎移植到母体子宫中，进一步发育直到诞生。因此，体外受精和胚胎移植技术总是结合在一起应用的。由于受精是在实验室的试管中进行，通过这种方式诞生的婴儿，通常又被称为试管婴儿。由于可以激发排卵，卵子和受精卵的数目可能超过移植的需要，在这个领域同样可以使用冷冻技术，于是诞生了冷冻卵子库和冷冻胚胎库。

（三）卵胞质内单精子注射

卵胞质内单精子注射术（intracytoplasmic sperm injection，ICSI），即所谓第二代试管婴儿技术，是 1992 年比利时自由大学中心吉安皮埃罗 · D. 巴勒莫（Gianpiero D. Palermo）等创立的辅助受精技术，该技术借助显微操作系统将单一精子直接注射入成熟卵子内使其受精，显微注射前精子无须发生顶体反应，对精子浓度、活动度、形态等参数要求低，仅需要数条精子即可获得较高的受精率、胚胎移植率，利用附睾和睾丸的精子也能取得和正常精子相似的妊娠率。因此，ICSI 技术的发展使少弱精子症、无精子症等的治疗取得了突破性进展，已成为严重男性因素不育患者的最有效治疗方法。此项技术主要适合严重的少、弱、畸形精子症，梗阻性无精子症、生精功能障碍、精子无顶体或顶体功能异常等各种男性不育患者。但 ICSI 是一种侵入性操作，对卵子有一定创伤，治疗费用较高，而且其子代的安全性还需要长期跟踪随访，不能也不应取代常规体外受精，建议严格掌握适应证。

（四）胚胎植入前遗传学诊断

胚胎植入前遗传学诊断（preimplantation genetic diagnosis，PGD）即所谓的第三代试管婴儿技术，它是在常规试管婴儿的基础上，对获得的胚胎进行遗传学方法检测，在医生指导下挑选合适的胚胎移植入母体子宫，以期防止遗传病患儿的出生。第三代试管婴儿技术应用至今已有 20 余年的历史，目前通过植入前遗传学诊断技术可检测上百种疾病，包括染色体异常、单基因遗传病或性连锁疾病，如染色体平衡易位、罗伯逊易位、血友病、多囊肾、克尼格征等。随着检测技术及基因诊断的发展，植入前遗传学诊断技术对优生工作起到越来越重要的作用。

（五）克隆技术

克隆（clone）技术又称为无性繁殖（asexual propagation），该技术能取出高等动物的成体细胞，将其携带遗传信息的细胞核植入去核的卵母细胞中，不经过有性过程即可将结合体激活、分裂，再将发育到一定程度的胚胎移植于母体子宫妊娠直至分娩。无性繁殖运用现代医学技术，不通过两性结合而进行高等动物（包括人）生殖，仅用简单的低等生物生殖方式来繁殖，几乎完全放弃了人类自然生殖的所有形式和步骤。由于成体细胞已经失去了受精卵的分化能力，就大大增加了无性生殖的难度。目前，虽然人类已经逾越了无性繁殖在生物技术方面的障碍，但是其应用仍面临激烈的伦理争议。

二、人类辅助生殖技术引起的伦理问题

人类辅助生殖技术作为一种强大的生命科学技术，帮助人类解决了无数生殖生育方面的难题，使不孕不育人群脱离了痛苦，为他们与他们的家庭带去了幸福与快乐，成为了不孕不育人群的福音。在技术本身的复杂性和人类利益需求多样性的双重因素作用下，诸多与人工授精、体外受精相关的伦理问题开始凸显出来。

（一）异源人工授精技术的伦理问题

1. 供精过程对捐精者的影响 供精助孕技术的发展使精子的来源可由丈夫扩展到捐精者，这使男方因素而不育的家庭可以拥有孩子，同时自愿捐精也被认为是一种富有悲悯情怀及具有助人性质的人道主义行为。但是自愿供精尚未被当今社会普遍接受。

供精过程耗时且较为复杂。供精起始于对供精者身体及精子质量的筛查，筛查合格以后，供精者需要经历3～7天的禁欲期，之后才是真正的捐精操作。为达到精液样本的目标存量，供精者需要每隔1～2周前往精子库提供一次精液，持续2～3个月，至少6～8次的捐精操作才能完成整个捐精过程。这会耗费供精者大量的体力、精力、时间，还有交通、住宿、餐饮、医疗和误工等方面的经济成本，甚至可能产生因频繁请假或前往医疗场所等引起同事、领导的偏见及家人的怀疑等问题。有对供精者心理状况的调查显示，大部分捐精者对于捐精影响身体健康及学习工作、个人信息资料泄密等问题有较多顾虑。

供精过程中的艾滋病等疾病检测给供精者造成压力和隐私风险。由于艾滋病病毒感染后存在已感染但无法检测出抗原的窗口期，供精者需要在精子冷冻6个月后再次进行艾滋病病毒抗体检测。此类检测会对捐精者造成一定的心理压力，产生对未知结果的恐惧和焦虑等情绪。另外，在供精过程中采集的大量身份信息甚至各种医疗检测结果有可能被泄露甚至被非法买卖，对供精者本人及家庭造成难以估计的伤害和损失。自愿捐精其实质是一项具有人道主义精神的助人行为，在社会福利上可以设置给予捐精者适当的补偿；在捐精操作正式开始前增加心理层面的筛查，以防止后续可能产生的不良心理反应，并给予供精者全程的心理支持；在相关宣传介绍中向整个社会传达正确的供精观念、科学的供精原理、法治化的供精流程，改变民众对供精的偏见。

2. 孩子的社会地位和心理健康 虽然各国都尽最大可能对供精者的个人信息进行保密，但是基因的不同势必会一定程度上表现在供精助孕所生子女的外貌上。假设一个家庭的两个供精助孕孩子一个来自夫精，而另一个来自供精，那么通过供精助孕出生的孩子在家庭地位、获得父母的关爱等方面需要得到更多关注以避免被不当对待。当供精助孕发生在不同人种混居的国家，显著的外貌差异是否会影响供精助孕孩子的健康成长值得关注。若某些文化背景下对非婚生子女、其他肤色子女有歧视、非议、污名化等倾向，选择异源人工授精要在实施前对子女的成长环境、可

获得的心理支持等进行全方位评估，以确保供精助孕孩子的健康成长。

随着社会的进步和发展，在部分欧美国家，女同性恋家庭和独身女性可以通过供精助孕技术构建同性双亲家庭和女性单亲家庭。与传统家庭模式相比，同性双亲家庭和女性单亲家庭对孩子的成长可能会产生某些弊端。在同性恋未被广泛认同的社会中，同性恋家庭的孩子可能会受到社会的非议，而单亲家庭通过供精助孕技术孕育的孩子更是会因为无法确定法定父亲而易被冠以“没有父亲的孩子”。此外，单一性别家庭是否对孩子性格成长产生消极作用也有待探讨。传统双亲家庭性别平衡、刚柔并济利于孩子形成较好的人格品质。通过供精助孕技术构建的同性双亲家庭和女性单亲家庭需要社会给予更多关注和包容，同时对孩子身心健康应进行良好的引导。

传统伦理道德的亲子观念非常注重父母与子女之间的生物学联系，即血缘关系，而辅助生殖技术的应用却使父母与子女间的生物学联系发生了分离。现代辅助生殖技术已把精子或卵子的来源扩大到了夫妇以外的第三者，使得生物学的父母与社会学的父母发生了分离、遗传学的父母与法律上的父母发生了分离，从而扰乱了血缘关系和社会人伦关系，使传统的亲子观念受到了冲击，由辅助生殖技术带来的亲子关系分离的案例时有发生。国际上多数国家倾向于把夫妻双方一致同意采用异源人工授精所生子女视为婚生子女。除非妻子进行此项手术丈夫不知情或未曾同意，丈夫对婴儿才有否认权。

3. 生育与性分离 自有人类以来，人类的生育与人类的性活动就像一枚硬币的两个面无法分离，而人工授精技术切断了生育与性的必然联系，由于辅助生殖技术不需要两性间的性行为就可以培育后代，以人工技术操作代替了两性间的性行为，把生儿育女与两性结合分开，把神圣的生育变成一个在“生物实验室”即可完成的流水作业，这对传统的生育伦理道德观念造成了冲击。

4. 生育与婚姻分离 自人类社会形成以来，人类的生育多数情况下均在婚姻形式下完成，传统道德也将生儿育女看作婚姻的永恒体现。然而，辅助生殖技术能满足单身女性不结婚而生育子女的愿望，利用异源人工授精技术，可以使未婚、不婚、离婚、丧偶的女性不用结婚而生育后代。对此，学术界存在两种不同的态度。少数学者认为获得子女是每个人的权利，单身女性生育后代体现了天赋人权，因而主张允许，不赞同干涉；但多数学者目前仍基于社会基本伦理道德，主张限制或禁止非婚妇女实施异源人工授精技术，认为单身妇女用异源人工授精技术建立的家庭，是一个只有母亲而没有父亲的不完整的家庭，缺乏正常的家庭结构，可能影响孩子的健康成长，不利于整个社会的稳定和发展。我国禁止对单身妇女实施异源人工授精技术。

5. 血亲通婚的危险 在辅助生殖技术的应用中，一个供精者的精液往往会被用于多名女性，而捐精者与受者之间、参与操作的医务人员与捐精者之间是互盲的，这些通过异源人工授精技术出生的孩子其实类似同父异母的兄弟姐妹，他们之间互不知情，到了适婚年龄，他们有可能相互婚配乃至生儿育女，这既增加了血亲通婚的风险，增大了后代患遗传病的概率，客观上也有悖法律和伦理道德。因此，应严格规范异源人工授精技术的应用，在精液使用方面至少遵循以下原则：①限制同一供体的供精次数；②限制同一供体的精液的使用次数；③同一供体的精液要在地区上分散使用。

6. 名人精子库带来的伦理问题 异源人工授精技术的成功与否取决于精液的质量和授精的时机。为确保人工授精时精液的质量，必须建立精子库对捐精者提供的精液进行冷冻储存。精子库的建立为接受人工授精的夫妇提供了更多的选择，尤其是对遗传病携带者的夫妇，他们可以选择健康供体的精子进行人工授精，以防止生出有缺陷的婴儿。相继出现的问题就是，既然可以对遗传病进行选择，是否可以对其他性状进行选择？即是否允许单身女性或接受人工授精夫妇以她（他们）自己的想法对捐精者提出种族、智力、身高、眼睛和头发的颜色等方面的要求？曾经出现的“博士精子库”“大学生精子库”引发了广泛争论，争论的焦点是使用“博士精子库”或“大学生精子库”的精子就一定能孕育出博士生和大学生吗？这种“基因决定论”已遭到大多数科学家的反驳，因为人类智力、学识、成就的发展不单单取决于基因，而是遗传物质与社会环境及个人主观努力相互作用的结果。因此，有计划地选择所谓“最佳基因”的精子对妇女进行人工授精，部分实现“定制婴儿”做法无法得到伦理辩护。

7. 精子商品化及其影响 捐献精子让无法生育的人实现生育的梦想，这本身是一项有助于他人的好事。捐精在世界各国有有偿、无偿等各种形式。对于一个可以捐精的地区来说，如果施行的是有偿捐精的政策，那么更应该对这一行为加强管理。我国有人也建议精子可以商品化，主要理由是精子商品化可以大大增加精子的供给量，而我国的精子库普遍存在捐献者过少，有可能出现使受精过于单一的问题。但多数学者认为精子商品化引发的伦理问题，会大大抵消“商品化后精液供给量增加”所带来的好处。精子商品化可能导致的负面影响包括：其一，精子商品化可能会使供精者受利益驱动，隐瞒自己患遗传病或传染病的病史，使此类疾病通过异源人工授精技术传给后代；其二，精子商品化可能促使供精者为牟利多次供精，从而增加血亲通婚发生的概率；其三，精子库由于竞争或追求盈利，忽视精子的质量。或者为了追求高质量，只提供一类他们认为“最佳”的精子，结果使人类基因可能变得单调而缺乏多样性；其四，精子商品化可能会带来其他人体组织、器官商品化的连锁效应。因此，国内外大多数学者认为，有正常生育能力的健康男性自愿捐出精子用于人工授精，促进他人家庭幸福和社会进步，是值得赞赏的人道行为，但为了牟利而提供精子则是不符合伦理道德的。

（二）体外受精技术的伦理问题

自 1978 年 7 月 25 日英国诞生了世界上第一个“试管婴儿”以来，体外受精技术已经走过了三代。第一代体外受精技术主要解决女性因输卵管堵塞、无卵或卵功能异常而产生的不孕问题；第二代体外受精技术即卵胞质内单精子注射，解决男性少精或弱精而产生的不育难题；第三代体外受精技术即胚胎着床前遗传学诊断技术，减少遗传病的发生解决优生优育问题。体外受精技术作为人类生殖医学史上的一次技术革命，在给人类带来巨大积极效应的同时，也产生了一系列伦理问题。

1. 谁是试管婴儿的父母 如果说异源人工授精技术提出“谁是父亲”的问题，那么体外受精技术要解决的问题就扩大为“谁是试管婴儿的父母”。在体外受精技术中，因配子来源和妊娠场所的不同，试管婴儿会出现多种生殖方式，试管婴儿就存在五个父母的可能：“遗传学父亲”、“遗传学母亲”（精子和卵子的提供者）、“社会学父亲”、“社会学母亲”（养育者）、“孕育母亲”（代孕者）。那么，他们中究竟谁与通过体外受精技术出生的婴儿产生伦理和法律上的亲子关系呢？从世界各国的立法来看，大多认为养育父母应该是合乎道德和法律的父母。对于一个人的成长，提供遗传物质、胚胎营养场所固然重要，但更重要的是后天的养育，真正的亲子关系应该是通过长期的养育行为建立的，所以在有数个父母的情况下，法律确认的合法父母是养育父母，通过体外受精 - 胚胎移植（*in vitro* fertilization and embryo transfer，IVF-ET）技术所生的婴儿是他们的婚生子女，享有婚生子女的一切权利。除用于已婚的不孕或不育症患者外，国外有的国家还允许临床辅助生殖技术用于未婚男女、同性恋者的生儿育女。可以预见，体外受精技术使用范围的扩展将会对人类传统的家庭模式、孩子的成长、人伦关系等产生前所未有的挑战。

2. 胚胎的道德地位 由于体外受精的成功率偏低，且在植入、着床、妊娠等环节上还可能出现失败，很多国家都将冷冻储存胚胎作为体外受精的常规程序。这样也就出现了多余胚胎如何处理的伦理问题。能否对受精卵和胚胎进行操纵？将多余的胚胎销毁或丢弃是否构成杀人？这些问题的关键在于对受精卵和胚胎的伦理和法律地位的认定。对此，有两种截然不同的意见。来源于基督教的观念认为生命神授，受精卵即人的开始，胚胎也是人，因此应尊重他们，不应把他们作为工具、手段来使用，不应伤害和未经主人同意就处理他们；大部分客观、理性的学者则有不同观点，认为受精卵和胚胎并不是完全意义的社会人，而仅仅作为人的生命的开端，他们仅具有生物学生命而不具有作为社会的人应该具有的自我意识和理性，也并没有在社会上扮演一定的角色。因此，它们不应具有与社会人同样的道德地位。但是，既然受精卵和胚胎是人的生命的开始阶段，它具有发展成完全意义的社会人的可能性，因此，它们与一般动物的受精卵和胚胎是不同的，更与一般其他物质是不同的，出于人性尊严的考虑，对它们是不能任意操纵的。

据此，国际社会对于受精卵和胚胎的科学研究有严格的时间规定，即“14 天原则”。1984 年英国政府召集成立的沃诺克委员会发布了第一份详细报告，列举了数条关于体外受精与人类胚胎研究的建议，其中最重要的一条是，“我们强烈推荐，由体外受精产生的人类胚胎，无论是冰冻状态下或非冰冻状态下，如果没有进行胚胎移植，不能在体外存活至超过受精后第 14 天。同时，我们推荐把任何用超出此期限的人类胚胎的做实验的行为都定为刑事犯罪”。“14 天原则”被世界各国和各个组织广泛采纳。例如，我国在 2003 年由科学技术部、卫生部联合制定的《人胚胎干细胞研究伦理指导原则》中规定，利用体外受精、体细胞核移植、单性复制技术或遗传修饰获得的囊胚，其体外培养期限自受精或核移植开始不得超过 14 天。

3. 性别选择的伦理问题 在辅助生殖技术中，性别选择的方法之一就是通过对体外受精培育的胚胎进行植入前遗传学诊断，查明胚胎性别，再将所需要性别的胚胎植入妇女子宫继续孕育。随着辅助生殖技术的发展与完善，日趋成熟的性别选择技术冲击着传统的生育伦理观念。

人在自然生殖过程中，性别的自然选择即可保持两性的大致平衡，这是人类长期进化的结果。辅助生殖技术的介入使人类在生育性别选择上从别无选择到技术上的选择自由，这是人类对生命科学不断探索的结果，是人类生育技术发展的重大进步。但从伦理学角度来说，性别选择不仅涉及生育当事人的个人生育意向和行为，它还影响到整个社会男女性别结构比例的平衡。尽管男女性别比例失调的根本原因，主要在于违规使用性别鉴定技术（如超声）及与此相应的终止妊娠技术（人工流产），目前辅助生殖技术中的性别选择技术，特别是胚胎植入前遗传学诊断技术费用高、技术难度大、普及率很低。但随着生殖科学的快速发展，辅助生殖技术瓶颈的突破，安全、有效、价格低廉的性别选择技术日趋成熟，对此应高度重视，在体外受精技术实施中严格掌握性别选择的适应证，在生育性别选择上既要尊重个人意愿，又要符合人类社会的根本利益。

4. 代孕母亲的伦理问题 “代孕”即代替他人孕育，是指能孕妇女接受他人委托，借助辅助生殖技术将他人的胚胎植入自己子宫，代替他人孕育胎儿以及分娩新生儿的行为，代人妊娠的妇女被称为“代孕母亲”。代孕母亲出现于 20 世纪 70 年代末，它的形式有下面两种：①用自己的卵子人工授精后妊娠，分娩后将孩子交给委托人抚养；②利用他人的受精卵植入自己子宫妊娠，分娩后将孩子交给委托人抚养。代孕母亲甘愿冒风险，为因子宫疾病或子宫切除而不能妊娠的女性带来新的生命，帮助她们得到从血缘关系上比领养更亲的孩子，带来家庭快乐，从这一点看，代孕母亲似乎合乎道德。但代孕行为显然更加引发了激烈的伦理纷争：商业代孕能否得到伦理辩护？代孕是否构成了对妇女和儿童的异化？代孕所生的孩子是不是商品？抚养权的转移是否构成人口买卖？

代孕母亲涉及的伦理问题集中表现在以下两方面：一是酬金代孕。女性以收取酬金为目的，将生殖功能商业化，出租子宫沦为生育机器，使单纯的人类繁衍过程被打上了金钱的烙印；同时，商业代孕关系强行剥离了孕妇与胎儿建立在生理基础上的母子亲情，将婴儿作为商品在市场中买卖，使婴儿作为人的内在价值丧失，权利受到损害。二是亲属关系混乱。在技术支持下，母亲可以替女儿代孕，姐妹之间可以相互代孕，造成出生婴儿在家庭中的地位微妙，人伦关系混乱不清。

对于引发大量伦理问题和法律问题的代孕行为各国规定并不相同。有的国家将代孕关系看作契约关系，代孕中权利和义务的设立取决于当事人的意愿。有的国家则对代孕行为进行管制和监督，若无政府许可，不得实施代孕。由于代孕行为强烈地冲击着传统的伦理道德和法律秩序，以及它可能导致女性商品化的风险，我国目前禁止代孕行为。

三、人类辅助生殖技术的伦理要求

辅助生殖技术属于自然科学技术范畴，它是解决不孕不育症患者“能不能”生育的问题。而伦理属于哲学范畴，是协调人与人、人与社会各种关系所应遵循的行为规范，它是基于价值判断来解决辅助生殖技术“该不该”实施的问题。一方面，通过伦理评价和价值判断，防止辅助生殖技术的滥用；另一方面，传统伦理观也要与时俱进，以更好地引导、规范新技术的应用，促进技术的进步，让技术造福人类。因此，在辅助生殖技术中应遵循一定的伦理原则。

（一）有利于患者原则

此处的“患者”是指可能采用辅助生殖技术的不孕不育夫妇。综合考虑患者病理、生理、心理及社会因素，医务人员有义务告诉患者目前可供选择的治疗手段、利弊及风险，在患者充分知情的情况下，提出有医学指征的选择和最有利的治疗方案；禁止以多胎和商业化供卵为目的的促排卵；患者对实施辅助生殖技术过程中获得的配子、胚胎拥有其选择处理方式的权利，技术服务机构必须对此有详细的记录，并获得夫方、妇方或双方的书面知情同意；患者的配子和胚胎在未征得其知情同意的情况下，不得进行任何处理，更不得进行买卖。

（二）知情同意原则

辅助生殖技术必须在夫妇双方自愿同意并签署书面知情同意书后方可实施；对有辅助生殖技术适应证的夫妇，医务人员须使其了解：实施该技术的必要性、实施程序、可能承受的风险以及为降低这些风险所采取的措施、该机构稳定的成功率、每周期大致的总费用及进口、国产药物选择等与患者做出合理选择相关的实质性信息；接受辅助生殖技术的夫妇在任何时候都有权提出中止该技术的实施，并且不会影响对其今后的治疗；医务人员必须告知接受辅助生殖技术的夫妇及其已出生的孩子随访的必要性；医务人员有义务告知捐精者对其进行健康检查的必要性，并获取书面知情同意书。

（三）保护后代原则

医务人员有义务告知患者通过辅助生殖技术生出的后代与自然受孕分娩的后代享有同样的法律权利和义务，包括后代的继承权、受教育权、赡养父母的义务、父母离异时对孩子监护权的裁定等；告知接受辅助生殖技术治疗的夫妇，他们对通过该技术出生的孩子负有道德和法律上的权利和义务；如果有证据表明实施辅助生殖技术将会对后代产生严重的生理、心理和社会损害，医务人员有义务停止该技术的实施；医务人员不得对近亲间及任何不符合道德的精子和卵子实施辅助生殖技术；医务人员不得实施代孕技术；医务人员不得实施胚胎赠送助孕技术；在尚未解决人卵胞质移植和人卵核移植技术安全性问题之前，医务人员不得实施以治疗不育为目的的人卵胞质移植和人卵核移植技术；同一供者的精子最多只能使 5 名妇女受孕；医务人员不得实施以生育为目的的嵌合体胚胎技术。

（四）社会公益原则

医务人员必须严格贯彻国家人口和计划生育法律法规，不得对不符合国家人口和计划生育法律法规和条例规定的夫妇和单身妇女实施辅助生殖技术；根据《中华人民共和国母婴保健法》，医务人员不得实施非医学需要的性别选择；医务人员不得实施生殖性克隆技术；医务人员不得将异种配子和胚胎用于辅助生殖技术；医务人员不得进行各种违反道德的配子和胚胎实验研究及临床工作。

（五）保守医密原则

保守医密的一个最重要的措施就是互盲原则。凡使用供精实施的辅助生殖技术，供者与受者夫妇应保持互盲、供者与实施辅助生殖技术的医务人员应保持互盲、供者与后代应保持互盲；医疗机构和医务人员对使用辅助生殖技术的所有参与者（如精子、卵子的供者和受者）有实行匿名和保密的义务。匿名是藏匿供者的身份，保密是藏匿受者参与配子捐赠的事实以及对受者有关信息的保密；医务人员有义务告知供者不可查询受者及其后代的一切信息，并签署书面知情同意书。

（六）严防商业化原则

医疗机构和医务人员对要求实施辅助生殖技术的夫妇，要严格掌握适应证，不能受经济利益驱动而滥用辅助生殖技术；供精、供卵只能是以捐赠助人为目的，禁止买卖，但是可以给予供者必要的误工、交通和医疗补偿；禁止精子、卵子、代孕商业化。

（七）伦理监督原则

为确保以上原则的落实，实施辅助生殖技术的机构应建立生殖医学伦理委员会，所有此类技术的实施要接受其指导和监督；生殖医学伦理委员会应由医学伦理学、心理学、社会学、法学、生殖医学、护理学专家和群众代表等组成；生殖医学伦理委员会应依据上述原则对辅助生殖技术全过程和有关研究进行监督，开展生殖医学伦理宣传教育，并对实施中遇到的伦理问题进行审查、咨询、论证和建议。

遵循伦理原则不仅帮助我们有效解决由辅助生殖技术引发的伦理问题，也能起到规范辅助生殖技术健康发展的作用。当然，有关辅助生殖技术的伦理原则也应随着辅助生殖技术与社会环境的发展和进步，做到与时俱进和相应的调整，使辅助生殖技术更好地造福于人类。

四、人类辅助生殖技术伦理审查工作

生殖医学伦理委员会的工作包括生殖伦理审查、生殖伦理督导、生殖伦理咨询协调、生殖伦理培训教育，其工作应该具有经常性、连贯性和务实性。医疗机构申报开展辅助生殖技术，需要经过当地医疗卫生主管部门审批，审批同意后经试运行阶段 1 年，再申请正式运行。报批之前、试运行与运行期间，生殖伦理审查均需要连贯性介入，审查内容至少包括以下四个方面。

1. 评估生殖中心整体建设 包括评估软硬件配置、环境布置、宣传方式、人才队伍等。建议生殖医学伦理委员会实地考察，生殖中心是否符合基础设施达标、就诊过程舒适、隐私保护恰当、心理关怀服务到位、宣传合理充分、管理制度清晰等伦理要求。其中，应根据《医疗广告管理办法》《互联网医疗保健信息服务管理办法》对性知识、辅助生殖技术进行恰当的宣传评价，对内容进行严格把关，确保科学准确，避免夸大、诱导宣传。

2. 审查系列知情同意书模板 拟行某项辅助生殖技术的知情同意书，撰写格式应包括：①以通俗易懂的表述介绍某项辅助生殖技术。②说明该技术目前的适应证。③明确根据目前患者的病情及诊疗情况，拟行该技术的原因。④详细解释施行该技术的过程、费用、成功率、并发症、注意事项等内容。⑤明确患者及其监护人需要保持有效通信方式，如有变更应及时联系生殖医学中心，知情同意过程应告知患者配合做好全过程随访的重要性与必要性。⑥其他目前难以预料和防范的情况说明：由于医疗技术水平发展的局限和个体差异，尚存在医务人员难以预知的风险，故诊疗操作过程中实际出现的风险不限于上述说明内容。一旦出现并发症及不良后果，医务人员将全力对患者给予积极治疗及抢救，由此可能会延长住院时间并增加医疗费用。⑦从保证法律文书的书写清晰及避免人为篡改的严谨角度，患者及直系亲属意见签署栏应注意书写方式，如《减胎、移植胚胎知情同意书》的胚胎数目填写建议用中文大写字体“壹、贰”等代替阿拉伯数字“1、2”等；《卵子冷冻知情同意书》中在约定情况下终止卵子冷冻签署栏建议以“患者签名同意将卵子按医疗废物处置”“患者签名同意将卵子捐给实验室用于医学研究”的形式代替“□同意 ××”打勾形式，最为严谨的做法可在签名上打指模并在后面补充填写身份证号码。在施行辅助生殖技术过程中医师会使用相关处方药品，患者需要签署使用某种药品的知情同意书，应明确使用该药品的目的、国内外药品品种介绍、适应证、价格、使用方法、可能的毒副作用和不良反应等。

3. 生殖医学实验室相关技术的视频演示资料 例如，卵胞质内单精子注射技术，临床上使用人精子与鼠卵子进行视频录制，该视频需要交上级卫生部门审核，判断实验室人员操作技术是否过关。在伦理审查中，需要注意讨论配子混用问题（背景与目的）、配子捐献知情同意签署问题

（隐私保密）、视频录制后胚胎物质销毁程序（需要鉴证材料）等问题。

4. 案例审查 生殖医学伦理委员会应进行常规案例审查。常规案例审查是指对接受辅助生殖技术患者案例的抽查，评估辅助生殖伦理原则的运用是否渗透到辅助生殖技术的全过程。辅助生殖技术治疗临床路径涉及临床诊疗、实验室操作、全过程随访，伦理委员会应评价生殖伦理原则如何贯穿始终；对临床治疗部分，思考患者是否必须选择辅助生殖技术助孕，治疗方案、药物种类及剂量选择是否恰当，手术的风险，妊娠结局风险等。这些问题均需要遵循辅助生殖技术伦理原则。

【复习思考题】

1. 人的生育行为选择经历了哪些阶段？
2. 生育控制主要有哪些方法？
3. 生育控制面临哪些伦理问题？
4. 人类辅助生殖技术可能带来哪些方面的伦理问题？
5. 在开展与使用人类辅助生殖技术时必须遵循哪些伦理原则？

（马　兰）

第十章 死亡伦理

【导入案例10-1】放弃过度救治，安享最后人生

协和医院的护士沙蕊，从事肿瘤专业护理已有20年，目睹过太多的死亡，她第一次遇到去世的患者，是一位老奶奶。正常的护理清洁操作结束之后，老爷爷把老奶奶的手镯慢慢摘下来，用手绢包好，放在自己的兜里。然后把自己的手表摘下来，系在了老奶奶的手腕上，对老奶奶90°鞠躬，说了一句："你慢慢走，还好你没有遭罪。"那是沙蕊真正意识到能让一个人安安静静地、不受罪地离开人世，是患者和家属最大的愿望。

我国著名外科专家、北京医院名誉院长吴蔚然在临终前留下遗愿，恳请医院尊重自然规律，不必采用插管、透析、起搏器等创伤性治疗拖延生命。最后，家人尊重他的选择，陪伴他平静地走到生命的尽头。

罗点点是开国大将罗瑞卿的女儿，她在与几个医生朋友聚会，谈起人生最后的路时都一致认为："不希望在ICU病房，赤条条的，浑身插满管子，像台吞币机器一样，工业化地死去。"因此，成立了"临终不插管"俱乐部，并在国内推广"生前预嘱""尊严死"。

讨论与思考：个体是否有权利在临终时选择不插管、不遭罪地离世，而不接受积极的抢救治疗？以上案例涉及怎样的死亡观念？安宁疗护应遵循何种伦理原则？

在从出生到死亡的人生旅途中，我们不能缺少对生命的伦理关怀，甚至生命在终止之时或死亡之后，这种伦理的关怀仍在我们关注的视域之中。其中涉及死亡的判定标准、对死者权利的尊重、减少死亡过程的身心痛苦等一系列问题。对死亡伦理问题的探讨有助于帮助医务人员认识生与死的辨证关系，思考死亡的意义，树立科学、合理的生死观，在医疗卫生工作中体现对生命价值善始善终的尊重。

第一节 死亡标准伦理

死亡是生命过程中不可抗拒的自然规律，也是一个绕不开的现实话题。关于人的死亡判定及其标准的问题经历了一个由不认识到认识，由感性认识到理性认识的演变过程。更为科学地判定死亡，正确认识和对待死亡，应该是死亡伦理关注的要义所在。

一、传统死亡标准

现代意义上，人们把死亡理解为人体的器官、组织、细胞等的整体衰亡，生物学生命新陈代谢的停止，同时，死亡是人类自我存在的结束。在此基础上，人们认识到，死亡的本质是个体生命的终结和自我意识的丧失，是不可逆的过程。死亡是机体生命的终结，它不仅是生理与病理现象，还是一个文化与心理现象。从远古社会开始一直延续到20世纪，人们都以心肺功能作为生命本质的特征，把心脏停搏和呼吸停止作为死亡确切无疑的征象。中国的《黄帝内经》指出："脉短、气绝，死。"即呼吸、心跳完全停止，则表明人死亡。传统中医理论认为"心为君主之官""肺为华盖"，心肺功能丧失作为死亡标准长期占据主导地位。1951年，美国《布莱克法律词典》仍然采用了传统标准定义死亡："生命之终结，人之不存。即在医生确定血液循环完全停止以及由此导致的呼吸、脉搏的停止。"现代《牛津法律大辞典》也认为判定死亡的最主要标准是心跳、脉搏和呼吸的停止。

然而，自20世纪50年代以来，随着现代医学的发展，传统死亡标准屡屡受到挑战。在长期的医学实践中人们发现人的死亡是分层次进行的复杂过程，心肺死亡作为死亡的一个层次并不绝对预示或标志整个个体的死亡，暂时的心跳、呼吸现象的消失，并不一定意味着死亡的必然来临。心肺复苏术作为心跳、呼吸停止患者的一项临床常规抢救措施就是很好的例证。医学技术在应对心跳、呼吸停止方面已有了突飞猛进的发展。尤其是自20世纪60年代以来，现代医学在心脏移植技术方面取得的突破性进展，使心肺死亡作为死亡标准的权威性受到挑战。为适应现代医学发展的需要，一种被医学界认为更加科学的死亡概念和死亡标准便应运而生。

二、脑死亡标准

脑死亡同心跳和呼吸停止一样，是人的生命现象的终止，是个体死亡的一种类型。人们经过长期的研究和实践证明，脑死亡是不可逆转的。于是，人们把人的生命主导器官由心脏转为脑，提出了脑死亡标准。

早在1959年，法国医学家莫拉雷（Mollaret）和古隆（Goulon）在对多名脑干反射丧失、呼吸停止、脑电波低平的昏迷患者进行临床观察时，发现了有违传统死亡观念的死亡状态，并首次提出“昏迷过度”的概念，这被认为是脑死亡概念的雏形。1968年，美国哈佛医学院医学和伦理学特设委员会发表报告《不可逆性昏迷定义》，认为脑死亡就是整个中枢神经系统的全部死亡，即“包括脑干在内的全部脑功能丧失的不可逆转的状态”，并提出了四条诊断标准，即哈佛标准：①不可逆的深度昏迷，患者对外部的刺激和身体内部的需求无感知和无反应；②自主的肌肉运动和自主呼吸消失；③脑干反射消失；④脑电波平直或等电位。并且规定，要求以上四条标准在24小时内反复测试，多次检查结果一致，即可宣告死亡。但需要排除两种例外情况：①体温低于32℃；②刚服用过巴比妥类中枢神经系统抑制药物。

世界卫生组织在1968年也公布了类似标准，强调死亡包括大脑、小脑和脑干在内的整个脑功能的不可逆丧失，即使此时心跳仍然存在或心肺功能在外界动力维持下存在，也可判定死亡。脑死亡标准将死亡的概念从心脏、肺脏过渡到中枢神经系统，不仅在医学界逐步得到公认，此后，许多国家还参照哈佛标准相继开展了脑死亡标准的制定与立法。脑死亡发生在三个不同的层面：大脑皮质死亡、脑干死亡及全脑死亡。目前国际上采用的脑死亡判断标准是脑干死亡与全脑死亡，大脑皮质弥漫性死亡仍是人体死亡判定的禁区。

三、脑死亡标准的伦理价值和意义

（一）有利于科学准确地判定死亡

从传统的心肺死亡标准的普遍应用到脑死亡标准的提出，反映了医学科学的发展和人类对自身生命认识的深入。传统死亡标准以呼吸停止、心脏停搏作为死亡的判断标准并不可靠，死亡误判时有发生。例如，使用一般的检查方法，对有些患者，特别是服毒、溺水、触电、冷冻及服用中枢神经抑制剂自杀的假死者，不易鉴别其假死状态。“死而复生”的案例频繁发生，说明了仅以呼吸、心脏停搏作为死亡判定标准的局限性。大量研究和临床实践表明，真正的脑死亡是不可逆转的。英国曾有16位学者对1036名临床确诊为脑死亡的患者进行研究，尽管对这些患者实施了全力抢救，但无一生还。因为，脑死亡是全脑死亡，包括了大脑、小脑和生命中枢的功能丧失，而神经细胞的死亡是不可逆的。当脑干死亡以后特别是延髓功能丧失后，就不可能再有“自主的运动和呼吸”。当中脑死亡后，必然会出现瞳孔散大，丧失对声光的反射性。脑死亡标准涵盖传统心肺死亡标准的主要内容，且有更为详尽、严格的指标。以此标准判定人的死亡，确定其死亡时间，可以避免传统死亡标准的弊端，从而确保正确实施对人的生命的救护，同时，也为医生终止治疗的正当性提供了科学依据。

（二）有利于维护个体的生命尊严

现代生命维持技术迅速发展，气管插管、呼吸机、体外膜氧合器等生命维持技术可以在个体脑死亡后依然使其心脏跳动并保持全身的血液循环，此种情况下，如果按照传统的心肺死亡标准判定，医疗团队就仍需要不遗余力地救治，否则，会受到疏于职责、不尽义务的道德谴责。而脑死亡一般都发生在心脏停搏之前，人的大脑皮质和脑干的神经细胞都已死亡，也意味着个体进入了临床死亡期。如果能够认定并实施脑死亡的标准，则更有利于提升个体的终末期感受，减少无意义的创伤性治疗，维持患者个体形象，在终末期有尊严地自然离去，而非徒劳延续痛苦的生命状态。

（三）有利于法律责任和道德责任的确定

确定一个人是否死亡的关键在于找到生与死的临界点，这至关重要。死亡标准在法律领域有着广泛应用，如杀人罪的构成、刑事责任的确立、民事权利的终止、继承的开始、婚姻关系的结束以及诸如合伙、代理等关系的变更等。由于传统死亡标准的局限性，“死而复生”的现象时有发生，因此，脑死亡标准的确立有利于法律关系和责任的界定。在道德上，科学地确定人的死亡时间，使医生对患者承担救死扶伤的义务有了明确的结束线，这对认定医生医疗质量和责任具有非常重要的意义。

第二节　安乐死伦理

随着社会的发展，人们的生死观念正在发生着深刻的变化。一方面，对生命的热爱、对自由的向往、对幸福的追求使人们更加珍惜生存的权利，力求把生命的神圣与质量和价值统一起来；另一方面，越来越多的人逐步认识到，与其在难以忍受的痛苦之中过一种毫无意义的生活，不如在宁静、安详的状态下有尊严地离世。由于医学科学的迅猛发展，人类的疾病谱发生了根本变化，肿瘤、心脑血管疾病等慢性病已取代烈性传染病，成为主要的死亡原因，这些疾病使死亡过程明显延长，特别是癌症晚期患者临终十分痛苦，有不少患者渴望以舒适的方式尽快结束生命。安乐死这一话题逐渐得到关注并引发社会各界广泛而热烈的讨论，讨论涉及医学、伦理学、哲学、宗教、法律、社会学等众多领域。

一、安乐死概述

（一）安乐死的内涵

1. 安乐死的概念　安乐死（euthanasia）源于希腊文，原指“好死”“无痛苦的死亡”“快乐的死亡”或“尊严的死亡”，直译为“无痛苦致死术”。其原始意义是一种无痛苦的、有尊严的死亡状态，类似于中国文化中的“优逝”。由于对安乐死的不同理解，到目前为止，尚未形成一个能为大众普遍接受的确切定义。美国医学会认为安乐死的定义为，出于仁慈的原因以相对迅速的并且无痛的方式造成不治之症和病痛患者死亡的行为。美国《布莱克法律词典》认为，“安乐死是从怜悯出发，把身患不治之症和极端痛苦的人处死的行为或做法”。《牛津法律大辞典》的定义是“在不可救药的病危患者自己的要求下，所采取的引起或加速其死亡的措施”。《韦伯新国际词典》第三版将安乐死定义为“使患者脱离不治之症的无痛致死的行为”。1985 年出版的《美国百科全书》将安乐死定义为“一种为了使患有不治之症的患者从痛苦中解脱出来的终止生命的方式”。《中国大百科全书 · 法学卷》的解释，“对于现代医学无可挽救的逼近死亡的患者，医生在患者本人真诚委托的前提下，为了减少患者难以忍受的剧烈痛苦，可以采取措施提前结束患者的生命”。

综上所述，医学伦理学对安乐死有如下描述：对患有不治之症且又极端痛苦的患者，在危重濒死状态时，由于不堪忍受精神和躯体的极端痛苦，在患者本人的合理要求下，经医生谨慎鉴定认可后，医生用人为的医学方法使患者在无痛苦状态下度过死亡阶段而终结生命的全过程。根据这一描述，安乐死是个体生命过程中死亡阶段的一种良好状态和达到这种良好状态的方法，而不是人的一种死因或一种致死手段。安乐死的目的在于避免死亡给患者带来的痛苦折磨，改善死亡前的自我感觉状态，维护死亡时人的尊严。

2. 安乐死相关概念辨析

（1）生前预嘱：生前预嘱的概念最早可以追溯到20世纪30年代，由美国伊利诺伊州路易斯·库纳特提出，其设立目的在于确保患者在不能针对具体情况做出决定时，仍然能够实现其真实的治疗意愿，保障患者的医疗自主权，尊重患者的死亡尊严。2022年通过的《深圳经济特区医疗条例》修订稿在生前预嘱立法方面实现了零的突破，允许患者通过提前订立有效的生前预嘱来拒绝生命延长措施，从而有尊严地走完生命的最后一程。

生前预嘱与安乐死作为处理生命终末期问题的不同方式，其概念在多个维度上存在显著差异，这些差异主要体现在主观目的、价值取向、实施方式及法律地位等方面。

首先，从主观目的来看，生前预嘱的核心在于尊重和保护患者在具备完全民事行为能力时对自己生命末期医疗方案的自主选择权。它关注的是患者如何通过预先的、明确的指示来指导未来可能发生的医疗决策，以确保在生命末期能够按照自己的意愿得到相应的医疗照顾，而非直接干预生命的终结过程。相比之下，安乐死（无论是积极安乐死还是消极安乐死）的主要目的是在患者遭受无法忍受的痛苦且病情无治愈希望的情况下，通过医疗手段提前结束患者的生命，以减轻其痛苦。这一目的直接指向了生命的终结，与生前预嘱的侧重点明显不同。

其次，从价值取向来看，生前预嘱体现了对患者自主权的极大尊重，以及对生命尊严的深刻维护。它允许患者在清醒状态下为自己的未来做出规划，确保在失去自主能力后仍能按照自己的意愿生活直至自然死亡。而安乐死，尽管在某些情境下可能被视为一种“仁慈的杀戮”，但其本质仍然是对生命权的主动干预，这与尊重生命、维护生命尊严的普遍价值观存在冲突。

再次，从实施方式来看，生前预嘱是一种被动的、预防性的措施，它依赖于患者事先的、明确的指示来指导未来的医疗决策。而安乐死，无论是通过积极的方式（如注射药物）还是消极的方式（如停止治疗），都直接涉及对患者生命的干预，具有更强的主动性和直接性。

最后，从法律地位来看，生前预嘱在越来越多的国家和地区得到了法律上的认可和保护，成为患者自主权的重要体现。而安乐死，由于其涉及复杂的伦理、法律和社会问题，至今在多数国家和地区仍未被合法化。

（2）尊严死：尊严死的定义，尽管在不同国家和地区间存在一定的差异与多样性，但其核心均围绕尊重患者生命末期的自主选择权与生命尊严展开。《新语词大词典》将尊严死定义为亲属代替丧失自我意识而无治愈希望且不能表达意愿的患者提出终止治疗的要求，因而死亡。张明楷教授则认为，尊严死意味着撤除维持植物人生命装置的行为；《新编老年学词典》大致与张明楷意见相同，将尊严死限定在了植物人的范畴之内。学者郭巧红等通过对尊严死的相关文献进行分析总结，将尊严死的主题大致概括为人权、自主和独立、缓解痛苦症状、尊重、个人和自我、有意义的社会关系、有尊严的治疗和护理、身心满足、隐私和平静的环境。综合上述分析，尊严死可以被定义为，在终末期患者已丧失自主表达能力或自我意识，且病情无治愈希望的情况下，根据患者生前明确且有效的预嘱，停止非必要的医疗干预措施，转而采取一系列旨在缓解患者身体与精神痛苦的临终缓和措施，以确保患者能够在保持尊严与安宁的环境中，平和而有意义地面对并接受死亡的过程。这一过程不仅体现了对患者自主权的尊重，也是对患者生命尊严的最终维护。

尊严死与安乐死作为处理生命终末期问题的不同方式，其核心概念与实践路径存在显著的差异，体现了医学伦理、法律框架及社会文化观念的多维度考量。

从本质属性上看，尊严死更加注重患者个人的自主性与选择权，它强调的是在尊重患者意愿的基础上，通过生前预嘱等法律认可的形式，确保患者在生命末期能够按照自己的意愿，以尽可能体面和舒适的方式离世。尊严死更多地体现为一种被动的过程，即在患者丧失自主能力前，通过预先的、明确的指示来指导后续的医疗决策，避免不必要的痛苦和治疗，从而维护患者的生命尊严。

相比之下，安乐死则是一个更为积极主动的概念，它涵盖了积极安乐死（主动采取措施结束生命）和消极安乐死（停止治疗以加速自然死亡过程）两种形式。尽管消极安乐死在某种程度上与尊严死有相似之处，即通过减少医疗干预来顺应自然死亡过程，但积极安乐死因其直接涉及对生命的主动终结，而引发了更为广泛和激烈的伦理、法律争议。安乐死的核心在于通过医疗手段（无论是积极还是消极）来减轻患者无法承受的痛苦，但这一过程往往伴随着对患者生命权的直接干预，因此其合法性与道德可接受性在不同国家和地区存在显著差异。

进一步地，从法律和社会接受度的角度来看，尊严死因其对患者自主权的充分尊重和对现有法律体系冲击较小，近年来在全球范围内获得了越来越多的关注与探讨。许多国家和地区开始尝试通过立法来规范尊严死的实践，以确保患者能够在生命末期得到应有的尊重与关怀。而安乐死，尤其是积极安乐死，由于其直接触及生命权的根本问题，往往需要在严格的法律框架内进行审慎的评估与监管，以避免滥用和误用。

综上所述，尊严死与安乐死在概念上虽有一定重叠，但二者在本质属性、实践路径、法律地位及社会接受度等方面均存在显著差异。尊严死更加侧重于患者自主权的保障与生命尊严的维护，而安乐死则更多地关注于通过医疗手段来减轻患者痛苦，尽管这一目标在某些情境下与尊严死相契合，但其实现方式及引发的伦理、法律争议却更为复杂和深刻。

3. 安乐死的分类 根据安乐死的执行方式，可以将安乐死分为主动安乐死和被动安乐死。主动安乐死（positive euthanasia）亦称为积极安乐死或仁慈助死，是指医务人员在无法挽救患者生命的情况下，采取措施主动结束患者生命或加速患者死亡的过程，所采取的措施常为无痛致死术。被动安乐死（passive euthanasia）又称消极安乐死，是指对于那些生命确实已无法挽救而且极其痛苦的患者，根据垂死患者或其家属的要求，停止无望的救治，终止延长患者生命的医学处理，任其自行死亡。

根据患者同意的方式，可以将安乐死分为自愿安乐死和非自愿安乐死。自愿安乐死（voluntary euthanasia）指患者有行为能力或意识清醒，或在他们意识清醒的时候由患者本人提出或表达过安乐死的愿望并签订过相关的医疗文书。非自愿安乐死（non-voluntary euthanasia）指患者没有表达同意安乐死或是没有行为能力，根据患者家属或监护人、代理人的请求，由医生依据实际情况决定给予安乐死，这种情况常常是针对无行为能力的患者（如婴儿、昏迷不醒的患者、精神病患者和认知能力严重低下者）。

（二）安乐死的历史发展

1. 安乐死的雏形 由于生产力不发达、生存环境艰险、文明程度低下，游牧部落四处漂泊，在迁移时会把老人、患者留下来，让其自行结束生命，还有子女帮助年迈的父母死亡的做法。在古希腊和古罗马时代，人们可以处置先天缺陷的新生儿。允许病弱者结束自己的生命，或是为他们结束自己的生命提供帮助。此类行为曾被认为是天经地义。中世纪的欧洲处于宗教统治之下，科学不发达、生产力低下、瘟疫猖獗。在济贫院里，集中管理贫病交加的贫民，面对部分濒临死亡患者的呻吟，管理者就产生了“让患者安然死去”的想法。这些存有的古老做法、文献记载都显现出安乐死思想的雏形。

2. 安乐死的主张 17 世纪，英国哲学家、现代实验科学家弗兰西斯·培根（Francis Bacon）提出：“医生的职责是不但要治愈患者，而且还要减轻他的痛苦和悲伤。这样做，不但会有利于他健康的恢复，而且也可能当他需要时使他安逸地死去。”他还提出：“长寿是生物医学的最神圣目的，安乐死是医学技术的重要领域。”哲学家休谟（Hume）提出：“如果人类可以设法延长生命，同理，人类也可以缩短生命。”自 19 世纪始，安乐死作为一种减轻患者痛苦的特殊医护措施被提到议事日程。19 世纪下半叶，英国评论家威廉姆斯（Williams）提议："医生不仅可以使用麻醉剂缓解患者的疼痛，而且可以将此作为结束患者生命的手段。"这些提法都主张由医生采用某种方式对患者施以死亡，比较接近现代意义的安乐死。

3. 安乐死的实践 进入 20 世纪 30 年代，安乐死的积极倡导与广泛呼声影响了欧洲各国。1936 年，英国率先成立了"自愿安乐死协会"，并在上议院提出了关于安乐死的法案，最终以 35 票反对，14 票赞成被否决。尽管提议遭到否决，但观念的种子已然深入人心。1938 年，美国成立了"无痛苦致死学会"。1939 年，现代西方精神分析学派创始人弗洛伊德（Freud）因重度烟瘾而患下颚癌，身体状态每况愈下，最终向医生提出安乐死的要求，以主动安乐死方式结束了自己的生命。1944 年，澳大利亚和南非也成立了类似的组织。安乐死逐渐演变为一种新人权运动的内容之一。

在 20 世纪 60～70 年代，随着医学技术的进步和人们对死亡的再认识，安乐死又重新回到人们的视野，并成为热门话题。1967 年，美国建立了"安乐死教育基金会"。1976 年，在日本东京召开了"国际安乐死讨论会"，会议强调应当尊重人"生的意义"和"死的庄严"。1980 年，国际死亡权利联合会成立。1986 年 6 月，我国发生了第一例"安乐死"事件。患者身患绝症，痛苦不堪，在其儿子反复要求并签字后由医务人员给患者注射药物，患者死亡。该医生以"故意杀人罪"被提起诉讼，后被无罪释放。此事件引发了国内全社会关于安乐死的讨论。

4. 安乐死的立法 20 世纪 50 年代以来，国际上开始了关于安乐死立法问题的讨论。2001 年，荷兰通过了《根据请求终止生命和帮助自杀（审查程序）法》，使荷兰成为全世界第一个合法允许安乐死的国家。荷兰安乐死法案为医生实施"安乐死"规定了严格而详细的医学与法律的基本程序。首先，患者必须在意识清醒的状态下自愿接受安乐死，并多次提出相关要求；医生必须与患者建立密切的关系，以判断患者的请求是否自愿及深思熟虑。其次，主治医生必须结合患者的情况和身体状况，会同另一名医生出具一份详细的检查报告和评估报告。最后，经多方会诊，一致同意可行并出具书面材料，方可实施安乐死，实施后必须向当地政府报告。

2002 年，比利时安乐死法案正式公布生效。该法案允许医生在特殊情况下，在符合实施安乐死的前提和要求时可以对患者实行安乐死，成为继荷兰之后第二个使安乐死合法化的国家。2009 年 3 月，卢森堡也通过了安乐死合法化的条例，然而该条例不包括 18 岁以下的未成年患者。2021 年 6 月 18 日西班牙安乐死法案正式生效。2019 年 11 月 13 日，新西兰国会进行投票通过了《生命终结选择法》，安乐死法案最终于 2021 年 11 月 7 日正式生效。

我国在 1988 年第七届全国人大一次会议上由严仁英和胡亚美提出安乐死议案，呼吁进行安乐死的立法尝试。1994 年 10 月陈蕃等发出《关于建立"自愿安乐死协会"倡议书》，并拟就了《中国自愿安乐死协会章程（草案）》，受到社会的关注。1995 年第八届全国人大三次会议上，有 170 位人大代表递交了 4 份有关安乐死立法的议案。1997 年首次举行了全国性"安乐死"学术讨论会，讨论十分激烈。

二、安乐死的伦理争议

安乐死涉及生物学、医学、法学、社会学、伦理学等诸多学科领域，引起的争议旷日持久且十分激烈。人们争议的焦点在于是否与现行的道德标准、社会习俗、医学目的相悖。

（一）赞成安乐死的观点

1. 符合患者自身利益 这一原则基于医学伦理中的"有利原则"，即医疗行为应当对患者的健康和福祉产生积极影响。对于身患不治之症、濒临死亡且伴有极度躯体和精神痛苦的患者而言，继续治疗往往只能延长其痛苦过程，而无法逆转死亡结局。在这种情况下，安乐死成为了一种减少患者痛苦、维护其尊严的可行选择。它允许患者在生命的最后阶段，以一种相对平和、无痛的方式结束生命，从而避免了不必要的痛苦和折磨。

这一观点得到了医学、伦理学等多个学科的支持。医学研究表明，对于某些终末期疾病患者，过度的医疗干预可能会加剧其痛苦，而安乐死则能在一定程度上减轻这种痛苦。伦理学上，尊重患者的主观感受和自主选择权，也是维护其人格尊严的重要体现。因此，从患者利益最大化的角度出发，安乐死在某些情况下是符合伦理道德的。

2. 尊重患者死亡方式的选择 这一观点基于生命自主权的原则，即个体有权决定自己的生命进程和终点。在面临不可逆转的死亡时，患者有权选择一种符合自己意愿和利益的死亡方式。安乐死正是对这一自主权的尊重和保护，它允许患者在清醒状态下，根据自己的意愿作出结束生命的决定，并由医生提供必要的医学帮助。

尊重患者自主权是现代医学伦理的基本原则之一。它强调医疗行为应当尊重患者的个人意愿和选择，避免不必要的强制和干预。在安乐死的情境下，尊重患者的选择权不仅是对其人格尊严的维护，也是对医学伦理精神的体现。同时，这一观点也符合社会文明的发展趋势，即越来越注重个体自主性和生命质量的提升。

3. 体现生命价值原则 生命价值不仅体现在生命的延续上，更体现在生命的质量和意义上。对于那些身患绝症、濒临死亡且生活质量极低的患者而言，继续维持其生命可能只是一种无谓的消耗和折磨。而安乐死则能在一定程度上减轻这种消耗和折磨，使患者的生命在有限的时间内得到更加有意义的利用。

生命价值原则是现代生命伦理学的重要组成部分。它强调在评价生命价值时，应当综合考虑生命的质量、意义和社会贡献等多个方面。在安乐死的情境下，选择安乐死可能是一种更符合生命价值原则的做法。因为它能够在一定程度上减少患者的痛苦和折磨，同时释放出有限的医疗资源用于更有价值的医疗活动。

（二）反对安乐死的观点

1. 安乐死有悖传统医德 传统医学伦理强调救死扶伤、尊重生命，医务人员的首要职责是尽一切可能挽救患者的生命。安乐死，尤其是主动安乐死的实施，意味着医生在某种程度上放弃了这一基本职责，转而采取加速患者死亡的方式。这种做法不仅违背了医学伦理的核心原则，也与人道主义精神相悖。最新研究表明，医生在面对患者临终阶段时，其道德责任感和专业素养尤为重要，任何放弃治疗或加速死亡的行为都可能对医生的职业认同和伦理观念造成深远影响，进而损害整个医疗行业的信任基础。

安乐死可能导致医生“道德滑坡”。从医生在安乐死中所扮演的角色考虑，安乐死合法化可能会破坏医患之间传统的信任关系；削弱对临终患者的同情和关怀；面对痛苦不堪的患者，医生会觉得实施安乐死更为有效，久而久之就会改变医生对医学目的的理解，进而对人类生命的价值产生一种漠然态度。一个社会如果允许并鼓励安乐死，那么安乐死的实施就会从有行为能力的患者开始，逐渐发展到无行为能力的患者、昏迷患者、智力低下儿童以及有精神缺陷的人等，从而导致医生在人道主义的意义上“滑坡”。

2. 安乐死侵犯人的权利 依据生命神圣原则，生存是人最基本的权利，无论是传统伦理规范，还是以人权保护为核心的现代法律制度都认为生命是神圣不可侵犯的。生命权是每个人都享有的基本权利，无论其健康状况如何，都应得到尊重和保护。安乐死通过人为方式结束患者的生命，尽管可能出于减轻痛苦和尊重患者意愿的初衷，但本质上仍是对生命权的侵犯。此外，患者的自主权也应得到合理限制，特别是在涉及生死抉择时。患者在临终阶段可能因疾病、药物或情绪等因素而影响其决策能力，此时，医生和社会应更多地关注患者的真实意愿和长远利益，而非单纯遵从其当前意愿实施安乐死。

3. 安乐死有碍医学科学的发展 由于不同国家、不同地区的医疗技术水平存在差异，对“濒死患者”“不治之症”的判断标准也不尽相同，这就可能在一定程度上造成混乱。医学科学的发展离不开对未知领域的探索和对疑难病症的挑战。安乐死的合法化可能会削弱人们研究和治疗不治之症的动力，因为一旦认定某疾病为不治之症，患者和家属可能会更倾向于选择安乐死而非继续治疗。这种态度不仅不利于医学科学的进步，也可能导致一些原本可以治愈的疾病被错误地放弃。随着医学技术的不断发展和治疗手段的不断创新，许多过去被认为是不治之症的疾病如今已有了有效的治疗方法。因此，反对安乐死也是出于对医学科学未来发展潜力的保护。

4. 安乐死可能引发一系列的社会问题 “孝”是我国传统文化中的重要内容，儒家强调人以孝为本，“老吾老以及人之老，幼吾幼以及人之幼”的伦理导向，对中国人的家庭价值和规范观念有着深刻的影响。然而，安乐死有可能给一些不义之徒逃避赡养老人的义务甚至谋财害命打开方便之门。在法制尚不健全、道德尚不完善的情况下，安乐死的合法化可能带来一系列的社会问题和道德风险。例如，它可能被不法分子利用来逃避赡养义务或谋取不正当利益；它也可能导致社会对老年人和残疾人的歧视和排斥；它还可能破坏家庭伦理和社会道德体系等。此外，安乐死的实施标准和监管机制也难以完善，容易导致滥用和误用。最新研究强调，在法制尚不健全、道德观念尚不统一的情况下，盲目推进安乐死的合法化将对社会稳定和道德秩序造成不可估量的损害。

第三节 安宁疗护伦理

生如夏花般灿烂，死如秋叶般静美。人的生命是有限的，让无可挽回的生命有尊严地谢幕，是对生命最大的尊重。安宁疗护的意义，就在于现代医疗的人本回归，它将重构人与医疗的内在关系，协助患者度过最后一段舒适、有意义、有品质的生活，为生命书写更为温暖的结局。

一、安宁疗护概述

（一）安宁疗护的概念

安宁疗护（hospice care）亦可称为临终关怀、安宁缓和医疗或舒缓医疗。这个词源于中世纪人们对朝圣者或旅游者提供的重新补充体力的驿站，后引申为专门收容患不治之症者的场所。现在是指由社会各方面人员（包括医生、护士、营养师、药剂师、社会工作者、伦理学家、志愿者及慈善团体人士等）组成的机构，为临终患者及其家属提供生理、心理和社会的全面支持与照护，使临终患者的症状得到控制，心理得到安慰，生命质量得到提高，生命得到尊重，也使患者家属的身心健康得到照顾。世界卫生组织对安宁疗护有诸多期许：一是肯定生命的价值，并将死亡视为一个自然的过程；二是不刻意加速、也不延缓死亡的到来；三是在控制疼痛以及身体的症状之外，对患者的心理及灵性层面亦提供整体的照顾；四是强调给予全面的支持，不仅支持患者积极地活着直到辞世，也协助其家属在亲人患病期间以及丧亲之后的心理反应都能够有所调适。

现代安宁疗护适应了当代生物 - 心理 - 社会医学模式的要求。生物方面包括了解和帮助患者解决各种生理需要，消除患者躯体疼痛等症状的困扰，尽可能使患者处于舒适状态；心理方面包括了解和理解患者的心理需要，并给予心理支持，采取各种有效的方法使患者正视现实，缓解对死亡的恐惧，勇敢地面对死亡，同时还应安抚家属的悲伤情绪；社会方面包括指导临终患者正确认识生命的价值及其弥留之际生存的社会意义，保持患者的尊严。

（二）安宁疗护的兴起与发展

现代安宁疗护事业以 1967 年由西塞利·桑德斯（Cicely Saunders）博士创办的圣·克里斯多弗临终关怀医院（St.Christopher Hospice）为标志。圣·克里斯多弗医院被誉为“点燃了世界安宁疗护运动的灯塔”，以其优良的服务品质、完善的设施成为全球安宁疗护组织学习的典范，对世界各国开展安宁疗护运动和研究死亡医学产生了重大影响。英国的安宁疗护事业一直处于领先地位，教育培训开展较早并设有“死亡课”，国民的认知度及参与度均较高，制度建设完善，截至 2016 年底英国安宁疗护医院约有 220 所。

1974 年，美国康涅狄格州的纽黑文临终关怀中心开始接收临终患者，到目前为止，在美国已有 200 多家各种类型、规模不一的临终关怀中心或医院。美国的安宁疗护事业拥有完善的医疗保障，1980 年安宁疗护被纳入国家医疗保险法案。如今绝大多数的美国医疗机构已提供安宁疗护服务，且有独立的机构——美国国家临终关怀和姑息护理认证委员会（The National Board for Certification of Hospice and Palliative Care Nurses，NBCHPN）对从事安宁疗护的护理人员进行资格认证。据不完全统计，目前世界上已有 80 多个国家和地区开展了安宁疗护服务和研究项目，并取得了许多成功的经验和具有指导价值的科研成果。

我国安宁疗护的研究及实践始于 20 世纪 80 年代末。1988 年天津医学院在美籍华人黄天中博士的资助下成立了中国第一个临终关怀研究中心，它标志着中国开始了安宁疗护的研究与实践。同年，上海建立了我国第一所临终关怀医院——南汇护理院。之后，北京、广州、南京等城市纷纷因地制宜地创办了临终关怀服务机构，如筹备于 1987 年、1990 年正式接待患者的北京松堂医院，1992 年正式开诊的南京鼓楼安怀医院。2001 年始，由李嘉诚基金会捐资的专门对癌症晚期患者施以“临终关怀”的全国 20 家宁养院相继成立。2006 年中国生命关怀协会成立，是我国安宁疗护事业发展的一个里程碑。2007 年深圳市民政局试行了临终关怀计划，对需要临终关怀的户籍老人及家属进行资助。

安宁疗护对绝大多数民众来说仍是一个陌生的概念。安宁疗护在我国还处于刚刚起步阶段，目前还缺乏相应的人力、物力及其他保障体系。因此，仍然需要政府及社会各界的共同努力，建立适合中国国情的安宁疗护机构和安宁疗护学科。

二、安宁疗护的特征

（一）服务目的

安宁疗护的主要目的不是治愈疾病、延长患者生命长度，而是为了减轻疾病终末期患者的身心痛苦、控制症状，采取姑息对症和支持疗法，给予其生活护理、临终护理和心理安慰，从而提高患者的生命质量，达到患者及患者家属身体心灵的舒适与平安。

（二）服务对象

安宁疗护的主要对象为不可逆转的疾病终末期患者（包括其亲属），特别是难以取得积极治疗效果的癌症晚期等身心遭受痛苦折磨的患者。

终末期患者由于疾病的折磨，对生的依恋，对死的恐惧，使其临终心理活动和行为极其复杂。1964 年，美国精神病学家罗斯（Ross）通过研究提出临终患者心理发展大致会经历五个阶段：①否认期。多数患者在得知自己的疾病已进入晚期时，表现震惊和恐惧，极力否认突如其来的噩耗，不承认、不接受自己患有无法逆转的疾病的事实。认为诊断出了差错，遂怀着侥幸心理四处求医，希望证实先前的诊断有误。这是否认心理的防御机制在起作用，有其合理性。暂时的否认可以起到一定的缓冲作用，以免当事人过分痛苦。②愤怒期。随着病情日趋严重，否认难以维持。强烈的求生愿望无法实现，极大的病痛折磨，加之对死亡的极度恐惧，导致患者出现不满、愤怒的心理反应。通常愤怒的对象是家人、亲友和医务人员，对周围的一切挑剔不满，充满敌意，不配合或拒绝接受治疗，甚至出现攻击行为。③协议期。当意识到愤怒、怨恨于事无补只能加速病程时，患者开始接受和逐步适应痛苦的现实。求生的欲望促使患者与疾病抗争，此时，患者积极配合治疗和护理。希望通过医务人员及时有效的救助，疾病能够得到控制和好转，期望医学奇迹的出现。④忧郁期。虽然患者积极地配合治疗，但病情仍日益恶化，患者逐渐意识到现代医疗技术已回天乏力，死之将至，患者存有的希望彻底破灭。此时，万念俱灰，加之频繁的检查和治疗、经济负担的压力和病痛的折磨，患者悲伤、沮丧、绝望，终日沉默寡言，对周围的事情漠不关心。但患者害怕孤独，希望得到家人和亲友的同情和安抚。⑤接受期。面对即将来临的死亡，患者无可奈何地接受了这一残酷的现实，患者已不再焦虑和恐惧，表现安宁、平静和理智，对一切漠然超脱，等待着与亲人的最后分别，等待着生命的终结。安宁疗护服务应根据终末期患者不同心理阶段提供差异化的服务内容。

（三）服务理念

安宁疗护特别注重疾病终末期患者的生命尊严、生命质量和生命价值，强调个体化治疗、心理治疗和综合性、人性化的护理。体现对生命价值的尊重，对临终患者的心理调适是临终关怀的重要组成部分。首先，应有效地帮助患者解除各种不适的症状，尤其是疼痛这一严重而常见的躯体症状，以减轻患者的恐惧、焦虑和抑郁的情绪；其次，理解和同情临终患者的处境，重视他们的要求，态度诚恳，语言温馨，操作轻柔，处处体现对患者的尊重，用真挚的情感关心体贴患者，陪伴临终患者度过生命的最后历程。

（四）服务措施

安宁疗护不仅关心疾病终末期患者，也关心其家属的身心健康。努力为患者减轻痛苦，采取积极的支持性或姑息性治疗和护理；对家属给予心理和照护技术的指导，使患者和家属都感受到温暖。服务措施可包含：①安宁疗护评估。安宁护士在患者入住时完成入院评估，并动态评估入院 1 周、半个月、1 个月、2 个月的生存期、疼痛状况、心理需求和社会需求、生活质量。②症状控制。开展支持治疗技术，三阶梯镇痛、镇静、抗惊厥、止呕吐、通便、利尿、清创换药等安宁疗护基本服务项目；在减轻临终症状、提高生活质量等方面发挥中医药优势与特色；积极创造条件开展非药物治疗，如音乐治疗、芳香疗法、水疗等。③安宁护理。根据临终患者情况制订并实施临终护理计划，提供整体护理。具体包括舒适护理、基础护理、饮食护理、终末期精神心理症状护理、死亡教育、濒死期护理、尸体护理、哀伤辅导等。④人文关怀。医疗团队在与患者及家属有效沟通、建立信任关系、开展充分评估的基础上，根据患者及家属需求提供关怀、咨询、教育、活动、照顾。注重临终愿望实现，使患者无憾地走完人生最后旅程。

（五）服务团队

安宁疗护的服务团队由多重角色构成，包括全科医生、护士、社工、志愿者等。①全科医生负责管理患者的全程治疗，进行疼痛管理，控制症状，提供疾病咨询，提供团队成员成长技术指导等。②安宁护士的职责是协助和指导患者入院和转诊咨询，病案登记及保存，舒适护理、临终患者常见症状及护理措施实施，持续评估患者，制订照护计划，缓解患者和家属在临终期出现的生理和情感问题并给予支持，提供照护和康复等方面的咨询教育，进行丧亲护理。③医务社工是医师的助手、护士的伙伴、患者与家属的朋友、家庭的保护人、社区的组织者、其他专业技术人员的合作者，可以对患者及家属提供心理关怀、社会服务，对医务人员提供减压、情绪舒缓、心理疏导，同时承担志愿者的组织管理工作。④志愿者在接受安宁疗护专业培训后关怀、倾听及陪伴患者，为患者读报或代写书信，协助患者心愿完成，协助患者食物准备与喂食、简易肢体运动及按摩，组织患者相互沟通、交流，鼓励患者参与适当的文化娱乐活动等。安宁疗护已经发展成为一项社会公益事业，社会力量已日益成为安宁疗护服务团队中举足轻重的构成。

（六）硬件设置

安宁疗护设置门诊诊室和相对独立的病区。门诊诊室营造良好的安宁疗护教育文化氛围，给患者身处家中的感觉，亲朋好友可以随时来探访。安宁疗护病房一般有三种模式：一是在专门的安宁疗护机构设立病床；二是在综合医院的安宁疗护科室设置病床；三是以社区服务中心为支撑团队，提供上门服务的家庭病床。

三、安宁疗护的伦理要求及原则

（一）安宁疗护的伦理要求

1. 保护终末期患者的权利 进入疾病终末期的患者，仍具有情感、思维和想象等，仍有明确的个人利益和权利意识。家庭、医务人员及社会应保护患者享有的权利。终末期患者有权以自己的方式表达对死亡的感受与情绪；有权参与自己医疗护理的决策；坚守自己的个人信仰，保留自己的生活方式；在允许的范围内选择死亡方式等。即便患者已处于昏迷状态，医务人员也要尊重临终患者清醒时留下的意愿和家属的代理或监护权。

终末期患者还面临被隐瞒病情的情况。由于患者家属的请求，医务人员往往顺应家属的“善意”，选择只把病情告诉家属，而对患者则避重就轻，以避免更多的心理打击。但这种做法不仅给开展安宁疗护造成障碍，医务人员在无意中还违反了“如实告知”的伦理原则，损害了患者获得医疗信息的权利。患者有权知道自己的病情程度、治疗方案，有权要求提供治疗，也有权拒绝某种治疗方案。绝不能因为是临终患者就忽视了患者的知情同意的权利。但是，是否与终末期患者谈及真实病情，根本上要视是否符合患者的根本利益而定。

2. 尊重终末期患者的选择 临终是一种特殊的生活状态，尊重临终患者最后的生活选择实质是对其人格的尊重。把握与患者沟通交流的机会，指导患者理解生命弥留之际的意义，给予充分的安慰和鼓励，让终末期患者的最后生命阶段尽可能充满希望。同时，医务人员要照顾临终患者的日常生活，给他们更多的选择自由。尽量满足其合理要求，增加或安排患者与家属会面的机会和时间；让他们力所能及地参加活动；尽量帮助其实现自我护理，以增加生活的乐趣，至死保持人的尊严等。总之，医务人员要像对待其他可治愈的患者一样，平等地对待临终患者，尊重满足其合理的需求，帮助实现临终生活的价值。

3. 关怀终末期患者的亲属 由于终末期患者可能引起家庭生活的失衡、经济状况的改变、精神支柱的倒塌等一系列问题，患者家属在感情上难以接受即将失去亲人的现实，他们的心理常处于应激状态，会表现出过激情绪和异常行为。医务人员应设身处地予以理解和同情，帮助其缓解伤感情绪。同时，真心实意帮助其解决实际问题，如针对悲伤的原因，采取相应的措施缓解忧郁的氛围；帮助安排患者家属在陪伴期间的饮食、休息，以减少精神和身体上的疲劳。此外，针对家属希望尽到“孝心”“爱心”的愿望，医务人员要做好患者身心两方面的照护，并对家属提出的愿望尽力满足，如支持并指导家属为患者做些力所能及的护理工作，让其心灵得到慰藉；安排适当时间和地点，让患者和家属充分表达感情、交代遗言等，尽可能心中无憾。让生者坚强地继续生活，让逝者了无牵挂，有尊严地走完人生最后一段旅程。

4. 开展安宁疗护教育 生老病死是生命的自然规律，社会上普遍关注“优生”，但对“优逝”缺乏应有的认识。乐生惧死、求生厌死是我国民众传统的生死理念。现代人大多受传统生死观的影响，对死亡恐惧，避讳谈论死亡。包括终末期患者及其家属在内的社会公众往往缺失死亡教育，对于如何度过生命的末期缺乏理性的态度和方法。提升安宁疗护的认可度可以成为解决这一问题的关键靶点。而单纯依靠法律保障等硬性规范只是治标不治本的外部措施，归根到底还应在社会范围内广泛引导和塑造公民正确积极的生死观。因此，医务人员不但要提供医疗技术方面的安宁疗护，还需要对患者及其家属施以“优逝”教育。同时，应增强新时代公民健康意识。推动生死观的引导塑造离不开社会的宣传手段，通过多种途径普及积极的生死观念，加强对安宁疗护的宣传，对相关热点案例和现象进行正面传播，提升民众对安宁疗护的了解度和接受度，为增进民众对安宁疗护的认同营造适洽包容的传播空间。

（二）安宁疗护的伦理原则

1. 照护为主的原则 对临终患者的医学照护主要以高质量的全面护理为主，其目的不在于延长患者的生存时间，而在于提高患者临终阶段的生命质量，维护患者的尊严。终末期患者的基本要求有三条：一是保存生命；二是解除痛苦；三是无痛苦地死去。对于临终患者而言，既然保存生命无望，他们往往要求解除痛苦，且尽可能少痛苦地死去。但考虑到传统观念和习俗，对临终患者如果完全放弃治疗，人们往往难以接受。因此，可采取适度的治疗，即不是以延长生命过程的治疗为主，而是以解除痛苦的治疗为主。

2. 全面照护的原则 终末期患者在绝大多数情况下都处于极度痛苦之中，身体和心灵都被负面的体验及情绪所困扰，因此，给予临终患者的关怀应该是全方位的、多角度的。全面照护原则是在临终关怀逐渐发展过程中根据现实情况而探索出来的一种伦理原则，它包括四个方面，即全人照顾、全家照顾、全程照顾和全队照顾。它作为一种新型的人文关怀模式，逐渐被认可与接受。四个方面照顾的模式告别了传统的单一护理模式，对临终者的关怀不仅仅是患者家属的职责，也需要全社会共同的帮助，通过完善临终护理的方法，缓解临终患者家属的压力，减轻临终患者的心理负担。全面照护原则提倡全社会的参与，注重对临终患者全身心的放松，是一种更能为社会接受的临终关怀模式。具体要求包括：①对临终患者的生理、心理、社会等方面给予关心和照顾。对于身体上的痛苦，可以用药物来缓解或解除；而对于心理上的负面状态，从心理着手进行疏导。临终患者的心理是极其复杂的，且因人的经济水平、政治地位、文化程度、宗教信仰、职业与年龄等的不同而有差异。一般来说，其精神痛苦远大于肉体痛苦。因此，对临终患者应加强心理治疗与护理，因势利导，使其心理获得宁静，从而能正确地面对死亡。②为患者提供全天候 24 小时服务。③既关心患者本人，又关心患者家属。④既为患者生前提供服务，又为患者死后提供居丧服务等。

3. 人道主义的原则 人道主义最初源于欧洲文艺复兴时期，提倡关怀人、爱护人、尊重人，是一种以人为中心、关注人的真正需要的世界观。人道主义原则体现了对人的生命的尊重，对人的价值的尊重。安宁疗护中，作为终末期患者的家属要给予临终患者充分的尊重，让他们在生命的最后旅程中感受到人生的价值。在照护的过程中，对临终患者既要充满爱心、关心，同情、理解临终患者，尊重他们的权利与尊严，最大限度地满足患者的临终要求，同时又要对患者家属给予人道主义关怀。

【复习思考题】

1. 脑死亡标准的含义是什么？该判定标准应用的意义何在？
2. 安乐死存在何种伦理争议？
3. 安宁疗护的伦理要求是什么？
4. 安宁疗护的伦理原则包括什么？

（金琳雅）

第十一章 人体器官捐献和移植伦理

【导入案例 11-1】离世 3 年的丈夫，竟然救了她的命！

36 岁的王女士在等候两个月后，获得匹配肾源，成功完成肾脏移植手术。这意味着，她可以摆脱每周三次的透析，渐渐回归到正常生活。术后的第一个晚上，她失眠了，“我特别想念他，总觉得冥冥之中是他来帮我。”王女士想念的他，是三年前意外离世的丈夫。当年，她在挣扎和纠结后，在丈夫的人体器官捐献亲属确认登记表上签下自己的名字，丈夫捐献出的心脏、肝脏、双肾脏，让 4 位等候移植的患者因此重获新生。没想到，祸不单行，王女士在一次检查中被查出有严重的肾脏问题，疾病悄无声息地进展，不得不开始了每周三次的透析。当年负责丈夫器官捐献协调工作的人体器官捐献协调员了解情况后告诉王女士，根据国家政策，捐献人家属可以享受移植优先权，根据所在省的捐献人家庭关爱政策，可以免收移植器官的获取费用。在做完一系列检查后，王女士耐心地等候移植，两个月后，她幸运地等到了和自己匹配的肾脏。丈夫的爱，以另外一种形式传递给了她。

讨论与思考：人体器官分配与共享应该遵循哪些原则？该案例的最终结果是否符合医学伦理原则？

20 世纪中叶以来，人体器官移植技术取得了令人瞩目的进步，成为拯救器官衰竭终末期患者生命的最有效治疗手段，是一项具有划时代意义的现代医学标志技术。党中央、国务院高度重视人体器官捐献和移植事业，2007 年公布《人体器官移植条例》对人体器官捐献和移植工作进行规范管理，对促进器官捐献和移植事业发展发挥了重要作用。历时 17 年，修订后的《人体器官捐献和移植条例》自 2024 年 5 月 1 日起施行。经过多方努力，我国已逐步建立并完善了人体器官捐献、获取与分配、移植临床服务、质量控制、监管五大工作体系，形成了科学公正、遵循伦理、符合中国国情和文化的人体器官捐献和移植工作格局。随着人体器官捐献和移植工作的深入开展，凸显了诸多值得探讨的社会、伦理和法律问题，如器官来源的合法性和伦理性、器官分配的公平性、器官捐献人与接受人的权益保护等，需要完善的伦理原则和法规政策进行调整和规范。稳妥、有序、健康开展人体器官捐献和移植工作，是一个国家医学进步的标志，也是社会文明的重要标志。

第一节 人体器官移植概述

器官移植的幻想在远古时代就已经开始了，东西方的历史上都曾有关于器官移植的神话和传说。但是人体器官移植技术从幻想变成现实经历了漫长而艰辛的动物实验、临床试验和多领域科学探索的过程，其中包括临床医学外科技术上一个个难题的解决，也包括对一系列道德难题认知和寻求道德根据并最终达成学界乃至社会共识的过程。

一、人体器官移植的含义

器官移植手术不是一般的临床技术，它需要一个可供移植的器官，这个手术能救人一命，对患者而言往往是在生和死之间的抉择。实施器官移植的目的，在于通过手术用健康的器官代替患者体内已经损伤的失去功能的器官，来挽救生命、恢复生理功能或治疗严重疾病。器官移植技术改变了人体内单一器官病变或受损而造成健康恶化的状况或导致人的死亡，这一技术包含了器官的捐献、获取和移植过程。器官移植是医学高科技发展的成果之一，也是现代临床医学科学发展最快的学科之一，其产生、应用和发展带动和促进了免疫学、药理学、遗传学和分子生物学等一系列基础学科的研究发展。

人体器官移植，是指摘取人体器官捐献人具有特定功能的心脏、肺脏、肝脏、肾脏或者胰腺等器官的全部或者部分，将其植入接受人身体以代替其病损器官的过程。其中捐献出器官的一方为捐献人，包括活体器官捐献人和遗体器官捐献人，接受器官的一方为接受人。本章所指的人体器官移植，不包括人体细胞和角膜、骨髓等人体组织移植，也不包括人工器官、异种器官的移植。

根据捐献人的不同，人体器官移植分为活体器官移植和遗体器官移植。活体器官移植一般选用人体成对器官中的一个（如肾脏），也有人体单个器官部分移植（如肝脏），选用活体器官必须有严格的医学标准和伦理学标准。例如，活体器官捐献人的成对器官必须经过医学检测均属健康的，摘除其中一个，尚存的器官通过功能代偿仍能维持正常生理功能，不会影响其整体健康状况，且接受人的获益必须大于捐献人的损失等。一般说来，活体器官移植较之遗体器官移植有更高的成功率，但引发的伦理问题也更为突出。遗体器官移植指的是从已经确认死亡的器官捐献人身上摘取器官用于移植，遗体可供移植用的每一种器官都有一个存活的最高时间限制，超过限制时间的器官将失去使用的价值。目前世界范围内器官移植采用最多的就是遗体器官移植，依法有序、符合医学道德和社会公序良俗的遗体器官捐献成为人体器官移植最重要的器官来源和保障，因此对遗体器官捐献和移植各个环节的伦理审查、监督和管理都提出了挑战。

二、人体器官移植的发展

从古至今，人体器官移植技术的演进过程大体经历了幻想、实验研究、临床应用三个阶段，与医学发展的古代、近代和现代三阶段相吻合。

人类对人体器官移植的幻想反映在很多有关医学文化的历史记载中，古埃及金字塔前的狮身人面像反映了古埃及人把异种器官连接起来的思想，公元前 500 年至公元 1 世纪成书的印度外科著作《妙闻集》中也记述了古印度人的皮肤移植术，我国战国时期的《列子》一书中记载了扁鹊为扈、赵两人互换心脏来治病的故事。古代的欧洲也有类似的记载，如意大利的奴隶为主人献出自己的鼻子，文艺复兴时期的油画艺术作品中关于肢体移植的作品等。

18 世纪开始，陆续有器官移植动物实验的零星记录，开启了最早的异体移植的先河。19 世纪的欧洲，科学家开始步入器官移植的实验研究，起初的研究由于血管不吻合，移植器官难以存活。20 世纪以后，人体器官移植技术的实验研究得到了快速发展。1902 年，法国医生卡雷尔（Carrel）发明了血管吻合技术，解决了器官移植在重建供血上的外科技术问题，为此获得 1912 年度诺贝尔生理学或医学奖。同年，奥地利医生乌尔曼（Ulmann）开展了犬的肾脏移植手术，法国医生普林斯特罗（Princeteau）进行了将兔子肾脏移植给一个肾衰竭儿童的手术，其他医师也尝试了类似的异种器官移植，但由于免疫排斥反应，均告失败。直到 20 世纪前半叶，各种器官移植的动物实验和临床试验相继开展，但科学家对移植中存在的免疫排斥反应尚无明确认识。人体器官移植技术的突破，与 20 世纪 40 年代英国生物学家梅达沃（Medawar）和博纳特（Burnet）发展和证实“后天免疫耐受理论”有直接关系，解开了免疫排斥反应的谜团，为人体器官移植的成功铺平了道路，他们为此获得 1960 年度诺贝尔生理学或医学奖。

真正标志着人体器官移植技术走进现实的是美国外科医生约瑟夫 · E. 默里（Joseph · E. Murray），1954 年，他在波士顿成功进行了世界上第一例同卵双生子间的肾移植手术，接受人存活了 8 年之久，这成为人体器官移植划时代的标志，默里因对人类器官移植技术的研究获得 1990 年度诺贝尔生理学或医学奖。20 世纪 60 年代，陆续开展了人类各种同种器官移植，包括肝脏、肺脏、胰腺、心脏等移植。1963 年，美国医生斯塔齐（Starz）成功进行了首例肝脏移植手术；同年，美国医生哈迪（Hardy）进行了首例肺脏移植手术；1966 年，美国医生凯利（Kelly）进行了首例胰腺移植手术；1967年，南非医生巴纳德（Barnard）进行了首例心脏移植手术。20世纪80年代以后，人体器官移植技术获得了全面和长足的进步，日益进入普通民众生活，成为临床治疗器官衰竭的有效手段。20世纪的诺贝尔生理学或医学奖中，有三分之一的成果与人体器官移植理论创新和技术进步有关。

我国人体器官移植技术的发展起步较晚，始于20世纪60年代。自著名医学家吴阶平教授20世纪60年代施行肾脏移植手术以来，器官移植技术取得了突飞猛进的发展。我国自2010年启动了公民逝世后器官捐献的试点工作，2015年成功实现移植器官来源的根本转型，人体器官捐献和移植事业进入崭新的发展阶段，目前，我国器官捐献、移植数量均位居世界第2位，移植服务能力和质量已达国际先进水平。

第二节　人体器官捐献和移植的伦理问题

人体器官捐献和移植技术为无数患者带来了希望，但伴随而来的伦理问题也不容忽视。首先，人体器官捐献和移植在伦理上是否可以被接受，这是该医疗技术临床应用的首要问题。其次，活体器官捐献和遗体器官捐献作为人体器官移植的主要器官来源，各自面临怎样的伦理挑战。最后，遗体器官的分配应遵循哪些标准和原则，以确保这些宝贵而稀缺的资源能够公平地惠及所有患者。深入探讨这些具有复杂性和多维性的伦理议题，有助于推动人体器官捐献和移植工作体系的完善。

一、人体器官捐献和移植的伦理辩护

人体器官移植技术涉及捐献人和接受人双方的生命和健康，不可避免地要受到伦理的考量，总体来看，人体器官捐献和移植是能够得到伦理辩护的。

（一）人体器官移植符合道德中的善

善是指事物所具有的能够满足人和社会需要的属性。亚里士多德对善的阐释是从目的性和功能性两条路径来进行的。他认为善的双重性表现在，一是事物自身是善，即“内在善”；二是事物作为达到自身善的手段善，即“外在善”。“内在善”以自身的完善和发展为追求目标，满足自身发展的需要；“外在善”是指把事物作为某种手段来满足自己的需要，是能够产生善的结果的善。人体器官移植无论是从其目的还是从功能来看，都符合善的标准。一方面，人体器官移植的最终目的是为人类服务，减轻患者痛苦，能够满足人们对健康的需求，所以具备“内在善”的品格。另一方面，人体器官移植并不是为了移植而移植，而是用来达到目的的手段，不仅能拯救患者生命，同时也能够延长人的寿命。人体器官移植技术能够帮助患者实现延续生命的愿望，不仅具备了工具意义，而且还获得了价值意义，因此也具备“外在善”的本质。该技术被广泛应用后，无数本来病入膏肓的患者因此获得了新生，许多曾经不可战胜的疾病被征服，这符合人类整体利益，符合道德中善的要求，是一种应该得到认可的伦理行为。

（二）人体器官捐献具有正价值

价值是客体中所存在的对满足主体需要、实现主体欲望、达成主体目的的效用的属性，简言之是客体对主体的有用性和有效性。客体有利于主体需要、实现主体欲望因而符合主体目的的属性为正价值。一般而言，行为动机上的利他性是被普遍认可的善行的起点，是具有绝对化意义的正价值，是社会伦理中大力推崇和褒扬的行为。没有捐献就没有移植，绝大多数国家的人体器官捐献都要求遵守自愿、无偿的原则，捐献在动机上具有利他的“善”的规定性，同时也是捐献人在道德上的自我实现。捐献人及其家属的决定，需要有一种大爱无疆的情怀，一种奉献自己、拯救他人的利他精神。这是人类生命的互助，是“利他主义”善行的最高体现。人体器官捐献和移植体现了利他的社会正向价值观，并在客观上对这种价值观起到了传播和促进的作用，应该得到伦理的认可。《人体器官捐献和移植条例》第十三条提出："国家鼓励遗体器官捐献。公民可以通过中国红十字会总会建立的登记服务系统表示捐献其遗体器官的意愿。"

（三）人体器官移植实现了人们的幸福目标

在人体器官捐献和移植中，无论接受方还是捐献方都得到了幸福。对于接受方，健康的身体是个人及家庭幸福生活的起点，一个原本深陷重症疾病的患者，接受了捐献人所提供的器官后，身体的痛苦得到缓解，甚至重新恢复了健康，这对接受人及其家庭，获得幸福的感觉和其产生的意义是不言而喻的。对于自主同意的活体器官捐献人和遗体器官捐献人，虽然是付出，但这种利他行为使捐献人实现了个体道德人格的自我完善，实现了精神上的升华，这种升华使捐献人对自身的存在高度肯定和评价，是幸福的最高层次和最高境界。对于推定同意和代理同意的遗体器官捐献，即捐献人生前未明确表示不同意捐献其人体器官的情况下，部分国家采取推定同意与以家庭为基础的代理同意相结合的知情同意原则完成的器官捐献，捐献方在亲人离世时捐献器官的决定，除利他的考量外，还包含生命以另一种方式延续和陪伴的理解，是一个高尚的爱的境界，是生命和爱的传递。

二、器官来源的伦理问题

人体器官移植技术的日益成熟，直接带来的问题则是器官供不应求的困境，临床移植对器官来源的需求远远超出可供移植的器官数量。人体器官移植的器官来源包括活体器官捐献和遗体器官捐献，分别面临不同的伦理问题。

（一）活体器官捐献

1. 对捐献人可能造成的伤害 这种伤害包括身体和心理的伤害。活体器官捐献是以移植健康人的复数器官中的一个（如肾脏）或具有良好再生能力的单数器官的一部分（如肝脏）为代价挽救接受人的生命。捐献出一个完整的肾脏或部分肝脏，器官获取手术本身就必然造成对捐献人的身体伤害。虽然医务人员在实施手术的过程中努力将风险降低到最低程度，但器官获取过程中和手术后捐献人的并发症等还是无法完全避免。心理上，活体器官捐献人也往往会面对巨大的压力，容易产生紧张、焦虑情绪。这种损害健康人身心利益的做法本来是与不伤害原则相违背的，而因为损害的目的是挽救接受人的生命，从功利主义的立场来进行受益和伤害的权衡，受益大于伤害才能获得伦理辩护。因此，对活体器官捐献人应遵循不伤害原则，在不影响捐献人整体健康状况的前提下，做到最大可能降低可能造成的身心损害，包括对捐献人心理上的抚慰和保护。

在摘取活体器官前，应当评估捐献人的健康状况是否适合捐献器官，评估摘取器官可能对捐献人健康产生的影响，确认不会因捐献活体器官而损害捐献人正常的生理功能，即活体器官捐献不能致使捐献人的身体受到本质性损害，更不能以器官捐献的形式放弃捐献人的生命。"舍生取义"虽然在道义上值得尊重，但就生命价值来说，没有谁的生命不重要，没有谁的健康可以任意损害，因而不应提倡以生命和健康为代价挽救他人的行为，更不能在医学上用一个人的生命去换取另外一个人哪怕是更多人的生命。在人体器官移植技术临床应用的早期，由于无法解决非亲属间捐献移植产生的免疫排斥问题，只能由亲属间进行活体器官捐献，可以视为不得已而为之。随着技术的发展和相关问题的解决，遗体器官捐献成为可能，活体器官捐献已经不是必需。因此，当一个患者因疾病或其他原因导致某一重要器官功能衰竭，由于家庭经济原因或短期内无法分配到合适的遗体器官，患者生命危在旦夕时，可以考虑进行活体器官捐献和移植，但应符合相关伦理原则和法规政策。

2. 捐献人的知情同意权 自主权是人的尊严的核心，知情同意是自主权的具体表现形式，如果捐献人的知情同意权不能得到保障，可能造成对生命尊严的伤害。在生命、自主与尊严之间可能的价值冲突中做出合理的选择，是保障活体器官捐献合乎伦理的重要条件。活体器官捐献应以知情同意为前提，捐献人有权利充分了解失去一个或部分器官的近期和远期后果，有权利指定其所捐献器官给特定人使用，捐献人的权利必须得到尊重，否则可能成为移植的工具。活体器官捐献必须征得捐献人的自愿同意，排除诸如经济目的或其他非人道因素的干扰。公民享有捐献或者不捐献其人体器官的权利，对已经表示捐献其人体器官的意愿，有权予以撤销。任何组织或者个人不得强迫、欺骗或者利诱他人捐献人体器官。捐献人体器官的公民应当年满 18 周岁且具有完全民事行为能力。

活体器官的来源绝大多数是家庭成员之间的捐赠，人们常常认为这是一种“家庭互助”的“高尚”的行为而进行大力宣扬。但实际生活中家庭成员的价值观是难以完全趋向一致的，在家庭的压力下，捐献人有时很难表达真实意思，做到真正的自愿。尤其是在家庭主义色彩浓厚的社会背景下，来自家庭各方的压力可能会使成员无法表达自己真正的愿望，为了迎合家庭的利益被迫做出牺牲。如何保障捐献人真正有效的知情同意，也是活体器官捐献面临的重大问题。

《世界卫生组织人体细胞、组织和器官移植指导原则》第三条规定了活体捐献的基本条件，强调了真实和充分知情抉择的必要性，提出“活体捐献在以下情况下才可接受：捐献人知情并获得其自愿同意，以保证对捐献人的专业照料和完善组织后续步骤，并已审慎执行和监督捐献人选择标准。应以完整和可理解的方式告知活体器官捐献人，其捐献可能存在的危险、捐献的益处和后果；捐献人应在法律上有资格和能力权衡这些信息；捐献人应自愿行动，不受任何不正当的影响或强迫”。

3. 人体器官商品化 在市场经济条件下，商品化是解决物质短缺时的一项有效措施，因此有人试图用商品化来缓解器官短缺的矛盾。赞成者认为个体有自主权，是其身体的主人，对其身体器官享有处置和支配的权利，同时，允许器官买卖可以增加器官供应，解决器官短缺的问题。器官商品化可能并实际引发道德和法律等问题，是不能得到伦理辩护的。

器官买卖是对人类尊严的亵渎。人具有人格，只有物品才具有价格，人不能因为对谁有用而被定价，人作为道德主体，是超越一切价格的。器官买卖把人体的一部分——器官变成了商品，这是对人类价值的极大贬低，是对生命价值的藐视，同时也是对人类尊严的亵渎。人的身体及其器官不是财产，也不是商品。有人说：“我的身体、我的器官是我的财产，我可以像处置我的其他财产（房屋、汽车）一样处置它，用来换取金钱。”这样的话是不对的，财产所有权的基本特征是排他使用的权利、毁坏的权利和转让的权利，但“我”的身体及其器官既不能毁坏，也不能转让。只要“我”活着，“我”的身体作为整体不能转让、被他人拿走，不能传给“我”的后嗣，不能放弃，不能让别人所有，不能为还债而使“我”的器官脱离“我”。人的身体及其器官不应该进入市场，将其商品化的根本错误是将人仅仅当作是手段，而不是目的本身。

器官买卖可能缓解了一部分器官短缺的情况，同时也暂时缓解了器官供体的经济困难，但它有许多不可回避的弊端。第一，器官买卖不能保证器官的质量。出卖器官者为了出售器官很可能会隐瞒他的真实病况、遗传病史、家族病史等。第二，器官买卖会加剧人们在生死面前出现的不平等。富人可以购买器官而获得再生机会，而穷人只能在绝望条件下去出售自己的器官，这将扩大社会的不平等。器官买卖也并不能解决穷人的实际问题，交易中大部分钱都被器官中介拿去，出卖器官者不但受到严重的经济盘剥，还使他们的身体处于更大的健康风险之中。第三，器官买卖无法做到有效的知情同意。器官出卖者往往处于极端贫困的绝望之中，他们的自主性或决策能力处于严重削弱的情况下，无法做出理性的知情选择决定。第四，器官买卖会诱发犯罪。金钱可以启发人们愚蠢的甚至是罪恶的念头，由于器官是稀有卫生资源，一旦器官买卖成为有利可图的生意，会在社会上形成道德滑坡，导致诈骗甚至窃取人体器官，以致杀人摘取器官等犯罪活动的加剧。

家庭成员之外的活体器官捐献，因为极容易导致器官买卖的产生，应该被严格限制。世界上绝大多数国家都禁止器官买卖、器官交易和器官市场，许多国家立法禁止非亲属间的活体器官捐献。《人体器官捐献和移植条例》第十一条规定，活体器官的接受人限于活体器官捐献人的配偶、直系血亲或者三代以内旁系血亲。删除了原《人体器官移植条例》中“或者有证据证明与活体器官捐献人存在因帮扶等形成亲情关系的人员”这一表述。在活体器官捐献工作中还应加强伦理审查，警惕以亲属间器官捐献为掩护进行的器官买卖行为。

（二）遗体器官捐献

1. 知情同意的方式 因为器官来源严重不足，世界各国都在设计更好的制度以鼓励更多的人在死亡后捐献出自己的器官。器官捐献的自愿原则以个人的自主同意为基础，遗体器官捐献知情同意的权利主体是捐献人本人，根据捐献人生前表示人体器官捐献意愿的不同情形，实践中可以分为面向捐献人本人的知情同意和面向捐献人近亲属的代理同意。公民生前明确表示不同意捐献其人体器官，任何组织、个人或家庭不得捐献、获取其器官。遗体器官捐献知情同意主要有“明示同意”和“推定同意”两种方式。

明示同意指器官捐献是在捐献人明确表示同意捐献后方能发生，这是征询知情同意的经典方式，同意的表示必须是明确的。荷兰政府 1992 年 1 月宣布，凡 18 岁以上的荷兰公民都应填写人体器官捐献普查表，然后由各级政府将普查结果逐级汇总到中央档案库，为政府当局制定有关方案和计划提供可靠依据。美国的汽车驾驶证不仅是开车的执照，也是身份的证明，此外，它还兼具表达遗体器官捐献意愿的功能，通常驾照的正面是开车人的姓名、性别、出生日期等信息，背面则是一份器官捐献同意书。在我国，公民生前明确表示同意捐献其遗体器官，应具有完全民事行为能力，可以订立遗嘱，或者通过中国人体器官捐献管理中心、中国器官移植发展基金会的网络或书面途径进行器官捐献志愿登记，获得中国人体器官捐献志愿登记卡，如捐献意愿发生改变，有权随时变更或撤销。在遗体器官捐献实践中，基于我国传统的儒家家庭主义伦理，即使捐献人生前有捐献意愿，在捐献确认环节往往不得不考虑其亲属当时的悲伤情感，仍需要获得其相关近亲属（配偶、成年子女、父母）的共同同意，体现了个人自主与家庭自主在实践中的统一性，同时，鼓励公民在人体器官捐献志愿登记时与其近亲属进行有效的沟通，避免个人意愿与家庭决策的冲突。

推定同意是指一个国家推定所有公民都同意在死后捐献器官，这种推定必须由立法机构通过法律认定，而且这种推定的权利必须是通过法律得到认可的。器官捐献实践中的推定同意有三种模式：第一种是国家给予器官获取组织（Organ Procurement Organization，OPO）以全权来摘取遗体可供移植的器官，不考虑死者及其家庭成员的意愿，这种模式比较极端，完全无视公民个人自主权，不能得到伦理辩护；第二种是允许 OPO 摘取遗体可供移植的器官，除非死者生前曾明确表示拒绝遗体捐献器官，不考虑死者家庭成员的意愿，这种模式需要充分给予公民表达拒绝的机会，即明示不同意的机会，如在驾照表达器官捐献意愿的部分包含“不同意”的选择；第三种是允许 OPO 摘取遗体可供移植的器官，除非死者生前曾明确表示拒绝或死后其家庭成员反对遗体捐献器官。我国采取第三种模式，我国《人体器官捐献和移植条例》第九条规定：“公民生前表示不同意捐献其遗体器官的，任何组织或者个人不得捐献、获取该公民的遗体器官；公民生前未表示不同意捐献其遗体器官的，该公民死亡后，其配偶、成年子女、父母可以共同决定捐献，决定捐献应当采用书面形式。”捐献人的相关近亲属（配偶、成年子女、父母）作为代理人，基于对捐献人本人意愿的了解做出是否同意捐献的决定，即推定同意与以家庭为基础的明示同意相结合。

2. 捐献人的死亡判定标准 依照医学标准和伦理要求对潜在捐献人进行识别和评估，科学地对捐献人进行死亡判定，严格执行“死亡后”器官捐献，体现了对捐献人的人格尊严和权益的尊重。

20 世纪，由于人工呼吸机、心脏复苏术以及生命维持系统等新的医学技术的临床应用，使得现代医学有能力在患者心肺功能丧失后，用人工的方法继续维持他们的心肺功能。人们注意到，这些医疗技术的使用可以将那些在过去必死无疑的患者抢救过来，有时还使患者恢复了正常水平的自主呼吸功能。不过，也有相当一部分大脑功能已经部分地或全部地受到重创而造成不可逆损害的患者，靠这些医疗技术可以使其心肺功能继续维持下去。这些事实引起了人们在死亡概念上的极度困惑。现代医学所讨论的死亡概念有“全身死亡”“脑死亡”。“全身死亡”又称“心肺死亡”，指心肺功能不可逆地终止，是传统上对死亡的理解。“脑死亡”是指作为整体的大脑功能不可逆地终止。脑、心和肺是人的生命的核心器官，一直以来，如果其中任何一个器官受到不可逆损害而停止功能后，其他两个器官在很短时间内就会相继受到损害而停止其功能。然而，现代的医学技术把脑死亡与全身死亡的必然联系切断了，把脑功能与心肺功能间密切的和直接的联系分离了，这迫使人们对死亡的概念和判定标准重新进行思考。

脑死亡标准从其诞生起就面临着很大的争议。哈佛医学院提出脑死亡的标准时，提出了确立脑死亡必要性的四个理由，即消除器官采集方面的争议、解除患者亲属的负担、避免公共卫生资源的无谓浪费、解除患者的痛苦。有学者认为这完全是为了增加可移植器官的供应量而人为规定的死亡标准，是一种基于仍然活着的健康人群利益考虑的功利主义做法。脑死亡标准的确立在客观上的确有利于推进器官移植，有利于节省卫生资源，但客观上的“有利”以及器官移植的紧迫需要并不能成为脑死亡标准确立的理由。因此，脑死亡标准的论证必须与器官移植的紧迫需要脱钩。脑死亡就是人死亡的论证看似是一个医学问题，是一个临床医生对死亡的判断问题，但事实上，在公众接受脑死亡等于人死亡这个观念的过程中，涉及对死亡的准确理解和认识，涉及对脑死亡的哲学和伦理学的讨论。只有脑死亡等于人死亡的哲学论证站得住脚，由此阐发的策略才能更好地得到公众的支持和理解，才能更好地推动器官捐献和移植工作。

在实践中，脑死亡的判定是由神经科学方面的医学专家做出，不应由器官移植专家做出，进行脑死亡判定的专家也并不涉及捐献人的器官获取和随后的移植程序，这符合避免利益冲突的伦理原则。很多国家的器官捐献和移植实践证明，这种避免利益冲突的做法对“潜在捐献人家属同意捐献”有积极的影响。

3. 捐献激励 移植器官供需失衡是现今绝大多数国家人体器官捐献和移植领域的困境，改善这种情况只有通过增加供给或是减少需求两种方式，可以通过预防疾病或延缓疾病的发展减少需求，但为了满足目前对移植器官的需求，也必须审视增加供给的新途径。根据活体器官捐献部分对人体器官商业化的论述，器官买卖无论从伦理还是法律上都得不到支持，但捐献器官应否得到一定的鼓励和补偿？在自愿和不以经济回报为目的的捐献前提下，探讨遗体器官捐献激励干预的可行性对于提高可供移植器官捐献率、满足临床需求十分必要。从世界各国干预措施来看，器官捐献激励可以总结为三类：精神激励、权利（优先权）激励和经济激励。其中关于经济激励的争议最大，需要医学和伦理学的检验。

精神激励主要指荣誉激励和表彰，具体措施包括为捐献人及家属颁发荣誉奖章和证书等形式，是大多数国家采取的首要激励方式，一般不具争议。例如，我国各地采取向捐献人亲属颁发人体器官捐献荣誉证书，建立器官捐献纪念园、捐献者纪念碑等缅怀纪念场所，定期举办人体器官捐献人缅怀纪念活动等形式体现遗体器官捐献的精神激励。

权利激励的主要方式是给予满足一定条件的人体器官捐献志愿者或捐献人家属器官移植优先权，即如果其有移植器官的需要，将有资格被优先考虑。权利激励的伦理担忧在于对器官公平分配的考虑，以及优先权与医疗紧迫性的比较分析。从医学科学的角度来看，这一问题可通过分配系统限定“加分”的形式予以解决，因此，目前很多国家已将优先权的激励政策纳入相关法规政策。2018 年 7 月，国家卫生健康委员会在《中国人体器官分配与共享基本原则和核心政策》中提出，鼓励公民逝世后器官捐献，明确公民逝世后器官捐献人的直系亲属、配偶、三代以内旁系血亲，登记成为中国人体器官捐献志愿者 3 年以上等两类情况的移植等待人在同一分配层级内排序时将获得优先权。《人体器官捐献和移植条例》第二十条明确，患者申请人体器官移植手术，其配偶、直系血亲或者三代以内旁系血亲曾经捐献遗体器官的，在同等条件下优先排序。

经济激励可分为直接经济激励和间接经济激励：直接经济激励包括支付现金、税收减免等；间接经济激励包括丧葬费补贴、为捐献人亲属提供健康保险、为捐献人子女提供奖学金等。伦理学界对于直接经济激励持一致反对意见；而间接经济激励是否可以得到伦理学辩护，学者们意见不一，争议的焦点集中在具体的激励形式是否构成一种变相的支付或不正当的引诱。大多数国际组织的政策和指导文件明确禁止对器官捐献行为给予任何形式直接或变相的经济激励。这一考虑主要基于：其一，经济支付很可能迫使个人去捐献，自愿捐献的自主性将被最小化；其二，破坏了利他主义价值，个人捐献的目的并不纯粹；其三，导致不公平或不公正的结果，因为以器官换取报酬的承诺很可能会不公平地利用最贫穷的和最脆弱的群体。《世界卫生组织人体细胞、组织和器官移植指导原则》第五条提出："器官应仅可自由捐献，不得伴有任何金钱支付或其他货币价值的报酬。禁止出售或购买器官不排除补偿捐献人产生的合理和可证实的费用，包括收入损失，或支付获取、处理、保存和提供用于移植的器官的费用。"

4. 死刑犯器官的使用 利用死刑犯的器官进行移植，是许多国家开始应用器官移植技术时的做法，随着社会的发展和人权意识的增强，这种做法引起了越来越多的伦理争论。支持者认为在可供移植器官缺乏的情况下，利用死刑犯的器官救治患者可以避免对器官资源的浪费。死刑犯本身已经失去生命，摘取器官对他们也没有实质性的伤害。如果死刑犯自愿，行刑后将他们的器官用于移植是可行的。反对者则认为死刑犯处于极度弱势的地位，无法保证知情同意权利的充分实现。他们的自愿，很难说是真正的"自愿"。死刑犯也是人，这种做法会造成对人权的严重侵犯。移植器官是稀缺资源，死刑犯器官用于移植会赋予司法机关在此问题上不应有的权力，极容易为司法腐败打开缺口。死刑犯器官的使用可能带来器官捐献和移植的"道德滑坡"以及增加人体器官商业化的风险。正因如此，死刑犯器官不能用于移植逐步成为伦理学界和法学界的共识，各国已经相继立法禁止。我国从 2015 年起，已经全面停止使用死刑犯器官作为移植器官来源。

三、器官分配的伦理问题

人体捐献器官是宝贵、稀缺的资源，在全球的器官移植等待人中，每年大约 15 个等待人中只能有 1 个最终完成器官移植。如何科学、公平、公正地分配捐献器官，使其得到最佳利用，最大限度地挽救生命，成为人体器官捐献和移植领域至关重要的问题。一个稀缺的器官资源应该分配给哪一个患者进行移植？谁有权力决定？决定的标准是什么？目前的做法是依据医学标准和社会伦理标准进行综合判断。

（一）器官分配的标准

1. 医学标准 是指由具备有关知识和经验的医务人员在进行器官移植前，根据器官移植的适应证和禁忌证对患者进行全面评估和判断。当一个可供移植的器官出现时，应该移植给适合接受它、让它能发挥效能的患者，这是器官分配的基本前提。医学标准所重视的是尽量降低移植等待人名单上患者的死亡率，提高移植受者的术后生存率，使宝贵的捐献器官最大限度地发挥功能。

器官分配的医学标准包括适应证和禁忌证、组织相容性和匹配程度、需要的紧急度、病情严重程度、患者的健康状况、生活方式、移植手术耐受性、免疫相容性、移植后的预后和预期寿命、患者的年龄等。世界医学会 2017 年发布了修订后的《世界医学会关于器官和组织捐献的声明》，提出移植等待人名单的管理政策应确保分配的效率和公平性。分配器官或组织时考虑的标准包括病情严重程度和医疗需求的紧迫性；在等待名单上的等待时间；用于衡量移植成功率的相关因素，如年龄、疾病类型、生活质量的提高程度、其他并发症和组织相容性等。医学标准包含的因素虽多，但较为客观，很多都可以量化，因此在伦理上争议较小。

2. 社会伦理标准 是指综合考虑捐献人意愿、器官捐献的优先权激励、地理因素、等待时间、等待人的社会贡献及潜在社会价值等社会因素做出判断，以实现受益最大化，让有限的器官发挥最大的效用。需要注意，器官分配不能基于患者的个人经济支付能力（经济标准），一旦将经济标准作为器官分配的考虑因素，必将带来极大的社会不公平。《世界卫生组织人体细胞、组织和器官移植指导原则》第九条明确："器官分配应在临床标准和伦理准则的指导下进行，而不是出于钱财或其他考虑。”并进一步提出“在捐献率不能满足临床需求的地方，分配标准应在国家或次区域层面由包括相关医学专科专家、生物伦理学专家和公共卫生专家组成的委员会界定，以确保分配不仅考虑医疗因素，同时也顾及社区价值和普遍伦理准则。器官分配的标准应符合人权，特别是不应以接受人的性别、种族、宗教，或经济状况为基准。”社会伦理标准的内容可包括以下方面：

捐献人意愿：在符合医学标准的前提下，如果捐献人生前对捐献器官的接受人有过明确的指定或意愿表达，如希望捐献器官给某一地域（如捐献人的家乡）的移植等待人等，应该尊重其意愿。

器官捐献的优先权激励：当满足一定条件的人体器官捐献志愿者或曾经的遗体器官捐献人家属成为器官移植的需要者时，在符合医学标准的前提下，相对一般的移植等待人可以优先获得捐献器官，导入案例中的王女士即属于此种情况。这种做法体现了回报公正，也可以鼓励公众自愿捐献器官，为更多的需要者提供生存的机会。

地理因素：在现有技术条件下，超过器官保存时限可能造成捐献器官的浪费，因此，捐献人与移植等待人的相对地理位置即距离远近也是应当考虑的标准之一，在器官分配时逐级扩大分配区域，直到匹配到合适的等待人。《中国人体器官分配与共享基本原则和核心政策》在基本原则的第三条提出：“肝脏、肾脏按照移植医院等待名单、联合人体器官获取组织区域内的移植医院等待名单、省级等待名单、全国等待名单四个层级逐级进行分配与共享。心脏、肺脏按照移植医院等待名单、省级等待名单、相邻省份的省级等待名单、全国等待名单四个层级逐级进行分配与共享。”

等待时间：当前述三个因素均已考虑，同一分配区域内，移植等待人都没有优先条件且医学标准相等或相近（评分相同），在这种情况下，则按照移植等待人登记的先后顺序分配可供移植的器官。移植等待人因故暂时不适合接受器官移植的，移植医院应当在分配系统中将该等待人暂时冻结，不再参与器官分配，具备条件时再由移植医院解除暂时冻结状态。

等待人情况：包括等待人曾经做出的社会贡献、未来可能的社会价值、余年寿命等，特殊情况下可以作为器官分配的辅助参考因素。每个人的社会贡献各不相同，潜在社会价值的评价也因人而异，但生命价值都是平等而至高无上的，应该一视同仁。因此，在医学标准基本相同、其他条件大致相当的前提下，余年寿命这种较客观的标准可以作为参考，社会贡献与社会价值这种主观性强，争议较大的社会标准应尽量避免运用。在与器官分配有关的公共政策方面，伦理学的观点认为不应考虑效用的某些社会因素，避免造成基于社会地位、生活方式或行为造成的歧视，违背器官分配的公正原则。

（二）我国人体器官分配的政策规范

根据医学需要分配捐献器官是国际通行的做法，也是我国人体器官捐献工作坚守的基本准则。《人体器官捐献和移植条例》第二十条规定：“遗体器官的分配，应当符合医疗需要，遵循公平、公正和公开的原则。具体办法由国务院卫生健康部门制定。”卫生部于 2010 年印发《中国人体器官分配与共享基本原则和肝脏与肾脏移植核心政策》，通过建立中国人体器官分配与共享计算机系统（China Organ Transplant Response System，COTRS）严格执行该分配政策。2018 年，国家卫生健康委员会对 2010 版《中国人体器官分配与共享基本原则和肝脏与肾脏移植核心政策》进行了修订，形成了《中国人体器官分配与共享基本原则和核心政策》，主要内容包括 2 个方面：一是中国人体器官分配与共享的基本原则；二是肝脏、肾脏、心脏、肺脏的分配与共享核心政策。2019 年，国家卫生健康委员会发布《人体捐献器官获取与分配管理规定》，进一步明确：“捐献器官必须通过器官分配系统进行分配，保证捐献器官可溯源。任何机构、组织和个人不得在器官分配系统外擅自分配捐献器官，不得干扰、阻碍器官分配。”“捐献器官按照人体器官分配与共享基本原则和核心政策的规定，逐级进行分配和共享。”“国家卫生健康委定期组织专家或委托专业机构对人体器官分配与共享基本原则和核心政策进行评估，必要时根据工作需要修订。”以上两个规范性文件的发布实施，为我国人体器官分配达到降低等待人死亡率、提高器官移植受者的术后生存率、保障人体器官分配与共享的公平性、减少人体器官的浪费等目标奠定了基础。

我国人体器官分配的基本原则包括区域优先原则、病情危重优先原则（肝、心、肺）、血型相同优先原则、人类白细胞抗原配型优先原则（肾、心）、儿童匹配优先原则、器官捐献者直系亲属优先原则、稀有机会优先原则（肾、心）、等待顺序优先原则等，具体体现在肝脏、肾脏、心脏、肺脏的分配与共享核心政策中移植等待人匹配名单排序的主要因素，如医疗紧急度评分、地理因素、年龄因素、血型匹配、等待时间、等待人致敏度、人类白细胞抗原配型匹配度等。COTRS 是连接捐献人与移植等待人的信息平台，捐献人的医学信息通过 OPO 录入 COTRS 的人体器官捐献人登记及器官匹配系统，移植等待人的医学需求通过移植医院录入 COTRS 的人体器官移植等待人预约名单系统，COTRS 按照既定的器官分配原则和核心政策，自动生成匹配名单，不受人为干预。由此，器官捐献人与移植等待人建立匹配关系，实现捐献器官的公平分配和最佳利用。

当出现“因不可抗力导致捐献器官无法转运至分配目的地；捐献器官已转运至分配目的地，但接受人无法进行移植手术，再分配转运耗时将超过器官保存时限；器官分配耗时已接近器官保存时限”等情形时，为避免捐献器官浪费，可以突破自动分配，由 OPO 通过 COTRS 按照人体器官分配与共享基本原则和核心政策选择适宜的器官接受人，并按程序在 COTRS 中按照特殊情况进行登记，确保特殊通道的规范使用。

第三节　人体器官捐献和移植的伦理原则与法律规范

人体器官移植技术的发展就像一把双刃剑，在造福人类的同时也引发了大量的社会伦理道德问题。英国学者兰姆（Lamb）说：“器官移植的历史，一方面是科学技术的成就史，另一方面也是一部道德焦虑和冷峻的道德思考史。”器官移植一开始进入临床应用就面临着许多伦理学的问题，捐献和移植伦理的重要性甚至超过了移植技术本身，为保障移植技术实施上的合理性也即合乎道德性，就需要遵守人体器官捐献和移植的基本伦理原则。

一、人体器官捐献和移植的伦理原则

人体器官捐献、获取和移植过程中，要遵循尊重生命、有利、不伤害、公平公正、符合规律和公序良俗的基本伦理原则，体现为维护捐受双方权益、知情同意、禁止商业化、保密、避免利益冲突、公正等具体原则。

（一）维护捐受双方权益原则

在人体器官移植技术的应用中，必须把是否符合捐受双方的权益作为首要标准，依据科学标准做出准确的技术判断的同时，将维护人的权益作为实施技术最根本的出发点，通过受益和风险的权衡，最大程度减轻捐受双方的权益受损，避免双方承担不适当的风险、遭受不必要的损害。

活体器官捐献和移植关涉活体器官捐献人与接受人双方的生命、健康等人格权益，医务人员对捐受双方的生命健康负有同等重要的责任。活体器官移植在为接受人延长存活时间、提高生命质量的同时会对捐献人的健康带来不可避免的损害，如手术本身的创伤及可能发生的并发症、未来长期抵抗疾病风险的能力降低、心理健康影响等，需要充分考虑捐受双方的权益，进行受益和风险的评估与权衡。在针对接受人的所有治疗方案中，器官移植应该是唯一具有救治希望的方案，活体器官捐献不能摘取捐献人唯一的、不可再生或不能分割的器官，捐献人应当年满 18 周岁且具有完全民事行为能力。《人体器官捐献和移植条例》第二十九条规定：“从事人体器官移植的医疗机构及其医务人员获取活体器官前，应当履行的义务之一是确认除获取器官产生的直接后果外不会损害活体器官捐献人其他正常的生理功能。”国家卫生健康委员会 2024 年印发的《人体器官移植技术临床应用管理规定》第十三条提出："从事人体器官移植的医疗机构及其医务人员获取活体器官前，应当评估活体器官捐献人的健康状况是否适合捐献器官；评估获取器官可能对活体器官捐献人健康产生的影响，确认除获取器官产生的直接后果外不会损害活体器官捐献人其他正常的生理功能；评估接受人是否有接受活体器官移植手术的必要性、适应证；评估接受人因活体器官移植传播疾病的风险等。"

遗体器官捐献和移植关涉（潜在）捐献人与接受人双方的生命、健康等人格权益，保护捐受双方权益原则是最基本的原则。首先，尊重（潜在）捐献人的人格尊严和权益，依照规范要求对潜在捐献人进行医学评估，对捐献人进行死亡判定，严格执行"死亡后"捐献，对捐献人遗体进行医学处理以尽力恢复原貌；其次，保护接受人的生命和健康安全，评估和维护捐献器官功能，考量感染性疾病在捐献和移植过程中的传播风险，维护接受人健康受益最大化，在器官获取、保存、分配、移植过程中严格遵守技术操作规范，确保移植器官的质量，努力提高器官移植成功率和患者生存率。

《人体器官捐献和移植条例》第一条明确："为了规范人体器官捐献和移植，保证医疗质量，保障人体健康，维护公民的合法权益，弘扬社会主义核心价值观，制定本条例。"立法目的强调了在人体器官捐献和移植过程中维护捐受双方权益的重要性。

（二）知情同意原则

器官捐献和移植的知情同意原则是一般医学伦理学知情同意原则在器官移植领域的具体体现，包括捐献人和接受人双方的知情同意。在实施器官移植手术前，应对捐献人（家属）和接受人进行充分的告知并取得同意，知情同意必须采取书面形式，已经表示有捐献其人体器官意愿的捐献人有权撤销其捐献意愿。

作为接受人的知情同意，确保其充分了解病情的严重程度，包括器官移植在内的所有可能治疗方案、器官移植的必要性、器官移植的程序、器官来源的种类及利弊、器官移植的预后状况（可能的并发症、排斥反应、近远期风险、死亡率等）、器官移植及术后持续性治疗的费用等情况。另外，在器官分配环节征询移植等待人意愿时应遵循知情同意原则，告知等待人去标识后的捐献人必要信息及捐献器官医学评估情况。

作为捐献人（家属）的知情同意，确保其充分了解器官捐献的意义、过程和后果，以及捐献人可以在器官获取前撤销意愿的权利，活体器官捐献和遗体器官捐献知情同意的伦理问题已在前文讨论。《民法典》在第四编人格权的第一千零六条对人体器官捐献做出了明确规定："完全民事行为能力人有权依法自主决定无偿捐献其人体细胞、人体组织、人体器官、遗体。任何组织或者个人不得强迫、欺骗、利诱其捐献。完全民事行为能力人依据前款规定同意捐献的，应当采用书面形式，也可以订立遗嘱。自然人生前未表示不同意捐献的，该自然人死亡后，其配偶、成年子女、父母可以共同决定捐献，决定捐献应当采用书面形式。"活体器官捐献工作中，应由活体器官捐献人及其具有完全民事行为能力的父母、配偶、成年子女共同签署捐献人自愿、无偿捐献器官的书面意愿。遗体器官捐献工作中，倡导通过人体器官捐献的宣传工作，以器官捐献志愿登记或生前遗嘱的方式获得捐献者本人的知情同意。

（三）禁止商业化原则

人体器官应仅可自由捐献，不得伴有任何金钱支付或其他货币价值的报酬，以维护人体器官捐献的公益性，禁止商业化原则是人体器官捐献和移植伦理的底线和法律的红线，前文已讨论了人体器官商品化和经济激励的伦理问题。国际移植学会与国际肾病学会 2008 年发布的《伊斯坦布尔宣言》，针对器官移植旅游、器官移植交易、器官移植商业化提出了 13 项伦理原则。《世界卫生组织人体细胞、组织和器官移植指导原则》第五条也明确："禁止为器官付款的禁令应适用于所有个人，包括通过前往未实施禁止商业化的地点而试图绕过国内法规的移植接受人。"

我国人体器官捐献严格遵循自愿、无偿原则，《民法典》第一千零七条规定：“禁止以任何形式买卖人体细胞、人体组织、人体器官、遗体。违反前款规定的买卖行为无效。”《人体器官捐献和移植条例》第六条规定：“任何组织或者个人不得以任何形式买卖人体器官，不得从事与买卖人体器官有关的活动。”

（四）保密原则

保密原则涉及隐私权和个人信息保护，《民法典》第一千零三十二条规定：“自然人享有隐私权。任何组织或者个人不得以刺探、侵扰、泄露、公开等方式侵害他人的隐私权。隐私是自然人的私人生活安宁和不愿为他人知晓的私密空间、私密活动、私密信息。”第一千零三十四条规定：“自然人的个人信息受法律保护。个人信息是以电子或者其他方式记录的能够单独或者与其他信息结合识别特定自然人的各种信息，包括自然人的姓名、出生日期、身份证件号码、生物识别信息、住址、电话号码、电子邮箱、健康信息、行踪信息等。”

参与器官捐献和移植的医务人员、人体器官捐献协调员、伦理委员会委员等在履行职责过程中需知悉（潜在）捐献人及家属、接受人、等待人的姓名、身份证件号码、病情资料、家庭关系、捐献意愿、联系方式等隐私和个人信息，并应当予以保密，不得泄露或者向他人非法提供。通过签署保密协议、搭建器官捐献和移植官方信息平台进行资料传递等措施，最大限度降低泄露捐受双方隐私和个人信息的风险。人体器官捐献宣传工作中对个别典型真实捐献案例的报道应获得捐献人及家属的知情同意。

保密原则既包括对社会和他人保密，也包括保持捐受双方之间“互盲”。遗体器官捐献除“捐献人生前对捐献器官的接受人有明确的指定”等特殊情况外，坚持匿名捐献原则，不应将捐献人及家属的可识别身份的信息透露给接受人，同样，接受人的可识别身份的信息也不应透露给捐献人及家属。活体器官捐献发生在法律规定的特定对象之间，不要求做到“互盲”，但应注意对拟捐献器官的捐献人亲属的医学检验信息保密，当出现符合捐献医学标准而捐献人亲属不同意捐献的情况时，鼓励其真实捐献意愿的表达。

（五）避免利益冲突原则

人体器官捐献和移植工作需要多部门人员共同协作完成，为建立公开、透明的利益关联回避机制，避免利益冲突原则在机构设置上要求 OPO 应当独立于人体器官移植科室，在人员协作上要求负责捐献人死亡判定、器官获取、器官移植的医务人员彼此不发生交叉。《世界卫生组织人体细胞、组织和器官移植指导原则》第二条提出：“确定潜在捐献人死亡的医生，不应直接参与从捐献人身上摘取器官，或参与随后的移植步骤；这些医生也不应负责照料此捐献人的器官的任何预期接受人。”从事器官移植的医务人员不应接受提供器官移植相关器械、药品等公司的“红包”或任何馈赠，如果与相关公司存在持有股票、任职等利益关系，则应向患者和医院公开声明利益冲突，以便获得更好的监督。

另外，避免利益冲突原则还包括人体器官捐献和移植伦理审查时的利益冲突回避，伦理审查委员会委员与审查案例之间若存在明显和实质性利益冲突。例如，直接参与了本例次器官捐献和移植的某一环节工作，与捐献人、接受人或等待人有亲属或其他密切社会关系，有其他事实证明有偏颇嫌疑等情形，则应回避该案例的伦理审查。

在我国，人体器官捐献、获取、分配与移植工作需要红十字会、捐献人所在医疗机构、OPO、移植医院等共同协作完成，应在所有环节遵循避免利益冲突原则。《人体器官捐献和移植条例》第十九条明确：“从事人体器官获取、移植的医务人员不得参与遗体器官捐献人的死亡判定。”《人体捐献器官获取与分配管理规定》第十条明确：“OPO 应当独立于人体器官移植科室。”

（六）公正原则

人体器官捐献和移植的公正原则包括分配公正、回报公正、程序公正三个方面的内容。

分配公正原则要求遗体捐献器官应在医学标准和社会伦理标准的指导下进行公平、公正、公开的分配与共享，器官分配的标准已在前文讨论。在人体器官资源短缺的情况下，器官分配的公正尤为重要，能够使捐献器官得到有效利用，避免器官浪费，也反映了社会的公平性并影响社会的稳定性。公平和公正指患者获得捐献器官的机会平等，除了法定的标准和规则外，移植等待人排序和器官分配不受其他因素影响。公开指器官分配工作接受各级卫生健康主管部门、医疗机构及社会的共同监督。

回报公正原则要求在遗体器官捐献中补偿捐献人及其亲属因捐献产生的合理和可证实的费用，在器官捐献的缅怀纪念环节加强精神激励和对捐献人家属的人文关怀工作，在人道救助环节对捐献人家庭开展人道慰问和困难帮扶，让捐献器官的善举得到社会的尊重和褒扬。器官捐献的优先权激励政策也体现了回报公正，根据《中国人体器官分配与共享基本原则和核心政策》相关规定，满足一定条件的遗体器官捐献人家属成为器官移植的需要者时，与其他移植等待人在同一分配层级内排序时将获得优先权；活体肝脏（肾脏）捐献人需要进行肝脏（肾脏）移植手术治疗的，在排序时将获得优先权。

程序公正原则要求每例器官捐献和移植都遵守相关法规政策，严格履行伦理审查程序，保障人体器官捐献和移植遵循以上所述六项伦理原则。《人体器官捐献和移植条例》明确规定："获取遗体器官前，负责遗体器官获取的部门应当向其所在医疗机构的人体器官移植伦理委员会提出获取遗体器官审查申请。""获取活体器官前，负责人体器官移植的科室应当向其所在医疗机构的人体器官移植伦理委员会提出获取活体器官审查申请。"伦理委员会应坚持独立性、科学性、公正性、及时性的审查要求，对人体器官捐献和移植各个环节的合法性和伦理性进行审查。

二、人体器官捐献和移植的伦理法律规范

（一）人体器官捐献和移植的国际伦理规范

自从器官移植技术问世以来，世界卫生组织、相关学术组织和世界上大多数开展器官移植的国家和地区都对人体器官捐献和移植制定了相应的伦理和法律规范，促进器官捐献和移植事业的健康可持续发展。

在活体器官捐献和移植领域，肝脏、肾脏移植起步最早且技术水平最为成熟，国际上有关活体器官移植的伦理规范基本上都是从肝脏、肾脏移植的规则中演变而来的。1986 年，国际移植学会对活体捐献肾脏提出了 7 条伦理准则。这些准则对《世界卫生组织人体细胞、组织和器官移植指导原则》的形成和发布起到了重要的推动作用。

1991 年，第四十四届世界卫生大会在其 WHA44.25 号决议中，批准了世卫组织人体器官移植指导原则。2008 年，第五十七届世界卫生大会以 WHA57.18 号决议特别要求总干事"继续审查和收集全球关于同种异基因移植的做法、安全性、质量、有效性和流行性的数据，以及伦理问题的数据，包括活体捐献，以便更新人体器官移植指导原则"。2010 年，第六十三届世界卫生大会以 WHA63.22 号决议批准了《世界卫生组织人体细胞、组织和器官移植指导原则》，该文件由 11 个部分组成。世界卫生组织作为一个国际组织，它制定的规则对于加入组织的成员国具有普遍指导意义，但并不具有强制性。因此，世界卫生组织的"指导原则"内容虽然全面，但许多地方都是以"国家和卫生当局"来指代，将具体的规则制定权交给了器官移植地的立法机构。但"指导原则"的内容代表着世界上大多数国家对器官移植规则的集体认可，对各国器官移植规则的制定仍然具有较强的指导意义。

2008 年，国际移植学会与国际肾病学会在土耳其伊斯坦布尔召开了国际峰会，研究了国际上器官买卖、移植商业化的严峻形势，批评了让器官移植沦为商业行为的做法，发布了著名的《伊斯坦布尔宣言》，提出了 13 项伦理原则，旨在通过更好地规范活体和遗体器官捐献来应对器官商业化。

为提升医学界对捐献工作的专业认可和认知程度，世界医学会作为代表全球医师的国际性组织，在其第 63 次全球大会上首次提出，并在第 68 次全球大会再次修订，于 2017 年发布了《世界医学会关于器官和组织捐献的声明》，为各地的医学协会及医师就该问题提供了职业守则和行为指引，为各地行政管理部门在制定当地捐献事业可持续发展策略时提供专业参考。

（二）我国人体器官捐献和移植的伦理法律规范

我国在 1997 年中华医学会医学伦理学分会第九届年会上讨论通过了《器官移植伦理原则》，成为我国在器官移植领域的第一个伦理规范文本，该文件从性质上来看仅是行业内部的倡议，并不具有强制约束力，但其内容全面、专业性强，为之后器官移植相关法律规范的制定奠定了良好的基础。

为规范人体器官移植技术临床应用，保证医疗质量和医疗安全，2006 年，卫生部发布了《人体器官移植技术临床应用管理暂行规定》。2007 年，国务院颁布了《人体器官移植条例》，从人体器官的捐献、人体器官的移植、法律责任等方面对我国人体器官捐献和移植工作进行了规定，成为我国首个由国家层面颁布实施的器官移植伦理与法律规范。2009 年，为了更好地贯彻落实《人体器官移植条例》，规范活体器官移植，卫生部发布了《关于规范活体器官移植的若干规定》，对活体器官移植的有关事项进行了详细的规定。随着人体器官捐献和移植工作的深入开展，出现了一些新情况、新形势，为了更好地保障器官捐献和移植事业健康发展，在总结实践经验的基础上，国务院对《人体器官移植条例》进行了修订，新颁布的《人体器官捐献和移植条例》于 2024 年 5 月 1 日起施行。此次修订，明确了器官捐献和移植工作要坚持“人民至上、生命至上”的原则，全面完善了器官捐献和移植制度，标志着我国器官捐献和移植事业迈上了新台阶，进入了新的发展阶段。2024 年 4 月，国家卫生健康委发布了《人体器官移植诊疗科目登记管理办法》《人体器官移植伦理委员会工作规则》《人体器官移植技术临床应用管理规定》等系列文件，同时废止了《人体器官移植技术临床应用管理暂行规定》《关于规范活体器官移植的若干规定》等。

2020 年 5 月 28 日，《民法典》由中华人民共和国第十三届全国人民代表大会第三次会议通过，在第四编人格权的第二章生命权、身体权和健康权中对人体器官捐献做出了明确规定。

目前，我国人体器官捐献和移植领域的伦理法律规范以《民法典》《中华人民共和国刑法》《中华人民共和国红十字会法》《人体器官捐献和移植条例》《医疗机构管理条例》等法律法规为基础，另外包括《人体捐献器官获取与分配管理规定》《中国人体器官分配与共享基本原则和核心政策》《人体器官获取组织基本要求和质量控制指标》《人体器官捐献登记管理办法》《人体器官捐献协调员管理办法》《人体捐献器官获取收费和财务管理办法（试行）》《关于促进人体器官捐献工作健康发展的意见》《人体器官移植诊疗科目登记管理办法》《人体器官移植伦理委员会工作规则》《人体器官移植技术临床应用管理规定》等一系列规范性文件。

【复习思考题】

1. 为什么人体器官捐献和移植能够得到伦理辩护？
2. 活体器官捐献和遗体器官捐献分别面临哪些伦理问题？
3. 遗体捐献器官分配的标准有哪些？
4. 简述人体器官捐献和移植的伦理原则。

（燕　娟）

第十二章　前沿医学技术伦理

【导入案例 12-1】黄军就团队发表"修改人类胚胎基因"研究成果

2015 年 4 月 18 日，生物学杂志《蛋白质与细胞》在线发表了中山大学副教授黄军就"修改人类胚胎基因"研究成果，成为世界首例公开发表的人类胚胎基因编辑研究成果。

该研究利用 CRISPR 技术在人类胚胎中修改引发 β- 珠蛋白生成障碍性贫血的基因，如果成功将能使有该家族病史的新生儿不再患病。研究者挑选了不能正常发育的畸形受精卵——这些受精卵是在人工授精过程中一个卵子意外被两个精子同时受精而产生，它会形成一种具有三套染色体的异常胚胎，因而无法正常发育。他们共修改了 86 个这种胚胎。48 小时后，其中 71 个胚胎存活。他们对存活胚胎中的 54 个做了基因检测，发现有 28 个实现成功拼接，但只有一小部分遗传物质被替代，实验中出现了高频脱靶效应，成功率难以让人满意。

黄军就表示："如果想用正常的胚胎做研究，需要接近 100% 的成功率。目前尚需要做很长时间的包括灵长类或猿类在内的动物研究，以获得相关技术安全性和有效性证据。"不过他同时表示："这种不能存活的胚胎模型要比动物模型或者人类成体细胞模型更有意义，因为它更接近正常的人类胚胎。"

讨论与思考：你认为黄军就"利用 CRISPR 技术在人类胚胎中修改引发 β- 珠蛋白生成障碍性贫血相关基因"的研究能否得到伦理辩护？在基因编辑研究中，应遵循哪些伦理原则？

前沿医学技术的开发与应用，为攻克疑难疾病，维护人体健康带来新的途径和新的希望，但同时也引发了复杂而尖锐的伦理问题。人类基因工程、干细胞技术、人体增强技术等都是备受瞩目的前沿医学技术。讨论这些前沿医学技术引发的伦理问题，确定相关伦理原则，是开展科技伦理治理，确保前沿医学技术健康发展的重要方面。

第一节　人类基因伦理

工程是人类集知识、资金、劳动力、市场等诸要素而开展的有组织、有目的的社会实践活动。人类基因工程就是围绕人类基因而开展的工程活动。从应用领域和产品形式来看，人类基因工程包括基因鉴定、基因检测、基因治疗、基因增强、基因工程疫苗和基因工程多肽药物等。人类基因工程的基础是人类基因组研究。人类基因工程具有巨大的科技、经济价值和深远的社会影响，但同时也产生了一系列伦理问题。本章节选取其中备受关注的人类基因组研究、基因检测和基因治疗进行阐述。

一、人类基因组研究中的伦理问题

（一）人类基因组研究概况

人类基因组计划（Human Genome Project，HGP）于 20 世纪 80 年代提出，由美、英、日、中、德、法等国参加，目标是测定由 3×10^9 核苷酸组成的人体 23 对染色体的全部 DNA 序列，并最终绘制人体基因图谱的规模宏大、跨国跨学科的科学探索工程。2000 年 6 月，中、美、英、日、德、法六国宣布人类基因组工作草图绘制完成；2001 年 2 月，人类基因组图谱及初步分析结果首次公布；2003 年 4 月，中、美、英、日、德、法六国宣布人类基因组序列图完成。

人类基因组计划是人类第一次系统地解读和认识自我的科学壮举。其意义在于：第一，获得了人类全部基因序列，有助于人类认识许多遗传病的致病机制，并可以针对这些疾病进行有效的治疗。第二，人类基因组计划破译了生命密码，使人们对基因的表达调控有了更加深入的了解。第三，对于中国来说，虽然只参与了基因测序百分之一的工作，但是根据人类基因组计划的共享性原则，中国可以享受全部的研究成果。

（二）人类基因组研究的伦理原则

人类基因数据具有特殊地位。采集、处理、使用和保存人类基因数据对生命科学的发展、医学的进步以及人类自身的安全均具有至关重要的意义。2000 年 12 月 2 日中国人类基因组社会、伦理和法律委员会通过了一项声明，就人类基因组及其成果的应用达成如下共识：①人类基因组的研究及其成果的应用应该集中于疾病的治疗和预防，而不应该用于“优生”（eugenics）；②在人类基因组的研究及其成果的应用中应始终坚持知情同意或知情选择的原则；③在人类基因组的研究及其成果的应用中应保护个人基因组的隐私，反对基因歧视；④在人类基因组的研究及其成果的应用中应努力促进人人平等、民族和睦和国际和平。参考上述共识，我们认为在基因研究中应坚持以下伦理原则：

1. 知情同意原则　每个人对于自己的基因组拥有无可争辩的所有权，研究人员在收集基因样本时，必须获得其所有者的知情同意。联合国教育、科学及文化组织（United Nations Educational，Scientific and Cultural Organization，UNESCO）（简称联合国教科文组织）制定的《国际人类基因数据宣言》（2003）第八条中规定：“人类基因数据、人类蛋白质组数据或生物标本的采集，均应在不以经济或其它个人利益加以引诱的情况下，事先征得当事人自愿的、知情的和明确表示的同意。”《中华人民共和国人类遗传资源管理条例》（2019）第十二条规定：“采集我国人类遗传资源，应当事先告知人类遗传资源提供者采集目的、采集用途、对健康可能产生的影响、个人隐私保护措施及其享有的自愿参与和随时无条件退出的权利，征得人类遗传资源提供者书面同意。在告知人类遗传资源提供者前款规定的信息时，必须全面、完整、真实、准确，不得隐瞒、误导、欺骗。”

2. 保护基因隐私原则　个体基因信息是关于个体的基因组成，以此为基础可以获知个体，如基因组内是否有致病基因、缺陷基因存在，致病基因、缺陷基因有多少及这些致病基因、缺陷基因将可能导致何种疾病等信息。基因信息作为决定和表征个体特征的重要信息，是个人信息的深层次内容，也是个人隐私的核心部分。

《国际人类基因数据宣言》（2003）规定，①各国应按照与国际人权法相一致的国内法律的要求，努力保护个人隐私和与可识别的个人、家庭或群体有关联的人类基因数据的保密性。②与可识别之个人有关联的人类基因数据、人类蛋白质组数据和生物标本不应向第三者，特别是雇主、保险公司、教育机构和家庭披露，也不应让他们查询，除非由于重大公共利益的原因。③为医学和科学研究目的采集的人类基因数据、人类蛋白质组数据和生物标本不应保持与可识别之个人的关联。

3. 反对基因歧视原则　随着科学技术的发展，人们有可能从基因的角度对个体的遗传倾向进行预测。这些遗传信息的揭示和公开，将对携带某些“不利基因”或“缺陷基因”者的升学、就业、婚姻等产生不利的影响。这就是可能的基因歧视问题。“基因歧视”可以是针对一个人的，也可以是针对一个家族甚至一个民族的。

其实，人的健康、人的行为、人的长寿，虽然都与基因相关，但同时也是由遗传因素和环境因素一起来决定的。携带有肿瘤、心血管病等疾病高发基因，只能说可能有某种倾向，或许终生并不表现出来，如果因此而在社会活动中被歧视是极不公平的。

联合国教科文组织制定的《世界人类基因组与人权宣言》（1997）第一条规定：“人类基因组意味着人类家庭所有成员在根本上是统一的，也意味着对其固有的尊严和多样性的承认。”因此，任何人都不应该由于基因特征而受到歧视，都不能由于基因缺陷而受到不平等的待遇。美国 2008

年颁布的《反基因歧视法》禁止人寿保险公司以某人具有对某种疾病的易感基因为由，取消、拒绝对他进行保险或提高保险费用；禁止雇主以遗传信息为依据进行雇佣、解聘、升职、加薪，或做出任何与雇佣行为有关的决定。《中华人民共和国个人信息保护法》(2021) 第十条中规定："任何组织、个人不得非法收集、使用、加工、传输他人个人信息，不得非法买卖、提供或者公开他人个人信息。"

4. 知识与利益共享原则 《国际人类基因数据宣言》(2003) 第十八条规定："鼓励人类基因数据和人类蛋白质组数据的自由流通以促进科学知识的共享。" 第十九条规定："通过使用为医学和科研目的采集的人类基因数据、人类蛋白质组数据或生物标本而得到的利益，应根据国家的法律或政策及国际协定，为整个社会及国际社会共享。"

首先，人类应该共享基因组。《国际人类基因组组织 (HUGO) 伦理委员会关于利益分享的声明》(2000) 再次重申"人类基因组是人类共同遗产的一部分"原则，主张人类基因组计划应有益于全人类，所有人类分享和获得基因研究的利益，所有参与研究者最低限度应该得到有关遗传研究结果的信息和感谢。

其次，国际社会应该共享研究收益。对此，《中华人民共和国人类遗传资源管理条例》第二十四条规定："利用我国人类遗传资源开展国际合作科学研究，产生的成果申请专利的，应当由合作双方共同提出申请，专利权归合作双方共有。研究产生的其他科技成果，其使用权、转让权和利益分享办法由合作双方通过合作协议约定；协议没有约定的，合作双方都有使用的权利，但向第三方转让须经合作双方同意，所获利益按合作双方贡献大小分享。"

二、基因检测中的伦理问题

（一）基因检测技术发展概况

基因检测 (gene test) 是指对人类的 DNA、RNA、蛋白质及代谢物进行分析，以诊断、预测或预防遗传病的发生，指导疾病治疗方案的选择（药物种类及剂量的选择），或预测疾病的复发，也可以作为评估个人体质的依据。

基因检测的应用大致可分为两类：临床相关基因检测与非临床应用基因检测。前者主要包括单基因遗传病检测、多基因遗传病检测、药物基因组学检测、感染性疾病分子生物学检测等。后者主要包括先天体质分析、先天特质潜能分析、亲子鉴定等。

基因检测不仅能实现对高危人群的早期筛查，而且弥补了传统筛查（组织活检）在侵入性、操作性和反复性等方面的不足，可以把肿瘤早期诊断提前到细胞癌变阶段，为肿瘤预防提供基因水平的指导。基因检测还可以指导肿瘤靶向药物的选择，靶向药物的疗效与基因突变状态密切相关，在使用靶向药物前需要通过基因检测筛选有效的靶向药物"对因下药"，提升治疗效果。

2015 年 1 月 20 日，时任美国总统奥巴马在国情咨文演讲中提出"精准医疗"的概念，倡导加速进入精准医疗时代。基因检测为肿瘤（潜在）患者的早期筛查、诊断、治疗及预后评估提供参考依据，有助于实施个性化的精准治疗。此外，基因检测技术在遗传学检测中的应用较为广泛，包括对胎儿遗传病的检测、婴儿遗传病的诊断等，借助基因检测技术能够准确诊断出 1000 多种遗传病。

最初的基因检测只是检测基因载体——染色体的数目异常，之后由于测序技术的发展，可以更清晰地认识基因序列。2005 年第一台高通量测序仪的诞生给测序界带来变革，也为致病基因研究带来新的方法。现在，可以通过新一代测序技术同时检测成千上万个基因位点，能够对肿瘤以及各种多基因遗传病的易感性进行预测，为临床治疗提供精准指导。目前，国内外已有许多提供基因检测服务的公司，可以为个人提供基因检测，并有能力分析用户的基因检测数据与相关疾病之间的关联。

随着基因检测技术、大规模基因测序技术、生物信息学技术、大数据挖掘技术的不断进步，可以更全面、准确地描述恶性肿瘤等多基因突变复杂性疾病的突变基因、基因突变的位点、基因拷贝数的变化以及疾病相关信号通路上重要基因的变化等，从而设计出更合理的基因治疗方案，实现疾病治疗模式的变革。

（二）基因检测的伦理原则

基因检测技术给人类身体健康和生命安全带来了福音，但同时也引发一系列伦理问题。为保证基因检测技术的妥善应用，我们提出以下伦理原则：

1. 保护基因隐私原则　基因检测可以获取一个人的基因信息，而基因信息是个人信息的核心，检测出来的基因信息尤其是基因缺陷一旦泄露，有可能受到来自各方面的歧视，甚至危及其切身利益和生存空间。因此，在基因检测中必须贯彻保护基因隐私原则。

基因信息与其他个人医学信息有所不同，因为基因信息涉及遗传，许多基因信息是家族性的，进行基因检测的个人的权利，以及检测结果可能涉及的其他家族成员的权利都应该受到尊重和保护。当医学上确定会出现严重的、不可避免的疾病时，应该依照一定程序谨慎解除保密，告知当事家族。

2. 知情同意原则　是指在进行基因检测时，应告知被检测人有关检测的意义、程序、风险，由被检测人自主决定是否接受检测、是否获悉检测结果的伦理准则。《世界人类基因组与人权宣言》（1997）第五条规定："在各种情况下，均应得到有关人员的事先、自愿和明确同意。""每个人均有权决定是否要知道一项遗传学检查的结果及其影响，这种权利应受到尊重。"

3. 尊重遗传特征原则　尊重遗传特征是"尊重原则"在基因检测领域的具体体现，主要内容包括尊重人类基因库和人类遗传特征的多样性；每个人都有权受到应有的尊重，而不管他具有什么样的遗传特征；不能把个人简单地归结为其遗传特征，应尊重其独特性。《世界人类基因组与人权宣言》（1997）第一条规定："人类基因组是人类大家庭所有成员基本统一的基础，也是他们固有的尊严和多样性的基础。从象征意义上讲，它是人类的遗产。"事实上，人类个体之间在基因层面的差异是很小的，没有正常基因与异常基因之分，没有健康基因与疾病基因之分，没有好基因与坏基因之分，所有的社会成员在遗传上都是平等的。

三、基因治疗中的伦理问题

（一）基因治疗的概念及类型

1. 基因治疗的概念　基因治疗（gene therapy）是指通过基因水平的操纵而达到治疗或预防疾病的治疗方式。基因水平的操纵主要包括用正常基因替代、封阻或剪断致病基因、修复被损害的基因和重建正常的基因表达调控体系等内容。

基因治疗包括四个步骤：一是确定致病基因的位置，或者说找到基因的位点。二是找到治疗基因，即能够修复或替代异常基因的基因。三是找到载体，把治疗基因运送到人体中去。四是使治疗基因在人体细胞内复制、表达，复制的数目要不多不少，表达的水平要不高不低，正好达到治疗的要求。

基因治疗的提出最初是针对单基因缺陷的遗传病，目的在于用一个正常的基因来代替缺陷基因或者来补救缺陷基因。单基因疾病因致病基因单一明确而成为基因治疗的首选对象。目前已经确定的单基因遗传病有高胆固醇血症、血友病、黏多糖代谢病、肺气肿、囊性纤维化、先天性高氨血症、瓜氨酸血症、进行性肌营养不良症、地中海贫血、镰状细胞贫血等。

当前，基因治疗的研究内容已从单基因遗传病扩大到多基因疾病，如肿瘤、心脑血管病、精神分裂症、糖尿病、风湿病、消化性溃疡等。还有一类疾病是由侵入人体的病原微生物的致病基因所引起，称为获得性基因（遗传）病。对这类疾病的基因治疗也正在研究中，主要治疗策略是用“基因封条”将致病基因封阻，使其不能发挥作用，或者是用“基因剪刀”将致病基因剪碎，使其失活。

2. 基因治疗的类型 按照操作对象，基因治疗可以分为体细胞基因治疗（somatic gene therapy）和生殖细胞基因治疗（germ line gene therapy）。体细胞基因治疗，是在患者的体细胞中进行操作，改变的是身体已分化细胞DNA的程序。体细胞基因治疗的技术路线具有较好的可操作性，但体细胞基因治疗的不足之处也很明显，它并没有改变患者已有单个或多个基因缺陷的遗传背景，以致在其后代的子孙中必然还会有人要患这一疾病。生殖细胞基因治疗，是在患者的生殖细胞中进行操作，从而改变生殖细胞的程序，这些细胞能将改变传递给下一代。但实际上，目前的技术水平还远远没有达到生殖细胞基因治疗的要求，难以解决关键的基因定点整合（或称基因打靶）问题，加之遇到的伦理问题更为严峻，尚未进入临床试验阶段。

按照基因转移实现的场所，基因治疗可以分为体外基因治疗和体内基因治疗。体外（*ex vivo*）基因治疗是指先从患者体内获得某种细胞（如T淋巴细胞）进行培养，在体外完成基因转移后，筛选成功转移的细胞扩增培养，然后重新输入患者体内。这种方法操作复杂，但效果较为可靠，从1990年美国国立卫生研究院用腺苷脱氨酶（adenosine deaminase，*ADA*）基因治愈一位由*ADA*基因缺陷导致严重免疫缺损的四岁女孩，到现在的大部分基因治疗临床试验采用的都是这种方法。体内（*in vivo*）基因治疗是指直接往人体组织细胞中转移基因的治疗方法。例如，1994年美国科学家以经过修饰的腺病毒为载体，成功地将治疗囊性纤维化的正常基因*cfdr*转入患者肺组织中。这种方法简便易行，但成功率低、风险性大。

按照改变基因的目的，基因治疗可以分为治疗性（treatment）基因治疗和增强性（enhancement）基因治疗。治疗性基因治疗是指通过重构或纠正异常遗传物质或者通过干扰引起疾病的过程，来纠正或预防疾病。增强性基因治疗类似转移遗传物质，目的在于改变非病理的人类性状，如增强免疫系统功能以预防艾滋病等。

（二）基因治疗的伦理原则

有人预言，21世纪将是基因治疗的时代，基因治疗将成为人们治疗疾病的重要手段。但基于基因治疗的研究现状和其固有的高风险性，我们认为目前开展基因治疗至少应该遵循以下伦理原则。

1. 科学性原则 开展基因治疗必须有严谨的科学态度，不能急功近利，更不能为经济利益所驱使而放弃原则。在临床中必须具备以下条件才能够进行：①具有合适的靶基因，即作为替代、修复或调控的目标基因。②具有合适的靶细胞，即接受靶基因的细胞。③具有高效专一的基因转移方法，以使外源靶基因导入靶细胞内。④基因转移后对组织、细胞无害。⑤在动物模型实验中具有安全、有效的治疗效果。⑥过渡到临床试验或应用前需要向国家有关审批部门报批。

2. 知情同意原则 客观地说，由于技术不成熟，无论哪一种基因治疗目前都处于初期的临床试验阶段，均没有明确稳定的疗效和完全的安全性。而且，基因治疗作为一种高端生物医学技术，治疗费用高昂。因此，医务人员应全面告知患者所采用的基因治疗方案中的潜在危险，患者需要在完全知情的前提下，自主决定是否接受基因治疗。

3. 不伤害原则 要求研究者在实施基因治疗时，以不伤害患者的利益为最低标准。安全性问题是基因治疗关注的首要问题。目前，令人担忧的技术问题有：①外源目的基因插入宿主细胞的位点不合适，导致外源基因不能有效表达或过度表达，还有可能影响本应正常表达的一些基因。②目的基因在宿主细胞内的随机整合，有可能激活体内的原癌基因而产生致癌作用。③使用的逆转录病毒载体可因基因重组而在宿主体内产生有复制能力的野生型毒株，产生致病作用。④对基因的表达难以把握，外来遗传物质的任意组合很可能在细胞层面造成无法想象的影响。

目前，生殖细胞的基因编辑还存在各种技术层面、社会层面以及伦理道德层面的问题，其安全性目前还无法估计，且一旦被编辑的基因进入人类基因库，该影响不可逆。2015年12月在华盛顿召开的人类基因编辑国际峰会认为，当前应禁止用于人类生殖的相关细胞系（包括精子、卵子和早期胚胎）的基因修饰和编辑，但是，鼓励开展基因编辑技术的基础研究以及在体细胞层面上的临床应用。

4. 最后选择原则 在没有完全解释人类基因组的运转机制、充分了解基因调控机制和疾病的分子机制之前进行基因治疗是相当危险的。在基因治疗中必须遵循最后选择原则，即当某种疾病在尝试了所有疗法都无效或微效时，才考虑使用基因治疗。

《赫尔辛基宣言》（2013）规定："在个体患者的治疗过程中，若尚没有被证明有效的干预措施，或其他已知干预措施已经无效，医生在征得专家意见后，并得到患者或法定代理人的知情同意后，如果根据自己的判断，该干预措施有望挽救生命、使患者重获健康或减少痛苦，那么医生可以采用未被证实的干预措施。"美国国家科学院与美国国家医学院成立的人类基因编辑委员会发布的《人类基因组编辑：科学、伦理和监管》（2017）表示，在严格的监管和风险评估下，基因编辑技术可用于对人类卵子、精子或胚胎的编辑，但仅限于父母双方均患有严重遗传病、想要健康的孩子而别无选择时。

第二节 干细胞技术伦理

人体干细胞自我更新和产生新组织的潜能几乎是无穷的，这些特性使得干细胞成为实验室和医学应用上的重要工具。在临床上可以将新的干细胞引入受损组织，促进因创伤、疾病、老化而受损的人体组织再生，从而修复或替换受损组织，以达到治疗疾病的目的。当前，干细胞研究方兴未艾，新的研究成果不断涌现。我们在为干细胞技术的发展欢欣鼓舞的同时，也要慎重开展研究，关注和正确看待其中的伦理问题。

一、干细胞的概念与分类

（一）干细胞的概念

干细胞是一类具有自我复制、自我更新和多向分化潜能的起源细胞，作为一种尚未充分分化、尚不成熟的细胞，能够在一定条件下分化为多种功能细胞、生成人体各种组织器官，故而又被称为"万能细胞"。

干细胞是进行细胞多能性维持机制研究、体细胞重编程机制研究和疾病发病机制研究等基础研究的重要研究对象。干细胞作为遗传病治疗药物筛选、体外器官构建的"种子"细胞，在疾病治疗和再生医学治疗中具有重要价值。干细胞疗法可用于癌症、糖尿病、神经系统疾病、自身免疫性疾病、心血管疾病、血液病等多种人类疾病治疗，显示出广泛的临床应用前景。

（二）干细胞的分类

1. 根据干细胞的来源分类 根据干细胞的来源，干细胞可以分为胚胎干细胞（embryonic stem cell）、成体干细胞（adult stem cell）和诱导多能干细胞（induced pluripotent stem cell）。

胚胎干细胞源自生物体发育的最初阶段。当精子与卵子融合后，形成受精卵并开始分裂，此时，每一个细胞都具有发育成成体所有细胞类型的潜能，这就是多能性的本质。

胚胎一旦发育成为成熟的个体后，大部分细胞都会分化并定向发展，但仍有部分细胞保持了增殖和形成其他类型细胞的能力，这就是成体干细胞。这些干细胞存在于某些组织特异性的干细胞微环境中，等待着生物体发出替换或修复组织的指令。从目前的研究成果来看，成体干细胞主要包括造血干细胞、神经干细胞、间充质干细胞等。

通过采用导入外源基因的方法使体细胞去分化为多能干细胞，对于这类干细胞我们称之为诱导多能干细胞。1962 年，英国发育生物学家约翰 · 格登（John Gurdon）发现干细胞最终分化为终端分化细胞这一过程是可逆转的，即成熟细胞可被重编程变为多能干细胞。2006 年日本京都大学教授山中伸弥（Shinya Yamanaka）利用病毒载体将四个转录因子的组合转入分化的体细胞中，使其重新编程而回到灵活的多能性状态，即将成熟细胞重编程为多能干细胞。2012 年 10 月 8 日，约翰·格登与山中伸弥因在细胞核重新编程研究领域的杰出贡献而获得诺贝尔生理学或医学奖。

2. 根据干细胞的发育潜能分类 根据干细胞的发育潜能可以将干细胞分为三类：全能干细胞（totipotent stem cell）、多能干细胞（pluripotent stem cell）和专能干细胞（unipotent stem cell）。

全能干细胞是指具有无限分化潜能，能分化成所有组织和器官的干细胞，胚胎干细胞就属于这一种；多能干细胞具有分化出多种细胞组织的潜能，但失去了发育成完整个体的能力，发育潜能受到一定的限制，骨髓多能造血干细胞是典型的例子，它可分化出至少 12 种血细胞，但不能分化出造血系统以外的其他细胞；专能干细胞是由多能干细胞进一步分化而成的，专能干细胞只能向一种类型或密切相关的两种类型的细胞分化。

二、胚胎干细胞研究与应用中的伦理问题

胚胎干细胞是干细胞中的一种，是最常见的干细胞，胚胎干细胞研究是干细胞研究的主要方面，其中隐含的伦理问题也最为复杂、尖锐和突出。所以，我们这里专门探讨胚胎干细胞研究中的伦理问题。

（一）胚胎干细胞的研究意义和应用前景

1. 胚胎干细胞的研究意义 胚胎干细胞系已经成为基因功能研究的有效工具，借此利用现代分子生物学技术可破译人体重要基因的功能。胚胎干细胞为寻找发育调控的决定因素、阐明遗传机制提供了一个极好的模型，这可能从根本上揭示人类发育过程的奥秘。

2. 胚胎干细胞的应用前景 胚胎干细胞的定向诱导分化将成为细胞替代疗法和组织器官移植的最佳来源，许多疑难疾病如帕金森病、阿尔茨海默病、糖尿病等都可能因其而得到根治。2017 年，我国研究人员将 400 万个人类胚胎干细胞衍生的未成熟神经元（神经前体细胞）注入帕金森病患者的大脑，标志着国内外使用人类胚胎干细胞治疗帕金森病临床试验的开始，这也是干细胞应用领域的又一次突破性进展。此外，胚胎干细胞系还可作为评价药物及化学产品的效能及毒性的检测系统，降低开发成本，这在制药和化学工业上具有重要的商业前景。

（二）对人类胚胎进行研究和利用的“14 天原则”

“对人类胚胎进行研究和利用能否得到伦理辩护”是人类胚胎干细胞研究中面临的首要伦理问题。1979 年，美国卫生、教育及福利部伦理咨询委员会首次提出“14 天原则”。2000 年底，英国通过立法，采纳人类受精及胚胎研究调查委员会——沃诺克委员会的建议，允许对早期胚胎进行研究，但以 14 天为界限。我国科技部和卫生部联合发布的《人胚胎干细胞研究伦理指导原则》（2003）第六条规定：“利用体外受精、体细胞核移植、单性复制技术或遗传修饰获得的囊胚，其体外培养期限自受精或核移植开始不得超过 14 天。”

目前，科学家们普遍接受“对 14 天以内的人类胚胎可以用于实验研究”的观点。14 天以内的人类胚胎还只是一个球状的胚泡，尚属于一般的生物细胞，它没有神经系统和大脑，目前认为它既无知觉也无感觉，还称不上道德意义上的人。以 14 天为限对人类胚胎干细胞进行研究，包括胚胎分离和培养干细胞，并不意味着对胚胎的不道德和不尊重。

（三）对不同来源胚胎干细胞的研究各自面临的伦理问题

目前，人类胚胎干细胞的来源主要有五种途径，每种来源途径中都存在其独特的伦理问题。

1. 从选择性流产的人类胚胎组织中获取胚胎干细胞 从自愿捐献的人工流产胚胎组织中分离和培养胚胎生殖细胞，以建立人类胚胎干细胞系，用于胚胎干细胞研究或临床治疗，在伦理上是

可以接受的。这是因为流产已经发生，不存在摧毁活体胚胎的问题。在这个过程中，有三个关键性问题：①严格掌握人工流产的标准、条件和指征；②防止研究者为获得干细胞材料去伤害妇女和胎儿；③在捐献过程中全面贯彻和落实知情同意原则。

受精卵、胚胎、胎儿是人的初始形态，具有发育成人的潜在可能性。因此，人工流产只有在特殊情况和严格条件下才被允许。例如，胎儿的发育危及母体的生命，胎儿患有严重的遗传病或者有严重的发育缺陷。获取胚胎干细胞的合理性应该基于妇女选择性人工流产的合理性。

妇女决定捐献流产胎儿组织与终止妊娠应该是毫无联系的分开的过程，妇女决定终止妊娠应先于捐献。禁止任何形式的胚胎买卖，研究者要确保妇女不是出于金钱、治疗他人、干细胞研究需要等外在因素而终止妊娠。

在这一过程中，还应确保捐献者的自由与知情同意。研究者不可以提供经济补偿给妇女，禁止任何出于研究目的对流产时间和过程进行人为限制和干预。流产的知情同意与流产胚胎处理的知情同意应由两个不同部门的工作人员分别实行。

2. 从不孕症治疗后剩余的胚胎组织中获取胚胎干细胞　由于体外受精成功率低，在体外受精过程中需要用激素刺激妻子排出更多的卵，与丈夫的精子在体外受精形成多个胚胎。除植入子宫的胚胎外，其余胚胎会冷冻起来以备失败时使用。如果体外受精成功，这些冷冻胚胎则成为多余，面临被抛弃、处理和破坏的命运。

由体外受精引起大量剩余胚胎，这本身就是一个道德缺憾，因此我们不认为剩余胚胎是完全合乎道德的干细胞来源。但是，在体外受精 - 胚胎移植技术不完美而又被采用的现实中，我们可以让已经注定要被毁灭的胚胎发挥它们另外的价值。也就是说，我们接受一个中间观点：此干细胞来源是患有不育不孕症的夫妇治疗完不孕症后不再需要的胚胎，他们决定不再储存胚胎且不希望捐献给别的不孕症夫妇，仅有的选择是放弃或销毁。

此外，在此获取途径中应做到：不许有预先设计地获得胚胎；不得在治疗不孕症时有目的地增加植入胚胎的数量和增加配子；不能买卖胚胎及胎儿组织；应以最少量的胚胎用于最重要的研究；必须严格贯彻知情同意原则。

在知情同意中，向潜在捐献者告知的内容包括：①研究者对捐献者不提供利益；②拒绝和同意胚胎捐献都不影响将来的治疗和护理；③目前正在进行的人类胚胎干细胞研究领域的一般情况；④有关胚胎研究的资金来源和商业利益；⑤确保捐献胚胎将不会植入妇女子宫；研究过程包括研究结束后将销毁此胚胎。

3. 用志愿者捐献的配子制造胚胎，从而获取胚胎干细胞　使用捐献的精子和捐献的卵子，在实验室通过体外受精方法制造胚胎，并从中获取胚胎干细胞。在《人胚胎干细胞研究伦理指导原则》（2003）中容许以这种方式获得用于研究的人胚胎干细胞。但我们认为，与辅助生殖的剩余胚胎相比较，这种方法面临更多的伦理问题，需要更加谨慎。

首先，为了研究目的创造胚胎与为了生殖目的产生胚胎是两个性质不同的事情。在辅助生殖技术中，产生胚胎的目的是孕育新生命，帮助不孕不育夫妇生育一个孩子，而为了研究目的创造的胚胎则有把胚胎仅仅当作实现其他目的之手段的嫌疑。

其次，在现实研究中缺乏创造胚胎的必要性。在当前流产胎儿及即将废弃的胚胎这两种干细胞来源尚比较丰富的情况下，没有必要专门为研究而募捐配子以产生胚胎。

4. 应用嵌合体胚胎产生人类胚胎干细胞　把人的体细胞植入动物的卵泡中产生嵌合体，可以解决人类卵子有限和获取困难的问题。事实上，尽管嵌合体胚胎的形成主要以人的体细胞核染色体为指导，但动物卵泡内的线粒体 DNA 对嵌合体胚胎的形成也有一定的作用。

由动物卵代替人卵产生的嵌合体胚胎引发的伦理新问题是，这个嵌合体胚胎的性质是什么？嵌合体胚胎是完完全全的人的胚胎吗？嵌合体胚胎产生的是人胚胎的干细胞吗？如果不是人胚胎的干细胞，用于人身上安全吗？

中国医学科学院、北京协和医学院生命伦理学研究中心发布的《人类胚胎干细胞研究的伦理原则和管理建议》(2002)提出，对人的体细胞核与动物线粒体 DNA 的嵌合体的研究应加以严密监督，禁止将这种嵌合体干细胞用于人体。我国科技部和卫生部联合印发的《人胚胎干细胞研究伦理指导原则》(2003)第六条规定:“不得将人的生殖细胞与其他物种的生殖细胞结合。”

5. 应用体细胞核移植技术产生人类胚胎干细胞 将人的体细胞核植入去核的成熟卵母细胞中，在体外发育分化得到胚囊，从中分离人类胚胎干细胞，这样可为临床器官移植和细胞治疗提供具有自身遗传背景的供体。

这种途径利用了细胞质的重组编程功能，经诱导分化可产生任何类型的细胞，是基因诊断、基因治疗和器官移植的重要手段。而且，用体细胞核移植技术产生干细胞可以提供个性化干细胞，这在遗传上与患者基本相似，用于临床治疗可避免排斥反应。

在这一途径中，应注意的伦理问题有：①确保人卵细胞来源的正当性。卵母细胞必须是辅助生殖多余的，并由不孕不育夫妇自愿提供。②恪守人类胚胎研究的“14 天原则”。③禁止将通过体细胞核移植技术产生的胚胎植入子宫发育，即禁止生殖性克隆。

(四)胚胎干细胞研究与应用的伦理原则

人类胚胎干细胞的研究对于有效地治疗人类多种疾病，维护和促进人类健康具有巨大的潜在价值。在人类胚胎干细胞研究与应用中，应遵循如下伦理学原则。

1. 尊重原则 人类胚胎是人类的生物学生命，具有一定的价值，应该得到人的尊重，没有充分理由不能随意操纵和损毁人类胚胎。《人胚胎干细胞研究伦理指导原则》(2003)规定:“用于研究的人胚胎干细胞只能通过下列方式获得:(一)体外受精时多余的配子或囊胚;(二)自然或自愿选择流产的胎儿细胞;(三)体细胞核移植技术所获得的囊胚和单性分裂囊胚;(四)自愿捐献的生殖细胞。”“进行人胚胎干细胞研究，必须遵守以下行为规范:(一)利用体外受精、体细胞核移植、单性复制技术或遗传修饰获得的囊胚，其体外培养期限自受精或核移植开始不得超过 14 天。(二)不得将前款中获得的已用于研究的人囊胚植入人或任何其他动物的生殖系统。(三)不得将人的生殖细胞与其他物种的生殖细胞结合。”

2. 知情同意原则 干细胞临床研究人员必须用通俗、清晰、准确的语言告知供者和受试者所参与的干细胞临床研究的目的、意义和内容，预期受益和潜在的风险，并在自愿原则下签署知情同意书。

需要特别注意的是，由于患者的主治医师与患者间存在依赖关系，原则上应由具备资格且独立于这种医患关系之外的研究者获取知情同意，避免依赖关系影响知情同意的自愿性。若研究者为主治医师可采取以下措施以避免“治疗性诱导研究”：坦诚告知受试者他们的双重身份，既作为主治医师又是研究者；告知临床研究不同于常规临床疾病治疗；再三强调受试者参与研究的自愿性质，有权拒绝或无任何条件随时退出的权利，且不影响他们应享有的医疗或其他权益；必要时可邀请一位中立的第三方在场作为过程见证人。

3. 安全和有效原则 必须设法避免给患者带来伤害，在使用人类胚胎干细胞治疗疾病前必须先进行动物模型实验，在证明对动物安全和有效后方可进行临床试验。为保证安全和有效，从事人胚胎干细胞的研究单位应成立包括生物学、医学、法律或社会学等有关方面的研究和管理人员组成的伦理委员会，对人胚胎干细胞研究的伦理学及科学性进行综合审查、咨询与监督。2021 年 3 月中国细胞生物学会标准工作委员会发布了六项干细胞领域团体标准，对于规范干细胞临床研究和应用，避免对患者造成伤害起到重要作用。

国家卫生计生委和国家食品药品监管总局联合发布的《干细胞临床研究管理办法(试行)》(2015)第十六条规定:“干细胞临床研究必须具备充分的科学依据，且预防或治疗疾病的效果优于现有的手段；或用于尚无有效干预措施的疾病，用于威胁生命和严重影响生存质量的疾病，以及重大医疗卫生需求。”

4. 防止商品化原则 应提倡捐赠进行人类胚胎干细胞研究所需要的组织和细胞，禁止一切形式的生产、制造、销售、买卖配子、胚胎和胎儿组织的行为。《人胚胎干细胞研究伦理指导原则》第七条规定：“禁止买卖人类配子、受精卵、胚胎或胎儿组织。”自2021年1月1日起施行的《民法典》第一千零七条规定：“禁止以任何形式买卖人体细胞、人体组织、人体器官、遗体。”

第三节 人体增强技术伦理

随着生物医学技术的日益发展，人们对医学已不再满足于仅仅是为了治疗或恢复人类的正常功能的医疗目标，而是希望能够运用医学科学技术的直接介入来增加或加强人类各方面的功能或能力。中共中央办公厅、国务院办公厅印发的《关于加强科技伦理治理的意见》（2022）提出“伦理先行”的科技伦理治理原则，以促进科技活动与科技伦理协调发展、良性互动，实现负责任的创新。本节讨论人体增强技术的伦理问题及其治理。

一、人体增强技术概述

（一）人体增强技术的定义

人体增强技术是指能够提高或者增强人体认知、生理、感觉或者心理的能力，或者赋予人类一些超出基本能力之外的特殊能力的技术。

更广义的一种观点认为，人体增强包括任何能够提高我们身体素质、充实我们思想和提升我们能力的活动方式。因此，阅读书籍、进行体育锻炼都可以称为人体的增强。我们不否认人体增强是一个广泛、复杂的社会实践活动，但我们这里讨论的人体增强技术专指那些借助现代生物医药和人工智能技术，迅速起作用的增强技术。就是通过基因工程、神经科学、生物学、医学、药物学等领域相关知识和技术的应用从而达到增加额外特殊能力或改善人们的正常功能的目的。例如，同以往通过大量的“实战训练”以培养稳定的心理素质不同，现在美国的大中学生们已经尝试服用哌甲酯缓释片（俗称“利他林”）提升考试时的专注力；与通过补充营养、加强锻炼以增长身高的传统方式不同，现在人们可以通过注射生长激素（growth hormone）不费力地长得更高或使肌肉力量更强。

增强应包括增加与加强两个方面，增加就是增加人类自身本没有的功能或能力；而加强是指在原有的基本功能或能力的基础上使其超出正常范围。二者均涉及人们的外貌、体型、认知、行为、寿命以及人格的改变等方面。

（二）人体增强技术的类型

按照技术手段分类：药物增强技术（如服用哌甲酯缓释片提升考试时的专注力）、物理增强技术（如经颅磁刺激技术）、基因增强技术、信息增强技术（如置入芯片）、复合增强技术等。

按照增强的功能分类：生理增强技术（如扩大肌肉组织、增强耐力、减缓衰老等）、心理增强技术（如情感增强技术）、神经增强技术（如认知增强技术）等。

按照增强技术发挥效应的时间长短分为短暂性的增强和持续性的增强。例如，服用药物一般是短暂性增强，基因增强是持续性增强。

（三）人体增强技术发展概况

按照发展与完善的不同程度，人体增强技术可以分为两类，一类是较为成熟的现存的增强技术，另一类是正在发展中的新兴增强技术。

1. 现存的增强技术 当代科技发展之下，已知的具有可操控性的增强技术主要就是药物增强。为人所熟知的认知增强、控制情绪以及提高身体机能等都是通过服用药物来实现的。

第一，在增强人类认知能力方面。服用哌甲酯缓释片可以集中注意力，增强记忆力。莫达非尼（modafinil）能使服用者保持清醒状态和较高警觉性，只要服用一片，就能保持长时间连续工作而不会感觉到疲乏，甚至可以保持比平时工作中更高效率的状态。

第二，在改善人类的情绪方面。人们通过服用盐酸氟西汀胶囊来亢奋精神，控制情态，改善情绪。

第三，在提高人体功能方面。利用生长激素促进身体的发育；利用西地那非增强男性的性功能；利用红细胞生成素（erythropoietin，EPO）提高运动性能等。

还有人把目前广为人知的医疗美容整形术视为一种增强技术。因为医疗美容整形与普通医疗在根本上是不同的。普通医疗的目的是恢复原有功能，而医疗美容整形是按照消费者自身的诉求来对自身（不论缺陷与否）体貌特征进行的重塑或改造。美容整形增强包括五官重塑整形、生殖整形、皮肤护理及整形、断骨增高、形体雕刻等。

2. 新兴增强技术 有基因增强技术、物理增强技术、信息增强技术等。

基因增强技术是按照人们的主观意愿，在碱基分子的水平上对不同生物体的遗传物质进行合成或将其提取出来，并在体外切割和拼接，将基因重组形成新的重组 DNA 然后注射到受体细胞内，通过细胞的复制和表达以满足人类需求而形成一个新的增强型生物性状，并具有稳定的遗传性。人类心中都有希望自己或后代更健康、更完美的美好愿望，通过体细胞基因增强技术可能赋予人自身更强的疾病抵抗力、更高的智慧、更强的体魄甚至更长的寿命，通过生殖细胞基因增强技术则能赋予后代人更强的疾病抵抗力、更高的智慧、更强的体魄甚至更长的寿命。

物理增强技术包括用电子设备直接刺激神经组织的经颅直流电刺激、经颅磁刺激和脑深部电刺激。例如，经颅磁刺激（transcranial magnetic stimulation，TMS）就是利用快速实时交变的磁场来产生感应电场，引发脑部的特定区域兴奋。研究显示，经颅磁刺激可以提高受试者的学习效率、减少疲劳和提高警觉性。

信息增强技术包括脑机接口（brain-computer interface）技术和电子芯片植入技术。脑机接口技术就是人的大脑与外接设备相连接并可以相互交换信息的高新技术。脑机接口不仅可以帮助肢体残缺的人实现对外界某些辅助设备的控制，它还可以协助正常人完成头绪繁多、复杂多变的工作任务，从而提高工作能力和工作效率。通过电子芯片植入技术可以在大脑中植入高科技芯片来提高大脑功能，具有强大的存储、记忆、分析、对比和学习能力。

二、人体增强技术的伦理争论

（一）增强与治疗之间有没有绝对的标准？

目前主流的观点认为，基于医学和伦理学的理由，我们应该划出一条线，把任何形式的人体增强技术都排除在外，我们不应该僭越这条将治疗和增强区分开来的界限。

但有人对上述观点质疑。首先，在治疗与增强之前还存在预防。例如，用基因干预方法增强高危人群的免疫力，以达到预防疾病的目的。无疑，这种以预防为目的的增强技术是能够被大多数人所接受的。其次，由于“疾病”并不存在客观的标准，人们对“疾病”存在认识上的分歧，其中负载了主观的价值判断，所以增强与治疗之间并没有截然的界限。例如，在身材普遍高大的地区，如果有一个小男孩，他的父母非常矮小，这使得他成年后的身高据预测也超不过 160 厘米。这时，给这个小男孩补充生长激素是治疗还是增强？如果从社会文化的角度来看，他未来的身高可能使他在未来的社会生活中处于劣势，给他补充生长激素可以被看成是治疗行为，但是如果从生物功能的角度来说，他的矮小是由内在的生物学基因型造成的，给他补充生长激素无疑又成为一种增强行为。

（二）医学目的与非医学目的有没有明确的界限？

目前一种普遍的观点认为，人体增强技术按照研发和应用的目的不同，可以分为医学目的和非医学目的两种。

医学目的是指以预防和治疗疾病为目的。在预防疾病方面，如用基因干预方法增强艾滋病高危人群的免疫力，以达到预防艾滋病感染、流行的目的。在这种情况下，基因增强技术虽然干预的对象不是患者而是正常人，但却是为了预防严重威胁人类生命健康的疾病发生。在减轻和治愈疾病方面，如可以利用体细胞基因增强技术来治疗某些肌肉萎缩症。以上这些干预是医学性的，同时又是增强性的。此类医学目的增强技术多数可以得到伦理辩护。

非医学目的是以增强人类的某种“性状”或“能力”为技术追求的目标，如利用基因增强技术增加身高、提高奔跑和跳跃的速度、提升认知能力甚至改变人的肤色和发色等。非医学目的的增强技术很难得到伦理辩护，也很难得到支持。

但有人对上述观点质疑，他们认为医学的目的不限于治疗与预防，促进人类健康和幸福也是医学的目的。通过医疗美容整形术等延缓衰老或者改善体态或外貌，从而获得自我认同与满足感是一种新的医学需要。一旦基因增强技术发展成熟，有足够的安全性，希望通过体细胞增强技术使自身更加聪明、美丽和强壮的美好愿望不应该被禁止。

（三）人体增强技术是否有违或者背离“人性”？

生物保守主义坚定地认为，增强技术违背“人性”。首先，人体增强技术可能导致生命本质的“去人性化”，即增强技术可能损害人类尊严和人类固有的本质。日裔美籍学者弗朗西斯·福山（Francis Fukuyama）认为：“每个人都有基因的禀赋，使他或她成为一个完整的人；这一天赋使他从本质上区别于其他生物。我们试图保存全部复杂性的、进化而来的禀赋，避免自我修改。我们不希望阻断人性的统一性或连续性，以及影响基于其上的人的权利。”美国政治哲学家迈克尔·J. 桑德尔（Michael J. Sandel）也表达了同样的忧虑，他认为：“人类的缺陷是人生命本质的固有构成，是人类展现自身的必要构成——需求、挫折、缺失、悲剧，这些不完美促进了一系列的技能和美德。例如，同情心、毅力、勇气、幽默和感激之情。反过来，不完美也具有自身的价值——它们本身的真实性和意义。而人体增强技术却不断侵蚀和破坏这种不完美和真实，从而造成人性的危机。”“更深层的危险在于展现出一种过度作用——一种普罗米修斯改造自然的渴望，包括改造人性，以符合我们的需要和满足我们的渴望。而征服的欲望将遗漏甚至破坏我们对人类的能力和天赋的特质怀有的感激之情。”其次，人体增强技术会破坏人的自由。美国密歇根州立大学神经伦理学教授劳拉·卡布瑞拉（Laura Cabrera）认为：“尽管自由是一个复杂且具有争议性的概念，但公认原则是免于外在影响干预，个体可以控制其生命的各个方面且能够决定自身的选择。因此，从此观点看，增强是人类的异化和工具化，此情景导致人类无法真正控制自身生活、自我决策、承担责任以及决定我们想成为的人。”

上述生物保守主义的观点遭到了超人类主义者的强烈反对。首先，超人类主义者主张生命可以超越天赋，可以通过技术来改造与增强。这是因为生命是一种未完成的进程，即一种有待完善与进化的过程，人类需要通过克服衰老、认知局限、非自愿的痛苦等来扩大人的潜在可能性，因而赞成个体在生活方面拥有更广泛的选择。主要包括使用技术增强记忆、注意力和精神能量、生命延长治疗、生育技术选择、人体冷冻以及许多其他可能的增强技术。其次，人体增强技术基于良好的科学知识和个人知情同意，其目的在于改善自身，对个体和社会都是善的。基因增强干预与通过教育、社交提升儿童的技能、道德品质并无不同。我们有充分的道德理由避免生育具有严重残疾的孩子，以减少世界上不必要的痛苦。我们不应该止步于此，而应当采取进一步的行动以增加幸福或福利：人类的繁荣幸福永远是基因与环境相互作用的结果，我们调控基因与调控环境都是为了增进后代的福祉。再次，使用人体增强技术是个人的自由权利。一方面，人体增强技术是实现自身价值和自由的有效手段，另一方面，人们有权去改变他们的身体（形态自由）、基因（基因自由）、智力（意识自由）、心理功能（心理自由），这些权利是基本的安全和生命权利的延伸。

（四）“社会公正”是不是反对人体增强技术的依据？

有人认为人体增强技术违反社会公正原则。依据是：①人体增强技术迎合的只是一小部分人的奢侈需求，把有限的医疗资源用于研发非医学目的的增强技术，不仅有违公平原则，而且不利于社会的稳定与和谐发展。②人体增强技术目前属于技术奢侈品，其高昂的费用并不是人人都能享用得起的，只有少数有钱或有特权的人才有条件享用这一技术，并因此使自己或其后代变得更强壮、更高大、更聪明、更长寿，这将会加剧原有的社会不平等，使弱势群体处于更加不利的地位。

当然，也有人反对上述论证，认为人体增强技术并不必然导致社会不公正。依据是：①资源稀缺是人类社会一直以来需要面对的一个基本事实，部分增强技术的动机也是源于为了掌握更强的能力来取得更多的资源。但是我们不该为了追求绝对平等而一概排斥增强技术。毫无疑问，我们应该使处在最不利一端的人的情况得到改善，但也不应该忽视另一端人的需要，这部分人的需要具有独特性，这种独特性的需要并不必然与其他人发生冲突。②人体增强技术并非社会不公的始作俑者，即便这种技术并不存在，人类由自然因素和社会因素所导致的差异也会使得人们不可能完全平等地享受社会所提供的机会。况且，人体增强技术既可以用来提升优势者的功能从而加剧社会不公，也可以用来提升劣势者的功能从而在一定程度上缩小他们与优势者之间的差距。也就是说，这种技术本身与社会不公并没有必然联系，关键问题在于我们是否有一套合理的分配制度保证人们可以公正地使用这种技术来提升自身能力。

（五）对胚胎的基因增强是否违背了子女的自主选择权？

胚胎植入前的基因修饰技术可以实现对子女性状的增强和定制，即通常所说的“设计婴儿”。

目前主流的观点是反对针对后代的基因增强。其依据是，每个人都必须拥有自由决定自己事务的权利和自由选择自己生活方式的权利；不允许作为其他人预先制订的生活计划或生活理想的化身而出生到这个世界上来。即使这样做是出于对后代的“爱”，但对于后代来说，这种做法意味着一种根本性的外在决定，一种粗暴的强制性干涉。例如，父母期望儿子高大伟岸，于是就一厢情愿地为后代增强生长基因，可长大后的儿子却不愿意，因为他的愿望是想当遨游太空的宇航员，但这个愿望却被父母以“爱”的名义先天剥夺了。

然而，也有人并不反对针对后代的基因增强。依据是：①现实中的真实情况是我们总是在用许许多多的方法和手段为我们的子女做着各式各样的决定，在每个历史时期，家长都会基于自己的目的和意愿为后代的成长与发展进行规划，为子女后代的生活与发展提供他们认为的尽可能好的环境与条件。②父母对子女生命和生活的引导与安排一直以来都是存在的，是否把孩子生到这个世界上来是父母的决定，而非与孩子商榷后的共同决定。对子女进行什么样的教育，往往也是父母单方面的安排。③在基因技术使用的步骤中，如优化了胎儿的运动功能，这并不能够完全决定胎儿以后的成长道路，他仍然有自主选择权，他可以选择利用他的运动天赋成为一个出色的运动员，也可以拒绝利用他的运动天赋而成为一个普通人。

（六）人体增强技术增强了什么又削弱了什么？

当代新兴人体增强技术对“人”的全面“入侵”与“改变”，也引发了对此类技术安全性问题的担忧。例如，哌甲酯缓释片、莫达非尼等药物增强制品，虽然可改善人的注意力与记忆力，属于常见的认知增强，但后续研究却显示，此类认知增强药物却有可能让被增强者产生“成瘾”的风险。又如，经颅磁刺激技术，它可快速增强人的认知能力，但研究发现被增强者一旦使用该技术后，更容易癫痫发作。更可怕的是，经颅磁刺激技术对大脑神经的刺激，极有可能对认知之外的如情绪情感等非认知能力带来不可预测的损伤，出现难以预料的人体安全问题。

当代人类是自然界数亿年进化和适应的结果，我们为了增加身高、肌肉发达、智能高、美容等而去改变数亿年进化形成的基因组，可能引起许多消极后果。基因增强技术对生物体的改变，是从生物构成的基本单位上所作的改变。这种改变的后果是颠覆性的，这种改变的安全性和确定性还无从知晓。生殖细胞基因增强技术的未知和不确定因素更多，很可能会对后代造成伤害，而且造成的这种伤害会一代又一代地遗传下去且不可逆转。

三、人体增强技术的伦理原则

对于当代新兴人体增强技术的态度，大体上可以分为“增强派”与“反增强派”两种。前者对人体增强技术持乐观主义态度，认为可以作为一种必要的手段来解决人自身各方面的局限性；后者重视人体增强技术引发伦理的负面结果的评估，对人体增强技术产生“技术恐惧”。

我们既反对盲目乐观主义，也反对过度的悲观主义。而是主张针对其所导致的伦理风险进行积极反思，从而寻求治理之策。首先，在新兴技术不确定性状态下，应加强人体增强技术研发主体的“负责任创新”意识的培养。人体增强技术研发主体应本着对人类主体负责任的态度进行技术研发，应具备对人体增强技术伦理风险进行一定预期的能力。其次，制定切实可行的伦理规范，从社会控制层面展开伦理评估，对于不同类型的人体增强技术，应进行“差异性发展”，采取“无限制发展”与“完全禁止发展”的态度都是不可取的。对于完全“背离”人的人体增强技术必须禁止研发；对于“双刃剑”特质明显的人体增强技术必须加强伦理评估、进行技术“分级”并限制研发；对于经评估后完全有利于人类的人体增强技术则应允许进行自由研发。具体而言，在人体增强技术应用中要遵循如下伦理原则。

1. 尊重自主原则 人体增强技术的目的是辅助而非宰制人类，技术的应用应遵循对象的自主决定，在辅助人类的同时不限制人的自由意志，在各种应用情景中高度重视使用人体增强技术的限度，以技术的自我约束保障人类的自由自主。

中国道家“以辅万物之自然而不敢为”的思想，可以同时为人体增强技术提供辩护、引导与约束。人体增强技术可以以“辅”的方式发挥作用，辅助人类的发展与自我实现，这是对人体增强技术的辩护，技术是否按照“辅”的方式应用，也是区分人体增强技术可接受性的界限。同时，为实现技术预期的福祉，并避免应用中的伦理风险，道家哲学以“不敢为”约束人体增强技术，为之确立应用原则。

2. 不伤害原则 是使身体组织或思想情感等免于受到损害的原则。也就是说，无论什么时候、无论任何人、无论有任何理由，都不能利用生命医学技术给任何人的身体、精神或者其他方面造成伤害。在生命科技活动中，不伤害原则是最起码的道德要求，也是伦理规范的底线。

人类生命创生、能力增长的核心力量根植于人类自身，是自然而然、自生自化的过程。目前人类对自身的了解还远远不够，在对生命历程缺乏足够理解的情况下，贸然以人体增强技术辅助人类生命的自生自化，可能会得不偿失，给个体生命带来巨大伤害。

3. 知情同意原则 人体增强技术的风险及其带来的后果最终是由当事人自己承担，因此应该让当事人了解人体增强技术的风险与后果，应该基于当事人自愿的原则，在预见可能发生的损害的情况下自主选择。

当前人体增强技术仍处于起步阶段，多数技术都是试验性的，技术的不确定性及预后的不可预测性存在对受试者潜在伤害的可能性，必须坚持知情同意原则，要向受试者告知所有相关的信息，帮助受试者正确理解信息，让受试者认识到将采用的人体增强技术对他本人有何益处，同时亦可能导致哪些伤害和风险，让受试者自主地决定，自愿地接受。

4. 风险预防原则 是一种应对不确定风险问题的指导原则，是风险规制的基本守则，是希望通过周全的考量来尽量避免任何会对公众以及社会造成威胁的行为发生。其目标就是不要冒险去做任何具有潜在的较大风险的事情，尽量避免不必要的风险与伤害。首先，应该尽量在人体增强技术研发早期就进行综合考量，做到防患于未然，如果发现有重大的潜在风险，就应该立即禁止，把不良诱因扼杀在萌芽之中，不应存有侥幸心理，不应以全人类的幸福为赌注；其次，还需要根据某项人体增强技术长远的影响和意义来考虑其实施的有效性和适当性；最后，风险预防原则的运用并不是一劳永逸的，需要进行后续的定期审查，适时地根据新的研究进展重新评估其适宜性与有效性。

【复习思考题】

1. 如何认识人类胚胎的道德地位？人类胚胎能否成为科学研究的材料？
2. 如何评价“所有的疾病都是基因病”这一论断？
3. 你认为基因有“好”与“坏”之分吗？为什么？
4. 如何评价“人体增强技术”？

（杨同卫）

第十三章　智能医学伦理

【导入案例 13-1】这样的诊疗错在哪里？

王明出现了打喷嚏和流鼻涕的症状，便自己吃了复方氨酚烷胺片（俗称“感康”）。第二天，王明突然发现全身出现了很多皮疹，连忙登录省第一人民医院的互联网医疗平台，挂号后向皮肤科的主治医生张强问诊。张强医生简单询问了病史和皮肤损害的形状与症状，给王明发了一张皮疹的图片，让王明确认是否是这样的皮疹。王明看了看，觉得挺像，就告知张强“是”。于是，张强便告诉王明其皮损是口服感康引起的“药疹”，只要停药就没事了。但是，停药两周后，王明的“药疹”非但没好，反而越来越厉害，还伴发了全身无力等症状。王明到省第二人民医院线下就诊，被诊断为“系统性红斑狼疮”。

讨论与思考：这个案例中存在哪些伦理问题？互联网诊疗中应遵循哪些伦理规范？

随着人工智能、大数据、互联网和云计算等信息技术的发展和其在医疗领域的应用，医疗也开启了智能时代。然而，作为崭新的医疗方式，人工智能医疗、医疗大数据和互联网医疗补充和发展了传统的医疗，但也带来了诸多医事、药事和道德风险，引发了诸多伦理挑战。因此，只有健全相关的法律法规、制度体系和伦理体系，才能既维护人民的健康和安全，又保障智能医疗的健康发展。

第一节　人工智能医疗伦理

人类于 21 世纪正式进入了人工智能时代，由此，一扇崭新生活方式的大门已然向我们敞开。显而易见，随着人工智能越来越广泛和深入地介入医疗，人类干预生命的能力必将得到显著提升，因此，人工智能在医疗领域的应用必将推动医疗事业的发展，造福人类。但它的应用也为我们带来了重大的伦理挑战，如果处理不好，将贬损人类的尊严，这又反过来将影响人工智能在医疗领域的广泛应用。鉴于此，我们必须为其应用设定必要的伦理原则，这一方面是为了保护患者或大众的正当权益免受侵害；另一方面也是为了保护人工智能，使其可以更加广泛和深入地应用到医疗中去。

一、人工智能概述

“人工智能”（artificial intelligence）是研究、开发用于模拟、延伸和扩展人的智能的理论、方法、技术，以及应用系统的科学，其核心是以数据为核心，借助程序实现对人类智能的延伸。近年来，我国积极推动人工智能的研究和应用，并将它作为国家参与国际竞争的战略性技术。2017 年 7 月，国务院印发了《新一代人工智能发展规划》，提出发展智能医疗、实现智能影像识别、病理分型和智能诊断多学科会诊等。为了合理规制医疗人工智能的设计和应用，2021 年 6 月世界卫生组织正式发布了《世界卫生组织卫生健康领域人工智能伦理与治理指南》（Ethics and Governance of Artificial Intelligence for Health：WHO Guidance），该指南提出了六条指导原则：保护人类自主性，促进人类福祉、安全和公共利益，确保透明化、可解释性和可理解性，培养责任感和建立问责制，确保包容性和公平性，促进人工智能的响应性和可持续性。

当前，人工智能在医疗上主要被应用于辅助诊断、药物研发、医院管理、健康管理、公共卫生事件、慢性病防治等几个方面。具体而言，第一，人工智能可以辅助医生进行疾病诊断，以期增加诊断结果的准确性。例如，人工智能可以帮助导诊、帮助医学影像医生做出影像识别（当前应用较广且表现优异，如肿瘤影像识别）、帮助临床医生做出临床决策等。第二，人工智能可以用于手术。医学手术机器人能独立编制手术操作计划，根据实际情况，在医生的操作下，精准完成手术。如今，医学手术机器人已在神经外科、腹外科、胸外科、骨科、血管外科、泌尿外科、妇产科、头颈外科以及心血管外科等领域得到广泛运用。医学手术机器人结构的灵活性、人机交互技术的高效性以及远程操作技术将成为医学手术机器人未来发展的重点。第三，人工智能可被用于慢性病防治等的健康管理领域。近年来，人工智能在健康监测、慢病管理、情绪调节、合理膳食指导等方面的优势逐渐显露。例如，人工智能可以利用互联网与传感器等获取个人的饮食和健康等的信息，通过评估而提供个性化的健康管理方案，以辅助行为干预和培养良好的生活习惯。人工智能还可以完成慢性病和重大疾病的风险预测、健康风险预报、异常指标预警等健康管理任务。同时，人工智能也被逐渐运用于人们的日常生活护理，如为老年人及瘫痪患者提供喂饭等日常照护。第四，人工智能可以用于药品研发等科研项目中。例如，在药品研发中，借助深度学习和大数据平台，人工智能不仅可以缩短药物研发的周期，还可以降低制药成本。第五，人工智能可被用于公共卫生领域。具体而言，人工智能不仅可以满足公众健康管理的要求，还可以预测公共卫生事件。例如，在我国的新冠疫情防控中，人工智能通过影像识别、自动体温检测、对确诊人员及密切接触人员轨迹追踪、人群流动监测和病毒溯源等技术辅助新冠疫情的防治和新冠疫情的监测和预警。同时，利用这些关键技术，人工智能的应用降低了疫情防控的人力成本、降低了感染风险，也提高了抗疫的效率。

二、人工智能应用中的伦理问题

（一）隐私权益受损的风险

人工智能无论被用于临床诊疗还是公共卫生领域，都会带来隐私泄露的风险。例如，当人工智能应用于临床诊疗时，患者和家属的姓名和手机号码、患者的家庭地址、社保卡号、疾病史（尤其艾滋病、乙肝等容易引起就业歧视或导致购买保险产品受限的疾病）等会被保存在系统中，这显然方便了医生的诊断，但也容易因系统本身、系统相关的技术人员、接触信息的医务人员等原因将这些信息泄露或被不正当使用。又如，当人工智能应用于公共卫生领域，如在疫情防控中，其通过人的影像识别、对确诊人员及密切接触人员轨迹追踪等技术所搜集的海量数据同样面临着泄露或被不正当使用的风险。再如，人工智能通过健康监测、慢病管理等搜集的患者的个体化数据也可能被泄露给别有用心地销售健康产品的商家或保险机构。总之，人工智能在收集、查询、传送、存储、使用个人信息时可能发生的信息泄露或被不正当使用都会给患者或公众带来或大或小的权益受损风险。

（二）损害医疗公平的风险

人工智能在医疗上的应用可能造成医疗资源分配不公的问题。具体而言，一方面，当前所使用的大部分高精尖的人工智能系统和产品的研发和应用都是由资本来推动的，这就造成了这部分人工智能技术的使用费用较高，进而，只服务于少数可以支付的人；另一方面，有些设计人工智能程序的研发人员在人工智能程序中加入了种族、性别、地域等偏见，由此造成的“人工智能歧视”当然也会损害医疗公平。例如，如果在基因研究、药物研究中忽略某个族群的患者，就很可能导致针对这一族群的损害，从而造成医疗不公。需要特别注意的是，在当前人工智能缺乏可解释性的特质下，带有偏见的算法和人工智能系统是不容易被发现的。

（三）缺乏可解释性

所谓人工智能的缺乏可解释性是指人工智能在输入的数据和输出的答案之间存在不为人知的决策过程。显然，当人工智能被应用于关系生命与健康这一人之根本权益的医疗与健康领域时，是需要具备可解释性的。医疗人工智能的可解释性是指医生和患者需要理解医疗决策背后的原因，而不是仅仅满足于接受人工智能直接给出的结果。显然，如果医疗人工智能缺乏可解释性，即医疗人工智能不能解释医学诊断的因果逻辑，也无法提供医学诊断和研究的证据，即无法解释医疗决策的过程，则必然难以获得医生和公众的真正信任，进而，必然会影响人工智能在医疗与健康领域的进一步的应用。与此同时，如果人工智能医疗算法存在隐蔽性的健康风险与歧视等问题，或被故意用于危害健康的活动，则可能导致大范围的健康危机。

（四）对人的主体性产生贬损

在医疗人工智能的应用过程中，有可能使人的主体性受到贬损，即有引发人被物化与工具化的风险。一方面，这体现为人工智能应用过程中医者主体性的模糊和工具化的倾向。近年来，人工智能在远程医疗、机器筛查、手术机器人等的临床应用过程中体现了高效性和不会疲劳等优势，这使得很多人忘记了医疗的人文特征而开始讨论能否以人工智能取代医生从而节省医疗中的人力成本，或者认为医生在诊疗中应该服务于人工智能而处于从属的地位。显然，这些都颠倒了人与机器的关系。另一方面，对人的主体性产生贬损也体现为人工智能应用过程中患者主体性的模糊和被物化的风险，如人工智能在照顾患者，尤其儿童、老年人、残障人士或其他弱势群体时，可能会忽略他们的主体性，从而使得他们处于被动的处境而失去自主。

三、人工智能应用中的伦理原则

（一）隐私保护原则

2021 年 9 月，由国家新一代人工智能治理专业委员会印发的《新一代人工智能伦理规范》第三条将尊重隐私作为人工智能伦理的原则之一，强调依照合法、正当、必要和诚信原则处理个人信息。《世界卫生组织卫生健康领域人工智能伦理与治理指南》提出的“保护人类自主性”原则中也强调了隐私保护，且患者必须知情同意。由此可见，在人工智能的应用中必须贯穿隐私保护原则，即正当地、合理合法地和必要地收集与处理个人信息，不允许泄露或不当使用人工智能搜集到的个人信息，否则应当受到惩罚，无论此行为是否故意、是否以牟利为目的，也无论此行为是否造成了实际损害。为了落实隐私保护原则，需要进行隐私权益保护的相关培训；切实从技术上完善人工智能体系以防信息被盗取；尽快完善监管体系和相关立法以保护人工智能应用中的个人数据隐私。与此同时，人工智能用于医疗和研究中时，要完善患者或受试者对数据采集和应用的知情同意，明示收集、使用信息的目的、方式和范围。这里需要特别注意的是，当这些数据被二次使用时，仍需要患者或受试者的知情同意。

（二）公平公正原则

在医疗人工智能的应用过程中要秉持公平公正原则。具体而言，首先，当人工智能应用到医疗时，应尽量避免医疗资源分配不公，这就要求通过合适的制度安排而使得高精尖的医疗人工智能技术可以服务于全体公民，而不是仅仅服务于少数人，即使得人们可以公平受益；其次，需要完善人工智能的研发伦理，避免研发人员因自己的偏见造成的“人工智能歧视”。《世界卫生组织卫生健康领域人工智能伦理与治理指南》提出的“确保包容性和公平原则”就要求卫生健康领域人工智能的设计应使其能够尽可能广泛地被公平使用和获取。当然，完善人工智能研发的责任和问责机制对公平公正原则的落实非常重要。联合国教科文组织于 2021 年批准通过的《人工智能伦理问题建议书》就将责任与问责规定为一项重要原则。具体而言，“责任”意为技术开发者和开发单位需要考虑伦理因素；“问责”意为可使人工智能驱动的决策和行为的责任归属成为可能的制度安排，如健全对算法的伦理审查等。当然，为了避免“人工智能歧视”，还要提升人工智能系统的可解释性。

（三）可解释原则

2018 年 5 月欧洲联盟出台的《通用数据保护条例》明确提出公民“解释权”的概念，即明确公民享有获取特定服务是如何做出某种特定算法决策的权利。与此同时，《世界卫生组织卫生健康领域人工智能伦理与治理指南》的六条指导原则中也明确要求“确保透明化、可解释性和可理解性”。这些提升医疗人工智能的可解释性的要求和举措都对我国医疗人工智能的应用和发展具有导向作用。当然，完善人工智能研发的责任和问责机制对可解释原则的落实也非常重要。显然，为了有效问责，需要从技术设计和制度设计两方面确保人工智能系统的可审计性和可追溯性，并建立相关的监督、评估、审计和调查机制。例如，健全对医疗人工智能算法的伦理审查，以避免“人工智能歧视”。

（四）以人为本原则

联合国教科文组织的《人工智能伦理问题建议书》提出，在人工智能系统生命周期的任何阶段，任何人或人类社群在身体、经济、社会、政治、文化或精神等任何方面都不应受到损害或被迫居于从属地位。《世界卫生组织卫生健康领域人工智能伦理与治理指南》在“保护人类自主性”原则中也明确要求人类应该掌控卫生保健系统和医疗决策。由此可见，无论在医生与人工智能的关系中，还是在患者与人工智能的关系中，人的主体地位都不能撼动。具体而言，一方面，我们需要明确的是，医疗人工智能只能提供参考性的医疗方案，只能是医务人员的助手，而具体的治疗方案还是需要医生根据患者错综复杂的病情做出综合判断，同时作为医疗的重要组成部分的人文关怀也是人工智能无法完成的；另一方面，正如《人工智能伦理问题建议书》所提出的，当人与人工智能系统互动、接受其所提供的帮助时，人绝不应被物化，其尊严不应受到任何方式的损害，人权和基本自由也不应受到侵犯或践踏。因此，发展、设计和应用医疗人工智能时，首先要制定“以人为本”的蓝图，以防止人类丧失主体性。

毋庸置疑，医疗人工智能的应用为我们提供了高质量与个性化的医疗服务，其发展前景无比广阔。然而，我们仍要加强对其潜在风险的研判和防范，加强相关法律、伦理、社会问题的研究，健全相关的法律法规、制度体系和伦理体系，才能维护人民的健康和安全，保障医疗人工智能的健康发展。

第二节　医疗大数据伦理

当前，随着移动互联网和云计算技术的突飞猛进，大数据已被广泛应用到了医疗服务、电子商务、科学研究和国防安全等各个领域，并悄然改变着我们的生活方式和生产方式。与此同时，作为大数据应用的重要领域的医疗大数据在其应用中也可能引发诸多伦理问题。因此，我们必须为其应用设定必要的伦理原则，这一方面是为了保护患者或大众的正当权益免受侵害，另一方面也是为医疗大数据的健康发展保驾护航，即保护医疗大数据能够可持续地被应用于医疗实践和医学研究。

一、医疗大数据概述

简单地说，大数据是指大小超过了常规数据库软件工具获取、存储、管理和分析能力的数据集。大数据和海量数据的根本区别在于大数据与云计算技术是一体两面的，即如果没有后者，就不可能有大数据。除此之外，公认的大数据的特征还包括规模大、高速性、多样性和价值密度低等。健康医疗大数据是指在人们日常生活、疾病防治、健康管理等过程中产生的与健康医疗相关的数据集。医疗大数据大体包括如下几个方面：首先，是临床大数据，它是通过电子病历和医学影像等所采集的个人的医疗信息数据；其次，是健康大数据，它是通过可穿戴设备或社交网络及生物传感器等采集的个人的健康信息数据；再次，是生物大数据，它是通过基础医学实验和临床试验而产生和搜集的个人信息数据；最后，是运营大数据，它是由医疗机构和医疗保险机构等产生的数据。

和其他大数据一样，医疗大数据具有规模大、高速性、多样性和价值密度低的特征。因此，如何有效地从海量的医疗大数据中提取有价值的信息以有效地推动医疗卫生与健康事业的发展是医疗大数据相关研究和其应用与发展的主要课题。当前，通过对医疗大数据的汇集、比较和甄别，已经建立了如重症医疗大数据、组学大数据（如基因组、转录组、蛋白质组和代谢组等）等不同主题的数据库，这些数据已经成为医疗人工智能的重要数据来源。

医疗大数据与人工智能结合可以有效地促进临床医学和公共健康事业的发展。例如，医学影像大数据或心电图等的波形图像数据与人工智能结合可以优化医学影像识别（如被广泛应用的肿瘤的影像识别）或心电图等的波形图像识别，进而辅助医生进行临床决策，提高医生的临床决策能力；其他临床大数据与人工智能结合可以进行疾病和不良事件的风险预测，也可帮助公共卫生部门预测传染病的流行趋势等；利用人工智能将庞大信息量的组学大数据与临床资料、影像学检查结果建立关联，便可以辅助临床诊断、治疗，并可以对患者进行预后分析；健康大数据与人工智能结合还可以进行个性化的健康管理和精准医疗、辅助慢病康复和日常照护；生物大数据与人工智能结合还可以广泛用于大规模的医学研究（如遗传学研究等）或药学研究（如新药研发等）。

随着大数据和人工智能在全球迅猛发展，我国政府将大数据的发展和规划作为国家战略进行布局。2015 年，国务院发布《促进大数据发展行动纲要》，提出“完善法规制度和标准体系建设，科学规范利用大数据，切实保障数据安全”的指导思想；2016 年，国务院办公厅印发《关于促进和规范健康医疗大数据应用发展的指导意见》，提出全面推动“互联网 + 医疗健康”，共部署了 14 项健康医疗大数据重点任务和重大工程；2018 年，国务院办公厅印发《科学数据管理办法》，明确了对科学数据的采集、汇交与保存、共享与利用、保密与安全等相关规定。同时，我国医疗数据安全相关的法规不断细化，相继出台了《人口健康信息管理办法（试行）》《电子病历应用管理规范（试行）》《医疗机构病历管理规定》《中华人民共和国人类遗传资源管理条例》《信息安全技术个人信息安全规范》等，其中，2020 年的《信息安全技术个人信息安全规范》代表了我国在个人生物数据安全治理上的一个重大突破。

二、医疗大数据研究中的伦理问题

不同主题的海量的医疗数据库无疑会成为医学科研工作的方便的研究工具，从而给医学科研工作者带来前所未有的研究便利，但同时，医疗大数据的采集与利用和个人数据权利之间的矛盾也逐渐显现，并集中体现为对数据主体的隐私权的侵犯。具体而言，大数据技术包括数据接入、数据分析、数据处理、数据存储、数据共享、数据交换及数据展现等多种功能，其中最主要的功能是数据存储、数据分析和数据处理。显然，在医学研究中，数据收集、数据查询、数据传送、数据存储、数据分析、数据处理、数据使用等环节，都存在着个人隐私信息泄露或被不正当使用的风险，即存在损害患者、受试者或公众的相关权益的风险。

实践中，可能造成个人信息数据泄露的情形多种多样，如大数据系统的技术不完善可能造成个人信息被盗取；大数据系统的各类密码管理不善或数据管理中没有对数据进行加密处理；数据输入时没有进行脱敏等标准操作；数据输入、数据分析、数据处理、数据共享或数据交换环节中的相关人员的故意或无意泄露数据；医疗大数据研究过程中的对个人信息的不必要、不正当和不合理的使用等。上述医疗大数据研究中对个人隐私信息的泄露所造成的损害也是多种多样的：如果泄露的是个人健康信息，则有可能造成就业歧视、被保险公司拒绝投保、被健康产品的商家进行精准的个性化的广告轰炸等；如果泄露的是姓名、职业、手机号码、社保卡号码、身份证号、家庭地址、亲属关系、活动轨迹等信息，则可能会引发诈骗等更严重的伤害和意想不到的后果。

显然，随着人们对自身隐私信息的安全和数据安全问题的关注度的不断提升，隐私安全和数据安全成为医疗大数据研究的伦理关注的焦点。同时，良好充分的隐私数据保护可以保障医学数据的合法合规合理使用，进而开发出更高效灵敏的医疗人工智能模型，从而更好地服务人类。

与此同时，随着人类进入大数据时代，数据资源与自然资源一样，已经成为国家的重要战略资源。其中，最为重要的是生物资源数据，而生物资源数据中最为重要的是作为医疗大数据的人类基因大数据，对它的保护直接影响我国未来经济的发展和人民生命的安全。

三、医疗大数据应用中的伦理原则

（一）保护患者隐私和数据安全原则

当前，医疗数据具有被商业化的倾向，较高的使用价值所致的高额利润使很多人尝试铤而走险地对它进行盗窃、非法使用和不合理的挖掘，从而对数据安全和患者隐私权益造成威胁。因此，要从切实落实数据保护措施入手落实保护患者隐私和数据安全原则，避免对个人信息和隐私权益的侵犯。例如，在医疗大数据研究中，需要采用无法识别受试者身份的编号来标记研究数据和生物样本；数据的查阅和使用要符合必要性和合理性原则，涉及基因信息时，不应标有受试者的身份识别信息；完善数据操作的标准化，保证可控性。例如，完善销毁机制、保密机制、访问权限机制、高级别密码机制、单通路数据传输机制、对敏感数据进行脱敏保护等。当然，落实隐私保护和数据安全相关的监督制度、教育制度、问责制度和法律制度也非常重要。与此同时，还要特别保护人类基因等作为国家重要战略资源的那些大数据，以保障国家安全和人民的生命安全。《中华人民共和国人类遗传资源管理条例》第七条就明确规定：“外国组织、个人及其设立或者实际控制的机构不得在我国境内采集、保藏我国人类遗传资源，不得向境外提供我国人类遗传资源。”

（二）反数据宰制原则

在医疗大数据的应用中，要防止数据宰制。反数据宰制包括如下三个方面：其一，是要警惕和应对医疗大数据应用中的将数据理性（即搜集、存储、挖掘、分析、云计算等）“装扮”成“唯一的真理形式”，将数据理性构建的知识“装扮”为“唯一合理的知识形式”，进而排斥其他的知识形式（如医生的经验和中医知识等）。其二，是要警惕和应对医疗大数据技术对人的整体性和主体性的碾压和抹杀。也就是说，我们要警惕人被医疗大数据碾压为一堆数字，从而失去了个性，也失去了人性，即在医疗大数据介入的医疗中，要防止“人”被彻底抹去。其三，是要警惕和应对医疗系统对大数据的依赖，在此种依赖下，医疗大数据可能对患者提出强制性的要求。显然，落实反数据宰制原则的关键在于避免数据垄断、防止医疗对大数据的依赖、确保人的主体性和避免医疗大数据的私有化。

（三）知情同意原则

在医疗大数据的应用中落实知情同意原则的目的是保护患者、受试者和公众的自主权，维护人类的主体地位和尊严。具体而言，知情同意原则要求患者、受试者和公众需要对其个人信息的采集、使用或二次使用的主体、方式和用途等知情，并且以法律、法规、规章等规范性文件认可的形式授权此种信息的采集、使用或二次使用。显然，当前在健康医疗大数据场景中，很多常规收集的大量数据集，尤其是历史数据集难以取得知情同意，但这并不是随意使用的理由。欧盟于2018年出台的《通用数据保护条例》就规定了数据主体拥有数据知情同意权。除此之外，还规定了数据主体的其他权利，如访问权、更正权、删除权、限制处理权、反对权等。

综上，医疗大数据的广泛应用极大地推动了临床实践和医学研究的进步，且发展前景广阔。但如果使用不慎，我们将陷入数据宰制的境地。同时，我们的医疗模式将被异化为数据理性权力和数据话语权力下的“数据医疗模式”，即数据将抹去人的主体性。因此，我们必须完善相关的伦理、法制、管理等机制，保证患者的人权和安全，确保医疗大数据可以健康和有序地发展。

第三节　互联网医疗伦理

随着信息技术在医疗领域的应用范围的不断拓展，我国“互联网＋医疗健康”迅速发展。中共中央、国务院于2016年10月发布的《“健康中国2030”规划纲要》表明互联网医疗已经被视为我国重点的国家扶持领域和国家战略之一。国务院办公厅于2018年发布的《关于促进“互联网＋医疗健康”发展的意见》更是标志了我国“互联网＋医疗健康”进入了新的发展阶段。新冠疫情期间，互联网医疗在避免感染、方便就诊、咨询科普和监测等方面的优势更是被突显出来。虽然互联网医疗有助于医疗资源的下沉，节省群众看病的时间成本和费用成本，但是在它的施行过程中出现了一些伦理挑战，这体现在与诊疗资质和诊疗规范等相关的医疗安全、信息和隐私安全、医疗资源分配和患者权利保护等多个方面。

一、互联网医疗概述

互联网医疗是将互联网和信息技术与传统的医疗模式相结合的一种新型的医疗服务，其跨地域性和低资源依赖性的特征使互联网医疗成为解决我国长期以来存在的医疗水平发展不均，医疗资源更集中于大城市，群众“看病难、看病贵”等“顽疾”的“治疗良方”之一。除了可以在不同地区之间整合高质量的医疗资源，互联网医疗还可通过急慢病的分治实现医疗资源配置的重新优化。当前，互联网医疗可以提供的服务包括网络健康教育、医疗健康信息查询、在线疾病风险评估和疾病诊疗咨询、网上就诊预约、网上或远程医疗服务、线上医疗支付、电子处方、在线健康监测、慢病管理和康复指导等。

提供互联网医疗的“互联网医院”是指以线下实体医院为依托，部分常见病、慢性病复诊为主要服务内容，集线上问诊、电子处方、在线支付、药物配送和健康管理于一体的综合性的医疗资源服务平台。目前，根据运行模式的不同，互联网医疗平台可分为三种类型：其一，政府模式，是指由各省市卫生健康委员会指导下的政府化网络医疗平台，它融合了辖区内的三级和二级医院，网络技术由第三方企业提供，有助于实现本区域内的信息互联互通和卫生资源配置的合理化；其二，医院模式，即互联网医疗平台的主体是医院，医院利用现有的网络系统或购买第三方网络科技公司所研制的系统而搭建具有预约挂号、就诊指导、健康教育板块等的新型网络平台；其三，企业模式，即以企业为主导，同时不同程度地获得国家政府机构或者医院的支持，以成熟的互联网技术提供医疗咨询、健康宣教等健康医疗服务，服务范围可覆盖国内大部分城市和地区，主要表现形式为不同种类的医疗APP和互联网网页平台。

与传统医疗服务不同，互联网医疗具有法律关系复杂、诊疗高度依赖信息技术、无法进行接触性检查等特殊性。基于此，我国对互联网诊疗行为进行了积极的规制。2018年，国家卫生健康委员会、国家中医药管理局发布的《互联网诊疗管理办法（试行）》《互联网医院管理办法（试行）》《远程医疗服务管理规范（试行）》对互联网医疗进行政策指导。国家医疗保障局于2019年发布《关于完善“互联网＋”医疗服务价格和医保支付政策的指导意见》，于2020年发布《关于积极推进“互联网＋”医疗服务医保支付工作的指导意见》，既明确了将互联网医疗纳入医保支付的原则，又对相关问题进行了规制。2022年，国家卫生健康委员会、国家中医药局办公室联合制定并发布的《互联网诊疗监管细则（试行）》对互联网医疗的相关规则进行了较为详细的阐述。

二、互联网医疗中的伦理问题

（一）合规性不足造成医疗安全风险

互联网医疗中各式各样的不规范的诊疗行为给患者的生命安全和健康安全带来威胁。例如，违反“不得线上首诊”的规定，即在没有要求患者提供过往线下就诊记录的情况下进行诊断和开具处方；违反“严禁先购药后补方”的规定，即先点击购买药品，再发起与医生的问诊沟通来补充诊断和处方信息，甚至购药后由平台自动生成问诊记录和处方信息；违反“处方真实性”的规定，即处方没有药师的审核和签名，缺乏处方审核环节；违反“高警示药品告知”规定，即平台和医师并没有对相关高警示药品的使用进行告知和警示；问诊中违反“线上线下一致”原则，即未要求患者提供足够的信息（如患处照片）而仅凭借文字交流就给出诊断意见和用药指导等。由此，不但容易引发医患矛盾，更容易出现误诊误治而损害患者的健康安全和生命安全。

（二）隐私安全的风险

互联网医疗中所获得的医疗数据包含患者身份、病史、疾病、健康监测与治疗状况等敏感的隐私信息，相较于其他的医疗数据，它更具使用价值，因此，如果被商品化，也更为昂贵。同时，对这些信息的记录、存储和传输过程中因涉及包括医疗机构、医务人员、网络服务提供者等多方主体，如果网络存储介质安全性能不足、医疗机构监督与保护机制和制度不完备、医务人员和其他网络服务主体操作不规范，都会增加泄露患者隐私的风险。当然，在利益驱动下的对这些隐私数据的无底线挖掘和不合理使用同样暗藏着泄露患者隐私，进而侵犯患者相关权益的风险。与此同时，互联网医疗中，患者作为医疗数据的所有者，对自己的医疗数据如何被使用却常常是无知的，如在可携带医疗设备使用过程中，患者往往只是被通知要上传被检测到的医疗数据，并没有被明确告知它们的用途。当前，医疗机构和互联网平台的提供者如何合理合法合规地使用互联网医疗中所获得的数据，如何保障患者对自己的医疗数据使用的知情同意等权利，都是亟需解决的问题。

（三）剥离医疗的人文性的风险

互联网医疗缺乏医生和患者之间的线下的面对面的直接交流，同时，又高度依赖平台所收集、传递或监测的医疗数据。由此，在这种“去情景化”的互联网医疗的线上环境中，如果医生过度依赖医疗数据而忽略对患者的主体感受、情绪、精神、社会关联等的心理和社会维度的关照，就会发生现代的“生物 - 心理 - 社会”医疗模式向扁平的生物医疗模式的倒退，即剥离了医疗的人文性，使得患者失去了作为人而被尊重、同情、安慰和照料的感觉。

（四）数字鸿沟加深医疗资源分配不公

信息技术发展的不均衡和不同人群的接受度的不同造成的数字鸿沟可能加深医疗资源的分配不公。一般来说，信息技术发展的不均衡所造成的医疗资源分配不公是在不同地区之间发生的，数字鸿沟的劣势地区常常与传统医疗方式中的劣势地区高度重合，如西部地区；接受度不同所造成的数字鸿沟造成的医疗资源分配不公发生在不同人群之间，如老年人群最少接触互联网，由于缺少相关技能和机会，也较难从互联网医疗中获利。新型远程医疗所需要的可穿戴医疗设备等往往造价高昂，且需要长期网络收费，这使得低收入群体也难以从互联网医疗中获利。显然，如果放任数字鸿沟的存在和加深，互联网医疗不但不能缓解医疗资源分配不公，反而会加深它。

三、互联网医疗中的伦理原则

（一）合规性原则

无论互联网平台还是医生，都应保证诊疗行为的合法合规，其根本目的在于避免对患者的生命和健康造成伤害。例如，《互联网诊疗管理办法（试行）》规定，互联网医疗所提供的是部分常见病、慢性病的复诊和“互联网 +”家庭医生签约服务，因此，互联网医疗有其病种的限定，且不能提供首诊。当患者出现病情变化需要线下诊治时，医疗机构及其医务人员应当立即终止互联网诊疗活动，引导患者到实体医疗机构就诊。医疗机构及其医务人员也不能为没有监护人陪伴的 14

岁以下的未成年人提供互联网诊疗。同时，“处方真实性和规范性”“高警示药品告知”“线上和线下一致”“患者实名制”“不能开具麻醉类和精神类药品”等规定也需要被严格遵守。当然，设立严格的行业准入和质量把控标准，强化和细化相关的立法和监管同样非常重要。

（二）切实保护数据安全和患者隐私权益

我国很重视医疗数据的安全和对患者的隐私保障，如2009年颁布的《中华人民共和国刑法修正案（七）》就新增了侵犯公民个人信息的犯罪。2020年颁布的《信息安全技术个人信息安全规范》将医疗信息认定为敏感的个人信息，需要特殊保护，并强调了相关主体对隐私信息保护的法律责任。2017年颁布的《电子病历应用管理规范（试行）》等指导性文件和2021年开始施行的《中华人民共和国个人信息保护法》明确要求保护公民个人隐私信息。为了切实落实对患者隐私权益的保障，网络服务提供方和数据转存方等都需要不断升级技术，精简工作人员并加强职业道德教育等，以保障医疗数据不被窃取。同时，要进行规范管理，如设置用户登录医疗平台的实名认证和手机验证机制，敏感的隐私数据需要加密传输，加强“网络安保”等。同时，对数据的挖掘、处理、使用和二次使用都要合理合法，要得到患者的知情同意。

（三）尊重患者的整体性，避免医疗模式倒退

针对当前互联网诊疗的“去情境化”和“依赖医疗数据”特征所造成的剥离医疗的人文性的倾向，互联网平台可以提供更为丰富的线上服务模式和场景，更多地创造“线上的情境化医疗”，方便医生观察患者的情绪、精神等整体状况。医生也需要自觉认识到线上诊疗的剥离医疗的人文性的倾向，即自觉地摆脱对医疗数据的过度依赖和将患者等同于一堆数据的医学模式，自觉关注患者的主体感受、情绪、社会和精神等维度，给予患者同情和安慰等的人文照护，并通过充分沟通而提供个性化的诊疗方案，从而尽量做到在医疗模式上的“线上和线下一致”。

（四）避免数字鸿沟

我们已知，数字鸿沟可以造成互联网医疗对医疗资源分配不公的强化，从而违背推广互联网医疗的初衷，因此，绝不能放任数字鸿沟发展。具体而言，一方面，我们要关注不同区域信息技术发展的均衡性，通过帮助中西部等落后地区的技术提升来缓解地区之间的数字鸿沟，进而缓解互联网医疗资源的分配不公；另一方面，要通过对老年人群进行相关培训、设计更适合老年人使用的更加简易的操作界面、可穿戴医疗设备的共享、扩大医保支付范围和比例等方式，缓解人群之间的数字鸿沟，进而缓解互联网医疗资源的分配不公。总之，需要通过有效的措施来尽量缩小数字鸿沟，从而使得不同地域与不同群体的人们都可以得到互联网医疗的线上就诊、线上配药、药物配送到家等的更为方便和快捷的服务，使得医疗资源通过互联网而得到更为公平的分配。

综上，虽然互联网医疗突破了诊疗的时空限制，但本质上，它依然是诊疗行为，应符合医学伦理和现代医疗模式的要求。因此，我们必须加快相应伦理、法制、管理等体系的完善，积极规范和引导互联网医疗活动的开展，切实保障患者的医疗安全和信息安全，为患者提供既便捷高效，又安全安心的互联网诊疗环境。

【复习思考题】

1. 人工智能应用于医疗领域时需要遵循的伦理原则有哪些？
2. 医疗大数据应用中的伦理原则有哪些？
3. 互联网医疗需要遵循的伦理原则有哪些？

（蔡　昱）

第十四章 医学科学研究伦理

【导入案例 14-1】被隐瞒的实验

2012 年 8 月《美国临床营养学杂志》发表了《"黄金大米"中的β-胡萝卜素与油胶囊中β-胡萝卜素对儿童补充维生素 A 同样有效》的研究论文，论文由美国塔夫茨大学某教授，连同湖南省疾病预防控制中心、中国疾病预防控制中心营养与健康所、浙江省医学科学院的其他 3 位作者共同完成。该实验于 2008 年 5 月 20 日至 2008 年 6 月 23 日在湖南省某镇中心小学选择 88 名 6～8 岁学龄儿童为受试者，进行编号后随机分为 3 组，其中一组 25 名儿童于 6 月 2 日随午餐每人食用了 60 克"黄金大米"。其他组和其他儿童食用日常午餐。

多位家长称，当时孩子从学校拿回一张纸让家长签字。纸上提到让孩子吃东西，补充维生素，但确信纸上没有提到"黄金大米实验"字样。有些家长没签字，老师就到家里来做工作，说吃的东西对孩子有好处，长个子，家长们也就陆续签字了。

讨论与思考：这个案例存在哪些伦理问题？生物医学科学研究伦理应该遵循什么样的伦理规范？生物医学科学研究伦理应该接受什么样的监督？

医学科学研究是医学进步和发展必不可少的组成部分。在涉及人的生命的医学科学研究、试验的过程中必须有严格的伦理原则和规范对其进行把关，以确保在医学范围内最大程度保护受试者利益，同时为医学进步和发展提供最佳帮助。为了探求人体疾病的发生发展规律，了解药物、医疗器械等用于人体的有效性、安全性和毒副作用，研究人员不得不首先在动物身上进行实验。动物实验必定会给实验动物带来不同程度的疼痛、痛苦、伤害，从伦理学的角度去思考如何善待实验动物，不仅可以保证医学科学研究的可持续发展，也是和谐社会文明进步的一种表现。

第一节 医学科学研究及其伦理问题

医学科学研究活动与其他科学研究活动一样，常常存在着令研究者纠结的矛盾冲突，需要研究者进行辨别、权衡、选择。医学科学研究活动中可能存在学术不端行为及伦理问题，需要研究者与制度共同协力、防患于未然。医学科学研究人员在科学研究活动中需要遵循基本的伦理准则。

一、医学科学研究概述

（一）医学科学研究的含义

医学科学研究，是指以客观的生命现象作为研究客体，运用科学的手段和方式，认识和揭示生命的本质、结构、功能及其发生、发展客观规律的探索性实践活动。构成这种活动的基本要素就是问题、实验观察和理论思维。其基本任务是认识和揭示疾病的发生、发展和转归过程，提出防治的有效措施和方法，并以此提高医学科学水平，促进人类健康，保证社会安定和繁荣。

医学科学研究主要包括人体试验（涉及人的生命科学与医学研究）和动物实验（动物科学研究）。医学科学研究涉及生命、人体、医患关系、医疗政策、卫生经济、医疗保险、医药公司、人类物种存续等多方面问题，与其他自然科学研究相比，医学科学研究有其自身的特点。医学科学研究人员会面临更严重的矛盾冲突和利益纠结，因此，对医学科学研究实践进行正确的价值选择与道德规范具有重要意义。

（二）医学科学研究的特点

1. 研究对象的复杂性　医学科学研究的主要对象是生命。生命现象是物质世界长期演变、进化的产物，与非生命现象具有共同的存在根据和规则，但作为高级的物质存在方式，生命现象又具有不同于非生命现象的客观属性和逻辑。因此，生命现象不能简单地还原、归结为一般物质的本质及其规律性，而应特别强调生命现象的特殊机制及其规律性。已有的生命科学研究表明：与非生命现象相比，生命的本质及其物质结构、功能、进化规则、个体差异等要复杂得多。

2. 研究过程的复杂性　医学科学研究过程的复杂性，首先取决于研究对象的复杂性，其研究对象，尤其是人类，不仅有生理活动，还有复杂的心理活动和明显的社会属性；其次还取决于研究本身的复杂性，无论是对生命群体、个体的观察归纳，还是对群体、个体的实验分析，其实验设计、实施过程会受到许多不可控因素的干扰和影响，使得医学科学研究所需时间长，干扰因素多，可重复性验证困难，研究过程的连续性、可控性和客观性差；加之，对人体和动物开展的研究，还会受到伦理制约，试验（或实验）需要严密设计、严谨论证、严格保护受试者或实验动物的权利或福利。

3. 研究结果的复杂性　研究对象和研究过程的复杂性，决定了某一具体医学科学研究结果的复杂性。同样的研究往往得出不同的结果，而且，当研究结果以结论形式出现时，无不已经注入研究者的主观认知因素，如世界观、方法论甚至个性特点，这就使研究结果更趋复杂化。19 世纪 80～90 年代，德国的威廉·鲁（Wilhelm Roux）通过对早期蛙胚的实验研究提出了著名的“发育镶嵌学说”，从而使鲁成为“实验胚胎学”的创始人之一。与他同时代的同胞学者 H. 德里施，在用海胆作为实验对象检验鲁的“发育镶嵌学说”的实验中，却得出了与“发育镶嵌学说”相反的结果。后面的生命科学史学家认为，鲁和德里施二人在实验结果上出现的矛盾，首先是由他们所使用的研究对象和实验技术不同所致，其次缘于他们对分化原因的不同理解和解释，如鲁更强调内因，而德里施则更强调外因。

4. 研究影响的复杂性　非生命现象的研究成果及其运用，直接影响和改变的只是非生命界，其带来的正负效应界限比较分明，而且人们有信心通过各种手段控制，使其正效应远远大于负效应，一般不会引起太大争议。但是，医学与人体生命科学研究的成果及其运用，无论对生命界，还是对整个物质世界，不仅具有直接影响，还会产生间接影响。就其影响性质而言，由于此类研究结果直接、长远地作用于人类命运，正负效应的界限短时间内难以划清，人们对其安全性、负效应的忧虑要沉重得多，可能产生特别大的争议。例如，20 世纪末以来对“克隆人”的激烈讨论至今未休。近些年，更多医学科学研究如基因编辑技术、换头术（异体头身重建术）、异种移植、人体冷冻等带来更深远的思考，这些研究对人类、对地球、对宇宙的影响是无法估量的。

二、医学科学研究的伦理问题与伦理准则

（一）医学科学研究的伦理问题

1. 研究主体与研究对象之间的利益矛盾　医学科学研究的研究主体是科学研究人员，开展研究的目的是发现新知识。研究对象是生命现象（人或动物），其在健康状态下期望自然地生活，在疾病状态下希望被有效地治疗。但是，在医学科学研究中，除了观察性研究，更多的研究在研究方案的设计中都要对研究对象进行各种人为控制甚至干预，让研究对象在受控条件下活动，以方便研究主体观察、记录和得出结论。那么，这种控制或干预对研究对象是正当的吗？两者之间的利益矛盾至少需要考虑以下两点。首先，生命历程中的各种现象是自然而然发生和进展的，对生命自然过程的控制和干预需要有充足的伦理辩护。其次，即便是对罹患疾病的生命体进行控制或干预，因研究目标不是治疗疾病，所以其控制或干预手段并非直接地或必然地能够给研究对象带来好处，甚至会延误疾病治疗、加速疾病进程。

2. 研究对象与医学科学发展之间的利益矛盾 这一对矛盾与上一对矛盾相似。医学科学研究的目的是通过研究人类生命本质及其疾病的发生、发展和防治、消灭的规律，以达到增进人类健康、延长寿命和提高劳动能力的目的。无论研究对象是人还是非人的其他生命，都没有义务为了医学科学研究的利益而去损害自己的利益。研究对象与医学科学发展之间的利益矛盾是天然存在的。如果一项医学科学研究对医学发展可能有明显的意义，但对研究对象可能造成损伤，甚至出现不可预测的损害后果。此时，在研究对象健康价值与医学科学发展价值不能两全的情况下，需要开展严格的伦理讨论，谨慎开展此类研究。

3. 研究人员群体内部的利益矛盾 医学科学研究项目开始之前，研究人员之间可能会出现分工的矛盾，如主课题与子课题的矛盾，主持人与课题组成员的矛盾等；在研究过程中，也会有信息如何共享，先行完成的课题可否先行一步独立公开发表论文及成果，不同研究人员的教育背景、理论偏好、科学声望、获得认可的追求的矛盾，不同研究人员的宗教信仰、民族情结、政治立场产生的矛盾等；研究结束后，成果如何分享，包括署名、荣誉和奖金分配等，这些均需要研究人员有良好的医学科学研究道德素质与伦理自觉。

4. 研究过程中的利益矛盾 研究过程中的利益矛盾主要体现为科学研究不端行为。医学科学研究不端行为是指在医学科学研究的计划、实施、评议研究或报道研究结果中伪造、篡改、剽窃或违背人体生物医学研究国际伦理准则等科学共同体公认的科学研究行为准则的行为。在医学科学研究领域，科学研究不端行为主要表现在以下五个方面：研究选题与资源配置不合理；数据的收集、保护和共享存在重大偏倚；学术报告署名与学术成果出版不真实；科学研究管理与同行评议缺乏严肃、公正；对研究对象的保护措施不足。因此，必须加强医学科学研究中的伦理建设，既强化医学科学研究道德的他律机制，又强化研究人员的自律素质，从而有效减少医学科学研究中的不端行为。

（二）医学科学研究的伦理准则

1. 尊重科学，严谨治学 科学来不得半点虚假，医学科学研究必须尊重事实，坚持真理。医学领域假的科学研究成果不仅危害科学进步，更违背国家、人民的利益，这是医学科学研究道德绝对不允许的。在医学科学研究中，项目方案设计是否基础扎实，内容是否严谨，研究过程是否严格遵循项目方案设计，实验材料、数据等是否客观、精确、可靠，直接影响着科学研究的进展及其结论的正确性，在科学研究成果实际运用到临床治疗和健康保健领域后，还可能影响到患者疾病的转归、群众生命的安全。在研究中，如果研究人员只按自己的主观愿望和要求，随心所欲地取舍数据，甚至伪造资料、杜撰结果，都是不符合科学研究道德的行为，有损医学科学研究的信誉。

2. 动机纯正，勇于创新 纯正的动机能激励研究者发扬勇于创新、直面挑战、百折不挠、奋斗不息的精神。医学科学研究的复杂性和艰巨性要求研究者不图名利，遵循医学伦理基本原则，遵循医学科学研究的道德要求，坚持救死扶伤、防治疾病、增进健康的目标。同时，创造性是医学科学研究活动的一个突出特征。创新是科学研究的生命。创新精神和创造意识对医学科学发展具有重大的意义。研究人员勇于创新的伦理素质主要包括：科学精神与人文精神的统一；实践品格与理性素养的统一；科学的怀疑精神与坚持真理的统一；精英意识与群体意识的统一。

3. 谦虚谨慎，团结协作 科学研究是有继承性的，任何一项科学研究，都是以前人的研究基础和研究成果为起点的，牛顿曾形象地比喻说："如果我比笛卡尔看得远些，那是因为我站在巨人肩膀上。"医学科学研究中的疾病和健康问题，需要临床医学与生物学、物理学、化学、计算机科学、心理学、伦理学、社会学等多学科的相互交叉与渗透才能获得解决。一项科技成就的取得需要各方面力量的有机组合，它包括情报的相互提供、思想的互相交流、实验的互相配合、同事间的互相帮助、部门间甚至国际的相互协作等。医学科学研究协作精神具体表现为协作各方相互平等、相互尊重，资源共享、相互支持，信守诺言、遵守协议，成果分配实事求是、公平合理。

第二节　人体试验伦理

作为人类为防病治病、增进健康、提高生命质量而进行的探索性和创造性的实践，人体试验（涉及人的生命科学和医学研究）是必要的，但不可随意、不可滥施。对医学科学研究实践进行趋利避害的价值选择与人道主义的必要规范具有重要意义。我国历来重视并于近年来尤其加强了人体试验的管理和规范。2023 年 2 月，国家卫生健康委、教育部、科技部、国家中医药管理局联合颁布《涉及人的生命科学和医学研究伦理审查办法》，同年 9 月，科技部、教育部、工业和信息化部等十部门联合颁布《科技伦理审查办法（试行）》。

一、人体试验概述

（一）人体试验的概念

人体试验又称“涉及人的生命科学与医学研究”。人体试验是直接以人体作为受试对象，用人为的试验手段，有控制地对受试者进行观察和研究，以判断假说真理性的生物医学研究。

2023 年 2 月，国家卫生健康委、教育部、科技部、国家中医药管理局联合颁布《涉及人的生命科学和医学研究伦理审查办法》第三条明确“涉及人的生命科学和医学研究是指以人为受试者或者使用人（统称研究参与者）的生物样本、信息数据（包括健康记录、行为等）开展的以下研究活动：（一）采用物理学、化学、生物学、中医药学等方法对人的生殖、生长、发育、衰老等进行研究的活动；（二）采用物理学、化学、生物学、中医药学、心理学等方法对人的生理、心理行为、病理现象、疾病病因和发病机制，以及疾病的预防、诊断、治疗和康复等进行研究的活动；（三）采用新技术或者新产品在人体上进行试验研究的活动；（四）采用流行病学、社会学、心理学等方法收集、记录、使用、报告或者储存有关人的涉及生命科学和医学问题的生物样本、信息数据（包括健康记录、行为等）等科学研究资料的活动。”

人体试验可以得到伦理学辩护。人体试验天然地存在着主动与被动的矛盾，科学利益、社会利益与受试者利益的矛盾，自愿与被迫的矛盾。但是，人体试验是医学科学研究成果从动物实验到临床应用的唯一中介，是医学科学研究不可缺少的必要环节，是医学科学研究必经的最后阶段。因此，在伦理规范下开展人体试验在道德上是可以接受的，也是道德所要求的，理由有三点：第一，把只经动物实验研究的药品和技术直接、广泛地应用于临床是对广大民众健康和生命的不负责任。取消人体试验，相当于用所有的患者做实验，这是极危险的也是极不道德的。第二，动物实验不能完全取代人体试验。种属之间有巨大的差异性，人更有不同于动物的心理活动和社会特征，人的某些特有的疾病不能用动物复制出疾病模型。经动物实验所获得的研究成果必须经人体试验进行最后验证，才能确定其在临床中的应用价值。第三，医学科学研究所追求的不仅仅是理论上知识的积累，它最终会在整体上使人和社会更多地受益。人体试验是以提高诊断、治疗和预防水平为目标，从而更好地维护与增进人类健康，促进医学发展。因此，人体试验不仅是必然、必要的，而且也可以得到伦理的辩护和支持。

人体试验至少存在以下四个认识误区。第一，参加人体试验的受试者就是“小白鼠”。事实并非如此。现代人体试验有科学、完备、周密的试验设计，试验方案要得到国家相关部门的批准或备案，还要得到各研究机构伦理委员会的审查和批准，研究者会被要求严格按照试验方案对受试者状况进行严密监护和记录，有任何不良反应都要及时上报并紧急处理，受试者出现因试验而导致的损害会得到赔偿等。第二，参加人体试验对受试者不会有太大帮助。对于健康受试者来说确实如此，因为人体试验的目的是获得新知识，而不是为了治疗或帮助受试者。但对于患者受试者来说，参加临床试验有可能是一个获得最新疗法的机会，可能成为命运的转机。第三，参加人体试验的受试者都是没有其他选择的晚期癌症患者或经济条件差的人。事实并非如此。人体试验的试验药物或疗法涵盖所有疾病的种类和不同阶段，并不局限于晚期癌症的病症。而且，招募受试者要在自愿的前提下，根据研究方案设定的入排标准严格筛选，绝不会把晚期癌症患者当作医学研究的工具，也绝不会只选穷人作为研究对象。第四，受试者答应参加人体试验就不能退出了。事实并非如此。虽然，人体试验会给受试者免费提供试验和对照药物 / 器械，与试验相关的各项检查项目全部免费，多数人体试验还会给受试者提供一定金额的交通、误餐补助，健康受试者更可以获得较大金额的补助。但是，“拿人手短，吃人嘴软”“得人钱财，替人办事”的心理是错误的，受试者有“不需要任何理由随时退出”的权利，退出试验后医生会将受试者转入标准治疗而绝不会有任何歧视。

（二）人体试验的历史丑闻

自从人类医学诞生，就有了以人为受试者的医学研究 / 试验的记录。医学研究的成果大大推进了医学的发展，改善了人类的健康，但是这些成功也付出了惨重的代价。人类历史上某些时期某些研究人员打着科学研究的旗号，甚至许多试验在国家政府机构进行，以违背受试者权利和尊严为代价，有时候这种代价甚至是受试者的健康和生命。许多惨无人道的人体试验常常利用脆弱的受试者，给受试者造成了严重的伤害。此类实验结果公开后，虽遭到媒体的批评，但并未受到严厉制裁。

尤其是 20 世纪以来，涉及人的生物医学科学研究中丑闻频繁曝出。最极端的人体试验丑闻事件是二战期间纳粹的医学战争罪行和侵华日军 731 部队灭绝人性的人体试验。此类人体试验对受试者造成的伤害和痛苦在范围和程度上都是空前的。试验受害者分别是战俘、无家可归者、罪犯等。试验内容包括压力试验、冷冻试验、缺氧试验、细菌弹试验、伤寒试验、炭疽试验、活体解剖等；在美国最声名狼藉的长期侵犯受试者权利的丑闻，是 1930～1972 年在塔斯基吉由美国公共卫生服务部用黑人进行的“无治疗条件下的梅毒自然史”研究；冷战期间美国利用儿童（孤儿、少数族裔、身体或智力有缺陷者、社会地位低下者）做了大量的辐射试验、阉割手术、额叶切除手术；在远东地区，许多福利机构和精神病院都成为医生们做试验取之不尽的素材库；2005 年英国媒体曝出以色列医院用老人、儿童和精神病患者进行医疗试验，还是在其法律监护人不知情的情况下进行的。

人体试验若缺乏原则规范和伦理监督其后果则是严重的。在没有伦理意识的研究者眼中，弱势群体的牺牲是一种必然的义务。而在过去很长一段时间，驯服这些原本就弱势的人非常轻易而廉价，科学的神格化让一连串监管体系都默契地保持沉默，甚至参与其中。生物医学研究不得不直接面对一些最根本的问题：人体试验应当在什么条件下被允许？人体试验应该采用什么标准？伦理应该如何介入人体试验的具体操作？伦理的介入是否会阻碍现代生命科学技术的进步等。

二、人体试验中的伦理问题

（一）风险与受益的伦理问题

人体试验的风险主要包括试验本质上的风险和设计性风险。从本质上来说，人体试验要在人体尝试一种未（全）知的药物、器械或疗法，因而它本身就是一种风险；设计性风险主要源于现代人体试验普遍采用的双盲法与安慰剂，当前它们被认为是科学的试验设计，是试验消除偏见、达至客观效应的需要，但同时也给受试者带来风险。

人体试验预期受益分为受试者受益和社会受益。受试者参加试验的受益有可能包括缓解病症、对所患病症取得更深刻的认识、在研究期间获得医生特别的监护、提前获得有临床应用前景的新药治疗等。但患者也可能参加与其所患病症无关或虽有关但不提供任何诊断或治疗益处的试验，健康受试者则更无法从试验获得任何直接受益。这类研究对受试者没有直接受益，但由于它增加了人类的医学知识从而使科学受益，使社会受益。

科学利益、社会利益与受试者利益在实践过程中是矛盾的。需要特别注意，对受试者健康的考虑应优先于对科学和社会利益的考虑，受试者的权益、安全和福利应是研究者首要考虑并加以保护的。任何一项人体试验如果有可能对受试者造成身体上或精神上较严重的伤害，那么无论其科学价值、社会价值有多大，无论其对医学的发展和人类的健康具有多么重要的意义，这项试验不能进行。

（二）受试者招募的伦理问题

在人体试验中，研究者与受试者因目标不同而引发伦理问题：受试者想以自己的获益为目的、享有试验利益。研究者只能将受试者作为科学研究手段、承受试验负担。显然，让受试者承受负担，而把由此换来的收益让他者（研究者、申办方、资助者等）享有是不合理的。因此，招募或选择受试者应遵循“公平分配负担与收益”原则。具体包括：①不伤害原则。要求试验方案应该利大于害，或局部损害并可治疗恢复，或身心健康基本不受影响；利害不明的试验方案应严格把关慎重开展；有害无利或害大于利的试验方案应禁止开展。②公平选择受试者。受试者的选择应有明确的医学标准，不允许用非医学标准来选择或排除受试者，不能有种族歧视、性别歧视和年龄歧视。③特殊受试者的特殊要求。以犯人为受试者应进行额外的安全审查，以孕妇、胎儿、儿童、残疾人和精神病患者等作为受试者，一般只能进行如果他们不参加试验就不能解决他们健康问题的人体试验。

（三）知情同意的伦理问题

知情同意是最重要的伦理原则，在法律上是受试者及研究者双方利益的共同保障。但是，知情同意各环节也最容易出现伦理问题，存在的伦理问题主要有以下三个方面：①并非真实的自愿同意。同意应以自愿为前提，任何以诱惑、欺骗或强迫手段获得的“同意”都是违背知情同意原则的，是无效的，是不道德的。其中，要特别注意，隐蔽性的利诱会削弱受试者的理性和自主决定的能力。同时，受试者任何时候都有撤销同意的自由。②只有知情同意结果（知情同意书），没有知情同意过程。知情同意更重要的是交流过程，而不只是签署知情同意书。研究者和受试者要对试验的全部信息做充分的、可理解的交流。③知情同意缺乏连续性。知情同意书的签订并不意味着告知义务的结束。人体试验项目是一个长期的过程，当研究的程序、条件等情况发生变化，研究者必须及时通知受试者，使其了解发生变化的试验信息，重新获得知情同意。

（四）随机对照、安慰剂与双盲法的伦理问题

随机对照是现代人体试验的一个科学原则，也是一个道德原则。设计科学的随机对照，可以消除偏见、正确判断试验结果的客观效应。常用的对照类型有空白对照、标准对照、安慰剂对照、自身对照和历史对照等，其中安慰剂对照存在的伦理问题最为严重。

安慰剂对照以剥夺或部分剥夺受试者知情同意权为前提，其目的是保证研究及其结果客观可靠。在此情况下，受试者的知情同意自主权与医学科学发展的功利追求发生了严重碰撞：安慰剂的应用意味着必须停止对患者的治疗，患者很有可能因此而错过最佳治疗时机。因此，危重患者、病情发展变化快的患者不能设计安慰剂对照试验。

双盲法是在设计对照组的情况下，受试者和试验观察者都不知道谁分配到哪一组。此方法可以更大限度地避免主观因素对试验结果的判断和影响，保证试验结果的客观性和科学性。但双盲法在伦理上也存在障碍：患者（受试者）有权知道自己接受治疗（试验）过程的全部信息，但双盲法则违反了这一原则。因此，双盲法应严格遵循《赫尔辛基宣言》的伦理要求，全力保障患者（受试者）权益。

三、人体试验的伦理原则

人体试验伦理原则中最早的国际文件是《纽伦堡法典》。最具广泛影响力的伦理文献是《赫尔

辛基宣言》，其作为对涉及人体受试者的医学研究伦理原则的一项声明。我国近些年非常重视人体试验伦理方面的规范，相继制定、修订、颁布了《药物临床试验伦理审查工作指导原则》《涉及人的生物医学研究伦理审查办法》《药物临床试验质量管理规范》《医疗器械临床试验质量管理规范》《涉及人的生命科学和医学研究伦理审查办法》《科技伦理审查办法（试行）》等，均对人体试验提出了明确的伦理要求。综合以上国际、国内伦理规范的要求，我们可以将人体试验伦理原则概括为以下四个主要内容。

（一）研究对象利益第一原则

强调对研究对象利益的考虑必须高于对科学和社会利益的考虑，合理控制风险，力求使研究对象最大程度受益，利益最大化；尽可能避免伤害，风险最小化。这是人体试验最重要、最核心的伦理原则。任何一项人体试验如果有可能对研究对象造成身体上和精神上较严重的伤害，那么无论这项研究的科学价值、社会价值有多大，对医学的发展和人类的健康具有多么重要的意义，这项研究都不能进行。具体要求包括：①必须以充分的、确认对动物无明显毒害作用的动物实验为基础。②确保人体试验方案设计、试验程序严谨科学。例如，双盲法应严格遵循《赫尔辛基宣言》等各规范中的伦理要求，全力保障研究对象的利益。③危重患者、病情发展变化快的患者，如急性肾衰竭、急性心肌梗死、严重的糖尿病患者等不能进行安慰剂对照试验。④在人体试验的全过程要有充分、有效的安全防护措施以处置各种不良事件。⑤必须有严格的审批监督程序，须在具有相当学术水平和临床经验丰富的医学科学研究工作者的亲自参与和指导下进行。⑥研究结束后必须做出科学报道。

（二）尊重原则

1. 尊重研究对象自我决定权　这是对研究对象人格完整的尊重。研究对象的自我决定权是指具有行为能力的研究对象享有在较充分的相关信息之基础上，就人体试验的相关事项（是否参加研究、可否退出研究等）独立做出决定的权利。为保障此原则的实现，要做到事前无胁迫，事后无不利影响。

2. 全面维护研究对象知情权　应如实告知研究对象研究的基本信息，在内容上至少包括：①研究目的、基本研究内容、流程、方法及研究时限；②研究者基本信息及研究机构资质；③研究可能给研究对象、相关人员和社会带来的益处，以及可能给研究对象带来的不适和风险；④对研究对象的保护措施；⑤研究数据和研究对象个人资料的使用范围和方式，是否进行共享和二次利用，以及保密范围和措施；⑥研究对象的权利，包括自愿参加和随时退出、知情、同意或者不同意、保密、补偿、受损害时获得免费治疗和补偿或者赔偿、新信息的获取及新版本知情同意书的再次签署、获得知情同意书等；⑦研究对象在参与研究前、研究后和研究过程中的注意事项；⑧研究者联系人和联系方式、伦理审查委员会联系人和联系方式、发生问题时的联系人和联系方式；⑨研究的时间和研究对象的人数；⑩研究结果是否会反馈给研究对象；⑪告知研究对象可能的替代治疗及其主要的受益和风险；⑫涉及人的生物样本采集的，还应当包括生物样本的种类、数量、用途、保存条件及方法、利用（包括是否直接用于产品开发、共享和二次利用）、隐私保护、对外提供、销毁处理等相关内容。在程序上至少做到：①给研究对象以足够的时间和机会，鼓励他们提出问题；②为研究对象真正做到知情同意而与其保持联系，知情同意重要的是过程，而不单单是签署知情同意书。研究者针对研究的全部信息做到充分、可理解地动态告知研究对象，避免欺骗、不正当影响及恐吓研究对象等现象，只有在研究对象充分了解研究相关信息之后，方可征求其是否愿意参加研究的意见，要特别注意隐蔽性的利诱会削弱研究对象的理性和自主决定的能力；人体试验项目是一个长期的过程，如果研究条件以及步骤有了实质性的改变，研究者必须及时通知研究对象，使其了解变化了的研究信息，重新获得知情同意，每位研究对象的知情同意书也须重新修改。

3. 保护研究对象隐私　切实保护研究对象的隐私权，如实将研究对象个人信息的收集、储存、使用及保密措施情况告知研究对象并得到其授权，未经研究对象授权不得将研究对象个人信息向第三方透露。对研究对象个人研究资料采取有效的保密措施，包括生活秘密、私生活空间及私生活的安宁状态。临床试验禁止采用实名制；研究对象全名不得出现在病历报告表等所有记录及文件中；通常以姓氏拼音及入选编号组成的代码替代；相关信息的传阅除研究者之外，仅限于申办者、伦理委员会、药监部门在符合相关规定的情况下进行。

4. 特殊保护　若儿童、孕产妇、老年人、智力障碍者、精神病患者等特定群体作为研究对象，应当对其予以特别保护；对涉及受精卵、胚胎、胎儿或者可能受辅助生殖技术影响的，应当予以特别关注。

（三）公正原则

1. 分配公正　研究对象的选择与排除都要依据科学的入选与排除标准，受益与负担合理；研究设计应尽量采用随机双盲对照，以保证不同组别的随机分配；研究结果产生的利益在人群中应得到合理的分配。

2. 程序公正　招募研究对象的程序公正；研究对象随机分组过程要保证公正；试验方案、知情同意书、招募广告都要经过伦理委员会审查。就招募广告来说，研究对象的招募应有明确的医学标准，不允许用非医学标准来选择或排除研究对象，不能有种族歧视、性别歧视和年龄歧视。不过多地利用某些人群并使其成为研究对象，也不可轻易地剥夺某些人群成为研究对象的权利。

3. 回报公正　研究对象参加研究时，不得向其收取任何与研究相关的费用。对于他们在研究过程中因参与研究所产生的合理支出，应给予适当的经济补偿。应该尽力免除或减轻研究对象因参与研究所承担的经济负担，包括但不限于交通费、误餐费以及相关检查费用等。若研究对象因研究而受到任何伤害，他们将获得及时且免费的医疗治疗，并应得到公平的经济补偿，以弥补其损伤、丧失的能力或残疾。若研究对象因参与研究而不幸去世，其家属将有权获得相应的赔偿。在此过程中，研究对象绝对不会被要求放弃其赔偿权利。他们完全有权依据相关法律法规及双方约定，得到应有的补偿或赔偿。

（四）接受监督原则

人体试验本身有着十分尖锐的伦理矛盾，化解矛盾、克服干扰，一方面依赖于研究者自律，另一方面依赖于对研究者加以他律，这种他律的机制就是伦理审查。实施伦理审查的主体名称有“伦理委员会”“科学研究伦理审查委员会”“药物（医疗器械）临床试验伦理审查委员会”，国际上常用的名称是“机构审查委员会”（institutional review board，IRB）。《赫尔辛基宣言》第 23 条对此机构及其审查程序做出了框架性规定，即研究开始前，研究方案必须递交至独立的伦理审查委员会进行审查，通过审查之后方可开展研究；委员会必须监督正在进行中的研究；研究人员必须向该委员会提供研究的全部信息，特别是任何不良事件的信息；未经该委员会审查和批准，不得修改研究方案；在研究结束后，研究者应向伦理委员会递交最终报告，包含对于研究发现及研究结论的总结。

第三节　动物实验伦理

一、动物实验概述

（一）动物实验的概念

实验动物（laboratory animal）又称“实验用动物”，是专门培育的供实验用的动物。2004 年修订的《北京市实验动物管理条例》第 2 条将“实验动物”定义为“经人工饲养、繁育，对其携带的微生物及寄生虫实行控制，遗传背景明确或者来源清楚的，应用于科学研究、教学、生产和检定以及其他科学实验的动物”。可见，实验动物不同于一般野生动物是在自然中发育成长的；它本身携带的微生物和寄生虫是受到控制的；它的存在目的与伴侣动物、农场动物、娱乐动物不同，它是为了生命科学的发展及人类健康的目的而应用于科学研究、教学、生产和检定的动物。常用实验动物包括小鼠、大鼠等啮齿类动物，兔、犬、猪、羊、非人灵长类动物等，它们因与人类相似度较高，被用于胚胎学、病理学、解剖学、生理学、免疫学等生物学基础研究和药物评价。

动物实验（animal experimentation）是在实验室内使用实验动物进行的科学研究。动物实验的目的是通过对动物生命现象的研究，进而推广到人类，以探索人类的生命奥秘，防治人类疾病，延长人类寿命，提高人类生命质量。

动物实验应该由经过培训、具备研究学位或专业技术能力的人员或在其指导下进行。多年来，实验动物做出了巨大牺牲，提高了人类治疗手段的功效，同时延长了人类的寿命。在未来相当长时期内，我们仍不得不使用动物进行实验。尽管动物实验对生物医学、生物技术的发展有着非常重要的作用，但动物实验一直引发巨大争议，受到动物保护主义的严峻挑战。

（二）动物实验的意义

动物实验在现阶段仍然具有重要的意义和价值。动物实验是人类直接认识生命现象的重要媒介，它对于人们认识有机界各种规律的作用是无可争辩和无可取代的。生物医学界中很多里程碑的科学研究成果都是通过动物实验做出来的。

使用医学实验动物是医学生物学研究的重要手段，直接影响医学各领域课题研究成果的确立和发展水平。现代医学各领域许多最重要的进步都是以动物实验研究与探索为基础的。例如，探索人类疾病的发病机制、医学新知识的获得、医疗新方法的应用、寻找治疗新途径、评价新药效果和安全性等，往往需要首先借助动物实验。其他领域直接影响人体健康的问题，如产业公害、食品公害、化妆品毒性等也必须首先通过动物实验加以解决。没有实验动物的巨大贡献，人类对于生命的理解绝对不可能达到现在这个程度。如果禁止使用动物进行医学实验，将未经动物实验的产品、器械、治疗方法直接用于人类，那相当于直接做人体试验，相比之下是更加不妥当和不符合伦理的。

实验动物一直为科学研究和人类的健康做出巨大的贡献和牺牲，对今天生物医药领域的发展有着不可替代的推动作用。为了人类的利益，千千万万实验动物奉献了生命，为医学事业做出了巨大贡献。作为已步入文明社会的人类，应该重视动物实验伦理，尊重动物、保障动物福利应该成为科技人员和医学生的自觉行为。

二、动物实验的伦理观点

（一）人类中心论

人类中心主义是一个不断发展的流动命题，有其历史变动性和多义性，并非所有阶段、所有类型的人类中心主义都会危及人与动物的关系。

传统人类中心主义是引发人与动物关系失衡、紧张态势的理念根源。传统人类中心主义建立在征服和宰制自然的基础上，宣称“人是万物的尺度”，整个自然界的存在就是为了满足人类的各种需要，自然界一切非人的存在包括动物都是人类征服的对象，是供人类解剖和任意操纵的客体。在狭隘的传统人类中心主义支配下，人类肆无忌惮地掠夺和透支动物界，导致动物界系统因动物物种逐渐减少而破缺和失衡。

相较之下，现代人类中心主义则更加视野开阔。现代人类中心主义并没有一味地排斥非人类存在物的内在价值，而是将以人为中心的伦理学向外延伸，不仅按照人的“利益平等”原则将道德关怀延伸到子孙后代，而且还延伸到非人类存在物。这样的人类中心主义在很大程度上超越了以往狭隘的传统人类中心主义藐视动物、野蛮开发动物资源的局限性，开始以一种整体主义的观念看待人与动物的关系，将对动物界和自然界的维护视为是对人类永续幸福与安宁的维护。

经由从传统到现代的一系列变迁，人类中心主义并没有也不可能完全消失，它只是改变了存在的方式和其中所包含的意义。人类在任何时候都无法舍弃人类中心主义，作为一个深层的法哲学理念，它将继续筹划着人类未来生存和发展的方式。对于人类中心主义，既不能全盘肯定，亦不能全盘否定，而是需要扬弃与重构。

（二）动物权利论

世界动物保护运动的倡导者彼得·辛格（Peter Singer）指出，由于人类是唯一似神的物种，基督教直接授予人管理万物的权柄。人类可以爱护动物，但这种关爱以等级制为基础，“是一种仁慈的专制制度”，含情脉脉的外表无法掩盖物种歧视的事实。需要建立一种非人类中心主义的动物保护观，赋予人与动物平等的基础。

动物权利论认为动物拥有自身固有的内在价值，由于这种价值不是人赋予的，而是自然本身生成的，因而动物也具备自身独立的道德主体地位，拥有属于自己的生存权利。承认动物拥有权利，一个合理的逻辑后果就是，动物不再是人的财产或者工具，而是跟人一样的主体性存在，人必须像对待自己的同类一样公平地对待动物，这为动物保护主义提供了一个不同于动物福利的伦理依据。

动物权利论认为动物和人一样拥有绝对无差别的权利，人类没有权力让动物来承担由人类造成的痛苦。甚至部分持有较为极端观点的“废奴派”认为，不管基于什么目的、在什么情况下、用任何方式使用动物都是错误的，即使研究有很大价值，或者对动物是无痛的，只要把动物关进笼子里就是奴役，即使宠物也是一样。激进的动物权利者认为动物实验使动物遭受痛苦、使动物紧张甚至牺牲，侵犯和违背了动物的权利，是不道德的，因此，动物权利论反对任何形式的动物实验，甚至要求停止饲养经济动物、娱乐动物等行为。

但是，众所周知，动物实验承载的人类医学事业的意义，如果完全废除动物实验，必然又激起医学界的抵制，更会对人类健康带来直接的风险和威胁。因此，动物权利论所引发的伦理问题亟待解决。

（三）动物福利论

动物福利论是一种较为折中的观点。动物福利是指人类应该合理、人道地利用动物，要尽量保证那些为人类作出贡献的动物享有最基本的权利。动物福利论认为，动物实验能够促进人类生命医学的进步，促进人类整体的健康，因此，不反对人类对动物的广泛利用。但是，鉴于实验过程中动物要遭受不同程度的痛苦，动物福利论主张在利用动物进行实验研究的过程中，应关注动物的生存状态，提供适当的生存条件，减少其痛苦，即动物实验要符合动物福利的要求。

动物福利主义者也被称为“最低限要求者”。动物福利主义者要求尊重动物的生命尊严，他们可以忍受在一定条件下做动物实验，倡导对研究进行严格的限制与检查。他们认为是否进行动物实验要取决于研究潜在的价值、动物的痛苦程度和动物的类型，强调研究的可能价值应该要高于动物承受的痛苦或是做出的牺牲。

动物福利思想在生产者、消费者、科学家、政府等多方利益、观念、知识的冲撞与磋商中形成。1822 年英国国会通过了《防止残忍和不当对待家畜的法案》（简称《马丁法案》），这是世界首个禁止人类残忍对待动物的专门性法律，标志着动物福利事业的诞生。1926 年，伦敦大学兽医学院查尔斯·休姆（Charles Hume）教授提出“动物福利”术语，呼吁以科学方式解决动物问题。1964 年鲁斯·哈里森（Ruth Harrison）出版《动物机器》一书，暴露了集约化养殖和工业式农场经营中隐蔽的动物痛苦，进一步引发了社会各方长达十五年对于动物福利问题的辩论。经过各方长期争论和磋商，1979 年英国农场动物福利委员会（Farm Animal Welfare Council，FAWC）确立了农场动物福利的“五大自由”思想，为动物福利科学的研究确立了基本框架、指明了发展方向。

动物福利主义的“五大自由”思想包括：①免于饥饿和口渴的自由，即动物随时可以获得新鲜饮用水和食物来保持充分的健康和活力。②免于不适的自由，即为动物提供适当的环境，包括住所和舒适的休息区。③免于痛苦、伤害或疾病的自由，即对动物进行疾病预防、快速诊断和治疗。④表达自然行为的自由，即为动物提供足够的空间、适当的设施以及同类伙伴。⑤免于恐惧和焦虑的自由，即确保动物能够避免精神痛苦的条件与治疗。

综合来看，动物福利论是目前较多人支持的一种观点。人类中心论和动物权利论的立场较为极端，动物福利论则是一种较为折中的观点。它认为人类要在使用动物做研究的过程中给予动物更多的保护。它强调动物的基本权利、动物福利，要求研究者在遵守伦理原则的基础上开展动物实验，推进科学发展。

三、动物实验的伦理原则

（一）伦理原则的发展：从 3R 到 4R

医者仁心，对待动物也不应例外。生命无高低贵贱之分，对生命善始善终，不仅是人类对道德底线的维护，也是医者对健康事业的守护。法国科学家彭加勒（Poincaré）曾说：“即使对低等动物，生物学家必须仅仅从事那些实际上有用的实验，同时在实验中必须用那些尽量减轻疼痛的方法。”

1959 年，英国动物福利大学联合会（Universities Federation for Animal Welfare，UFAW）出版了《人道实验技术的原则》，书中将“痛苦”“人道”等伦理词汇定量化，同时界定了不人道的概念，以及不人道的来源、发生和预防。而且，书中提出了重要的实验动物的人道使用标准——3R 原则，即替代（replacement，R）原则、减少（reduction，R）原则和优化（refinement，R）原则。我国科学技术部《关于善待实验动物的指导性意见》（2006）认可并解释了保护实验动物的 3R 伦理原则。

1985 年，美国芝加哥“伦理化国际研究基金会”在 3R 基础上增加了“责任”原则，进一步构成了保护实验动物的 4R 原则。4R 原则既没有完全否定动物实验的必要性，同时也强调了对实验动物生命的维护和尊重，是解决动物实验与伦理道德矛盾的可行依据。

（二）4R 原则的主要内容

1. 替代原则 是指如果可能的话，使用其他的替代品来替代动物。常用的替代方法分为绝对替代和相对替代。绝对替代是指在实验中不使用动物，而使用没有知觉的实验材料替代活体动物，现在比较先进的做法是编写程序，运用计算机技术进行模拟实验，如细胞芯片的使用；相对替代是指使用低等动物或者动物的细胞、组织、器官替代高等动物进行实验，并获得相同的实验效果，如能避免活体操作就不要使用活体动物，能使用低等实验动物（鱼、蛙、鼠等）就不使用高等动物（猴子、猩猩等）做实验。

2. 减少原则 是指在科学研究中，要尽可能减少实验中使用动物的数量。通过科学的实验设计与样本量计算，在保证实验数据可以有效获得和进行统计分析的前提下，尽可能少地使用实验动物。避免不合理的实验方案和统计办法，提高实验动物的使用率。具体的方法如下：充分利用已有的数据（包括以前已获得的实验结果及其他信息资源等）；一（动物）体多用，重复使用；用低等动物，以减少高等动物的使用量；使用高质量的动物，以高质量换取少数量；使用正确的实验设计和统计学方法，减少动物使用量。

3. 优化原则 又称改善原则，是指在一定要使用动物做研究的情况下，通过改进和完善实验程序，尽量减轻动物的紧张感、疼痛感和不适感。参与实验的研究员、动物饲养员、动物实验操作者等人员应该接受相关培训、自身具备娴熟的实验技能，给动物创造一个好的实验环境或减少给动物造成的疼痛和不安，最大程度减轻动物痛苦，提高动物福利。其主要方法包括：①优化实验方案设计和实验指标选定，如选用合适的实验动物种类及品系、年龄、性别、规格、质量标准，采用适当的分组方法，选择科学、可靠的检测技术指标等；②优化实验技术和实验条件，如麻醉技术的采用，实验操作技术的掌握和熟练，实验环境的适宜等；③改善实验动物的居住环境以更适合它们的生存需要；④在需要结束实验动物的生命时，应该采取安乐死，为实验动物画好休止符，是对生命的尊重，也是对科学的敬畏。

4. 责任（responsibility，R）原则　是指所有科学家、研究赞助者和管理者乃至政府和代表人民的立法机构，都有责任保护动物，维护动物的福利，使实验动物仅用于绝对必要的（即没有其他方法可得时）、伦理学上得到辩护的以及所用数量和动物所受痛苦保持在最低限度的研究。因此，要求医学科学研究人员在动物实验中增强伦理观念，呼吁研究人员对动物要有责任感。不仅要加强从业人员的技术培训和考核，更要加强动物实验中的人性化教育，培养医学人文思想，在动物实验中通过“换位思考”的方式，考虑动物的感受，感知动物的伤痛，不把动物仅仅看作工具，而是将其视为真正的生命，对其施与负责任的实验操作。

综上所述，4R 原则要求动物研究要在法规和伦理的控制下进行，要求研究者正确并负责地将动物作为实验对象。4R 原则不仅可以减少实验动物的痛苦，而且有助于提高实验结果的准确性，为解决“动物实验”的伦理争论提供了一条可行的道路，既满足了科学发展的需要，又满足了人们对动物的道德关切。科学与伦理从冲突逐渐走向相对稳定，这是科学实践与更大范围的社会、政治、伦理等因素相互磋商的共同结果。

【复习思考题】

1. 医学科学研究伦理准则的主要内容有哪些？
2. 你认为人体试验的受试者应当由于参与人体试验项目而获得较高的补助吗？
3. 人体试验有哪些无法避免的内在矛盾？如何处理这些内在矛盾？
4. 关于动物实验的三种伦理观点，请思考它们的来源及文化背景。

（邓　蕊）

第十五章　伦理委员会与伦理审查

【导入案例 15-1】这样的药物试验能不能开展？

1998～2001 年，我国某市 593 名农民参与了韩国癌症中心医院与我国某名牌大学肿瘤防治研究所合作研究的药物试验，该肿瘤防治研究所主持人参防治大肠癌的药物试验——每天服两粒人参丸。试验药人参丸由当地卫生院分发给受试者。服药过程中，潘松（化名）于 2000 年 6 月脑出血死亡，2004 年 2 月，陈莲（化名）患尿毒症去世。潘松妻子在服药后常常感到头晕，血压非常不稳定。当地人民医院医生给她诊断时说“高血压患者不能服用人参”，于是她向当地卫生院申请“停服人参丸”。但该卫生院负责人竟然告诉她：“上面有规定，中途停服需要支付已经服过人参丸的费用（据韩国方面提供，免费服用的人参丸价值 3900 元）。”为了不去负担这笔昂贵的费用，潘松妻子坚持服药到试验期满。另外的服药者还有多人死亡。

讨论与思考：这项研究存在哪些伦理问题？如何防止涉及人的生物医学研究中再出现这样的不良事件？

当前医学创新快速发展，新兴技术面临诸多科技伦理挑战，以及国家要求提高仿制药质量，加快仿制药质量一致性评价工作，我国的仿制药、新药、新器械临床试验规模越来越大，研究者发起的临床研究项目迅速攀升，涉及的患者、受试者及健康受试者越来越多，其中还有很多国际合作研究项目。在这些项目的研究过程中，确保人类受试者的权利和福利成为越来越突出的问题。在人体试验中，知情同意和独立的伦理委员会是保护人类受试者的两根支柱。另外，需要对“受试者”概念进行一个简单的解释。我国在 2023 年《涉及人的生命科学和医学研究伦理审查办法》中第一次将参与研究的健康人和患者称为“研究参与者”，肯定了他们为科学做贡献的道德地位，过去的称呼是“研究对象”或“受试者”。在本章中，为使用方便仍沿用与“研究参与者”同义的“受试者”一词。

第一节　伦理委员会概述

伦理委员会是科技创新主体履行责任、开展科技伦理治理的重要载体，负责对生命科学和医学研究、医学技术创新等科技活动进行独立的伦理审查、监管、咨询和指导，为保护医学科技活动对象的安全与权益，维护医学科技活动目的、方案、过程和结果的正当性与合理性提供了制度保障。高质量的伦理委员会及高水平的伦理审查能够提升科技伦理治理能力，有效防控科技伦理风险，不断推动科技向善、造福人类。

一、伦理委员会的类型及性质

目前我国的伦理委员会有三种不同的类型，本章介绍的是第三种类型“机构伦理委员会”，因为这种委员会的设立最普遍，应用场景最广泛，审查内容最明确，实践价值最明显。本章简称为“伦理委员会”。

第一种类型是中央政府 / 地方政府成立的“医学伦理专家委员会”（Advisory Ethics Committee，AEC），一般是国家和省级卫生行政部门设立的专家咨询和政策研究组织，主要对涉及人的生命科学和医学研究中重大伦理问题进行研究、咨询和培训；对省级医疗机构开展的研究者发起的非以产品注册为目的的临床研究项目开展备案审核，对干细胞临床研究等特殊重大项目予以伦理审查；

指导和督促辖区内医学伦理专家委员会工作，并共同检查和评估机构伦理委员会工作，承担伦理咨询、指导、培训等职责。

第二种类型是“区域伦理委员会”（Regional Ethics Committee，REC），指为了提高伦理审查效率，保证伦理审查质量，在某个地域、学科领域或更广义的区域范围内成立的伦理委员会。区域伦理委员会最早源于欧美地区，主要有两种模式：一是在区域范围直接建立区域伦理委员会，二是依托现有机构伦理委员会，在其基础上成立区域伦理委员会；运营方式上，有的是政府主导的公益模式，有的采用商业模式。我国区域伦理委员会是为了满足生命科学和医学研究的伦理审查需要，近几年探索建立的新型医学伦理审查机制。2017 年，国家《关于深化审评审批制度改革鼓励药品医疗器械创新的意见》首次使用了区域伦理委员会概念，规定“各地可根据需要设立区域伦理委员会，指导临床试验机构伦理审查工作，可接受不具备伦理审查条件的机构或注册申请人委托对临床试验方案进行伦理审查，并监督临床试验开展情况”。同年出台的《药品注册管理办法（修订稿）》第五十七条规定：“申请人提出药物临床试验申请前，应将药物临床试验方案交由拟开展药物临床试验的组长单位的机构伦理委员会或委托区域伦理委员会审查批准。经药物临床试验组长单位或区域伦理委员会审查批准后，其他成员单位应认可审查结论，不再重复审查临床试验方案。”上述政策法规进一步明确了区域伦理委员会具有接受委托审查，承担多中心临床研究组长单位伦理审查的职责。

第三种类型是建立在高等院校、医院、科研机构和疾控中心中的“机构伦理委员会”（Institutional Review Board，IRB），我们通常简称为“伦理委员会”，主要负责所在机构的科学研究项目的伦理咨询与伦理审查、科学研究人员的伦理培训、医学科学研究的政策研究等工作。伦理委员会以规范生命科学和医学研究、促进科学研究诚信、保护受试者和实验动物权益为宗旨，依据国内外相关法规和伦理准则，遵循规范的审查流程，对涉及人的生命科学和医学研究、动物实验及其实施过程进行系统的、独立的伦理审查和伦理监管；同时为伦理委员会委员、研究者和医务人员进行医学道德、临床伦理和研究伦理培训，提升其伦理能力和伦理素养，促进良好的医学实践与科学研究创新。

伦理委员会不是行政决策部门，但是可以影响决策部门的决策，它不是权力机构，但却是权威机构。伦理委员会对科学研究项目的审查完全是独立的，它依据一定的伦理学规范、学术标准、人道主义原则来审查、决策、监督生物医学科学研究的方案、过程及结论，任何单位和个人不得干预伦理委员会的伦理审查过程及审查决定。委员会对科研项目进行审查是为了涉及人体的生命科学和医学研究能够在正确的道路上行进，而不是要阻碍其行进。其目的是维护人类受试者的健康利益和其他权益，体现生物医学科学研究“保护受试者”的根本宗旨。

二、伦理委员会的产生背景

1900 年普鲁士政府第一次从政府级别发布了规范人体试验的行政命令，明令禁止对孩童和无能者进行人体试验，并要求试验进行之前，研究者需要向受试者清楚说明试验的可能结果，同时应取得受试者本人的明确同意。即便如此，不幸的事还是在二战中的纳粹集中营和侵华日军 731 部队发生了。1946 年公布的《纽伦堡法典》（The Nuremberg Code）宣示医学人体试验的严肃性，要求全世界医学研究者秉持良知做科学家。但《纽伦堡法典》并不完全依赖于人的良知，而要求任何科学研究务必遵照法则来从事，因此它制定了 10 条人体试验的伦理原则。《纽伦堡法典》最重要的贡献，就是提出了人体试验的一条核心伦理原则——尊重原则，也就是自愿同意原则。自愿同意原则是指只有当潜在受试者在充分获知并且理解了试验相关信息的基础上做出同意的决定之后，临床研究才能开展。但是，二战后的美国、英国、法国等许多国家仍然发生了很多人体试验的不良事件。这些事实告诉我们，空洞的法律条文、苍白的道德规范并不能保障受试者的安全，也不能保证好的科学研究，对研究者、研究机构的外部监督就显得尤为重要了。

首次提出对医学科学研究进行伦理审查的文件是 1975 年《赫尔辛基宣言》的第一次修订稿，宣言第一部分第 2 条明确了要求建立“独立的委员会”（Independent Committee）的伦理审查机制，要求“以人体作为受试者的每一个实验方法的设计和执行，必须在实验报告中明确记录，并送一份至特别任命的独立委员会备案，以供考虑、评议和指导”。此后，诸多国际文件开始对伦理委员会的功能、意义、程序等有了越来越明确的要求。1993 年，国际医学科学组织理事会与世界卫生组织共同制订了《涉及人的生物医学研究的国际伦理准则》（2002 年修订），2000 年世界卫生组织制订了《生物医学研究审查伦理委员会操作指南》，2002 年世界卫生组织制订了《伦理审查工作的视察与评价——生物医学研究审查伦理委员会操作指南的补充指导原则》，2005 年联合国教科文组织颁布了《世界生物伦理与人权宣言》。我国国家食品药品监督管理总局、国家卫生计生委（国家卫生健康委）先后颁布了《涉及人的生物医学研究伦理审查办法》（2016）、《药物临床试验质量管理规范》（2020）、《医疗器械临床试验质量管理规范》（2022）、《涉及人的生命科学和医学研究伦理审查办法》（2023）等。这些国际、国内准则将对伦理审查的要求从一个宏观的概念逐渐演变为越来越具体细化的审查程序，来确保参与研究的人类受试者的尊严、权利、安全和福利，以及确保研究结果的科学性。伦理审查机制的地位逐渐得到巩固和加强，成为一般国际法规、各国相关法律及专业医疗组织共同采取的措施之一。

三、伦理委员会的组建

伦理委员会组建的合理性及规模的适当对于其功能的有效发挥至关重要。根据《涉及人的生命科学和医学研究伦理审查办法》的要求，综合参照国际惯例，结合实际情况，有效汲取国内外伦理委员会运作经验，伦理委员会在成员资格、多样性、人数、任命等方面有以下大致的规定和要求：

成员资格：对道德问题有兴趣，有丰富的实际工作经验，在社会和群众中享有正直、公正的声誉，有一定的文化修养和维护受试者权益的公众意识，并有一定的分析、判断、研究及处理伦理问题的能力。伦理委员会委员应当具备相应的伦理审查能力，定期接受生命科学和医学研究伦理知识及相关法律法规知识培训。

多样性：成员组成应多学科、多部门和多元化，要涵盖有关的知识专长，年龄和性别分布合理，有生物医学领域专家，同时也有一定比例的法学、生命伦理学等非生物医学领域专家，少数民族地区应当考虑少数民族委员。必要时，邀请社区代表、患者代表和特殊利益群体等外行人或独立顾问参与，受邀人及独立顾问对所审查研究的特定问题提供专业咨询意见，独立顾问不参与表决，不得存在利益冲突。

人数：可根据建立伦理委员会的机构规模大小及需要而定，人数不得少于 7 人，委员会根据需要还可下设专门小组。

任命：伦理委员会设主任委员 1 人，副主任委员若干人。由伦理委员会委员协商推举或者选举产生，由机构任命。

委员更换制度：应实行按期按比例轮换，以保持委员会工作的连续性和专业水平，并不断吸收新思想和新方法。伦理委员会委员任期不超过 5 年，可以连任。

四、伦理委员会的职能

（一）审查批准

经有关部门或机构授权，依照国内外相关法律法规和伦理文件，对授权范围内的生命科学和医学研究及其实施过程、特定医疗技术的临床应用进行独立的伦理审查、批准、管理和监督。做出批准、不批准、修改后批准、修改后再审、暂停或者终止已同意的研究的决定。确保生命科学和医学研究、特定医疗技术的临床应用有利于医学发展和社会整体利益，确保实验动物、受试者和患者的福利和权益得到有效保障。

（二）受理投诉

受试者可能在研究过程中产生各种担忧、质疑或抱怨，伦理委员会负责受理受试者的投诉，及时了解、调查、核实有关情况，处理、报告并向主要研究者反馈伦理委员会的处理意见，保证受试者的健康安全，维护其正当权益。

（三）教育培训

对伦理委员会委员、研究者、临床医生、患者及其家属以及社会公众进行伦理教育和培训，加强其伦理意识，丰富其伦理理论素养，提升其伦理实践能力。使其及时了解生命科学和医学研究、医疗实践的相关伦理法规政策，掌握必要的伦理知识和思维方法，自觉遵循和践行科研伦理原则。

（四）咨询指导

医学生命科学研究面临着多元道德选择和科技伦理风险，医学伦理委员会以专业的伦理思维与判断，针对相关伦理挑战和有争议的伦理难题，为临床医生和患者及其家属、研究者和受试者提供伦理咨询指导，为最佳临床决策和良好医学实践提供专业建议和伦理监管，指导医务人员和研究者负责任地开展医学科技创新活动。

（五）政策研究

在国家和地区层面上，为生命科学和医学研究、预防保健和医疗实践相关伦理法规政策的制定提供专业意见和指导；对医疗机构的发展战略、科研方向、利益分配、高新技术配比等重大问题提供专业的伦理资政建议。

第二节　伦理审查原则与内容

伦理委员会遵循本国的法律规定及国际一般准则对临床试验与科研项目的立项、研究程序、研究内容、研究过程和研究结果进行伦理审查。伦理委员会的审查完全是独立自主的，委员会必须不受到政治的、机构的、专业的及市场的影响，遵循和把握一些核心原则，审查覆盖全部重点内容，从而实现对研究者、受试者、社会公众的全部利益负责。

一、伦理审查的原则

伦理委员会通过对研究项目的周密审慎的伦理审查而实现其职责。在实际运作中，重要的是要把握伦理审查中的核心原则，才能使审查工作真正达到伦理学上的高标准。其核心原则特别体现在以下几方面：研究项目是否是为了解决与人类或本国、本地区有关的某个卫生保健问题；研究者是否真正把受试者的利益与安康放在第一位；研究者是否严格遵循了公正原则；研究者是否对受试者表现了充分的尊重，知情同意和保护隐私是否得到保证；研究者是否对利益 / 风险进行了认真分析，是否将利益增至最大而将风险降至最低；本研究项目在科学上是否可靠；本研究项目是否涉及利益冲突问题；本研究是否符合现行的法律和法规。

二、伦理审查的内容

伦理委员会的基本任务是审查研究方案及其支持文件，特别关注方案的知情同意过程、文件和方案的适宜性及可行性，还应考虑相应法律和法规的要求。根据 2023 年我国的《涉及人的生命科学和医学研究伦理审查办法》的相关规定，结合世界卫生组织在《生物医学研究审查伦理委员会操作指南》中对伦理委员会的审查内容的规定，伦理委员会收到申请材料后，应当及时组织伦理审查，并重点审查以下内容：

（一）研究方案的科学设计和执行

审查与研究目的有关的研究设计的合理性、统计方法学（包括样本量的计算）和用最少量的受试者获得可靠结论的可能性；受试者可能遭受的风险程度与研究预期的受益相比是否在合理范围之内；对照组的使用能否得到合理性论证；受试者提前撤出研究的标准；暂停或终止整个研究的标准；对研究实施情况进行监督审查的规定的适宜性，包括组建数据监督委员会与安全性监督委员会的适宜性；研究所在地的条件（包括辅助人员、可用的设施和紧急措施）是否充分；报告和出版研究结果的方式；中医药项目研究方案的审查，还应当考虑其传统实践经验。

（二）知情同意的程序与内容

知情同意书提供的有关信息是否完整易懂，获得知情同意的过程是否合规恰当；获取知情同意的程序，包括确定负责取得知情同意的人；给受试者或他们的合法代理人的书面和口头信息的充分性、完整性和可理解性；欲将无同意能力的人作为受试者的明确理由，以及为这些人的参与而取得同意或授权同意所作安排的详细说明；保证受试者在研究过程中可得到与他们的参与有关的信息（包括他们的权利、安全和福利）；是否有具备资格或者经培训后的研究者负责接收并答复来自受试者或其合法代理人的询问和意见的渠道。

知情同意书是伦理审查的重要文本，应当包括以下内容：研究目的、基本研究内容、流程、方法及研究时限；研究者基本信息及研究机构资质；研究可能给受试者、相关人员和社会带来的益处，以及可能给受试者带来的不适和风险；对受试者的保护措施；研究数据和受试者个人资料的使用范围和方式，是否进行共享和二次利用，以及保密范围和措施；受试者的权利，包括自愿参加和随时退出、知情、同意或者不同意、保密、补偿、受损害时获得免费治疗和补偿或者赔偿、新信息的获取、新版本知情同意书的再次签署、获得知情同意书等；受试者在参与研究前、研究后和研究过程中的注意事项；研究者联系人和联系方式、伦理委员会联系人和联系方式、发生问题时的联系人和联系方式；研究的时间和受试者的人数；研究结果是否会反馈受试者；告知受试者可能的替代治疗及其主要的受益和风险；涉及人的生物样本采集的，还应当包括生物样本的种类、数量、用途、保藏、利用（包括是否直接用于产品开发、共享和二次利用）、隐私保护、对外提供、销毁处理等相关内容。

（三）受试者的医疗保健和保护

在研究中或研究后准备向受试者提供的医疗保健；对受试者的医疗监督和心理 - 社会支持的充分性；受试者在研究过程中可以随时无理由退出且不受歧视的权利；如果研究过程中受试者自愿退出时将采取的措施；扩大使用、紧急使用和（或）出于善意而使用研究产品的标准；在研究后向受试者提供研究产品的任何计划的描述；受试者任何财政花费的描述；受试者的奖励和补偿[包括金钱、服务和（或）礼物]；由于参与研究造成受试者的伤害 / 残疾 / 死亡的赔偿 / 治疗的规定；对保险和赔偿的安排。

（四）征募受试者的途径和方法

选取受试者的人群的特征（包括性别、年龄、教育程度、文化背景、经济状态和种族）的合理性；准备采取什么方式开始接触和征募受试者；将所有信息传达给潜在受试者或其合法代理人的方式；受试者纳入的标准；受试者排除的标准；受试者的纳入和排除标准是否恰当、公平。

（五）保护受试者的机密

对于有可能接触受试者个人资料（包括医疗记录和生物标本）的人员的描述；保证受试者个

人信息保密和安全的具体措施。

（六）研究者的资质

研究者的专业、资格、经验、技术能力等是否符合试验要求；研究者的时间安排、精力等是否可以保证全身心地投入和指导研究项目；研究者是否涉及利益冲突，如研究者与受试者之间、研究者与伦理审查委员之间、研究者与申办方之间等的利益冲突。

（七）社区的考虑

研究对受试者所在社区的影响和意义；社区对个人同意是否参与研究过程的影响；研究对于社区建设的贡献程度，如提高当地的医疗保健、研究和对公共卫生需求的应对能力；关于研究完成后任何成功的研究产品在有关社区的可获得性和可承受性的描述；受试者与有关社区获得研究结果的方式。

第三节 伦理审查工作程序

伦理委员会按照本机构试验和研究项目的数量确定开展伦理审查的频率。伦理审查需要按照国家相关规范的要求，符合一定程序开展审查工作。

一、申请与受理

医学科学技术活动负责人，包括生命科学和医学研究的主要研究者，在项目开展前应进行科技伦理风险评估，向伦理委员会递交初始伦理审查申请。

研究者应该向伦理委员会提交以下材料：①临床试验或医学研究概况，包括临床试验或医学研究的名称、目的、意义、必要性以及既往伦理审查情况等。②临床试验或医学研究实施方案及相关材料，包括可能的科技伦理风险及防控措施和应急处理预案，临床试验或医学研究成果发布形式等。③临床试验或医学研究所涉及的相关机构的合法资质材料，参加人员的相关研究经验及参加伦理培训情况，临床试验或医学研究经费来源，临床试验或医学研究利益冲突声明等。④知情同意书、生物样本、数据信息、实验动物等来源说明材料。⑤遵守科技伦理和科研诚信等要求的承诺书。⑥招募广告及其发布形式，以及伦理委员会认为需要提交的其他材料。

伦理委员会收到申请材料后，应当及时受理、组织初始审查。保证每个委员在会前及时收到并有足够的时间审阅申请材料，包括通过参加网络视频会议审查的委员应收到申请材料的电子文本。

二、一般程序

伦理审查一般采取会议审查的方式，包括但不限于对临床试验或医学研究的初始审查和复审程序。初始审查是指申请人在临床试验或医学研究实施前首次向伦理委员会提交的审查申请。复审则包括再审、修正案审查、跟踪审查、严重不良事件审查、违背方案审查、暂停和（或）终止研究审查、结题审查等。为保证伦理审查效率，伦理委员会应在申请受理后的30日内开展伦理审查并出具审查意见，特殊情况可适当延长并明确延长时限。审查决定应及时送达申请人。

伦理委员会对审查的临床试验或医学研究可做出批准、修改后批准、修改后再审或不予批准等决定。修改后批准或修改后再审的，应提出修改建议，明确修改要求；不予批准的，应说明理由。审查决定应经三分之二以上到会委员的同意。申请人对审查决定有异议的，可向做出决定的伦理委员会提出书面申诉，说明理由并提供相关支撑材料。申诉理由充分的，伦理委员会应重新做出审查决定。

伦理委员会应对批准的临床试验或医学研究开展伦理跟踪审查，必要时可做出暂停或终止临床试验或医学研究等决定。跟踪审查间隔一般不超过 12 个月。

三、简 易 程 序

简易程序审查也称快速审查。伦理委员会主任委员指定两个或两个以上具有相关专业背景和经验的委员进行简易程序审查，并出具审查意见。简易程序审查结果应当在伦理审查会议上予以报告。

有下列情形之一的临床试验或医学研究，通常适用简易程序审查：①临床试验或医学研究伦理风险发生的可能性和程度不高于最低风险。②对已批准的临床试验或医学研究方案进行较小修改且不影响风险受益比。③前期无重大调整的临床试验或医学研究的跟踪审查。所谓的最低风险（minimal risk），主要指临床试验或医学研究过程中预期的伤害或不适的发生概率和严重程度不应该大于健康个体在日常生活中或进行常规体格检查、心理测试时遇到的伤害或不适。

在实施简易程序审查时，伦理委员会主任委员（或指定委员）可以履行所有职权。值得注意的是，简易程序审查并不意味着审查标准不同或降低审查标准，也不必然缩短审查时间，简易程序只是在程序上免除了会议审查。简易程序审查过程中，出现审查结果为否定意见的、对审查内容有疑义的、审查委员之间意见不一致的、审查委员提出需要调整为会议审查等情形的，应调整为会议审查。

四、专家复核程序

当前生命科学、生物医学、人工智能等新兴科技对人类的健康与生存发展可能产生较大的伦理风险挑战，为了加强科技伦理治理，国家权威部门发布需要开展专家复核的科技活动清单，纳入清单管理的科技活动，通过伦理委员会的初步审查后，报请所在地方或相关行业主管部门组织开展专家复核。多个单位参与的，由牵头单位汇总并向所在地方或相关行业主管部门申请专家复核。

2023 年我国《科技伦理审查办法（试行）》规定，如下七类科技活动需要开展专家复核程序审查：①对人类生命健康、价值理念、生态环境等具有重大影响的新物种合成研究。②将人干细胞导入动物胚胎或胎儿并进一步在动物子宫中孕育成个体的相关研究。③改变人类生殖细胞、受精卵和着床前胚胎细胞核遗传物质或遗传规律的基础研究。④侵入式脑机接口用于神经、精神类疾病治疗的临床研究。⑤对人类主观行为、心理情绪和生命健康等具有较强影响的人机融合系统的研发。⑥具有舆论社会动员能力和社会意识引导能力的算法模型、应用程序及系统的研发。⑦面向存在安全、人身健康风险等场景的具有高度自主能力的自动化决策系统的研发。

现代科技发展的日新月异决定了以上专家复核审查清单不是一成不变的，需要根据科技创新的发展情况进行动态调整。地方或相关行业主管部门负责组织成立复核专家组，由相关领域具有较高学术水平的同行专家以及伦理学、法学等方面的专家组成，不少于 5 人。伦理委员会委员不得参与本委员会审查科技活动的复核工作。复核专家应主动申明是否与复核事项存在直接利益关系，严格遵守保密规定和回避要求。

复核专家组应当做出同意或不同意的复核意见，复核意见应经全体复核专家的三分之二以上同意。地方或相关行业主管部门一般应在收到复核申请后 30 日内向申请单位反馈复核意见。伦理委员会应根据专家复核意见做出伦理审查决定。

五、应 急 程 序

伦理委员会应当坚持以最高的科学与伦理学标准对科技活动进行独立、客观、公正的审查，保证伦理审查的质量与时效。在突发公共事件等紧急状态下，应根据事件紧急程度实行分级管理，及时启动应急程序审查。

1. 审查时限　对突发公共事件等紧急状态的科技活动，应及时启动应急程序审查，一般应在72小时内实施伦理审查并出具审查意见，并不得降低伦理审查的要求和质量。对于适用专家复核程序的科技活动，专家复核时间一并计入应急程序审查时间。伦理委员会在正式受理应急程序审查申请后，应立即转发给各位委员。收到审查申请材料后，委员应尽快开展审查，并提交审查意见（最迟不超过48小时）。伦理委员会应在收到审查意见24小时之内，通过讨论形成伦理审查决定，并立即将审查决定传达给科技活动负责人。

2. 审查人员及审查方式　应急程序审查应有相关专业领域的委员参与。无相关专业领域委员的，应邀请相关领域顾问专家提供咨询意见。必要时，可以采用网络视频会议审查形式，委员应尽可能为应对突发公共事件等紧急状态的科技活动投入额外的更多精力。

3. 制度保障　伦理委员会应制定科技伦理应急审查制度，明确突发公共事件等紧急状态下的应急审查流程和标准操作规程，组织开展应急伦理审查培训。

任何涉及人的生命科学和医学研究必须接受专门的伦理审查。伦理委员会的产生经历了漫长的过程和惨痛的历史教训。伦理委员会的工作是独立的，任何单位和个人不得干预伦理委员会的伦理审查过程及审查决定。伦理审查目的是维护人类受试者的健康利益和其他权益，体现生命科学和医学研究“保护受试者”的根本宗旨。伦理审查要根据相关文件规定按程序进行。

【复习思考题】

1. 伦理委员会的职能有哪些？
2. 伦理审查的原则有哪些？
3. 知情同意伦理审查的内容有哪些？
4. 我国规定了哪七类科技活动需要开展专家复核程序审查？

（杨　昆）

第十六章 医院管理与卫生政策伦理

【导入案例 16-1】完美医疗卫生体系何在？

不论发达国家还是发展中国家，对于公平高效的医疗卫生体系探索从来没有停止过。《寻找完美医疗卫生体系》一书作者马克·布里特内尔（Mark Britnell）认为，世界上并不存在完美的医疗卫生体系，但如果存在的话，它看起来应该是这样的：英国的价值观和全民覆盖；以色列的初级保健；巴西的社区服务；澳大利亚的精神卫生和福祉；北欧国家的健康促进；非洲部分地区的患者和社区赋权；美国的研发；印度的创新、天分和速度；新加坡的信息、通信和技术应用；法国的选择权；瑞士的筹资和日本的老年照护。就规模而言，中国的改革是我所见过的世界范围内最大的成功，尤其是对普遍可及性的提高，中国在最短的时间内建立这一医疗卫生体系，是“史诗般的成就”。

讨论与思考：从医学伦理学的视角，评价2009年以来中国深化医药卫生体制改革所取得的成就，你认为还存在哪些方面的不足和问题？中国的医药卫生体制改革，对现代医院管理提出了哪些方面的管理伦理问题？如何理解医药卫生体制改革中的“公平与效率”“政府与市场”的关系？

在现代医学的完整体系结构中，临床医学科学和技术功能的发挥，依赖于作为社会建制的各级各类医疗机构、医药产品研发和生产机构等实体承担和完成，而社会医药卫生体系的运转，又要依靠作为社会制度构成部分的卫生保健制度和医药卫生政策的调节、治理和管控。因此，医学伦理学同样需要关注这些医学社会实体化领域的各种伦理问题，这些问题关乎医药卫生资源的合理配置，体现卫生保健制度是否公平，医药卫生体系如何设置和运行对社会成员的健康状况持续改善更为有利。

第一节 医院管理伦理

医院是现代临床医疗活动运行的主要载体。医院的设立与运行，与一个国家或地区的社会制度与法律规定具有直接相关性。医院既具有对社会公众开展临床诊疗和卫生保健服务的义务，也作为践行医药卫生体制主体承担着维护社会成员健康的责任，任何层级和类型的医院都需要以救死扶伤、治病救人为首要目的。医院作为社会建制的特定领域和行业，与一个国家和地区的社会经济、政治制度和文化传统等密切相关，这种相关性主要体现在与基于经济和政治制度所建构的社会医药卫生体制的类型和性质上。不同的医疗卫生保障模式，决定着这个国家或地区医院（医疗机构）的运行和管理模式。医院管理中的伦理问题，也需要在医院管理的不同层面和不同领域来认识、审视和评价。

一、医院管理的含义

医院管理是指遵循临床医疗活动和医疗实体机构运行的客观规律，从不同层级、不同类型医院的实际出发，运用现代管理理论和方法，对以医疗质量和服务水平为核心的医院内部以及与外部关系等各项工作全面规划、组织、协调、领导、控制和改革的实践过程。

伴随现代科学技术发展，20世纪中叶以来，医疗机构的现代化程度不断提高，现代医院已经发展成为由多个子系统构成的完整系统性实体，大型或超大型医院更是一个复杂的巨系统。世界卫生组织（WHO）认为，现代医院是社会和医学系统中一个完整的组织，其功能是为社会提供包括医疗和预防两个方面在内的完善的健康服务，这种服务需要从门诊延伸到家庭。WHO 还强调，现代医院的主要职责，是向社会提供各种不同类型的急性照护、康复服务和临终关怀，通过诊断与治疗服务，处理因疾病以及伤害和基因异常所造成的急性和慢性疾病；（部分）医院还提供用于疾病研究、教育和管理等用途的基本信息；医院日益加强与公共卫生部门和基层社区的紧密联系，在面向个人医疗护理传统服务的基础上，优化医疗卫生资源的使用，促进和保护个体和群体的健康。医院在社会卫生保健系统中也扮演着不可替代的重要角色。要承担这些责任，医院不仅需要以现代化发展为目标，而且需要以现代化的软硬件武装自身。例如，体现现代医学发展特点的医疗设施、诊疗设备、就医环境等，特别需要造就一支具备临床医学胜任力的高素质、高水平的专业队伍。随之而来的是对医院提出了科学化、系统化管理的一系列现代标准和更高要求。

现代医院的系统化，决定了现代医院管理必然是系统化、整体化和科学化的管理。现代医院系统是由总系统和多层级的分支系统或子系统构成的完整系统，不同层级的系统和子系统又由多方面要素以特定的结构构成。在整个现代医院复杂的管理系统中，从管理对象和管理领域分层和分类的视角看，医院管理总系统由若干专业和领域的分支管理子系统构成，这些子系统同样也由自身序列中的子系统构成，这些子系统都是分层管理的要素。各子系统都是围绕总系统所设定的管理目标来构成医院完整的管理系统。医院管理包括组织管理、专业管理、经济管理、人文管理等几大类，其中组织管理的子系统主要包括医院党务管理、发展战略（规划、计划、目标）管理、行政科室管理、人力资源管理、医院后勤管理、信息系统管理等；专业管理的子系统主要包括专业科室管理、医疗质量管理、护理管理、药事管理、科研工作管理、教学工作管理、学科建设管理等；经济管理子系统主要包括医院财务管理、医院全员成本核算、医院绩效管理等；人文管理是现代医院管理相对较新的领域，其他几方面类型的管理都可以纳入人文管理的视野，人文管理包括伦理管理、医院文化建设及管理、医务人员临床人文胜任力评价与管理、医学继续教育与终身教育管理等。管理系统和子系统的划分只具有相对性，医院管理系统是一个整体，各系统和子系统同样都以各种系统性要素构成。任何医院的管理，都需要遵循系统论的整体性、结构性、非加和性和开放性等基本原则，从医院自身的实际情况出发，将所有的系统要素（子系统、分支系统）以科学和合理的结构建立起运行机制，高效率、高质量地配置好医院各类资源，达到医院发展的目标。

在现代医院管理系统中，有几个方面属于管理的核心内容和重要领域。这些领域中的伦理问题，也属于牵一发而动全身的管理伦理问题。一是医院的发展战略管理。这是医院总系统管理的根本性内容，医院的发展规划、发展定位、发展方向、发展目标、发展路径等都需要纳入医院发展战略管理的视野，现代医学科学和临床技术的不断进步，对各级各类医院的发展都形成了挑战和提供了机遇，医院的发展需要不断进行各方面的改革，长远发展战略、阶段性发展规划和工作计划等，就成为医院管理的重要方面。二是临床诊疗系统。这是医院总系统中最主要的分支系统，这一系统的突出特征是其医疗专业特性，它由门类齐全的若干专业学科以及综合性、技术性的诊断、实验、药物和手术等类型的科室共同构成的，可保证医疗质量和医疗活动有序高效运转。三是医疗质量管理。这是现代医院管理的重要构成部分，这方面的管理关涉医疗技术、医疗服务各环节和医院日常运行的全过程，也与医院的医疗技术和服务水平带给患者的诊疗结果和心理感受直接关联，医疗质量直接关系到医院的信誉和效益，是现代医院管理的重中之重。世界卫生组织认为，医疗质量概念从医疗服务提供方角度可以界定为，“卫生服务部门及其机构，利用一定的卫生资源向居民提供医疗服务，以满足居民明确及隐含需要的综合能力”；从需求方角度则可以定义为“患者实际获得的医疗服务与期望所得的医疗服务之间的差距”。

二、医院管理中的主要伦理问题

医院管理中的伦理问题，主要是指医院管理系统及其结构本身以及管理系统运行过程中所产生的、需要从道德意义和伦理视角反思和评价的种种问题。医院管理系统的复杂性，决定了医院管理中的伦理问题也复杂多样。医院管理中的伦理问题，不仅体现在医院管理系统的各个环节和整个运行过程，也体现在医院管理主体行为中以及主体与管理对象的关系上。

（一）医院发展战略管理及目标设定中的伦理问题

现代医院管理首要的和基本的任务，是制定医院发展战略和设定不同阶段的发展目标。而这项管理工作中最根本的问题，是在发展战略的制定中嵌入正确的医学伦理理念，以此体现医院发展的道德价值选择，为医院的系统化管理注入奠基性、根本性的、具有统摄和引领作用的医学伦理、生命伦理观念。发展战略是对医院未来发展做出全面、整体和系统性规划，医院所有具体工作及其管理，都以这一发展战略为基本依据和发展方向，医院各方面工作的开展，都要体现和遵循发展战略所做出的部署和安排，发展战略一旦确定，规划的实施、路径的选择、目标的实现，都要通过具体的管理和执行过程来落实和达成。蕴含在发展战略中的医学伦理观念，会以一种无形的伦理力量渗透到落实战略规划管理进程的每个阶段和每项工作。

管理视域中的医院发展战略制定与发展目标设定的伦理问题，主要体现在两大方面。一是医院为什么和为谁发展的问题。从医学伦理学的视角看，这一问题属于医院管理伦理的本体论问题。任何类型和层级的医院在其发展战略的制定中，都需要明确医院的社会站位和价值导向，鲜明地确定医院的发展到底为了什么和为了谁。这是发展战略所秉持伦理立场和价值导向的体现，也是医院管理体现在发展战略制定上的必选项，这一选项与医院所处的社会环境、社会政治、经济制度和医学文化传统等有密切关系。在一定意义上说，医院发展战略和目标中所体现的伦理立场，不单纯是医学伦理问题方面的，也是具有政治、经济、科技和文化伦理等多方面的社会伦理特征的伦理立场。二是医院发展战略从理念、规划和制度等文本形态向实施、执行、成效和评价等实践形态转化过程中的管理伦理问题。医院的发展战略制定和发展目标的设定，是对医院发展总系统和不同层级分支系统以及各种要素统筹考量进行科学设计和精心策划的结果，大量的医院管理伦理问题，会出现在这一战略性规划的落实和实施过程中，蕴含在发展战略中的伦理理念要通过具体的管理程序和管理过程在各项具体工作的管理环节、细节中体现出来，如发展战略所规定的“生命至上”“患者至上”的医患关系伦理原则，如何体现在各分支系统的管理工作中，就需要结合本部门、本领域的工作，进行管理上的具体策划和细节设计，将发展战略的管理意图通过具体的管理工作落到实处，让患者及其家属切实从医院管理中感受温暖并在诊疗疾病和维护健康上实际受益。

（二）医院管理系统的结构性伦理问题

医院管理总系统的有效运行，依赖于不同层级的管理分支系统合理的结构构成，任何一级的分支系统，相对于它的上级系统而言，都是结构构成的特定要素。在医院管理的整个系统构成及其运行过程中，任何一个结构性要素出现有悖伦理或主体道德的问题，都会造成整个系统在管理上出现摇摆或失衡。例如，某个科室乃至医务人员个体在医患关系处理上出现伦理问题，假设在知情同意环节不能按照相关规范与患者及其家属进行有效沟通，不能让患者及其家属充分了解和理解疾病诊疗过程中可能存在不可预测的医疗风险，不能正确引导患者及其家属确立必要的风险意识和自身的责任观念，而医务人员如果没有做到按照规程进行有效告知，履行必要的法定程序，遵循相关的临床道德规范，充分了解患者及其家属在诊治上的认知情况和基本态度，就可能因为某一个临床医患纠纷个案，导致医院管理在道德和法律上的被动，看似伦理问题出在个别环节和特定要素上，但因为这一要素关乎医院与社会的关系，会带来对医院管理总系统的强烈扰动，甚至造成医院整体管理上的被动。

（三）医院医疗质量管理中的伦理问题

医疗质量是医院整体管理系统中的核心管理领域，医疗质量管理的伦理问题主要反映和体现在医疗技术管理、医疗服务管理和医院日常管理等方面。

第一，医疗技术管理是医疗质量管理的核心。生物医疗技术是诊断治疗疾病、维护患者生命和健康的根本手段，从医学伦理的角度看医疗技术的管理，并不单纯是就技术本身进行管理，而是就技术水平的提升、传统技术的常规运用、新技术的临床应用、临床技术的创新等进行伦理上的规范、引导乃至管控。临床医学领域是运用现代各类新技术的广阔领域，围绕生命、健康和疾病诊治的各类技术研发，始终是人类技术开发的核心领域，基因技术、医疗大数据、医疗人工智能、干细胞技术、器官移植技术、辅助生殖技术、临床影像技术、临床生命支持技术等，对传统临床技术带来冲击的同时，也对临床诊治和健康维护发挥着前所未有的作用，而这些新技术在临床诊疗实践中的广泛运用，引发或产生一系列生命道德和医疗伦理问题，这些问题对医疗质量的影响是深层的乃至不可预测的，因此，临床医疗质量的管理，需要借助技术运用的伦理审查作为医疗质量管理的基本保障。常规医疗技术的管理，尽管这些技术所蕴含的伦理问题不像各类高新技术那样鲜明和突出，但是遵循临床伦理基本原则、专业伦理规范，同样是保障临床医疗技术质量不可或缺的手段。任何临床技术的质量保障，都需要在管理层面充分关注和考虑到相关伦理因素的影响，将伦理因素作为医疗技术管理的内在要素纳入管理的视野和整个过程。

第二，医疗服务管理是医院质量管理的关键。临床医疗的所有活动和医务人员的职业行为，是围绕如何为患者及其家属提供医疗和保健服务运转的。医院层面，医疗服务管理主要体现为“人性化”管理，人性化在医疗服务管理中是必须确立的基本理念。所谓人性化管理，是指把“生命至上”“患者至上”作为一种基本理念固化在医院质量管理的全领域和全过程，作为医务人员职业精神的内在要素体现在服务患者的专业行为中，把医疗服务转化和体现为一种人性化的医疗过程，就是把对生命的尊重、敬畏和热爱作为任何医疗活动的价值选择和行为遵循；不同专业、不同科室的医疗服务管理层面，主要以体现人性化管理理念的规范系统和方式对具体的医疗服务过程发挥作用。不同科室和不同专业，所提供的医疗服务虽然具有共性，但是也各具自身特色，这一层面管理伦理主要体现在特定专业或科室如何将医疗服务的规范化与灵活性有机结合起来，疾病和患者个体的复杂性，决定了医疗服务过程既要遵循基本伦理原则和规范，又要从患者和病情的实际出发，如出现知情同意的正常情况，也可能出现知情不同意的特殊情况，这就会对科室的医疗服务提出管理上的伦理要求；医务人员个体层面医疗服务的最大特点，是每个医务人员都要直面患者及其家属，因此，医疗服务管理的伦理问题主要体现于医患关系中。医疗服务管理意义上所蕴含的医患关系伦理问题，体现为医务人员在职业活动和行为过程中如何服务于患者的一种单向关系。在医疗服务管理的医院和科室层面，在诊疗过程中如何服务患者一般都有明确的伦理规范，但是在医务人员个体层面，如何真正做到全心全意服务患者，最根本的是将外在规范内化为主体的职业道德认知和与自觉行动。在管理意义上，主要是营造良好的医院和科室的职业伦理生态，让每一个工作在这种特定医疗环境中的医务人员，不仅要真正懂得和把握伦理规范及其在临床医学活动中的意义，而且自觉地服从医学伦理规范，通过管理过程，培育医务人员的医学道德习惯，养成将患者的健康利益放在首位的职业意识，在医务人员个体层面充分体现由德性自觉转化为德行职业伦理的过程。

第三，医院日常管理是医疗质量管理的基础，同样蕴含着诸多方面的管理伦理问题。医疗日常管理即医疗管理与护理管理、药事管理等构成的医疗质量管理的完整体系。医疗日常管理涉及医院各科室、部门的各类常规性工作，也涉及以医务人员为主体的医院全体员工的职业行为以及工作期间的非职业行为等多方面的管理问题。医院日常管理通常依赖于制度化、规范化管理，这些制度和规范的制定，应当是相关的伦理原则、规范与本院、本单位、本部门实际结合的结果，这些管理制度要具备医疗职业道德的引导性、约束性和评价性。医院日常管理属于医院整体管理的基础性管理，属于整个医院有序运转的“微循环系统”，任何一个科室或部门的工作虽然具有相对独立性，但又都是医院整体的特定要素构成，在保障医疗质量过程中都具有自身的功能和肩负各自的责任，事事处处以保障医疗质量为己任，是蕴含在医院日常管理中的责任伦理问题。医院日常管理的范围和尺度具有一定的张力，表面上看，一些科室或部门的工作，不与患者及其家属直接关联，虽然属于医疗管理范畴，但是属于事务性管理，如门诊预约挂号管理，信息化医疗质量监管，门诊首诊负责制管理，午间、双休日以及节假日门诊管理等。这些都属于医疗质量管理的重要基础性工作，其蕴含的管理伦理问题主要体现在，是否真正确立以患者为中心的优质服务理念，并真正将其作为各单位、各部门、各项工作的基本伦理原则，无论所承担的工作性质是否与患者及其家属直接接触，这种理念都能够统摄各项工作的实践过程。

三、现代医院管理的伦理要求

（一）医院管理要贯穿和运用医学伦理基本原则

医院是现代医学最主要的实践场所，也是体现和达到医学目的主要领地，在现代医院管理的诸多方式和手段中，医学伦理是最需要融入管理过程、管理目的、管理手段的方式，而且要贯穿医院管理全领域、全系统与全过程。医学伦理对医院管理的介入，首要的是要把国际上达成共识的医学伦理基本原则，同样作为医院管理伦理的基本原则，结合医院的管理工作实际，作为医院管理的价值观和根本的职业道德标准。相对于医院管理伦理原则来说，医学伦理基本原则处在上位原则地位，一定意义上说，医院管理伦理原则，虽然也要将尊重、不伤害、有利和公正等作为基本伦理原则，但作为医院管理伦理基本原则，这些原则要体现管理特性并运用于管理过程。例如，尊重原则，对生命、自主、人格以及隐私的尊重，既要体现在相关管理制度中，也要成为衡量各部门、各科室和医院各类主体职业行为的标准。

（二）医院管理主体要具备伦理管理意识

包括伦理管理在内的人文管理，已经成为现代医院管理的重要构成部分，医院各层级的管理主体，特别是医院的顶层管理者，需要具备自觉的伦理管理意识。所谓伦理管理，是将伦理要素作为管理手段和纳入管理过程的一种管理方式。伦理管理并不独立存在于医院管理体系之外，而是作为医院完整管理体系的构成部分；但伦理管理主要是运用道德手段引导和制约管理对象，也具有管理上的独特性，特别是在诸如临床医学科研、医患关系、临床新技术运用、临床药物与设备采购等领域，都需要进行伦理论证和道德监督，从而与法律法规并用，发挥伦理管理的功能和独特作用。特别是在一些涉及生命伦理问题的领域，医院管理过程中要格外加以关注。生命伦理问题大多属于医疗新技术应用引发的问题，如何评价这些问题，伦理标准尚在讨论中，这也给伦理管理增加了难度，一些问题属于悖论性伦理问题，需要在医院管理过程中确立伦理标准，搞好伦理审查，从医学伦理基本原则和本院实际的结合出发，切实解决好医院管理实践中的各类伦理问题。

（三）医院管理要不断提升伦理管理胜任力

现代医院管理需要把未雨绸缪、防患于未然、居安思危作为管理目标之一，在伦理管理意义上，则是要在医院管理中强化伦理风险防范意识，预防在管理的各环节和全过程中发生各类因伦理审查和道德制约缺失引发的种种问题。尽管伦理管理只是整个医院管理的特定构成部分，并不能取代整个管理体系，但是伦理风险可以发生和渗透在管理对象的各个方面和各个环节。例如，涉及人的临床试验研究，就是充满医学伦理风险的领域，如果不能在医院管理体系中将该领域的伦理监管纳入视野，虽然相关的法规已经颁布实施，但是临床科学研究的伦理边界需要在管理工作中时刻把握好。医院管理实践中的伦理问题十分复杂，需要管理主体不断提升伦理管理的胜任力，要真正认识和掌握相关的基本理论，并能够将理论运用于对管理实践的指导，面对各种复杂的问题，能够运用伦理手段加以分析和解决，并在实践中不断提升伦理管理的胜任力。

（四）医院管理要充分发挥医学伦理委员会的作用

医学伦理委员会已经成为现代医院管理的标配机构。医学伦理委员会应当成为医院管理的特定部门，负责处置和解决医院内部以及与外部关系中的各类关涉伦理性质的问题。或者说，现代医院需要把以往只作为一般管理来处理的问题，纳入伦理委员会的职责范围，从医学伦理学的角度探寻问题的根源和寻求解决问题的方案。医学伦理审查的各项工作是由伦理委员会承担的，医学伦理审查本质上也属于医院管理的构成部分，设有伦理委员会的医院，要把医学伦理审查纳入管理工作范畴，依托伦理委员会代行部分涉及临床医学伦理的问题，使现代医院管理走向更加专业化、科学化和合理化的趋势。

（五）医院伦理管理要与依法管理相结合

现代医院皆为法人单位，承担国家和社会赋予的专业职能是一种法定义务，依法管理医院是对现代医院的基本要求。医院的伦理管理和治理与依法管理和治理相辅相成、互为条件。依法依规是医院管理的基本遵循和底线要求，依法行医决定了必须依法管理医院的各项工作。当代医学和卫生法律法规日益健全，法律法规的强制性和不可妥协性决定了医院管理上依法依规的不可动摇性。但医学和医院环境的人文特性，又决定了医院需要基于人性化的、有温度的管理，伦理管理和治理正是对法律严苛性和底线性的弥补。相对于法治化的医院管理而言，伦理管理是基于道德引导和约束的、在科技手段与德性、德行之间有一定张力的管理手段。

第二节 卫生保健制度伦理

卫生保健制度是社会经济制度、政治制度的重要构成部分，也是一个国家或地区健康文化的直接反映。建立与否和建立什么样的卫生保健制度，反映着这个国家和地区在公民健康保障问题上公共政策的价值指向。卫生保健制度的建构、改革和实施过程，蕴含着多方面的医学、生命和健康伦理问题，这些伦理问题既是制度伦理和责任伦理问题，也是政治伦理和经济伦理（卫生）问题。认识和了解卫生保健制度伦理，是医学伦理学学习和研究的重要内容。

一、卫生保健制度概述

卫生事业管理学这样定义“卫生保健制度”这一概念：卫生保健制度（health care system）是政府对国家卫生事业实行宏观管理的一种形式，是卫生费用筹集、分配和支付方式以及卫生服务提供途径的总称。它是一个国家的文化、经济和政治特征总的反映，也是政府及政党对国家卫生事业政策导向的体现。这种制度也是指一个国家或地区为解决居民防治疾病问题而筹集、分配和使用医疗卫生保健费用、资源而采取的一系列综合措施。卫生保健制度与医疗保健制度、医疗保险制度、健康保险制度、健康保健制度、疾病保险制度等，属于同类概念的不同表述。

人类社会从近代向现代的演进中，在社会健康价值目标的导引下，一些国家或地区大都从本国、本地区的实际出发，力求建立一整套与本国、本地区政治、经济、文化和人口健康水平基本适应的卫生保健制度。据统计，世界卫生组织194个成员国中，约有90个国家建立了覆盖全体人群的卫生保健制度，约占全世界国家和地区总数的40%。任何卫生保健制度都不具有绝对的普适性，但各有自身特点和优势，对不同发展水平的国家和地区以及医疗卫生价值观念存在差异的国家或地区来说，任何卫生保健制度都不可能是完美的。追求卫生保健制度不断完美的努力，一直在很多国家和地区通过卫生保健制度的改革过程体现出来。

一般来说，完整的卫生保健制度包括四个主要构成部分，即医疗财政制度、医疗提供制度、医疗产业制度和公共健康制度。如果将卫生保健制度看作一个总系统，这四方面制度则是分支系统或子系统，这四个分支系统之间紧密相关、彼此影响、相互作用，以一种复杂的结构构成卫生保健制度总系统。各个子系统下面所形成的具体规程和运行机制又极具技术化和极强的实践性与操作性。从系统性结构构成角度认识和看待卫生保健制度，是认识这一制度的一个特定视角，这是基于福利经济学、卫生经济学对卫生保健制度构成要素的科学研究所形成的结论。卫生保健制度有以下几个方面的主要特征。

其一，卫生保健制度是一个以社会政治制度为基本规定性的、社会经济制度和经济发展水平作为基本支撑的、社会文化特别是社会健康和医学文化作为必要条件的、举社会多方力量并由全民参与的社会健康保障及其实践系统。

其二，卫生保健制度是一个庞大的分层与多维统一的政策系统。卫生政策学用卫生系统宏观模型（macro model of health system）对其进行描述。这种模型将卫生系统的结构分为两个不同的层次或子系统，即社会外部环境与条件（也称为卫生系统外部子系统模型）和卫生系统内部要素与结构（也称为卫生系统内部子系统模型）。外部子系统是行为系统的外在动力，包括经济发展水平、政治结构、社会文化、人口需要、环境和行为习惯等；内部子系统是系统内部的行为动力，主要包括结构、过程、系统结果和健康结果、子系统模型间相互影响制约形成的动态平衡过程，遵循一定的程式，投入的卫生资源通过特定服务过程产出相应的结果。这一系统模型的实际构成和运作过程非常复杂，主要表现在该系统所提供的服务种类繁多，所服务的对象十分广泛，这种服务具有技术或知识密集和劳动力密集两类特征，不仅要对种类繁多的服务提供完善的技术规范，还必须针对每一个不同的个体随机实施治疗或健康保健等；这个系统所提供的服务，不仅具有科学技术责任，同时还兼有重大的社会责任；这一系统具有开放性的显著特征，与社会系统具有广泛和深入联系的同时，内部子系统之间联系密切又相互制约。

其三，卫生保健制度的实施是一个社会多方参与的医疗卫生实践系统。卫生保健制度不能停留在制度设计和文本形态上，要靠整个社会和行业乃至个体的参与来实际运行，最终都要通过不同层级的制度、程序、途径、标准和方法转化为可操作、可支配、可运用、可评价的实际运行过程，并最终以社会人口的健康成效来检验。

综上，卫生保健制度本质上是一种社会福利性质的保障制度，其以作为公共产品向社会广泛、公平地提供医疗卫生服务为目的的、由国家主导并以多层次制度和政策形式所确立的、以医疗卫生领域内部多方面要素的综合、协调、交互作用和有效运行为特征的、以社会成员的总体健康水平和生命质量的持续提升为标准。

伦理因素在卫生保健制度中的作用，并不只是表现在对制度运行结果的评判上。相对于制度中那些复杂的、有形的要素来说，伦理因素在这个制度建构和运行中若隐若现。本质上看，这一制度及其运行是社会最大规模的生命道德实践活动，卫生保健制度及其实际运行过程，通过承担起社会健康的责任而达到推动社会发展和人类进步的目的。正是为了维护公众的健康权利，社会才构筑这样一个本质向善的生命道德系统，以一种福利制度的方式追求生命平等和健康保障上的社会公正。因此，卫生保健制度是以社会福利制度形态体现的社会经济制度的构成部分，其本质上是一个医疗卫生经济伦理体系，从实践形态上看，它是特定领域的经济运行体系，更是全民参与的、追求人的健康公平和生命价值的道德运动。

二、国际基本卫生保障模式及伦理评价

不同国家的卫生保障模式大体上可以分为四类：国家医疗保障模式、社会医疗保障模式、个人储蓄健康保障模式和混合型医疗保障模式。不同类型的医疗保障模式，在保障本国或本地区居民健康中发挥了重要作用。但是这些模式也都存在各种各样的问题。

（一）国家医疗保障模式

这是由国家或地区通过立法方式所确定的一种面向所在国家或地区的全体居民提供公平、可及的医疗、预防、保健、康复等服务的制度及运行体系。这种模式的资金一般是通过税收渠道获得，或者通过举办公立医疗卫生机构，或者政府以购买私人的医疗服务作为基本的运作方式。

实行这种模式的国家主要集中在西欧、北欧和大洋洲的一些发达国家，作为一种卫生保健制度，其管理形式并不完全相同，有国家集权管理和分权管理两种模式。英国国民卫生服务体系（National Health Service，NHS）创立于1948年，是全世界第一个全民医疗体系，当时被认为是“世界上迄今出现的最大的社会服务实验”。

（二）社会医疗保障模式

这一模式是通过国家立法强制性要求雇主和雇员按照工资的一定比例向疾病保险基金缴纳保费（或社会保险税）的筹资形式所建立起来的一种健康保险制度。这种保险制度除具有法律的强制性特征外，还具有互济性和补偿性的特点，政府拿出一定比例的保费酌情补贴社会弱势群体加入健康保险，从而使这一体系覆盖所有的人。部分西欧发达国家和中东欧的国家，以及亚洲的日本采用的是这种类型的卫生保健制度。社会健康保险基金实行社会统筹、互助共济、以收定支、收支平衡原则。健康保险的管理机构有些是社会自治的非营利性疾病基金会，有些是政府集中管理的机构。1883年德国成为世界上第一个建立疾病保险基金的国家，之后逐渐扩展成为覆盖全民的医疗卫生体系。德国社会医疗保险的特点，主要体现在团结互助、权力下放和社团主义几个方面。社会医疗保险覆盖了85%的德国人口，2009年以来，加入社会医疗保险或私人医疗保险成为强制性要求。

（三）个人储蓄健康保障模式

这一模式是通过国家立法强制性地以家庭或者个人为单位建立医疗储蓄基金，用于支付日后患病所需医疗费用的一种卫生保健制度模式。这一模式的最大特点是融合健康上的个人责任和社会力量为一体建构社会医疗卫生福利体系。新加坡是实行这种模式的代表性国家。新加坡政府运营着保健储蓄（medisave）、健保双全（medishield）和保健基金（medifund）三大医疗保险项目。新加坡医疗保障方式的实践证明，这种模式是世界上较好的卫生保健制度，不仅社会人口的整体健康状况明显占优，而且最大的特点是国家的医疗卫生支出仅占国内生产总值（gross domestic product，GDP）的4.6%，这一数字从新加坡独立建国以来几乎没有发生过改变，而在这样投入占比较少的前提下，新加坡成为世界级的医疗卫生、临床研究、生物技术和生命科学的产业中心。

（四）混合型医疗保障模式

这一模式是基于市场与政府的双重作用，对不同人群分别采用商业保险体制和政府向特定人群、弱势群体提供医疗保健或医疗救助的方式所建立的一种社会健康保障制度。市场化健康保险形式包括商业医疗保险和私人医疗保险，几乎所有的国家和地区都建立了市场健康保险制度，大多作为国家或社会卫生保健制度的补充，在国家或社会卫生保健制度之外满足有特殊卫生保健需要的人群。目前只有美国将商业保险体制作为卫生保健的基本制度。美国约有60%人口的医疗保健都通过市场提供，保险方、投保方和医疗服务供给方签订合同，明确各自的权利和义务。筹资渠道主要是通过投保人个人缴费和私营机构筹集资金完成，医疗服务由公立医院和私立非营利医院、私立营利医院或开业医生等通过市场提供。医疗费用由保险机构与医疗机构结算，政府通过制定法律、规范监督保险合同各方履约。但联邦政府向65岁以上的老人提供“医疗保健”（medicare）和向低收入家庭提供“医疗救助”（medicaid），这部分人群约占美国总人口的20%。

（五）不同医疗保障模式的伦理评价

上述四种不同类型的医疗保障模式在不同国家和地区的建立，以强大的经济基础作为制度实施和运转的后盾，在保障本国或本地区居民健康中发挥了重要作用。但是这些模式也都存在各种各样的问题，从20世纪80年代开始，各个国家大多在通过改革进一步完善和改进卫生保健制度，以解决多年运转后所面临的两大难题：一是社会医疗卫生成本不断上涨带来的国家或地区财政不断增加的巨大压力，医疗卫生事业可持续发展所面临的困难；二是伴随社会进步而来的社会成员对医疗卫生需求和服务质量要求的不断提高，医疗卫生资源配置得不够合理甚至不公平的问题，社会巨大的经济投入导致社会各界对卫生保健制度多有诟病，部分社会成员获得感并不明显。

从医学伦理学的角度看，这些卫生保健制度所存在的问题是多方面的，以不同的形态存在于各种模式中，如医疗卫生资源发挥作用的效率问题以及与此相联系的在管理上引入竞争机制的问题、公平的可及性问题、对应老龄社会到来的问题、人类疾病谱明显变化的问题、医疗照护质量提升的问题、现代医疗管理制度重构的问题等。很多国家针对这些问题所进行的改革，在一定程度上对原有体制有所改良。但是国际社会认为，这些改革存在的最大问题，是对健康和卫生服务的公平性仍然关注不够。1998 年第 51 届 WHO 大会宣言明确指出，“健康是一项基本人权，改善所有居民的健康是社会经济发展的终极目标之一，而促进社会卫生保健的公平性和公正性，是实现这一目标的重要措施”。

解决卫生保健制度所面临的种种问题和来自多方面的挑战，需要创新医疗保障模式。世界经济论坛的报告《大转型：创造新模式》通过讨论老龄化、生活方式和公众期望等因素导致医疗卫生保健体系负担过重的问题指出，从医疗卫生体系筹资问题的严重性来看，增量解决方案可能不足以解决问题，全球对医疗卫生体系新模式应当建立共同愿景。医疗卫生领域的商业模式、服务模式等需要更多的全球研究、开发与合作，医疗卫生领域可持续性的改革总体上呈现进展缓慢、碎片化及存在种种困难的局面，支付方、服务提供方、患者、专业人员、政策制定者、政治家、伦理学家、公众、媒体等社会各方缺乏协调性，这是创新乏力的主要原因之一。从政策和实践两个方面，卫生保健制度呈现碎片化倾向，阻碍了医疗提供高质量的服务，也影响医疗卫生的可及性，还会造成有限医疗资源的浪费。如何整合医疗卫生保健体系所涉及的多领域和多机构的作用，彻底解决碎片化的问题，是医疗卫生体制改革的重要任务之一。

高质量的医疗卫生保健体系应当包含四个方面统一的内容：一是愿景即目标的设定。这一目标被称为“三重目标”，即更好的医疗体验（安全、有效、以患者为中心、及时、高效和公平）、更好的人群健康以及更低的人均成本。二是要从患者的角度出发，设计临床医疗路径。临床的“微环境”具有不稳定性，医疗成本与安全性都因具有不确定性而充满变数，提高医疗质量并不断完成创新和突破是临床医学的责任。三是所有的医疗机构都应该被连接和整合进医疗卫生保健体系中。医疗卫生保健体系的运转，必须有足够大的规模，才能保证医疗服务的整体连续性，才能实现“三重目标”。四是包括监管、教育、法律和财务系统在内的大环境中的各种力量要综合发挥作用，促进医务人员与机构间的协调与合作。尽管每个国家或地区的卫生保健制度都是其文化、社会、经济和政治环境的产物，存在由此决定的国家、地区间的巨大差异，但是一般来说，对目标的设计是相似的，基本上都集中在提高健康服务的可及性、提升质量和效率、患者及消费者有更多的选择性及相对的自主权等。尽管各个国家和地区的卫生保健制度的内容有所不同，但是基本功能具有相同性，让卫生保健制度真正体现“加强政府干预、促进公平可及、合理配置资源、对应人口老化、规范就医流程、降低疾病成本、控制医疗费用、提高服务质量、确保患者选择、改进健康绩效”的基本原则，是完美卫生保健制度的应然状态，因而也是卫生保健制度不断改革和完善的基本追求。

三、卫生保健制度的伦理问题

（一）公平性问题

卫生保健制度及其实践过程中的公平性问题，是医学伦理学视域中卫生保健制度的核心伦理问题。约翰·罗尔斯在他的《正义论》一书的开篇写道：“正义是社会制度的第一美德，正像真理是思想体系的第一美德一样。”同理，卫生保健制度失去了公平，也就失去了存在的美德（善、价值）基础，公平性是卫生保健制度的灵魂。从卫生保健制度演化过程看，卫生保健制度的供给、制度变迁和制度创新，对人类在与疾病斗争中维护健康、提高生命质量的作用不可替代。卫生保健制度作为社会政治制度、经济制度的内生变量，对一个国家和地区公民的健康保障和生命质量的提升具有至关重要的乃至根本性的作用。

公平是伦理学的基本概念之一。公平在现实中反映的是人们追求利益分配合理性的价值观念，作为一种价值判断，公平是人们对社会政治、经济及社会生活中各种利益关系做出合理与否判断所形成的一种理念。在现实生活中，公平集中表现为人与人之间的利益关系问题，是不同的社会利益主体在社会政治、经济及其群体生活中所处的不同地位及其利益关系的表现，公平问题的核心是利益矛盾。从一般意义上看待公平，主要是指人们对人与人之间以利益关系为核心的各种关系的认识和评价。公平是一个历史范畴，社会不存在永恒的公平，公平的原则和标准因时代和社会制度的不同而变化，其内容涉及政治、法律、文化等各个领域，公平观念作为社会存在的反映，在不同的社会形态中其内涵不尽相同，人们对公平的理解各异，但公平具有客观性特征。社会现实中只有相对公平，没有绝对公平。

公平问题涉及的具体内容十分广泛，概括起来主要表现为经济和社会两方面的公平。经济公平主要是指在社会经济生活中，不同的利益主体按照各方可接受的条件处理相互关系，主要表现为经济竞争中的关系以及经济利益的合理分配。经济公平在形态上主要包括机会公平、规则公平、分配公平和结果公平四个层面的内容。社会公平主要是指社会成员在社会生活中权利的平等，这种平等表现在社会政治、经济、文化和道德（人格）地位等各个方面，如平等地拥有工作和劳动的权利、获得工作机会的权利、享有改革发展成果的权利、平等地参与社会政治生活的权利、平等地享有受教育的权利、享有人格受到尊重的权利、获得健康保障的权利等。社会公平除了包括机会公平、规则公平外，还包括涉及人的全面、自由发展的基本权利的政治公平、教育公平、司法公平、医疗公平、环境公平、社会保障公平等。公平应该被看作自由与平等的融合，作为对权利与责任、所得与应得、价值创造与价值分配之间比较合理的一种制度安排，既以承认所有社会成员享有平等的基本权利为前提，又以承认现实不平等的客观事实为条件，追求公平的目的是通过制度安排将不平等保持在一个合理的限度内，而不是追求平均主义的“伪公平”。

公平不是一个抽象的问题，而是表现在社会生活各个领域中的具体问题。卫生保健制度中的公平问题就是其中的一个方面。卫生保健制度中的公平是指经济公平和社会公平在医疗卫生制度建构、实施、运行中的具体体现，从这样的意义上看，这种公平不是一个独立的概念能够涵括的，而是一个系统性的范畴，其中包括卫生制度相关的实质公平问题，也包括作为制度在运行过程乃至执行环节中的程序公正问题。世界卫生组织认为，卫生系统公平具体应划分为三个方面，即卫生筹资领域的公平、卫生服务利用领域的公平和卫生服务产出的公平。

其一，卫生筹资领域的公平。所谓筹资是指为购买某一产品或服务而筹集资金。不同的卫生保健制度所确定的医疗卫生筹资模式并不相同。与本国的医疗卫生体制相统一，虽然采用国家出资或全民缴纳医疗保险费的方式建立全民医疗保障制度的国家居多，但仍有多种筹资方式可供选择。一个国家或地区提供医疗卫生服务的模式一般比较稳定，可以改变的只是构成提供服务方各种要素的配置和效率。其二，卫生服务利用领域的公平。这方面的公平主要是指医疗卫生服务提供的公平性问题。2000 年的世界卫生工作报告中，使用“反应性”作为描述这一公平的概念。其主要包括卫生资源配置的公平、卫生服务的可及性公平、卫生服务利用的公平。其三，卫生服务产出的公平。即健康公平性或卫生服务的健康公平，也称结果或结局方面的公平，就是指不同社会人群的健康水平相等或相似，健康状况分布均衡。

（二）公平与效率的关系问题

讨论和认识卫生保健制度的公平问题，不能脱离公平与效率的关系问题。一般来说，效率是指人的活动所达到的目的和从事这种活动所运用的手段之间的比例关系。卫生保健制度中的效率，同样可以从以下三个维度来认识。

一是完全基于医学标准对医疗效果的判断。这一效率标准的价值目标是追求医疗效果的最大化收益。研究认为，医学标准，特别是基于满足需要含义的医学标准与效率不同，这一标准在道德上可以证明是公平的。当所有的标准都是基于医学的判断，功利主义效果最大化的标准将起到更大的作用。但是这一标准的优缺点在医学标准的应用中是不同的。

二是通过社会价值判断增强医学维度效率的认识途径而确立的标准。这种标准保证和满足特殊价值个体的医学需要，排除特定没有价值的候选者。前者是基于社会价值和重要责任标准的经济伦理原理所做的选择，后者则更加强化责任标准。

三是以社会价值作为标准的判断。这一标准强调的是根据社会价值的评价决定利用有限资源产生最大的效率，这个途径是否能够得到伦理辩护，是以社会标准来确定的。

公平与效率是人类不懈追求的两大价值目标，也是推动人类社会发展的两方面基本要素。卫生保健制度的建构及其运行是基于全社会健康利益或者效益的目标，正是为了最大化地达到这一目标，政党或政府通过构建卫生保健制度来完成这一策略性选择，目的就是满足效率或者效益的要求。这里的效率或者效益不单纯是经济学和管理学意义上的，卫生保健制度作为公共政策体系的构成部分，或许从公共政策和公共管理视角考察更接近对其本质的认识。

公平与效率的矛盾关系是一种辩证关系。二者之间相互作用，效率是公平的基础和动力，公平是效率的前提和保证。公平主要通过作用于效率的动力因素，即调动人的劳动积极性而提高效率。当然，公平与效率之间也存在此消彼长的矛盾对立性。一方面公平对效率具有一定的滞后性，效率的提高，并不意味着公平观随即就能发生相应的改变，传统的公平观仍然会处在主导地位并在现实生活中发生作用，从而对效率的提高产生抑制作用。另一方面，在一定时期为了实现公平的目标和达到公平的结果，要以牺牲一定的效率为代价。为了促进效率，又要以牺牲一定的公平为代价。

四、健康权利与健康责任

任何国家和地区的社会医药卫生体制的价值指向和根本作用，在于对社会成员的身心健康提供基本保障，对每个社会成员来说，健康是一种与生俱来的基本权利，而权利是与责任联系在一起的概念，享有权利，就意味着一定要承担责任，如何负起自身和对社会的健康责任，则属于健康伦理问题。

（一）健康权利

健康无论对个体、群体、人口还是整个人类来说都具有根本意义。健康作为一种权利得到国际社会的确认，只有不到百年的时间。《世界卫生组织宪章》《世界人权宣言》《经济、社会和文化权利国际公约》《儿童权利公约》等，都对健康权作为人类基本权利做出了明确规定，包括我国在内的许多国家的宪法，也都对健康进行了法律赋权。

健康权作为基本权利在司法实践中逐步得到各国的确认，成为这一权利作为道德权利的法律基础。健康作为一种道德权利，是需要从健康概念的特质出发，与人的自由权和社会权相联系的一种权利。自由权属于个人针对国家、社会干预的防御权，健康权的防御权面向致力于维护公民个体生命和身体的完整性，国家和社会应当尽量不予干预和尊重公民的健康状态和选择，相信他们自己可以凭借自身的能力获得最大程度的健康。一是由于健康具有一定的主观性，个人的身体感受是确认疾病和个人健康与否的重要依据，对究竟什么是健康，每个具备认知和理性能力的人都有权定义，国家、社会尊重个人对健康的自我决定权，不得“强迫”其“罹患疾病”。二是医院和医务人员从医学专业角度承担着确认健康和疾病的职责，尊重患者的自主性是临床医学的基本伦理原则之一，在医患双方专业信息和健康与否的裁量权并不对称的情况下，临床诊疗过程对患者及其家属来说，信息的透明和容易理解至关重要，让患者及其家属在参与诊疗过程中享有发言权和自主权，正是基于法律赋权的一种道德权利。三是国家对健康和疾病有定义权限。健康问题不仅是个体问题，同时是群体和人口问题，由此健康定义的外延不能限于个体健康来界定，健康的群体、人口等社会特性，决定了国家法律法规必定要站在群体健康、人口健康等“社会健康”层面观照人的个体健康，因为相关法律要结合国家在经济、社会等多方面的考量，道德意义上的健康权利对个体健康问题更具针对性。

（二）健康责任

美国学者罗伯特·克劳福德（Robert Crawford）在 1980 年首先提出了健康主义概念。他所主张的健康主义，十分强调个人在健康中的责任，认为健康主要通过改变生活方式获得。这一健康思想被认为是 21 世纪西方主流社会泛社会运动的典型表现。健康主义倡导人们通过预防医学和替代医学来达到对健康目的的追求。健康主义基于不同的观念和理论形成了不同的观点：其一，强调健康是一项公民追求的超级价值，主张鼓励个人提高和完善自己的健康，并鼓励将此作为一种社会实践，并在制度上做好安排，这种观点更加强调个人在健康中的责任。健康主义对因为追求身体健康而被异化的健康焦虑问题提出了看法，认为带着焦虑情绪，过度和过于执着地追求健康，其实也是一种不健康的表现。其二，主张健康是政府采用宣传甚至强制手段建立的健康规范，政府有责任推行这种健康规范及其理念。其三，认为健康是一种社会对良好生活秩序的公共追求与个人对完美健康之渴望的结合。健康主义分析认为，从 20 世纪后期开始，人们对健康的高度关注，已经在一定程度上成为影响健康的最大障碍之一。健康主义还主张人们要具备反医学权威的意识，医生过度热心地迫使患者达到最佳健康状态时，患者有权利拒绝医学权威的健康建议。

社会个体选择健康的生活方式受到社会多种因素的影响，如本来选择吃什么是个人的权利，但是在市场环境下，就会受到商业广告、食品行业生产、经营方式和目的、投资商利益操纵等多种因素的影响。例如，受到互联网技术影响而快速发展起来的食品外卖行业，就是典型的改变人们饮食习惯乃至传统饮食结构的例子。而这些行业行为的改变，又会对国家相关政策和制度的制定带来影响。健康的生活方式符合人们的利益，但是只有人们真正了解了倡导某种健康生活方式背后的利益关系，人们才可能做出自由且健康的选择。

第三节 我国医药卫生体制改革及其伦理问题

我国的医药卫生体制，经历了一个伴随中国社会经济、政治和文化的不断演进的过程。改革开放前的 30 年，医药卫生体制是与计划经济体制相适应的、城乡有别的、低水平但全覆盖的、“纯”公益性的；改革开放 40 多年来，伴随社会主义市场经济的建立，医药卫生体制经历了改革和深化改革的过程，逐步形成了与新时代中国社会发展相适应的、具有中国特色的医药卫生体制。

一、我国医药卫生体制改革的历史背景、进程和伦理问题及其分析

（一）历史背景

1949 年新中国成立之初，从百废待兴的实际出发，中国共产党领导中国人民，在构建和完善社会主义政治制度和经济制度的同时，为了尽快改变缺医少药的局面，为中国人民的身体健康提供基本保障，参照苏联医疗保障模式，一方面建制中国医疗卫生系统实体，另一方面建构中国的医药卫生体制。通过政府的统一规划、组织和投入，形成了包括医疗、预防、保健、康复、教学和科研等在内的相对完备、布局基本合理的卫生保健制度及运行体系。由于当时中国社会城乡发展水平有较大差异，所以实行的是城乡有别的“二元制”医疗保障模式。城镇医疗保障体系分为

两种形式，即劳保医疗与公费医疗；农村实行的是农村合作医疗制度。在公益属性明显、各项制度相对健全的医疗保障体系下，人民群众日常看病基本没有后顾之忧，生命健康权得到一定程度的保障。在计划经济体制下，政府统一实施宏观调控，也能保证医疗卫生事业发展的基本投入。这一历史阶段的中国的卫生保健成就十分明显，主要归功于建立起一套符合当时中国国情的医疗保障体系，其主要特点是“全覆盖、保基础、低成本”，具有鲜明的社会公益与劳动保障性质。依靠这一体系，我国用占 GDP 3% 左右的卫生投入，大体上满足了几乎所有社会成员的基本医疗卫生服务需求，不少国民综合健康指标达到了中等收入国家的水平，人口健康成效十分显著，因而被一些国际机构评价为发展中国家医疗卫生工作的典范。这一过程中确立了卫生政策的四大基本方针，即“面向工农兵、预防为主、团结中西医、卫生工作与群众运动相结合”，“预防为主”成为当时中国卫生政策的核心。

（二）进程

1979 年，伴随社会经济体制的市场化转型，我国医药卫生体制拉开了改革的序幕。以 2009 年史称“新医改”的医药卫生体制深化改革划界，之前的近 30 年中，这一领域的改革总体上缺乏系统性和整体性，这一时期的医药卫生体制改革大体可分为四个阶段：

第一阶段是 1979～1985 年，被认为是改革前期的准备阶段。这 7 年正值中国改革开放初期，如何推进中国社会的经济转型，更多的是“摸着石头过河”的探索。1979 年提出了“运用经济手段管理卫生事业”“卫生部门也要按经济规律办事”的主张，强调要把医院经济管理提升到卫生经济学的高度进行研究。这一阶段的改革，没有形成明确的政策框架，围绕经济效益这一核心来改造医院的管理和重新建立对医务人员专业能力和绩效的考核。确立了医疗机构的经济主体地位，医疗机构为转向“自主经营、自负盈亏”的独立经营实体做准备。

第二阶段是 1985～1992 年。这一历史时期，中国社会经济转型的步伐不断加快，社会经济形态和治理方式都在发生深刻变革。这一时期医药卫生体制的改革伴随其他领域的改革不断推进，随之而来的是医疗卫生领域种种前所未有的问题凸显和暴露，公共卫生所占 GDP 的比重开始下滑，政府对医疗卫生的投入减少，医疗卫生的公益性开始弱化。从医学伦理基础的视角看这个阶段医疗卫生领域的改革，问题主要表现在，改革忽视了医疗卫生作为社会的一个复杂系统的各要素间的有机联系，通过市场化手段增加社会医疗卫生资源的总量并不是目的，合理配置资源让社会成员能够享受到医疗卫生服务和健康保障才是主要目的。

第三阶段是 1992～2003 年。这一时期中国掀起了新一轮的改革热潮。1992 年 9 月，国务院下发了《关于深化卫生改革的几点意见》，其中最主要的改革内容就是对医院补偿机制的改革，医院由正常的经费拨款改为各种形式的专项拨款。这一阶段改革的成果，主要是确立了医疗机构可以自谋生路、不靠国家供养的观念，为医疗卫生的市场化铺平了道路。1996 年 12 月，中共中央、国务院召开了新中国第一次全国卫生工作会议，为之后的医疗卫生领域改革奠定了基础。1997 年 1 月，中共中央、国务院出台了《关于卫生改革与发展的决定》，确定了新一轮改革的基调，提出了推进改革总要求：改革城镇职工医疗保险制度、改革卫生管理体制、积极发展社区卫生服务、改革卫生机构运行机制等。1998 年开始推行医疗保险制度改革、医疗卫生体制改革和药品生产流通体制改革等“三项改革”，2000 年国务院召开专门会议就这三项改革进行总体部署。2002 年相继出台了 13 个配套性政策文件，目的是具体贯彻落实《关于卫生改革与发展的决定》的精神。最重要的工作之一是实施“医药分开”试点工作，将药房从医院剥离出去，但这项工作未获得有效进展。这个阶段城市社区卫生工作受到重视，2000～2006 年相继出台了一系列相关政策，为社区卫生服务工作的发展提供了强有力的政策支撑。这一阶段的改革思路，始终聚焦于市场化的改革方向。政策依据就是 2000 年 2 月国务院发布的《关于城镇医疗卫生体制改革的指导意见》，公立医院的私有化、股份制化和医疗卫生的商业化成为这一阶段改革的标志，从长远看，这种改革方向的选择，加剧了医疗卫生领域的多方面社会矛盾。

第四阶段是 2003～2008 年。2003 年“严重急性呼吸综合征”疫情暴发，在处置过程中不断暴露出医药卫生体制改革过度市场化带来的公共卫生领域的一些弊端，促使全社会开始反思医药卫生体制的改革方向，客观上推动了人们对医药卫生体制改革的深度思考。市场主导还是政府主导的争论十分激烈并公开化。从而推动政府将“医改”重新列入了社会公共政策的议事日程。2005 年 7 月，国务院发展研究中心与世界卫生组织合作完成的研究报告《中国医疗卫生体制改革》，明确认为之前的医疗卫生体制改革是“市场化改革”。报告认为医改困局的形成，是近 30 年来医疗服务逐渐市场化、商品化引起的，报告提出解决这一问题的核心是强化政府责任。政府主导、公有制主导、把医疗卫生作为公共产品向全社会提供，应当成为医改的方向选择。

（三）伦理问题及其分析

1979～2008 年，我国医药卫生体制改革进程中凸显的伦理问题包括：一是倡导效率优先，忽视了对效率与公平间关系的协调，导致某种程度上对公平性的损害。二是在“摸着石头过河”的渐进式改革过程中，改革方向和目标不明确，缺乏对改革的总体设计，导致改革缺乏系统性和协调性。三是部分改善了医疗机构的微观绩效，但也出现了新的资源浪费和效率低下并存的局面。医疗卫生宏观效率下降。四是医疗服务系统基层组织弱化，卫生系统内部资源未得到有效整合和合理配置，绩效不良。

二、我国深化医药卫生体制改革的主要内容

2007 年 10 月，中共“十七大”报告首次完整地提出了中国特色医药卫生体制的制度框架，包括四大体系即“覆盖城乡居民的公共卫生服务体系、医疗服务体系、医疗保障体系和药品供应保障体系”。这四大体系全面概括了新时期医疗卫生体系的系统结构构成，是在总结经验和教训基础上形成的一幅崭新的医药卫生体制框架图。2008 年 3 月“新医改”方案提交“两会”进行讨论，“新医改”进入最后冲刺阶段。2008 年 10 月 14 日《关于深化医药卫生体制改革的意见（征求意见稿）》公布，公开向全社会征求意见，2009 年 1 月 21 日国务院通过医改方案并以《中共中央 国务院关于深化医药卫生体制改革的意见》为题正式出台，标志着新一轮的中国医药卫生体制改革正式全面启动。

“新医改”方案在重大和根本性问题上确立了鲜明立场，明确了改革方向和目标，即以全社会人人享有基本医疗卫生服务为根本出发点和落脚点。从改革方案设计、卫生制度建立到服务体系建设都遵循公益性原则。

“新医改”方案主体框架是被称为“四梁”的四大体系即公共卫生服务体系、医疗服务体系、医疗保障体系和药品供应保障体系。改革以这四个领域为重点，按照各自领域产品的特点，设计了相应的供给方式和政策走向。从各个领域的基本政策来看，将公共卫生服务产品界定为公共物品，其供给体制采用政府供给的方式，政府负主要责任；将医疗服务产品界定为准公共产品，其供给体制采用政府和市场混合的方式，突出基层在医疗卫生服务中的作用；在医疗保障领域，对各项医疗保障项目进行了细分，社会医疗保险作为准公共产品由政府为主组织实施，商业健康保险作为私人产品由市场运作，医疗救助由政府供给；在药品供应保障领域，将国家基本药物制度作为政府干预的重点，在加强质量和可及性监管的同时，鼓励市场竞争和产业发展。“新医改”方案“四位一体”的政策框架用“四领域分析法”验证可知，改革框架依据各个领域提供产品的相应属性，采用了与之相适应的供给和筹资体制，政府和市场的角色也予以较为科学的界定。

为四大体系形成有机系统和有效运行，方案设计了八个方面的运行机制也即所谓的“八柱”：协调统一的医药卫生管理体制、高效规范的医药卫生机构运行机制、政府主导的多元卫生投入机制、科学合理的医药价格形成机制、严格有效的医药卫生监管机制、可持续发展的医药卫生科技创新机制和人才保障机制、实用共享的医药卫生信息系统、健全医药卫生法律制度。正是这“四

梁八柱”构成了“新医改”方案的系统框架和总体结构。

2009 年以来的医药卫生体制深化改革，特别是从 2012 年我国社会发展进入新时代的十多年来，改革步伐不断加快，改革成效不断显现。一是对医药卫生体制进行了系统和全面改革，包括医疗保障制度的恢复和重建、合作医疗制度的恢复与发展、特困人口医疗救助制度的探索与建立、商业医疗保险的发展。二是对公立医院实施了系列改革。公立医院性质从改革开放前的纯“福利性”事业单位向体现一定福利性的“公益性”事业单位转变，带来的是筹资方式的变化（由政府出资到多方筹资），推行医院所有制改革，由原来的纯公有制向多种所有制转变；政府向医院下放权力，扩大医院自主决策权。医院由原来的政府控制和管理逐步转变为具有自主决策权的法人事业单位，逐步建立现代医院管理制度。三是政府责任的改革和角色的转变。由政事合一、管办合一向政事分开、管办分离转变。四是药品生产和流通体制的改革。药品从改革开放前的统购统销向市场化转变。药品生产领域改革主要是通过制定相关政策、法规、制度进行规范企业行为。药品价格管理体系改革。探索建立国家基本药物制度。1996 年公布《国家基本药物目录》等多项基本用药目录，逐步建立起与之配套的基本药物生成、流通、使用、筹资、定价和支付配套制度和措施。五是卫生资源总量大幅度提升，短缺现象明显缓解，医疗机构服务供给能力大幅度提高，医院内部效率有了明显改善。公共卫生发展逐步进入法治化轨道。

三、我国医药卫生体制改革中的政府道德责任

任何国家或地区卫生保健制度的形成、运行与改革，都不是在医疗卫生领域内部就能实现的，而是社会政治、经济、文化以及多方面相关社会因素综合作用的结果。社会的经济、科技发展水平以及由此决定的医疗卫生产业发展状况，是现代医疗卫生事业发展的物质基础，卫生经济作为社会经济制度的重要构成部分，同样也受到社会经济制度的制约，医疗费用上涨是各国普遍遇到的卫生保健制度的难题，是卫生保健制度改革的动因之一。卫生保健制度的改革都是在原有制度基础上进行的，制度和政策惯性也成为制约新制度形成和推行的因素，新制度也需要依靠社会政治力量从社会治理、管理层面推进执行过程。在所有影响卫生保健制度的社会因素中，社会文化和伦理价值体系对制度的建构和改革的影响作用，直接关系到卫生保健制度本体论意义上的道德定位。从卫生保健制度的角度看，文化和伦理价值的问题是，医疗卫生究竟是不是政府的责任？如果是政府的责任，这个责任到底有多大？界限如何界定？这些问题也是基于对卫生保健制度公平性如何评价问题而产生的。

政府与市场的关系，正像公平与效率的关系一样，是卫生保健制度在改革中必须处理好的重要关系之一。卫生保健制度中的政府责任至关重要。如果市场机制能解决所有卫生保健制度中的问题，就不需要政府的干预，政府在其中也可以不负任何责任。但是，市场的本质导致市场机制的效应具有双重性，一方面，市场机制在卫生保健制度的实施中能够起到促进医药卫生资源配置效率、促使医疗卫生主体在参与竞争中提高服务质量等方面的作用；另一方面，也存在种种缺陷，如不能解决行业垄断，不能解决卫生资源分配的合理性和公平性问题，不能有效地维护和协调国家、社会和个人利益等问题。这些缺陷都源于市场机制的本质，是市场自身无法解决的问题。而如果不解决这些问题，市场机制发挥作用所产生的效益就会被其缺陷带来的损失所抵消。因此，诸如卫生保健制度这样关乎全社会成员健康保障、生命质量提升的重要公共领域，作为公共权力机构，政府具有高度的权威性，拥有强制力，而且拥有多种多样干预经济的手段，这就决定了政府具有解决或弥补市场缺陷的能力。同时，作为代表公共利益的机构，政府对社会成员的健康保障负有不可推卸的责任，这种责任是与政府的政治价值选择、经济制度的价值指向、主流文化的核心价值完全一致的选择。总之，政府负起责任的必要性并不是外生的，而是源于市场经济的本质。

卫生保健制度中政府的责任主要表现在，一是为社会成员能够公平地获得基本的医疗卫生保

健提供完备的制度框架和政策体系。政府要对社会卫生保健进行整体规划，依据本国国情，建立和改革医药卫生体制，规定卫生保健的筹资模式，规划基本医疗保障制度的给付水平等；政府要制订中长期卫生事业发展规划和短期实施计划，制订卫生资源配置标准和区域卫生发展规划，并用法律、经济乃至行政手段加强宏观卫生管理，调控卫生资源配置，建立完善的卫生全行业管理制度。二是基于医药卫生体制和相关制度、政策的承诺，为社会卫生保健提供财政支持。政府要按照公共财政要求，加强公共筹资，规范政府对卫生事业的补助范围和方式，调整卫生支出结构，加大公共卫生投入力度；以公共卫生总购买者角色，加大公共产品和福利产品如疾病控制、卫生监督、计划免疫、妇幼保健、健康教育、基本医疗服务等的供给，实现公共卫生服务与基本医疗服务的可及性与公平性；转变公共卫生管理模式，建立健全公共卫生信息网络与预警体系，加强公共卫生基础设施建设，推动公共卫生管理法治化。三是依据卫生市场规律，强化政府市场的规范制定者地位，严格市场准入，强化市场监管，引导市场运行，规范市场秩序，披露市场信息，实现市场主体多元化，建立健全统一、开放、竞争、有序与公平的卫生服务市场体系。政府要退出竞争性和营利性卫生服务领域，实现医院分类管理、医药分业经营和管理体制变革，促进卫生服务市场的可持续发展。四是制定卫生经济政策，调控卫生经济发展。制定和实施各类卫生经济政策，确保公共卫生服务和弱势群体基本医疗服务的供给，确定政府卫生补贴的目标人群，实施卫生救助与扶贫；明确对不同类型卫生服务机构的补助政策、税收政策、价格政策、分配政策，激励卫生服务的低价有效供给；加强学术及团队建设，努力开展卫生经济与管理研究，促进卫生服务管理法治化，推进依法卫生行政进程。

干预医疗卫生服务市场，也是政府的重要责任。一是提供公共产品，激励卫生服务供给。一方面，政府要由既“办”又“管”转为专“管”卫生服务，退出竞争性和营利性卫生服务领域，逐步培育卫生服务市场体系，深化卫生管理体制改革，形成多层次、多形式、多渠道办医格局，激励和释放卫生服务供给能力；另一方面，政府要通过增加财政投入直接提供和补贴、建立基本医疗保险制度等各种途径，确保基本医疗服务和公共卫生产品广泛的可及性，实现公平与效率的兼顾。二是改善卫生经济环境，创造和维护卫生服务市场环境。首先，政府必须依据经济社会卫生规律制定法律、政策、制度、规范等，维护卫生服务市场秩序，形成统一、开放、竞争、有序和高效的卫生服务市场体系。其次，政府的各项卫生经济政策以引导市场健康发展为己任，不能参与或干预卫生服务主体的市场经营决策，并承担其经营风险。再次，执行市场维护者、监督者和裁判者职能，采取经济的、法律的或必要的行政手段，遏制乃至消除卫生服务供给消极行为，确保市场的良好运行状态。三是规划卫生服务市场，保护和利用卫生资源。由于市场机制存在自发性、盲目性、滞后性等缺陷，一方面，政府必须以区域卫生规划、卫生经济政策等来引导卫生服务市场，避免卫生资源配置的低效、混乱、短期行为以及结构性失衡；另一方面，市场配置卫生资源的基础性地位，不等于市场机制能完全保护和利用卫生资源。

医疗卫生体制中市场机制与政府责任是一种互补关系。卫生保健制度作为社会公共福利制度的构成部分，同时作为一项基于社会经济发展而不断调整和改革的公共事业，政府和市场在该领域的关系应该是一致和统一的，即都是为了保证卫生保健制度的良性可持续发展，以达到社会成员医疗安全和健康维护的目的。二者只是分工不同，如能协调一致、相互弥补，共同发力，对既定卫生保健制度的贯彻、相关政策的执行和落实，对卫生保健的实际运行都会产生任何单独一方面作用都不可能达成的效果，也都会对任何一方独立作用可能带来的偏差有所校正和弥补。

“新医改”作为中国卫生保健制度深化改革的最新一轮制度安排，改革成果获得社会的普遍认可和接受，包括国际社会也给予了很高的评价，是因为这一制度让中国人民在医疗卫生保健的利益上有了明显的获得感，深切地体会到了中国共产党和中国政府通过这一制度所体现出的“以人民为中心”的政治承诺。制度的逻辑是由一定的制度环境决定的。在总结多年医改经验和接受教训的基础上，“新医改”在确立医药卫生体制基本指导思想和所设定的目标上，比较准确和有效地解读了构成这样制度框架的要素，并对这种要素之间的权利分配以及相应的制度架构和文化传统有了比较清醒的认识，重新审视了中国医疗卫生保障决策的制度环境，明显地调整了这一制度安排的逻辑，进而建构了突破传统的、符合中国特色社会主义制度的新的医药卫生体制，这个体制的最大亮点之一就是在政府与市场关系的处理上完成了跨时代意义上的转换。

【复习思考题】

1. 医院管理中的伦理问题主要是指哪类问题？
2. 医院管理中主要包括哪些方面的伦理问题？
3. 国际基本卫生保健制度模式主要包括哪几种？
4. 医药卫生体制改革的核心伦理问题是什么？

（柳　云）

参考文献

白劼，范瑞平，2019. 孝道、生育伦理与子从母姓 [J]. 中国医学伦理学，32（1）：10-17.

包玉颖，王德国，聂业，2019. 医学伦理学 [M]. 北京：中国协和医科大学出版社.

边林，2019. 医疗卫生体制改革进程与前景的生命道德思考 [M]. 石家庄：河北人民出版社.

边林，2020. 医学伦理学 [M]. 北京：人民卫生出版社.

卜丽娟，2015. 医生职业精神研究 [D]. 济南：山东大学.

蔡江南，2016. 医疗卫生体制改革的国际经验：世界二十国（地区）医疗卫生体制改革概览 [M]. 上海：上海科学技术出版社.

蔡昱，2019. 资料理性权利、资料话语权利和资料宰制：AI 医疗的“资料医疗模式”对人的抹杀 [J]. 中外医学哲学，（2）：111-117.

曹永福，2017. 应该如何关注医学伦理问题：医学伦理问题的几种研究方法之我见 [C]. 北京：中华医学会医学伦理学分会.

陈安民，2015. 现代医院核心管理 [M]. 北京：人民卫生出版社.

陈国庆，王文科，2009. 试论生育控制技术进步的伦理意义 [J]. 医学与社会，22（9）：56-58.

陈勰，2018. 医学伦理学 [M]. 2 版. 南京：江苏科学技术出版社.

陈勰，2019. 医学伦理学案例与实训教材 [M]. 杭州：浙江大学出版社.

从亚丽，2018.《日内瓦宣言》纵横谈 [J]. 医学与哲学（A），39（4）：94-95.

从亚丽，2020. 医学伦理学与生命伦理学学科定位再探析 [J]. 医学与哲学，41（19）：1-11.

从亚丽，2022. 医学伦理学：理论与实践 [M]. 北京：北京大学医学出版社.

崔瑞兰，2017. 医学伦理学（新世纪第二版）[M]. 北京：中国中医药出版社.

翟晓梅，邱仁宗，2020. 生命伦理学导论 [M]. 2 版. 北京：清华大学出版社.

丁维光，2018. 医学伦理学 [M]. 北京：科学技术文献出版社.

丁毅超，2021. 人类中心主义的正当性：斯克鲁顿动物伦理观及其评析 [J]. 浙江社会科学，（7）：101-108.

杜治政，2020. 中华医学会百科全书基础医学卷：医学伦理学 [M]. 北京：中国协和医科大学出版社.

樊春良，2021. 科技伦理治理的理论与实践 [J]. 科学与社会，11（4）：33-50.

范瑞平，方旭东，2020. 儒家伦理学：后果论还是美德论？[J]. 哲学分析，11（6）：176-189.

方旭东，2021. 从后果论看儒墨会通的一个可能 [J]. 孔子研究，（1）：32-40.

冯泽永，史玉，2006. 生育伦理与人口控制社会化 [J]. 医学与哲学，27（13）：36-38.

龚群，陈真，2013. 当代西方伦理思想研究 [M]. 北京：北京大学出版社.

郭欣，严火其，2017. 动物实验“3R”原则确立的研究 [J]. 自然辩证法研究，33（12）：55-59，92.

郭欣，严火其，2019. 农场动物福利“五大自由”思想确立研究 [J]. 自然辩证法通讯，41（2）：74-82.

国家卫生健康委，教育部，科技部，等，2023. 关于印发《涉及人的生命科学和医学研究伦理审查办法》的通知 [EB/OL].（2023-02-27）[2024-04-20]. https://www.gov.cn/zhengce/zhengceku/2023-02/28/content_5743658.htm?eqid=a3bcc96f0010a4b70000000364560017.

郝模，2009. 医药卫生改革相关政策问题研究 [M]. 北京：科学出版社.

何灵芝，范敏，崔安明，2021. 县级医院应对新冠肺炎患者 CT 检查过程中的伦理问题 [J]. 世界最新医学信息文摘，21（62）：264-265.

候雄，方钱，蒋晓庆，2020. 健康医疗大数据建设中的伦理问题 [J]. 解放军医院管理杂志，27（6）：552-554.

胡琳莉，孙莹璞，2019. 中国辅助生殖技术发展历程和现状 [J]. 生殖医学杂志，28（10）：1113-1114.

胡庆澧，陈仁彪，张春美，2009. 基因伦理学 [M]. 上海：上海科技出版社.

皇甫翰深，2009. 医学伦理学 [M]. 成都：四川科学技术出版社.

黄洁夫，2020. 中国器官移植发展报告 [R]. 北京：清华大学出版社.

黄勇，2022. 良好生活的两个面向：对儒家义利观的美德论解释 [J]. 学术月刊，54（8）：5-15.

江璇，2014. 人类增强技术的发展与伦理挑战 [J]. 自然辩证法研究，30（5）：43-48.

金坤林，2011. 干细胞临床应用基础：伦理和原则 [M]. 北京：科学出版社.

科技部，教育部，工业和信息部，等，2023. 关于印发《科技伦理审查办法（试行）》的通知 [J]. 中华人民共和国国务院公报，（32）：37-44.

黎欣盈，张念樵，钟筱华，等，2021. 人类辅助生殖技术应用的伦理问题及工作实践 [J]. 中国医学伦理学，34（7）：856-860.
李聪，迟西琴，幸雅冰，等，2009. 浅析问诊的语言技巧与伦理要求 [J]. 中国医学伦理学，22（1）：118-120.
李涛，2019. 人类辅助生殖技术的伦理问题及对策研究 [D]. 锦州：渤海大学.
李妍玫，黄羽舒，许多，2023. 互联网医疗第三方平台诊疗服务合规性研究 [J]. 卫生经济研究，40（3）：57-60.
李杨，杜雷雷，许飞，2023. 大数据与人工智能在医学领域的应用进展 [J]. 协和医学杂志，14（1）：184-189.
李义庭，2013. 中国机构伦理委员会建设 [M]. 北京：中国协和医科大学出版社.
李勇，田芳，2017. 医学伦理学 [M]. 北京：科学出版社.
李勇，田芳，2018. 医学伦理学 [M]. 北京：科学出版社.
梁立智，2021. 临床伦理咨询：构建和谐医患关系的新进路 [M]. 北京：法律出版社.
廖申白，2019. 伦理学概论 [M]. 北京：北京师范大学出版社.
刘冰，2008. 人类中心主义之法哲学思考：兼论人与动物的关系 [J]. 昆明理工大学学报（社会科学版），8（4）：50-53.
刘欢，2022. 人类辅助生殖技术的伦理考量与法律治理 [J]. 经贸法律评论，（1）：38-53.
刘俊荣，严金海，2019. 医学伦理学 [M]. 武汉：华中科技大学出版社.
刘绍怀，姚建文，2016. 管理伦理学 [M]. 北京：高等教育出版社.
刘伟信，曾琴，何丽冰，2019. 建国 70 年人类辅助生殖技术快速发展及展望 [J]. 中国计划生育和妇产科，11（7）：3-5.
刘云章，2014. 医学伦理学理论与实践 [M]. 石家庄：河北人民出版社.
罗元生，2020. 毛泽东与新中国农村卫生健康体系的确立 [J]. 党史博览，（4）：4-9.
马红鸽，贺晓迎，2021. 建党百年来中国共产党人口生育政策变迁及其启示 [J]. 西安财经大学学报，34（5）：29-38.
马婉宁，陈亚平，韩凤芹，2024. 科技伦理治理：核心要义、面临困局及实现机制 [J]. 中国科技论坛，（4）：1-11.
梅春英，徐学华，2016. 社会公正视域中的代孕行为探析 [J]. 辽宁医学院学报（社会科学版），（1）：17-20.
倪文琼，庄旭，缪慧娴，等，2019. 重度肺动脉高压孕妇生育伦理问题的探讨 [J]. 中国医学伦理学，32（9）：1157-1159.
彭伟，张文静，张伟，等，2011. 中医临床诊疗技术整理与研究专项伦理学问题探讨 [J]. 中医药管理杂志，（9）：821-822.
邱仁宗，2016. 试论生命伦理学方法 [J]. 中国医学伦理学，29（4）：551-555.
全国人民代表大会，2021. 中华人民共和国民法典 [EB/OL].（2021-01-01）[2023-03-29]. https://www.gov.cn/xinwen/2020-06/01/content_5516649. htm.
全国人民代表大会常务委员会，2020. 中华人民共和国基本医疗卫生与健康促进法 [EB/OL].（2020-06-01）[2023-03-29]. https://www.gov.cn/xinwen/ 2019-12/29/content_5464861. htm.
全国人民代表大会常务委员会，2022. 中华人民共和国医师法 [EB/OL].（2022-03-01）[2023-03-29]. https://www.gov.cn/xinwen/2021-08/20/content_ 5632496. htm.
舍曼 · 富兰德，艾伦 · C. 古德曼，迈伦 · 斯坦诺，2011. 卫生经济学 [M]. 6 版. 王健，李顺平，孟庆跃，等，译. 北京：中国人民大学出版社.
沈恒，张仁奎，汪群，2017. 医疗辅助检查的伦理问题与对策 [C]. 大连：中华医学会医学伦理学分会第十九届学术年会暨医学伦理学国际论坛.
斯蒂芬 · P. 罗宾斯，玛丽 · 库尔特，2008. 管理学 [M]. 9 版. 孙健敏，黄卫伟，等，译. 北京：中国人民大学出版社.
孙冬梅，2019. 提高计划生育宣教质量，促进性别比平衡 [J]. 养生保健指南，（3）：87.
孙慕义，2015. 医学伦理学 [M]. 3 版. 北京：高等教育出版社.
孙慕义，边林，2022. 医学伦理学 [M]. 北京：高等教育出版社.
谭备战，2014. 新中国成立初期卫生方针的确立：以第一届全国卫生会议为例 [C]. 中国特色社会主义：道路与制度：第十四届国史学术年会论文集. 北京：当代出版社.
汤姆 · 比彻姆，詹姆士 · 邱卓思，2022. 生命医学伦理原则 [M]. 8 版. 刘星，等，译. 北京：科学出版社.
田冬霞，张桂锋，2016. 医务人员应如何迎接社交媒体时代的挑战：英国医学总会《医师使用社交媒体伦理指南》的分析与启示 [J]. 医学与哲学，（5）：38-39.
王国英，2018. 人类辅助生殖技术应用中的伦理问题分析 [J/OL]. 临床医药文献电子杂志，5（20）：191-192.
王辉，郑虹，2016. 医学实验动物伦理及福利 [J]. 实用器官移植电子杂志，4（2）：116-120.
王黎静，2017. 共赢：新型国际关系的伦理原则 [EB/OL].（2017-05-08）[2023-01-29]. http://zqb.cyol.com/html/2017-05/08/nw.D110000zgqnb_20170508_1-02. htm.

王明旭，尹梅，2015. 医学伦理学 [M]. 2 版. 北京：人民卫生出版社.

王明旭，赵明杰，2018. 医学伦理学 [M]. 5 版. 北京：人民卫生出版社.

王志刚，2022. 完善科技伦理治理体系保障科技创新健康发展 [J]. 求是，(20)：43-47.

魏寒冰，2021. 生育控制技术对传统生育伦理的消解 [J]. 医学与哲学，42（22)：17-22.

温日锦，王光秀，覃安宁，等，2015. 医学伦理学与卫生法学 [M]. 北京：科学出版社.

伍海泉，周谨平，2020. 新冠肺炎疫情的公共伦理启示 [EB/OL].（2020-04-09）[2023-01-14]. https://news.csu.edu.cn/info/1061/145135. htm.

伍蓉，王国豫，2021. 医学伦理学 [M]. 上海：复旦大学出版社.

伍天章，2015. 医学伦理学 [M]. 2 版. 北京：高等教育出版社.

谢斌，2016. 心理治疗的法律与伦理 [J]. 四川精神卫生，29（6)：556-560.

谢晋，柳云，郑瑞军，2021. 我国互联网医疗平台的伦理问题分析及对策建议 [J]. 中国医学伦理学，34（4)：463-467，472.

熊宁宁，李昱，王思成，2013. 伦理委员会制度与操作规程 [M]. 北京：科学出版社.

徐维廉，张福利，韩玉霞，等，1994.《医学生誓言》浅释 [J]. 中国高等医学教育，(3)：10-11.

燕娟，江文诗，孙永康，等，2022. 公民逝世后器官捐献伦理审查的思考与建议 [J]. 医学与哲学，43（2)：28-32.

杨胜良，2021. 朱熹与儒家环境美德论的发展 [J]. 北京林业大学学报，20（4)：40-44.

杨同卫，2019. 基于传统身体文化的推动我国遗体器官捐献的路径研究 [M]. 北京：经济管理出版社.

杨小丽，2020. 医学伦理学 [M]. 5 版. 北京：科学出版社.

姚国庆，王琳，丁琴，等，2017. 应对突发公共卫生事件的伦理探讨 [J]. 中国医学伦理学，30（6)：720-722.

姚冀，姜新雅，2010. 磁共振检查技术相关的伦理思考 [J]. 中国医学伦理学，23（6)：23-24.

于凡，赵明杰，2020. 远程医疗活动中的数据使用伦理问题研究 [J]. 医学与哲学，41（19)：37-43.

于兰亦，邱仁宗，翟晓梅，2019. 公民逝世后器官捐献激励的伦理学思考 [J]. 医学与哲学，40（10)：14-18，31.

俞蕾，2005. 临床诊疗伦理问题初探 [J]. 中华外科杂志，(16)：1083.

袁惠芸，马强，2019. 活体器官捐献与移植伦理 [M]. 上海：上海交通大学出版社.

张迪，2015. 优生学的伦理反思及生殖遗传学技术的伦理探究 [D]. 北京：北京协和医学院.

张力，刘兴会，2008. 产前诊断的相关伦理学问题 [J]. 中国实用妇科与产科杂志，(2)：113-116.

张新，2020. 荀子：后果论者，抑或德性论者？[J]. 孔子研究，(5)：11-26.

张新庆，2014. 基因治疗之伦理审视 [M]. 北京：中国社会科学出版社.

张新庆，2020. 临床伦理学：新时代呼唤新作为 [J]. 协和医学杂志，11（5)：638-640.

张新庆，王岳，郭舒婕，等，2019. 临床伦理抉择（三)：凶险的肺栓塞 [J]. 中国医学伦理学，32（3)：319-323.

张雪，尹梅，2014. 伦理审查委员会：理论研究及实践探索 [M]. 北京：高等教育出版社.

赵春红，2018. 我国代孕问题的法律分析 [J]. 法制与社会，(3)：158-159.

赵静波，季建林，2006. 心理治疗和咨询中的伦理学问题和原则 [J]. 中国医学伦理学，(2)：94-96.

郑文清，高小莲，2021. 生命伦理学的理论与实践 [M]. 武汉：武汉大学出版社.

郑文清，周宏菊，2021. 医学伦理学 [M]. 武汉：武汉大学出版社.

中共中央国务院，2016. 健康中国 2030 规划纲要 [EB/OL].（2016-10-25）[2023-03-29]. https://www.gov.cn/gongbao/content/2016/content_5133024. htm.

中共中央国务院，2018. 医疗纠纷预防和处理条例 [EB/OL].（2018-10-01）[2023-03-29]. https://www.gov.cn/gongbao/content/2018/content_5323086. htm.

中共中央国务院，中共中央办公厅国务院办公厅，2022. 关于印发《关于加强科技伦理治理的意见》[EB/OL].（2022-03-20）[2024-04-20]. https://www.gov.cn/zhengce/2022-03/20/content_5680105.htm.

中华人民共和国卫生部，2012. 关于印发医疗机构从业人员行为规范的通知 [EB/OL].（2012-07-18）[2023-03-05]. https://www.nmpa.gov.cn/xxgk/fgwj/qita/20120626120001305_1.html.

周树锋，2019. 生物伦理学 [M]. 厦门：厦门大学出版社.

周元，蔡善荣，邓甬川，2008. 基因检测应用的社会伦理问题 [J]. 中国医学伦理学，(2)：102-119.

周志新，陈晓阳，杨同卫，2013. 国内外医师职业精神的研究进展 [J]. 医学与哲学（A)，34（4)：32-34.

朱小英，2015. 浅析出生人口性别比失衡的原因与对策 [J]. 青春期健康，(6)：84.

朱贻庭，2011. 伦理学大辞典（修订本）[M]. 上海：上海辞书出版社.

朱贻庭，2013. 应用伦理学辞典 [M]. 上海：上海辞书出版社.

ABIM 基金，2016. ACP-ASIM 基金和欧洲内科医学联盟倡议，新世纪的医师职业精神：医师宣言 [J]. 中华医学教育杂志，(2)：1-2.

Britnell M，2017. 寻找完美医疗卫生体系 [M]. 胡琳琳，译. 北京：中国协和医科大学出版社.

H.T. 恩格尔哈特，2006. 生命伦理学基础 [M]. 范瑞平，译. 北京：北京大学出版社.

Saltman RB，Rico A，Boerma W，2010. 欧洲基本保健体制改革 [M]. 陈宁姗，译. 北京：中国劳动社会保障出版社.

Parsa-Parsi RW，2022. The International Code of Medical Ethics of the World Medical Association[J]. JAMA，328（20）：2018-2021.

World Medical Association，2020. WMA Statement on Organ and Tissue Donation[EB/OL].（2020-08-21）[2024-05-31]. https://www.wma.net/policies-post/wma-statement-on-organ-and-tissue-donation/.